대중의 미망과 광기

대중의 미망과 광기

지은이 ┃ 찰스 맥케이
옮긴이 ┃ 이윤섭

1판 1쇄 펴낸날 ┃ 2018년 6월 15일
1판 4쇄 펴낸날 ┃ 2022년 12월 31일

펴낸이 ┃ 문나영

펴낸곳 ┃ 필맥
출판등록 ┃ 제 2021-000073호
주소 ┃ 경기도 고양시 덕양구 중앙로 542, 910호
홈페이지 ┃ www.philmac.co.kr
전화 ┃ 031-972-4491
팩스 ┃ 031-971-4492

ISBN 979-11-6295-002-9 (03900)

대중의 미망과 광기

Extraordinary Popular
Delusions and the
Madness of Crowds

찰스 맥케이 지음 | 이윤섭 옮김

끌맥

| 머리말

다양한 민족의 역사를 읽다 보면 어느 민족이든 변덕스럽고 기묘한 면이 있는 것 같다. 사회 전체가 갑자기 한 가지 목적에 꽂혀 미친 듯이 그것을 추구하기도 한다. 수백만 명이 한꺼번에 어떤 하나의 미망에 현혹되어 새로운 매력적인 것이 나타날 때까지 몰두하기도 한다. 한 민족이 계층에 상관없이 군사적인 영광에 사로잡히거나 광신에 사로잡혀 피가 강물처럼 흐를 때까지 제정신이 아닌 경우도 있다.

유럽인들은 비이성적으로 예수의 무덤을 순례하는 일에 열광했고, 어느 시대에는 악마에 대한 공포에 사로잡혀 수십만 명을 마녀라는 구실 아래 학살하기도 했다. 또 다른 시대에는 현자의 돌에 미쳐 그것을 찾느라 온갖 어리석은 짓을 저질렀다.

유럽 전역에서 자연사를 위장해 사람을 천천히 죽이는 독약이 유행했다. 사람을 칼로 찔러 죽이는 것에 펄쩍 뛰며 반대하는 사람이 양심의 가책도 없이 이 방법을 쓰기도 했다. 또한 결투 같은 야만적인 관습이 몇 백 년 동안 지속됐다. 종종 돈이 대중을 광기로 몰아넣기도 했다. 진지한 성향의 민족이 갑자기 도박꾼들이 되어 모든 것을 투기에 걸었다.

이 책의 목적은 가장 두드러졌던 대중의 미망과 광기를 추적해서 소개하는 것이다. 사람들은 집단적 사고에 사로잡혀 너도나도 미쳐버리지만 시간이 흘러 제정신으로 돌아오는 것은 천천히 이루어진다.

이 책의 몇몇 이야기들은 이미 잘 알려진 것이다. 그러나 그런 이야기들도 이 책의 목적에 맞는 것이므로 생략하는 대신에 새로운 일화나 상세한 전말을 덧붙여서 지루하지 않게 읽을 수 있도록 했다. 미시시피 계획과 남해 거품에 대해서는 다른 책들에서 다뤄진 것보다 더 풍부하고 완전하게 다루었다. 마녀 사냥에 관한 부분에서도 월터 스콧 경이《악마신앙과 마술에 관한 서간집》에서 미흡하게 다룬 독일의 사례를 보다 상세히 기술했다.

민중의 미혹은 매우 오래되고 널리 퍼진 현상이므로 그것을 모두 다루려면 두세 권이 아니라 오십 권의 책을 써도 모자랄 것이다. 대중의 미망과 광기를 다룬 이 책은 역사책이라기보다는 사례들을 수집해 소개한 미셀러니로 봐야 할 것이다. 대중의 모방 취향과 같은 다소 가벼운 소재도 다루었다.

차 례

1장

미시시피

계획

존 로의 청년시절

1719~20년에 세상을 떠들썩하게 한 미시시피 계획의 광기를 알려면 그 창시자인 존 로John Law의 삶을 살펴보아야 한다. 로가 악당인지 광인인지에 대해서는 견해가 갈리지만, 그는 미시시피 계획의 실패로 악당 아니면 광인이라는 말을 들은 것이 사실이다. 그러나 후세 사람들은 그것은 그에 대한 타당한 평가가 아니며 그는 사기꾼이 아니라 오히려 사기를 당한 사람이라고 말한다.

로는 당시에 금융문제 전문가였으나 국민 전체의 탐욕을 헤아리지 못했다. 또한 신뢰가 불신과 마찬가지로 무한히 증가할 수 있고 희망은 공포와 마찬가지로 무절제하다는 것을 알지 못했다. 그가 어떻게 자신이 키운 황금알 낳는 거위를 프랑스 국민이 죽이리라고 예상할 수 있었겠는가? 그는 미지의 해로를 처음으로 운항하다가 밀어닥친 파도에 휩쓸려 난파한 배와 같은 사람이었다.

존 로는 1671년에 스코틀랜드의 에든버러에서 태어났다. 아버지는 금융업과 금세공업에 종사해 상당한 부를 축적했고, 로리스턴과 랜드레스턴 지역의 토지를 구입했다. 장남인 그는 14세에 아버지가 하는 금융업에 뛰어들어 3년간 금융의 원리를 익혔다. 그는 계산하기를 좋아했고, 수학에 재능을 보였다.

1688년에 17세가 된 그는 훤칠한 키에 건장한 체격을 갖추었고, 얼굴에 천연두 자국이 있지만 외모가 준수했다. 이때 아버지가 돌아가시고 유산을 물려받은 그는 사업에 등을 돌리고 방탕한 생활에 빠져들었다. 그러다가 넓은 세상을 보기 위해 런던으로 갔다.

젊은 그는 허영심은 많고 자제심은 부족했다. 그런 그가 영국의 수도 런던에서 무절제하게 지낸 것은 당연한 일이었다. 그는 도박판에서 치밀한 계산으로 돈을 많이 땄고, 상류층 아가씨들에게 인기도 좋았다. 그러나 이러한 도박판의 성공은 오래가지 않았다. 9년 동안 아무 일도 하지 않고 도박에 빠져 지내다가 결국 그는 부동산을 저당 잡혀야 할 만큼 막대한 손실을 입었다.

게다가 로는 엘리자베스 빌리어스라는 여성을 사랑하게 되어 그녀를 놓고 에드워드 윌슨과 결투를 벌이게 됐다. 이 결투에서 윌슨을 죽인 로는 체포되어 사형 선고를 받고 교도소에 수감됐다. 그러나 탈옥에 성공한 그는 유럽대륙으로 건너가 3년간 여러 나라를 떠돌아다니면서 금융에 관한 지식을 쌓고 1700년에 에든버러로 돌아왔다.

얼마 후 그는 '토지은행 설립 방안'을 발표했다. 여기에는 토지은행의 지폐 발행액은 나라의 토지 전체의 가치를 초과할 수 없다고 씌어 있었다. 이 방안은 스코틀랜드 의회의 관심을 끌어 그 내용이 반영된 법안이 의회에 상정됐다. 그러나 의회는 어떠한 지폐의 발행과 유통도 바람직하지 않다는 내용의 결의안을 통과시켰다.

로는 스코틀랜드에서 자기가 발표한 방안이 받아들여지지 않고 윌슨을 살해한 죄에 대해서도 사면을 받지 못하게 되자 다시 유럽대륙으로 건너갔다. 그러고는 14년간 네덜란드, 독일, 헝가리, 이탈리아, 프랑스 등을 전전

존 로

하며 지냈다.

  그는 유럽 각국의 무역과 자원의 현황을 더 자세히 알면 알수록 지폐의 발행과 유통이 없이는 어느 나라도 경제적으로 번영하지 못할 것이라는 확신을 갖게 됐다. 유럽대륙에서 지내는 동안에 그는 도박으로 돈을 벌어 생계를 유지했다. 프랑스 파리에서 그는 방돔 공작, 콩티 대공, 오를레앙 공작 등을 알게 됐고, 그중에서 특히 오를레앙 공작과 친하게 지냈다. 프랑스 상류사회에 자주 초대된 그는 프랑스 귀족들에게 자신의 금융이론을 자세히 설명했다.

| 프랑스의 지폐 발행을 유도한 존 로

프랑스 국왕 루이 14세(재위 1643~1715)가 죽기 직전에 존 로는 프랑스 정부에 자신의 금융개혁 방안을 제출했다. 루이 14세는 로가 가톨릭 신자가 아닌 것을 알고 이 방안을 받아들이기를 거부했다. 그러자 로는 이탈리아로 건너가서 사보이 공작 빅토르 아마데우스에게 '토지은행 설립 방안'을 전달했다. 사보이 공작은 그와 같은 큰 규모의 방안을 실행하기에는 사보이에 제약이 너무 많다면서 이를 거절하고, 대신 프랑스 국왕에게 다시 한 번 제안해보라고 권유했다. 자기가 보기에 프랑스 국민의 성향이 그 방안에 부합하므로 다시 잘 설명하면 수용될 가능성이 있다는 이유에서였다.

  프랑스에서는 루이 14세가 죽은 뒤 왕위 계승자인 증손자 루이 15세가 일곱 살의 어린아이였으므로 오를레앙 공작이 섭정을 맡았다. 당시 프랑스는 재정이 사실상 파산 상태였으므로 오를레앙 공작은 무엇보다 먼저 재정

오를레앙 공작

을 개선하는 조치를 취해야 할 입장이었다.

재정 상태가 이렇게 나빠진 것은 루이 14세가 외국과 벌인 전쟁과 그 자신의 심한 사치, 그리고 관리들의 부패 때문이었다. 정부의 채무가 30억 리브르에 이른 상태에서 연간 재정수입은 1억 4500만 리브르, 재정지출은 1억 4200만 리브르였다. 연간 300만 리브르의 재정흑자로는 채무의 이자도 지급할 수 없었다.

오를레앙 공작은 대책회의를 소집했다. 여기서 생시몽 공작은 위험을 무릅쓰고라도 뭔가 대담한 조치를 취하지 않으면 혁명이 일어날 수 있다고 경고하고, 일단 채무의 동결을 위해 국가의 파산부터 선언하라고 주장했다. 그러나 오를레앙 공작은 생시몽 공작의 제안을 거부하고, 은닉재산에 대해 벌금을 부과하는 등의 도식적인 조치를 시행했다. 이 때문에 경제적 혼란이 가중됐다.

이즈음 존 로가 무대에 등장하게 된다. 프랑스에서 오를레앙 공작보다 국가의 위기를 심각하게 생각하는 사람은 없었다. 그러나 오를레앙 공작은 책임을 지려고 하지 않았고, 재정을 관리하는 데 필요한 사무적인 일처리도 기피했다. 그는 공문서를 면밀히 검토하지 않고 서명을 하곤 했고, 자기가 해야 할 일을 다른 사람에게 미루기 일쑤였다. 뭔가 조치를 취해야 한다고는 생각했지만 그렇게 할 만한 열정을 갖고 있지 않았다. 그러니 그가 대담한 내용이면서도 시행하기 쉬운 로의 방안에 귀를 기울이고 로에게 일을 맡기기로 한 것은 놀라운 일이 아니다.

로는 오를레앙 공작에게 보고서를 제출해 프랑스의 재정이 곤경에 처하게 된 주된 원인은 통화의 부족이라고 지적했다. 그러면서 국고수입을 관리할 은행의 설립과 그 은행을 통한 지폐의 발행을 주장했다. 로는 지폐는 없이 주화만 유통시키는 것은 프랑스와 같은 상업국가에 적절하지 않다면서 영국과 네덜란드의 예를 들어 지폐 유통의 유리한 점을 설명했다. 또한 은행은 국왕의 이름으로 운영돼야 하며, 삼부회에서 임명한 관리자들이 통제해야 한다고 주장했다.

보고서가 검토되는 동안에 로는 보고서의 내용을 반영한 자신의 글을 프랑스어로 번역해 널리 배포했다. 금융 전문가로서 자신의 명성을 높이기 위한 행동이었다. 이를 통해 그는 프랑스 국민의 신뢰를 얻었다. 1716년 5월 5일 존 로가 제안한 은행의 설립을 허가한다는 국왕의 칙령이 발표됐다. 은행의 자본금은 600만 리브르로 결정됐다. 이제 조세는 모두 이 은행이 발행한 지폐로 납부돼야 했다.

이로써 존 로에게 성공으로 가는 길이 활짝 열렸다. 발행된 지폐는 유통

되는 주화와 얼마든지 교환할 수 있었다. 이것이 도입된 정책의 핵심이었고, 이로써 은행이 발행한 지폐는 귀금속보다 더 가치가 있었다. 로는 은행이 충분한 지불능력 없이 지폐를 발행하는 것은 중죄라고 공언했다. 결국 종이로 만든 그 지폐는 대중의 신뢰를 얻었고, 금속으로 만든 주화보다 더 높은 가치를 인정받았다. 그 덕에 상공업이 활기를 띠게 됐고, 정부의 조세 수입이 늘어났다.

일 년 만에 은행의 지폐는 15퍼센트의 프리미엄을 갖게 됐다. 반면에 국가채무 때문에 발행된 국채는 78.5퍼센트나 할인된 가격에 거래됐다. 리옹, 투르, 아미앵 등 프랑스의 전국 주요 도시들에 은행의 지점이 설치됐다. 로가 제시한 방안의 실시 성과에 크게 놀란 오를레앙 공작은 주화를 보조하는 지폐가 아예 주화를 대체할 수 있겠다는 생각을 하기 시작했다.

존 로는 드디어 자기 이름을 후세에 남기게 되는 계획의 추진에 들어갔다. 로는 오를레앙 공작에게 프랑스의 식민지인 북미 루이지애나 지역을 포함한 미시시피 강 유역에 대한 무역 독점권을 가진 회사를 설립하자고 제안했다. 이에 따라 1717년에 미시시피회사Mississippi Company가 설립됐다. 이 회사는 미시시피 강 유역의 귀금속 채굴을 독점하고 그 이윤을 바탕으로 주화와 지폐도 발행했다.

미시시피회사를 둘러싼 투기심리가 프랑스 국민 사이에 팽배했다. 로의 은행이 너무나 잘 운영됐으므로 미시시피회사를 통한 그의 신규 사업도 당연히 성공할 것으로 여겨졌다. 게다가 오를레앙 공작은 로에게 여러 가지 특권을 잇달아 주었다. 그의 은행은 담배 판매와 금과 은 가공도 독점하게 됐다.

그런데 성공에 도취된 로와 오를레앙 공작이 은행은 지불능력 이상으로 지폐를 발행하면 안 된다는 철칙을 잊은 것이 문제가 됐다. 로의 은행이 왕립은행이 된 뒤에 오를레앙 공작은 10억 리브르나 되는 지폐를 발행하게 했다. 이는 건전한 원칙에서 처음으로 이탈한 것이었는데, 전후 사정으로 미루어 오를레앙 공작의 개입에 의한 것이므로 로에게만 책임이 있는 일은 아니었다.

로는 자신이 전제정부 아래에서 살고 있다는 사실은 의식하고 있었지만, 그러한 정부가 은행 같은 섬세한 조직에 미칠 수 있는 해악을 충분히 깨닫지는 못하고 있었다. 10억 리브르나 되는 지폐의 발행은 프랑스를 곤란에 빠지게 할 만한 물량이었다. 은행이 그만큼의 지불능력이 없는 것은 분명한 사실이었다.

이때 프랑스 파리의 고등법원은 외국인인 로가 막대한 권한을 갖는 데 대해 불만을 품었다. 대법관 다게소D'Aguesseau가 지폐의 남발에 반대하다가 해임됐고, 이로 인해 고등법원은 더욱 반발했다. 오를레앙 공작의 사적 이익에 충실한 다르장송D'Argenson이 대법관 겸 재무장관이 됐는데, 그는 주화를 평가절하하는 정책을 시행했다.

다르장송의 재정정책이 위험하다고 느낀 고등법원이 다르장송의 조치에 반대하는 의견을 수차례 내놓으면서 다르장송과 고등법원 사이의 힘겨루기가 이어졌다. 고등법원은 로의 은행 영업에 제동을 걸었고, 그를 모든 해악의 원천으로 여겼다. 일부 법관들은 로를 법정에 세워 유죄판결이 나오면 교수형에 처해야 한다고 주장하기도 했다.

크게 놀라 궁전으로 도피한 존 로는 오를레앙 공작에게 자신을 보호해 줄 것과 고등법원을 복종시킬 조치를 취할 것을 요구했으나, 정치적으로 곤경에 빠진 오를레앙 공작은 입장이 난처했다. 그러나 우여곡절 끝에 오를레앙 공작은 고등법원의 의장을 포함해 그 구성원 3명을 투옥하는 것으로 대항했다.

| 미시시피 계획이 불러일으킨 투기 열풍

이제 존 로는 적극적으로 자신의 미시시피 계획을 실행에 옮기기 시작했다. 1719년 초 미시시피회사에 동인도와 중국에 대한 무역 독점권이 주어졌다. 콜베르가 세운 프랑스 동인도회사의 자산 전부를 미시시피회사에 넘기게 하는 법령도 발표됐다. 이에 따라 사업영역이 넓어지자 미시시피회사는 이름을 인도회사Company of the Indies로 고쳤다. 로는 연 120퍼센트의 수익률을 약속했다.

대중은 열광했다. 투자 신청서가 30만 건 넘게 들어왔고, 로의 집은 투자 희망자들에게 둘러싸였다. 투자자를 선정하는 일은 몇 주일이 걸렸는데, 그 기간에 로의 집 문밖에서 공작, 후작, 백작 등 귀족들이 줄을 서서 몇 시간이고 기다렸다.

프랑스 국민은 계층을 가리지 않고 부자가 될 꿈에 젖어들었다. 이름난 귀족 가운데 미시시피회사의 주식을 사지 않은 사람은 생시몽 공작과 빌라르 원수뿐이었다. 모든 계층의 사람들이 미시시피회사의 주식과 채권에 투자했다. 로가 사는 캥캉푸아 거리의 주택 임대료도 폭등했다.

로는 방돔 광장으로 이사했는데, 사람들은 여기까지 따라와 천막을 치고 생활했다. 방돔 광장은 아침부터 저녁까지 사람들로 붐볐다. 주위가 너무 시끄러워지자 로는 카리냥 대공에게서 수아송 저택을 샀다. 로가 거처를 옮기자마자 수아송 저택의 정원에서만 주식을 거래할 수 있다는 법령이 발표됐다. 정원에는 500개의 천막이 세워졌다. 카리냥 대공은 이 천막의 임대로 큰돈을 벌었다.

정직한 군인인 빌라르 원수는 프랑스 사람들의 어리석은 모습을 보고 분노했다. 그는 마차를 타고 방돔 광장을 지나가다가 정신 나간 군중이 몰

존 로의 집이 있는 캥캉푸아 거리를 가득 채운 군중

려있는 것을 보고 '구역질나는 탐욕'을 버리라고 30분간이나 설교했다. 군중은 휘파람을 불거나 고함을 지르며 그를 야유했다. 그들은 심지어 빌라르 원수에게 물건을 던지기도 했다. 다행히 그 자리를 무사히 빠져나온 빌라르 원수는 다시는 그런 설교를 하지 않았다.

문필가인 라 모트와 테라송 신부는 일찍감치 정신을 차렸다. 수아송 저택 앞에서 마주친 두 사람은 얼마 뒤 다시 만나 자신들의 잘못을 서로 인정하고 아무리 현자라도 방종에 빠지지 말라는 법은 없다는 이야기를 나누었다.

존 로는 이제 프랑스에서 가장 중요한 인물이 되었다. 그동안 오를레앙 공작의 접견실을 드나들던 귀족, 주교, 판사 등이 이제는 수아송 저택에 모여들었다. 육군과 해군의 장교, 귀족, 공직자 등이 미시시피회사의 주식을 얻으려고 로의 접견실에서 그를 기다렸다. 로를 보러 오는 사람들이 너무 많아서 로는 그들 가운데 10분의 1도 접견하지 못했다. 사람들은 그를 만나려고 갖은 수단을 동원했다. 오를레앙 공작을 만나러 갔는데 30분을 기다리게 했다면 화를 냈을 만한 귀족도 로를 만나기 위해서는 6시간도 기꺼이 기다렸다.

한 귀부인은 로를 만나기 위해 여러 날 노력했는데도 만나지 못하자 자기 마부에게 "로의 마차를 보게 되면 우리 마차를 길가 말뚝에 부딪쳐 쓰러뜨려라"고 지시했다. 이 귀부인은 마차를 타고 수아송 저택 주변을 돌아다니기 시작한 지 사흘째 되는 날 드디어 로의 마차가 앞에서 다가오는 것을 보게 됐다. 그녀는 마부에게 "지금이야!"라고 소리쳤다. 마부는 곧바로 마차를 길가 말뚝에 들이받아 쓰러지게 했다. 로가 이것을 보고 달려와 귀부인을 구조했다. 수아송 저택 안으로 실려 들어간 그녀는 마차를 일부러 쓰러뜨렸다는 사실과 그 이유를 털어놓았다. 로는 그녀가 많은 양의 주식을 구입할 수 있게 해주었다.

쓰러진 마차에서 귀부인을 구조하는 존 로

또 하나의 일화도 이때의 광기를 잘 전해준다. 오를레앙 공작은 어느 날 고관대작 몇 명과 같이한 자리에서 이탈리아의 모데나 공국으로 시집가는 자기 딸을 따라가 돌봐줄 귀부인을 찾고 있다고 말했다. 그러고는 "신분이 최소한 공작 부인 이상이어야 하는데 어디에서 그런 귀부인을 찾을 수 있을지 모르겠소"라고 덧붙였다. 그러자 그 자리에 있던 한 사람이 이렇게 말했다. "프랑스의 모든 공작 부인을 만날 수 있는 곳을 말씀드리지요. 존 로의 집으로 가면 됩니다. 그 집의 내빈대기실에 공작 부인들이 다 모여 있습니다."

미시시피회사 주가가 몇 시간 만에 10~20퍼센트 오르는 일이 반복됐다. 그러자 아침에 가난했던 사람이 저녁에 부자가 되는 경우도 생겼다. 어

미시시피 회사 주식을 사려고 수아송 저택 정원에 모여든 사람들

느 부자의 하인이 그런 경우였다. 그 부자는 병에 걸리자 하인에게 미시시피회사 주식 250주를 건네면서 수아송 저택에 가서 시가인 주당 8000리브르에 팔아달라고 했다. 하인이 주식을 가지고 수아송 저택에 도착해 보니 그사이에 주가가 1만 리브르로 올라 있었다. 하인은 주식을 팔아 차액인 50만 리브르는 자기가 챙기고 나머지를 주인에게 주었다. 그러고는 그날 저녁에 그 집을 떠나 다른 나라로 가버렸다.

이런 식으로 졸부가 된 하류층의 추태도 심각했지만 상류층의 행각은 더욱 역겨웠다. 생시몽 공작이 전한 이야기에 나오는 우아즈 후작의 처신이 그랬다. 앙드레라는 무식한 사람이 미시시피회사에 투자해서 짧은 기간에 큰돈을 벌었다. 자신의 출생 신분을 부끄러워했던 앙드레는 부자가 되

자 귀족 가문과 연줄을 맺고 싶었다. 그래서 그는 가난한 귀족인 우아즈 후작과 협상을 벌였다. 그 결과 자신의 3살짜리 딸이 12살이 되면 우아즈 후작에게 시집보내기로 하고 우선 10만 크라운을 우아즈 후작에게 주는 것으로 합의됐다. 그리고 결혼식을 올릴 때까지 매년 2만 리브르를 추가로 주기로 했다. 이때 우아즈 후작의 나이는 33살이었다. 그러나 불과 몇 달 뒤에 존 로는 파산했고, 이 때문에 앙드레의 계획은 수포로 돌아갔다. 그러나 우아즈 후작은 선불로 받은 10만 크라운을 끝내 돌려주지 않았다.

심각한 범죄도 일어났다. 사람들이 지폐를 갖고 다니다 보니 노상강도 사건이 자주 일어났고, 살인 사건도 늘어났다. 방탕한 청년인 혼 백작은 다른 두 명의 청년과 함께 주식을 사려고 한다며 부유한 주식중개인을 술집으로 유인해 칼로 가슴을 찔러 살해했다. 백주에 공개된 장소에서 벌어진 이 살인 사건

에 파리 시민들은 경악했다. 범죄 현장에서 붙잡힌 혼 백작과 한 명의 청년은 재판에서 거열형에 의한 사형 선고를 받았다. 혼 백작의 가문이 처음에는 면죄를 간청하고 나중에는 거열형을 교수형이나 독살형으로 완화해달라고 탄원했으나 오를레앙 공작은 전혀 들어주지 않았다. 파리 시민들은 신속하고 엄격한 법 집행에 만족하는 반응을 보였다. 그럼에도 강도와 살인이 줄어들지 않았다. 도덕이 갈수록 해이해지고 도박이 유행했다.

프랑스의 전국 각지에서 사람들이 돈을 벌고 쓰기 위해 몰려드는 바람에 수도 파리의 인구가 30만 5000명이나 늘어났다. 파리에서는 갑작스런 경기호황으로 비단이나 벨벳과 같은 사치품의 수요가 늘어나 가격이 4배로 뛰어올랐다. 뿐만 아니라 생활필수품의 가격도 올랐고, 임금도 같은 비율로 올랐다. 곳곳에서 건물도 새로 지어졌다. 풍요가 넘치다 보니 누구도 빠르게 다가오는 먹구름을 알아차리지 못했다.

존 로는 떼돈을 벌었다. 최고의 귀족들이 로는 물론 그의 아내와 딸에게도 비위를 맞추었고, 왕족들도 로를 자기편으로 만들려고 애썼다. 로는 여러 곳의 토지를 샀고, 로스니 후작령을 구입하려고 쉴리 공작과 협상에 들어가기도 했다. 오를레앙 공작은 로를 금융 분야를 책임지는 고위 관직에 임명하기 위해 그에게 가톨릭에 입교하도록 권했다. 딱히 믿는 종교가 없었던 로는 곧바로 가톨릭 신자가 되기로 하고 블룅 성당에서 많은 사람들이 지켜보는 가운데 가톨릭에 입교했다. 그는 성당에 기부를 많이 하면서도 결코 그것을 과시하지 않았고, 어려운 사람을 만나면 언제나 도움을 주었다.

이 무렵에 로는 프랑스에서 가장 큰 영향력을 가진 사람이었다. 섭정인 오를레앙 공작은 로를 깊이 신뢰해서 모든 일을 그와 상의했다. 따라서 로는 이미 엄청나게 성공한 사람이었지만 여전히 소박하고 예절바르며 교양 있는 사람으로 비쳤다. 여성에 대한 그의 친절한 태도는 너무도 자연스러워 연적이라도 그에게 화를 낼 수 없을 정도였다. 그러나 로는 자기 앞에서 알랑거리는 귀족에게는 오만한 태도를 보였다.

경제적으로 몰락했던 귀족 가운데 로 덕분에 이때 재산을 다시 불린 이들이 적지 않았다. 특히 루이 14세와 몽테스팡 후작 부인 사이에서 태어난 부르봉 공작은 미시시피회사 주식 거래에서 운이 좋았다. 부르봉 공작은 주식으로 큰돈을 벌어 샹티이에 엄청난 크기의 저택을 지었고, 영국에서 최고급 품종의 말 150필을 수입했다. 또한 우아즈 강과 솜 강 사이에 있는 좋은 땅을 거의 다 샀다.

존 로의 성공을 고려하면 당시의 대중이 그를 숭배한 것은 그리 놀랄 일이 아니었다. 어떠한 군주도 그만큼 찬양을 받은 적이 없을 정도였다. 그에게 찬사를 퍼붓는 시인과 문필가도 많았다. 그들에 따르면 로는 신이 보낸 프랑스 수호자요 구세주였다. 게다가 그는 말을 재치 있게 했고, 뛰어난 외모를 자랑했으며, 행동도 지혜롭게 보였다. 그가 외국을 방문하기 위해 길을 떠날 때면 많은 사람들이 그의 마차를 따라갔고, 오를레앙 공작은 기병대를 보내 그의 마차를 호위하게 했다.

파리는 사치품으로 가득 찼다. 조각, 그림, 양탄자 등이 대량으로 수입되어 불티나게 팔렸다. 고급 가구와 장식품은 더 이상 귀족의 전유물이 아니어서 상인이나 중산층의 집에서도 볼 수 있게 됐다. 매우 비싼 보석류도 파리로 유입되어 팔렸는데, 그중에서 특히 오를레앙 공작이 프랑스 국왕의 왕관을 장식하기 위해 구입한 200만 리브르짜리 다이아몬드가 유명했다. 그는 이 다이아몬드의 구입을 제의받고 탐이 났지만 처음에는 보석을 구입하는 데 거액의 공금을 쓸 수는 없다며 거절했다. 그러나 궁중의 귀부인들이 그런 귀한 보석이 외국으로 유출되게 해서는 안 된다고 하고 생시몽 공작과 로가 구입할 것을 탄원하자 그들의 의견을 받아들였다.

| 투기 거품의 붕괴

1720년 초까지도 존 로의 은행 체제는 잘 굴러갔다. 지폐의 과다한 발행은 결국 국가를 파산시킬 것이라는 고등법원의 경고는 무시됐다. 금융의 원리를 전혀 모르는 오를레앙 공작은 성공적으로 운영되는 제도가 실패로 돌아설 리는 없다고 보았다. 그는 5억 리브르의 지폐를 유통시켜 효과를 보았다면 추가로 5억 리브르의 지폐를 발행하는 것은 더 좋은 일일 것이라고 생각했다. 로는 이런 그의 착각을 깨뜨리려고 하지 않았다. 미시시피회사의 주가가 오르면 오를수록 지폐 발행은 더욱 늘어났다. 하지만 대중의 불신이 폭발하면 로의 체제는 무너질 것이 뻔한 상황이었다.

1720년 초에 처음으로 가벼운 경고음이 울렸다. 로에게서 원하는 주식 구입을 거절당해 불만을 품은 콩티 대공이 대량의 지폐를 가지고 와서 주화로 바꿨는데, 그것을 운반하는 데 3대의 마차가 필요했다. 로는 오를레앙 공작에게 이 일에 대해 불평하면서 다른 사람들이 콩티 대공의 행동을 따라 하게 될까봐 두렵다고 말했다. 오를레앙 공작은 콩티 대공에게 사람을 보내 그가 가지고 간 주화 가운데 3분의 2를 은행에 다시 예치하라고 요구했고, 콩티 대공은 이를 거부할 수 없었다.

그럼에도 콩티 대공의 행동을 따라 하는 사람들이 나타났다. 미시시피회사 주식 소유자 가운데 눈치가 빠른 사람들은 주가가 영원히 오르기만 하지는 않는다는 점을 알아차렸다. 대규모 투자를 한 부르동과 라 리샤르디에르는 소문나지 않게 조금씩 지폐를 주화로 바꿔 외국으로 보냈다. 또한 보석을 살 수 있는 한 많이 사서 몰래 영국과 네덜란드로 운반했다. 주식중개인인 베르말레는 폭풍이 다가오고 있음을 감지하고 100만 리브르 정도의 주화를 사들여 농가의 수레에 싣고 그 위에 건초 더미를 덮어 위장했다. 그러고는 스스로 농부 차림을 하고 그 수레를 벨기에로 옮겼다.

이때까지만 해도 지폐를 주화로 바꾸는 데 별다른 어려움이 없었다. 그러나 차츰 주화가 부족하게 되자 정부 당국은 로의 의견에 따라 주화를 지폐보다 5퍼센트 평가절하하는 조치를 취했다. 이것으로 기대한 만큼의 효과가 나타나지 않자 10퍼센트까지 평가절하 폭을 넓혔다. 이와 동시에 누구든 은행에 가서 지폐를 주화로 교환해 받을 수 있는 금액을 100리브르의 금화와 10리브르의 은화로 제한했다. 그러나 이런 조치가 지폐의 신뢰도를 회복시키지는 못했다.

이런 여러 가지 조치에도 불구하고 영국과 네덜란드로 귀금속이 유출되는 현상은 멈추지 않았다. 그나마 프랑스에 남아 있는 주화는 사장되어 유통되지 않았고, 이로 인해 상거래가 제대로 이루어지지 못하는 지경에 이르렀다. 이러한 비상상황에서 로는 주화의 사용을 전면적으로 금지하는 과감한 실험을 제안했다. 1720년 2월에 주화의 사용을 제한하는 새로운 법령이 발표됐다. 이는 지폐의 신뢰도를 회복시키기 위한 조치였으나 파괴적인 결과를 초래해 나라를 혁명 직전까지 몰고 갔다.

이 법령에 따라 1인당 500리브르를 초과해 주화를 소유하는 것이 금지됐다. 이를 위반한 경우에는 무거운 벌금과 함께 초과 소유분을 몰수당해야 했다. 보석이나 귀금속 원석을 매점하는 것도 금지됐고, 그런 사실을 고발한 사람에게는 매점으로 적발된 금액의 50퍼센트가 지급된다고 규정됐다.

고발자 보상을 내세운 이 강압적 조치는 전국적으로 피해자를 낳았다. 고발자로 인해 가족의 사생활이 침해됐고, 도덕적이고 정직한 사람이 금을 숨겨 놓았다는 거짓 고발을 당했다. 하인이 주인을 배반했고, 이웃끼리 서로 감시자가 됐다. 법령 위반으로 체포되는 사람이 늘어났고, 몰수되는 귀금속의 양이 급증했다. 의심만으로도 수색영장이 발부됐다.

오를레앙 공작과 존 로를 비난하는 대중의 목소리가 커졌다. 뒤클로 Duclos는 저서 《섭정 시기의 비밀 회고록》에 이렇게 썼다.

이 정도로 변덕스러운 정부는 없었다. 그 시기의 공포를 목격한 사람들은 혁명은 왜 일어나지 않았는지, 존 로와 오를레앙 공작은 왜 비극적인 죽음을 맞이하지 않았는지 의아할 따름이다. 두 사람은 두려움에 휩싸였으나 사람들은 불평을 토로할 뿐이었다.

한때 민중운동이 일어날 것 같았다. 선동적인 글이 벽에 나붙었고, 전단이 저명인사들의 집에 뿌려졌다. 그중 하나에는 다음과 같이 씌어 있었다.

상황에 변화가 없다면 이번 토요일과 일요일에 성 바르톨로메오 축일의 대학살이 재현될 것입니다. 동요하지 마십시오. 하느님이 당신을 보호하실 것입니다. 이웃에게도 알리십시오. 1720년 5월 25일.

그러나 파리의 곳곳에 첩자들이 우글거렸으므로 시민들은 서로 불신해서 행동에 나서기를 머뭇거렸고, 단 한 건의 소규모 시위만 벌어졌다.

미시시피회사 주식의 가치는 급속히 떨어졌고, 이제는 미시시피 강 유역에서 캐낼 수 있다는 부에 기대를 거는 사람이 없었다. 그러자 미시시피 계획에 대한 대중의 신뢰를 회복시키려는 조치가 마지막으로 시도됐다.

프랑스 정부는 파리의 걸인들을 징집했다. 6천 명의 밑바닥 인생들에게 새옷과 채굴장비를 지급하고 그들을 미시시피 강 유역의 금광 개발을 위해 북미로 보내고자 했다. 그들은 삽과 곡괭이를 들고 며칠간 행진했다. 정부는 그들을 항구로 보내 배에 태울 작정이었다. 그러나 그들 가운데 3분의

미시시피 유역으로 가는 배를 타기 위해 항구를 향해 행진하는 걸인들

2는 도중에 행렬에서 이탈해 지급받은 장비를 팔아먹고 이전의 밑바닥 생활로 돌아갔다. 이 조치로 미시시피회사의 주가가 조금 올랐다. 그리고 쉽게 속아넘어가는 사람들은 곧 프랑스에 금괴와 은괴가 넘쳐나게 될 것이라고 믿었다.

프랑스가 이때 만약 입헌군주제의 국가였다면 대중의 신뢰를 회복시키기 위해 보다 더 확실한 조치를 취했을 것이다. 그렇지 않았기에 해악을 만들어낸 사람들에게 해악을 치유하는 일이 맡겨졌다. 오를레앙 공작은 나라를 곤경에서 구하기 위한 방안을 모색했다. 그러나 그가 채택한 조치들은 나라를 더 깊은 수렁으로 몰고 갔다.

모든 지불을 지폐로 하라는 법령이 발표됐고, 2월 초부터 5월 말까지

15억 리브르 이상의 지폐가 새로 발행됐다. 그러나 대중은 귀금속으로 바꿀 수 없는 지폐를 조금도 신뢰하지 않았다. 파리 고등법원 의장인 랑베르 후작은 오를레앙 공작의 면전에서 자신은 500만 리브르의 지폐보다 10만 리브르의 금이나 은을 갖겠다고 말했다. 이것이 일반적인 생각이었으므로 지폐의 대규모 발행은 그 가치를 더욱 떨어뜨려 사태를 악화시킬 뿐이었다. 오를레앙 공작은 주화의 가치를 낮추고자 했으나 그렇게 할 때마다 주화의 가치는 거꾸로 올랐다.

2월에 왕립은행을 인도회사에 통합하는 것이 바람직해 보임에 따라 그러한 취지의 법령이 제정되기도 했다. 이로 인해 미시시피회사의 주가가 잠시 올랐지만, 대중의 신뢰는 회복되지 않았다.

5월 초에 정부의 대책회의가 열렸다. 이때 유통되는 지폐는 모두 26억 리브르였고, 주화는 금액으로 그 절반에도 못 미치는 것으로 추산됐다. 유통 중인 지폐의 총 가치와 주화의 총 가치를 일치시켜야 한다는 것이 다수의 의견이었다. 그런데 그러기 위한 방안으로는 두 가지 의견이 나왔다. 하나는 지폐의 가치를 주화와 같은 수준으로 떨어뜨려야 한다는 의견이었고, 다른 하나는 주화의 가치를 지폐와 같은 수준으로 올려야 한다는 의견이었다. 로는 두 가지 방안 모두에 반대했으나 대안이 마땅치 않았다. 결국 지폐의 가치를 50퍼센트 떨어뜨리는 방안이 채택됐다. 이에 따라 5월 21일에 인도회사의 주식과 지폐의 가치를 점진적으로 떨어뜨려 1년 뒤에 절반으로 낮춘다는 조치가 발표됐다. 고등법원이 이에 반대하면서 국가 전체가 혼란에 빠지자 섭정위원회가 7일 만에 지폐의 가치를 원래대로 놔둔다는 법령을 발표했다. 이 법령이 발표된 날에 은행은 주화 지불을 정지했다.

존 로와 다르장송은 공직에서 해임됐다. 심약하고 우유부단하며 비겁한 오를레앙 공작은 모든 잘못을 로에게 돌렸다. 로는 왕궁에 들어가려다가 입궁을 거부당했다. 오를레앙 공작은 그날 밤에 로를 불러 비밀 문으로 들어오게 해서 위로했다. 이틀 뒤에는 로를 오페라 극장에 초대해 공개적으로 로열박스에서 관람을 하게 했다. 그러나 로가 그렇게 공개적인 자리에 나타나는 것은 위험한 일이었다.

사람들은 오페라를 관람하고 돌아오는 로를 그의 집 앞에서 기다리고 있다가 그가 탄 마차가 다가오자 돌을 던졌다. 마부가 마차를 급히 몰아 집 안으로 얼른 들여놓고 하인들이 재빨리 대문을 닫지 않았다면 로는 십중팔구 폭도에게 끌려가 봉변을 당했을 것이다. 다음 날에는 그의 아내와 딸도 마차를 타고 외출했다가 돌아오는 길에 폭도의 습격을 받았다. 이런 소식을 전해 들은 오를레앙 공작은 스위스 용병들을 보내 로의 집을 지키게 했다. 그러나 로는 대중의 분노가 갈수록 커지고 있어 집에 그대로 있는 것은 안전하지 않다고 생각하고 오를레앙 공작이 있는 궁전으로 거처를 옮겼다.

1718년에 로의 계획에 반대한다는 이유로 대법관 직에서 해임됐던 다게소가 공직에 복귀했다. 다게소는 전원으로 내려가 철학 연구에 몰두하고 있었는데, 오를레앙 공작의 명령에 따라 로가 그를 모시러 갔다.

6월 1일에는 500리브르를 초과하는 주화를 소유하는 것을 불법으로 규정한 법령이 폐지됐다. 이에 따라 누구든 주화를 원하는 만큼 얼마든지 소유할 수 있게 됐다. 아울러 파리 시의 재정수입을 담보로 해서 연 2.5퍼센트의 이자를 주는 2500만 리브르의 신지폐가 발행됐고, 구지폐는 회수되어 공개적으로 소각됐다. 신지폐는 주로 10리브르짜리였다. 아흐레 뒤인 10일에는 지폐를 충분히 교환해줄 수 있을 만큼의 은화를 준비하고 은행이 문을 열었다.

파리 시민들은 너나없이 지폐를 가지고 와서 은화로 바꾸어 갔다. 은행에 사람들이 몰려들어 하루도 압사자가 발생하지 않는 날이 없었다. 7월 9

일에는 사람들이 몰려와 소란을 부리자 경비병들이 그들이 은행 안으로 들어오지 못하게 했다. 이에 화가 난 군중이 병사들에게 돌을 던졌고, 돌에 맞은 한 병사가 총을 쏘았다. 이 사건으로 한 명이 즉사하고 한 명이 중상을 당했다. 하지만 무장한 병사의 수가 많은 것을 본 군중이 자제해서 큰 충돌은 일어나지 않았다.

이후 8일 동안 사람들이 은행에 너무 많이 몰려들어 15명이 은행 문 근처에서 압사했다. 격분한 군중이 그중 3구의 시체를 들것에 실어 오를레앙 공작의 궁전으로 들고 갔다. 이때 그 궁전의 앞에 있던 로의 마차 위에서 마부가 군중을 향해 욕설을 퍼부었다. 그러자 욕설을 들은 사람들이 마차에 로가 타고 있다고 생각하고 습격해 마차를 박살냈다. 이에 병사들이 출동하자 군중은 3구의 시체를 잘 묻어주겠다는 오를레앙 공작의 말을 믿고 해산했다.

로는 당분간 거리에 나가지 않고 궁전 안에 머물러 있었다. 이때 군중이 로에 대해 얼마나 분노하고 있었는지를 잘 보여주는 일화가 있다. 부르셀이라는 신사가 마차를 타고 생앙투안 거리를 지나던 중에 어느 한 전세마차가 길을 막고 서 있어 마차를 멈추어야 했다. 부르셀의 마부가 전세마차의 마부에게 빨리 비키라고 했는데 말을 듣지 않자 주먹으로 그 마부의 얼굴을 때렸다. 전세마차의 마부는 "도와주시오! 존 로와 그의 하인들이 나를 죽이려고 합니다!" 하고 외쳤다. 그러자 사람들이 몽둥이와 돌을 들고 달려왔다. 부르셀과 그의 마부는 다행히도 근처의 문이 열려 있는 예수회 교회 안으로 몸을 피할 수 있었다. 그들의 뒤를 쫓아온 사람들은 자제하라는 신부들의 설득에 발길을 돌렸지만, 대신 거리에 방치된 부르셀의 마차를 때려부수었다.

파리 시가 발행한 2500만 리브르의 지폐는 이자율이 낮아서 미시시피회사 주식에 관심을 가진 사람들에게는 그리 인기가 없었다. 미시시피회사 주식을 많이 갖고 있는 사람들은 주가가 다시 오를 것이라는 기대 때문에 그것을 새로운 지폐로 교환하려고 하지 않았다. 8월 15일 미시시피회사 주식을 지폐로 교환하도록 촉진하기 위한 포고령이 내렸고, 10월에는 미시시피회사에 부여된 특권을 모두 회수하는 내용의 법령이 발표됐다.

| 프랑스를 떠난 존 로

절망에 빠지고 목숨마저 위태로워진 존 로는 프랑스를 떠나기로 결심했다. 로는 우선 오를레앙 공작에게 파리에서 은퇴해 지방에 가서 지내겠다고 청원했고, 오를레앙 공작은 이를 흔쾌히 받아들였다. 로는 오를레앙 공작과의 마지막 면담에서 이렇게 말했다.

"내가 실수를 많이 저지른 것은 인정합니다. 나도 인간이므로 실수를 했습니다. 그러나 나의 실수가 사악하거나 부정직한 동기에서 비롯된 것은 결코 아닙니다."

로가 파리를 떠난 지 2~3일 뒤에 오를레앙 공작은 로에게 편지를 보내 언제든 프랑스를 떠나는 것을 허가한다면서 필요한 돈도 주겠다고 했다. 로는 돈은 사양하고 부르봉 공작의 정부인 프리Prie 부인의 마차를 타고 브뤼셀로 떠났다. 그는 브뤼셀에서 다시 베네치아로 가서 몇 달을 지냈다. 베네치아에서 로는 엄청난 부자로 알려져 대중의 관심을 모았다. 하지만 이는 잘못 알려진 것이었다.

로는 도박사로 일생을 보냈지만, 재정적으로 파탄 난 프랑스의 국민을 희생양으로 삼아 스스로 부자가 되려고 한 것은 아니었다. 그는 지폐 발행과 미시시피 계획이 프랑스를 유럽에서 가장 부유한 나라로 만들 것이라고 진심으로 확신했다. 그는 자신에게 축적된 재산을 프랑스 안에 있는 토지를 구입하는 데 사용했는데, 이는 그가 자신의 제안에 의해 실행된 방안의 안전성을 스스로 믿었음을 의미한다. 로는 보석류를 사 모으지도 않았고, 외국으로 돈을 빼돌리지도 않았다. 프랑스를 떠날 때 그는 거의 무일푼이었다.

로가 프랑스를 떠난 뒤에 그의 부동산은 모두 몰수됐다. 그가 프랑스를 빠져나간 것을 알게 된 대중은 분노했다. 그러나 한편으로는 로의 금융지식이 프랑스를 곤경에서 건져내는 데 효과적으로 사용되지 못한 점을 안타까워하는 사람들도 적지 않았다.

재정위원회의 조사 결과 유통 중인 지폐의 총액은 27억 리브르였다. 오를레앙 공작은 로가 독단적으로 12억 리브르의 지폐를 발행했다면서 책임의 상당부분을 로에게 돌렸다. 하지만 오를레앙 공작이 진실을 그대로 밝히고 자신의 사치와 인내심 부족 때문에 로가 그렇게 지폐를 남발하게 된 것이라고 솔직히 말하는 쪽이 그 자신의 신뢰도를 지키는 데 더 나았을 것이다.

1721년 1월 1일 현재 프랑스의 국가채무가 31억 리브르 이상인 것으로 확인됐다. 국가가 발행한 채권을 구매한 사람들에 대한 조사가 이루어졌다. 구매자는 다섯 부류로 나뉘었다. 정당한 구매였음을 입증하지 못한 사람들의 채권에 대해서는 파기 처분이 내려졌고, 나머지 네 부류의 채권에 대해서는 이자가 삭감됐다. 또한 정부가 설치한 특별법정이 재정 부문에서 부정부패를 저지른 관리들을 심판하고 처벌했다.

존 로는 프랑스로 돌아가서 명예를 되찾고 싶었지만, 1723년에 오를레앙 공작이 세상을 떠나는 바람에 모든 희망을 버려야 했다. 도박으로 생계를 유지하다가 도박빚에 몰린 그는 코펜하겐으로 가서 영국 영사에게서 고국으로 돌아갈 수 있도록 허가를 받았다. 1719년에 결투에서 윌슨을 죽인 죄를 사면받았기에 가능한 일이었다. 로는 영국으로 돌아가 4년을 지낸 뒤 베네치아로 갔고, 그곳에서 1729년에 세상을 떠났다.

로의 은행과 관계를 맺었던 동생 윌리엄 로는 공금횡령 혐의로 바스티유 감옥에 수감됐지만 유죄가 입증되지 않아 15개월 만에 풀려났다. 이후 그는 나름대로 성공을 거두어 한 가문을 이루었다. 그의 가문은 프랑스에서 로리스턴 후작이라는 작위를 갖게 됐다.

2장

남해

거품

| 남해회사의 설립과 주가 폭등

1711년에 영국의 재무장관인 옥스퍼드 백작 할리Harley가 남해회사South Sea Company를 설립했다('남해회사'라는 이름에 들어간 남해South Sea는 당시에 남아메리카 대륙과 그 인근의 섬들을 가리키는 말이었다—옮긴이). 당시 영국은 재정이 악화되어 정부채무가 1000만 파운드에 이른 상태였다. 한 무리의 상인들이 남해회사를 통해 정부채무를 떠안는 대신에 정부가 매년 6퍼센트의 이자를 지급하기로 약속했다. 정부는 이 이자를 지급할 재원을 마련하기 위해 포도주, 비단, 담배 등의 무역에 관세를 부과했다. 또한 남아메리카에 대한 무역 독점권이 남해회사에 부여됐다.

남해회사는 설립 초기에 남아메리카의 광산 개발에 대한 매우 야심찬 계획을 제시했다. 이즈음 페루와 멕시코의 금광과 은광에 관한 여러 가지 소문이 자자했고, 그 매장량이 엄청나다는 믿음이 팽배했다. 영국인들은 그곳의 원주민에게서 금괴와 은괴를 시가의 100분의 1의 가격에 구입할 수 있다고 알고 있었다. 스페인이 칠레와 페루의 해안에 위치한 항구 4개소를 영국 배가 이용할 수 있도록 허용할 것이라는 소문도 퍼졌다. 이에 따라 남해회사의 주식은 큰 인기를 끌었다.

그러나 스페인 국왕 펠리페 5세는 스페인령 남아메리카에 영국의 무역선이 자유로이 드나들도록 허용할 의사를 전혀 가지고 있지 않았다. 그래서 두 나라 사이에 협상이 진행됐고, 그 결과로 페루, 칠레, 멕시코의 항구에 영국 무역선이 일 년에 한 번, 한 척씩만 들어갈 수 있게 됐다. 또한 이에 따른 이익 가운데 4분의 1은 스페인 국왕이 차지하고, 나머지 4분의 3에는 5퍼센트의 세금이 부과된다는 내용으로 계약이 체결됐다. 옥스퍼드 백작은 크게 실망했으나 남해회사에 대한 대중의 신뢰는 흔들리지 않았다. 1717년에야 영국 무역선이 처음으로 남아메리카에 도착했다. 그 다음 해에는 스페인이 약속을 어기고 영국 무역선의 입항을 허락하지 않았다.

1717년에 영국 국왕은 재정위기를 타개하기 위한 국가채무 축소 방안을 마련하라고 내각에 요구했다. 이에 남해회사와 영국은행이 5월 20일 의회에 제안서를 제출했다. 이때 의회는 자본금을 늘리겠다는 남해회사의 제안을 받아들였다.

남해회사는 남아메리카를 대상으로 한 무역에서는 별로 수익을 내지 못했지만 금융의 측면에서는 계속 번창했다. 남해회사의 주식은 큰 인기를 모았고, 의기양양해진 이사들은 남해회사의 영향력을 확장할 방법을 궁리하기 시작했다. 마침 프랑스 국민의 마음을 사로잡은 존 로의 미시시피 계획이 그들에게 영감을 주었다. 로의 시도는 실패할지 몰라도 스스로 현명하다고 생각하는 그들은 실패하지 않으리라고 자신했다.

1720년 1월 22일 남해회사의 이사들이 남해회사의 활동으로 국가채무를 해소하는 방안을 의회에 제출했고, 의회는 그 방안을 본격적으로 검토하기 시작했다. 남해회사의 제안이 의회에서 받아들여지자 남해회사의 주가가 2배 이상으로 뛰어올랐다. 의회에서 유일하게 월폴Walpole 경이 주가 폭등이 초래할 위험에 대해 경고했다.

옥스퍼드 백작(왼쪽)과 월폴 경(오른쪽)

주식거래는 국민의 관심을 무역과 생산에서 투기로 돌릴 것입니다. 조심성이 없는 사람들은 상상 속의 부가 실현되기를 기대하고 과소비를 할 것이고, 그들은 결국 과소비로 인해 파산하게 될 것입니다. 남해회사의 주가가 폭등하는 것은 흥분과 기대에 따른 것입니다. 남해회사는 실패할 가능성이 높은데, 실제로 실패하게 되면 나라를 파탄 상태로 만들 것입니다.

그러나 이 경고를 귀담아듣는 사람은 없었다. 월폴 경은 거짓 예언자로 불리거나 불길한 소리를 내는 까마귀로 비유되기도 했다. 그러나 친구들은 그를 트로이의 멸망을 예언한 카산드라에 비유했다.

| 거품회사의 난립

남해회사의 제안을 받아들이는 내용의 법안이 의회에서 두 달간 심의되는 동안에 남해회사의 이사들은 주가를 끌어올리는 데 열중했다. 이즈음 황당한 소문들이 활개를 쳤다. "영국과 스페인 사이에 조약이 맺어져 영국이 스페인의 모든 식민지에 대한 자유통상권을 얻었다"거나 "남아메리카의 포토시 광산에서 채굴된 은의 유입으로 영국 안에서 은이 철만큼 많아질 것"이라는 말이 나돌았다. "멕시코의 주민들이 영국의 면제품과 모직물을 사기 위해 그들의 금광을 바닥낼 것"이라는 말도 들렸다. "남아메리카와 거래하는 상인들은 세계 최고의 거부가 될 것"이며 "남해회사 주식 보유자들은 해마다 투자금의 몇 배에 달하는 배당금을 받게 될 것"이라는 소문도 퍼졌다. 이런 소문 때문에 남해회사 주가가 한때 400파운드 가까이로 올랐다. 그 뒤에는 주가가 오르락내리락하다가 법안이 최종적으로 의회를 통과할 때에는 330파운드였다. 상원에서 법안이 통과된 날은 4월 7일이었다.

투기열풍은 귀족과 서민을 가리지 않았다. 모든 국민이 주식중개인이 된 것 같았다. 런던 시내의 주식거래 골목은 몰려드는 사람들로 미어터졌다. 이런 모습을 풍자하는 노래도 나왔다.

> 번쩍거리는 휘장을 단 귀족들이
> 미천한 사람들 사이에 나타나 주식을 사거나 팔고,
> 유태인과 비유태인이 말다툼하는 걸 보고 듣는구나.
> 귀부인들도 매일 여기로 찾아와
> 마차 속에 앉아 주식을 거래하고,

행운의 나무를 오르는 사람들(남해회사 거품을 풍자한 그림)

주식에 걸 돈을 마련하려고 보석을 저당잡히는구나.

의회를 통과한 법안을 국왕이 재가했을 때에는 예상과 달리 남해회사 주가가 떨어졌다. 4월 7일에 310파운드였던 주가가 그 다음 날에는 290 파운드로 하락했다. 그러나 스페인과의 통상조약이 영국에 유리하게 체결됐다는 소문에 주가가 반등하면서 신주구매 희망자들이 몰려들었다.

남해회사뿐 아니라 남해회사와 무관한 사업계획들에도 투자자들이 몰려들었다. 주식판매 장부의 빈 칸들은 빠르게 채워졌고, 주식 거래량이 엄청나게 늘어났다. 주가를 끌어올리기 위한 작전도 다양하게 펼쳐졌다.

그러는 동안에 주식회사가 우후죽순처럼 생겨났다. 이런 주식회사들은 곧 '거품회사Bubble'로 불리게 됐는데, 이것은 참으로 지당한 명명이었다. 그 가운데 일부는 한두 주일 만에 사라졌고, 이보다 더 수명이 짧은 주식회사도 적지 않았다. 매일 아침저녁으로 새로운 사업계획이 발표됐다. 신분이 높은 귀족들도 주식중개인처럼 돈벌이에 열중했다. 영국 황태자는 어느 한 주식회사의 사장이 되어 4만 파운드를 벌었다. 브리지워터 공작과 챈도스 공작도 각각 사업에 뛰어들었다. 줄잡아 100여 개의 거창한 사업계획이 발표됐고, 대중은 그것들에 투자했다. 그 결과로 사기꾼들은 엄청난 부자가 됐지만 그들에게 속은 사람들은 가난해졌다.

어떤 사업계획은 너무도 그럴듯해서 대중이 흥분한 상태가 아니라고 해도 받아들일 만했다. 그러나 대부분의 계획은 주식시장에서 돈을 긁어모으는 것이 애초부터 목적이었다. 사업을 기안한 사람들이 가격이 오른 주식을 팔고 나면 그 사업은 그것으로 끝이었다. '톱밥으로 판자를 만드는 사업'과 같이 농담거리나 될 만한 계획들도 대중의 돈을 끌어들였다. 가장 기막힌 예로 '큰 이익을 가져다줄 사업을 운영하지만 그것이 무엇인지는 아무도 모르는 회사'라고 소개된 계획에 많은 사람들이 모여들어 투자한 것을 들 수 있다. 이런 아이디어를 실행에 옮긴 희대의 사기꾼은 5시간 만에 2000파운드의 투자금을 긁어모은 다음에 현명하게도 바로 그날 저녁 유럽대륙으로 도망갔다. 그 뒤에 그가 어떻게 됐는지는 아무도 모른다. 스위프트Swift가 다음과 같은 시를 쓸 만했다.

주식청약자들이 수천 명씩 떠돌며
서로 밀치고 끌어내리네.
각자 물새는 보트에 앉아 노를 저으며
금을 찾다가 물속에 빠지네.

그들은 물속 깊이 가라앉았다가는
다시 하늘까지 기어오르네.
그러고는 술에 취한 사람들처럼 어쩔 줄 모르며
이리로 저리로 비틀거리네.

그러는 사이 개러웨이 절벽* 위에서는
난파선에서 먹잇감을 구하는 야만적인 종족이
보트들이 난파하기를 기다리고 있네,
난파한 보트에서 시체를 뜯어내기 위해.

(* '개러웨이 절벽Garraway cliffs'은 런던 시내 주식거래 골목Exchange Alley에 있었던 개러웨이 커피하우스Garraway's coffee house를 풍자적으로 가리킨 표현이다—옮긴이)

유명인사들도 남녀를 불문하고 거품에 휘말렸다. 남자들은 주식중개인을 만나려고 술집이나 커피하우스를 드나들었고, 여자들은 모자가게나 뜨개질용품점에 모여 투자에 관한 이야기꽃을 피웠다. 그러나 그들 모두가 남해회사의 계획을 신뢰한 것은 아니었다. 단지 주가상승에 따른 차익만을 노린 사람들도 적지 않았다. 주가의 변동이 심해 불과 몇 초 사이에도 차익을 남길 수 있기 때문이었다.

분별력이 있는 사람들은 대중의 주식투기를 우려했다. 의원 중에서도 파국을 예견한 이들이 있었다. 특히 월폴 경은 주식투기의 위험성을 계속하여 경고했다. 소수 분별력 있는 사람들은 그와 같은 생각을 했고, 정부도 사태의 심각성을 인식했다. 6월 11일에는 의회도 나서서 위험성을 경고했고, 국왕은 불법적인 사업계획은 모두 처벌받게 될 것이며 그런 사업계획과 관련된 주식거래는 금지한다고 선언했다. 그럼에도 악질적인 투기꾼들은 대중을 선동하기를 멈추지 않았다. 결국 7월 12일에 거품회사들을 모두 해산시키는 내용의 법령이 발표됐다.

| 남해회사의 몰락

남해회사 주가는 5월 29일에 500파운드로 뛰었고, 연금수령자 가운데 3분의 2가 국채를 남해회사 회사채로 바꾸었다. 6월 초에는 주가가 890파운드까지 급등했다. 이제는 주가가 오를 만큼 올랐다는 의견이 팽배했으므로 많은 사람들이 주식을 팔아 이익을 실현하고자 했다. 6월 3일에는 팔자는 사람은 많고 사자는 사람은 적었으므로 주가가 640파운드까지 떨어졌다.

남해회사 이사들은 깜짝 놀라 추가적인 주가하락을 막기 위해 대리인들로 하여금 주식을 대규모로 사들이게 했다. 그들의 이러한 노력이 효과를 발휘해 주가가 반등한 뒤 750파운드 수준을 유지했다. 그들이 동원한 갖 가지 수단을 자세히 기술할 필요는 없을 것 같다. 어쨌든 8월 초에는 주가 가 1000파운드까지 올랐다. 이때 거품은 최고조에 이르러 터지기 직전이 었다.

연금수령자들은 남해회사의 이사들에게 주식공모가 불공정하다고 불평 했다. 남해회사 사장 존 블런트와 일부 이사들이 주식을 팔아치우자 투자 자들은 불안을 느꼈다. 주가는 8월 내내 떨어졌고, 9월 2일에는 700파운 드를 기록했다.

남해회사 이사들은 회사에 대한 대중의 신뢰가 바닥까지 떨어지는 것을 막기 위해 주주총회를 열기로 했다. 주주총회는 9월 8일에 '머천트 테일 러스 홀'이라는 건물에서 열렸다. 그날 오전 9시에 이 건물에는 질식할 정 도로 많은 사람들이 모였다. 의장인 존 펠로스 경이 주주총회의 취지와 함 께 이사회가 제출한 몇 가지 결의안의 내용을 설명했다. 그중 일부가 통과 되긴 했으나 대중에게는 별다른 영향을 미치지 않았다. 주가는 같은 날 저 녁에 640파운드로 떨어졌고, 그 다음 날에는 다시 540파운드로 떨어졌다. 브로더릭 의원은 9월 13일자로 대법관인 미들턴 경에게 보낸 편지에서 다 음과 같은 의견을 피력했다.

남해회사 이사들이 먹구름을 왜 그렇게 신속하게 걷어냈는지에 대해 여러 가지 추측이 있습니다. 나는 그들이 자신들의 이익을 위해 그랬 다고 확신합니다. 그들은 감당할 수 없을 정도로 채무를 늘려 정화正 貨가 부족하게 됐습니다. 그러자 소수는 엄청난 이익을 보고 빠져나 갔지만 수천의 가정은 파산하게 됐습니다. 이 난국을 피할 방법이 없

남해회사 주주총회가 열린 머천트 테일러스 홀의 입구

으므로 나로서는 어떤 대책이 가능한지를 감히 말할 수 없습니다.

열흘 뒤에 남해회사 주가가 계속 떨어지는 상황에서 그는 다음과 같이 썼다.

남해회사는 어떠한 결정도 내리지 않고 있습니다. 어느 길로 가야할 지 모르는 깊은 숲속에 있기 때문입니다. 지금 1천만 파운드 이하의 정화를 가지고 2억 파운드 이상의 지폐를 유통시키고 있는데, 이런 사실이 의심의 대상이 되는 순간 우리의 금융체제는 무너질 것입니다.

9월 12일 남해회사 이사들과 영국은행 이사들이 모여 회의를 가졌다. 이와 관련해 영국은행이 남해회사의 채권 발행에 동의했다는 소문이 났고, 이에 따라 남해회사 주가는 670파운드까지 올랐다. 그러나 오후에 이 소문이 근거가 없는 것으로 드러나자 주가가 580파운드로 떨어졌다, 다음 날에는 570파운드로 더 떨어졌고, 이후 점점 더 떨어져 400파운드까지 내려앉았다.

정부는 이러한 상황에 크게 놀랐다. 남해회사 이사들은 거리에서 사람들에게 모욕을 당했다. 폭동이 일어날 조짐까지 보였다. 정부는 하노버에 머물고 있는 국왕에게 즉시 귀국하도록 요청하는 사절을 급히 파견했다. 시골에 내려가 쉬고 있는 월폴 경에게도 사람을 보내 영국은행 이사들이 남해회사의 채권 발행에 동의해주도록 영향력을 행사해달라고 부탁했다.

영국은행은 남해회사의 일에 끼어들기를 꺼렸다. 닥쳐올 재앙에 연루되고 싶지 않아서 어떠한 제안을 받고도 머뭇거렸다. 그러나 여론은 곤경에 빠진 남해회사를 구해야 한다는 것이었다. 월폴 경이 영국은행과 남해회사 간 계약의 초안을 급히 작성해 영국은행에 전달했고, 영국은행이 추가적인 협상의 토대로 이것을 받아들임에 따라 대중의 공포는 누그러졌다.

다음 날인 9월 20일에 남해회사의 주주총회가 머천트 테일러스 홀에서 열렸다. 여기에서 남해회사 이사회에 채권 발행의 권한을 부여하는 결의안이 통과됐다. 이틀 뒤에는 영국은행도 주주총회를 열었다. 여기에서는 남해회사의 채권 발행에 동의할 권한을 이사회에 부여하는 결의안이 통과됐다. 이리하여 양측은 대중의 이익에 가장 부합한다고 판단되는 방식으로 자유로이 대책을 마련해 실행에 옮길 수 있게 됐다.

남해회사가 300만 파운드의 채권을 발행하기 위한 공모계좌가 영국은행에 개설됐다. 아침에는 사람들이 구름처럼 몰려들어 그날로 공모가 마감될 것 같았다. 그러나 정오가 되기도 전에 분위기가 바뀌었다. 남해회사의 주가가 급락하고 채권의 신뢰도가 추락하면서 사람들이 금융업자들에게 몰려가 주식과 채권의 현금화를 시도했다. 이에 일부 금융업자들은 아예 가게 문을 닫고 숨어야 했다. 남해회사의 현금출납 업무를 대행하던 소드블레이드라는 금융업자는 현금지불을 중지했다. 그러자 사람들이 영국은행으로 몰려갔고, 영국은행은 아침에 채권을 공모하면서 현금을 수납하던 속도보다 더 빠르게 현금을 지불해야 했다. 이후 남해회사 주가는 150파운드로 떨어진 뒤 그 수준에서 잠시 오르락내리락하다가 135파운드까지 떨어졌다.

영국은행은 남해회사에 대한 대중의 신뢰를 회복하기 어렵다고 보았고, 이에 따라 남해회사와의 계약을 더 이상 이행하지 않았다. 사실 그 계약은 초안의 문안대로 체결된 것에 불과한 탓에 세부사항에서 누락된 것들이 많고 위반 시 벌칙도 규정돼 있지 않아 영국은행으로서는 지켜도 그만 안 지켜도 그만이었다.

8개월에 걸쳐 대중을 열광시킨 거품은 이제 꺼졌다. 그사이에 영국인들은 특이한 태도를 보여주었다. 대중의 심리는 건전하지 못한 열정에 빠졌다. 사람들은 열심히 일하고 저축을 하는 것에 만족하기를 거부했다. 거부가 될 수 있다는 희망이 대중을 부주의하고 방종하게 만들었다. 이로 인해 그동안 보지 못했던 사치풍조가 일어나고 도덕이 해이해지는 현상이 두드러졌다.

| 대중의 분노와 의회의 대응

남해 거품의 붕괴로 국가 전체가 혼란에 빠지자 국왕 조지 1세는 하노버 체류 일정을 줄이고 급히 귀국했다. 그는 11월 11일에 귀국했고, 의회는 12월 8일에 소집됐다. 그사이에 영국의 여러 도시에서 대중집회가 열려 남해회사 이사들의 사기행각을 처벌해달라는 청원서가 채택됐다. 영국인 전체가 남해회사 못지않게 잘못을 저질렀다고는 누구도 생각하지 않았다. 대중의 탐욕과 무분별함을 비난하는 사람도 아무도 없었다. 대중은 단순하고 정직하며 근면한데 몹쓸 강도 놈들에게 당한 것뿐이라고들 생각했다. 이것이 영국의 전체적인 분위기였다.

상하원도 그리 이성적이지 못했다. 남해회사 이사들에게 중벌을 내리자는 소리만 요란했다. 국왕은 연설에서 국가의 불행을 치유할 방법을 찾기 위해서는 절제와 결단이 필요하다고 역설했다. 의회의 토론에서 몇몇 연사들이 남해회사 이사들에게 맹렬한 비난을 퍼부었다. 특히 몰스워스 경이

심하게 비난했다.

국가에 불행을 초래한 남해회사 이사들을 처벌할 법이 없다고 떠드는 사람들이 있습니다. 나는 고대 로마의 선례를 따라야 한다고 봅니다. 로마에 처음에는 존속살해죄가 없었습니다. 누구도 그런 죄를 저지를 일이 없다고 생각했기 때문입니다. 실제로 존속살해 사건이 벌어지자 로마의 시민들은 즉시 법을 만들어 그 범죄자를 자루에 넣어 산 채로 테베레 강에 던져 넣었습니다. 나는 남해회사 이사들의 죄도 그에 못지않게 큰 죄라고 생각합니다. 그들을 자루에 넣어 템스 강에 던져 넣어야 합니다.

월폴 경의 입장은 보다 온건했다. 그는 국가와 금융에 대한 대중의 신뢰를 회복하는 것이 더 시급하다고 생각했다.

런던 시에 불이 나면 방화범을 잡는 것보다 불을 끄는 것이 먼저입니다. 대중의 신뢰가 심각한 타격을 입었으므로 이를 서둘러 치유해야 합니다. 책임자들을 처벌하는 일은 그 뒤에 해도 늦지 않습니다.

12월 9일 사태를 수습하고 관련자들을 처벌하는 내용의 법안이 통과됐다. 이에 따라 조사가 신속하게 진행됐다. 남해회사 이사들은 의회에 불려 나와 모든 일을 진술해야 했다. 재앙의 주된 원인은 주식중개인들의 사악한 행위에 있는 것으로 판정됐고, 이를 방지하기 위한 법령을 수립하자는 결의안이 통과됐다. 월폴 경은 남해회사가 체결한 계약과 발행한 채권을 그대로 인정해야 하느냐는 문제를 제기했다. 의회는 활발한 토론을 거쳐

259표 대 117표로 남해회사가 체결한 계약은 모두 그대로 인정한다는 결론을 내렸다.

다음 날 월폴 경은 의회에 금융질서 회복 방안을 제출했다. 영국은행과 동인도회사에 각각 900만 파운드씩 똑같은 금액의 남해회사 주식을 인수하게 하자는 것이었다. 의회는 신중한 논의를 거쳐 월폴 경의 이 방안을 승인했다. 두 회사는 이를 받아들이기를 머뭇거리다가 남해회사의 채권을 유통시킨다는 조건으로 동의했다.

남해회사의 임직원은 12개월 동안 영국을 떠나지 못하게 하고 이들의 재산을 조사한 뒤 동결하는 내용의 법안도 의회를 통과했다. 의회는 13인으로 구성된 특별조사위원회를 발족시키고 이 위원회에 관련자를 소환해 조사하고 각종 기록을 열람할 권한을 부여했다.

하원 못지않게 상원도 신속하게 대응책을 결정했다. 로체스터 주교는 남해회사의 계획이 역병과 같은 것이었다고 주장했다. 워튼 공작은 아무리 가까운 사이라도 사건 관련자들에게 인정을 베풀어서는 안 된다고 하원에 촉구했다. 스탠호프 경은 범죄자들의 재산을 몰수하여 그것으로 대중의 손해를 보상해야 한다고 말했다.

대중의 분노는 하늘을 찔렀다. 남해회사 이사들의 이름은 사기범과 동의어로 인식됐다. 영국 방방곡곡에서 범인들을 강력히 처벌하라는 청원서가 정부와 의회에 날아왔다. 범죄자들에 대한 처벌에 온건한 입장을 드러낸 사람들은 공범으로 몰리면서 모욕을 당했다.

남해회사 이사들의 비밀을 모두 알고 있는 회계담당자 나이트Knight는 관련 서류를 챙겨 들고 작은 보트를 타고 영국을 떠났다. 곧바로 그에게 2천 파운드의 현상금이 걸렸지만, 그는 변장을 한 채 배를 타고 영국을 빠져나가 프랑스 칼레 항에 도착했다.

특별조사위원회는 남해회사 이사들과 주요 간부들의 신병을 확보하고 그들이 갖고 있는 서류를 압수하고자 했다. 이를 위한 동의안이 의회에서 만장일치로 통과됐다. 채플린 경, 잰슨 경, 소브리지 의원, 아일스 의원 등이 의회에 소환돼 조사를 받았다. 이들이 국민 다수에게 피해를 입혔다는 결의안이 만장일치로 통과됐다. 의원들은 모두 의회에서 제명됐다. 또한 의회는 국왕에게 나이트에 대한 체포령을 내려줄 것을 건의했다. 국왕은 유럽 각국에 사절을 보내 나이트를 체포해 송환해달라고 요청했다.

구금된 남해회사 이사 가운데 존 블런트 경이 있었다. 그는 남해회사 창립을 주도한 사람으로 대중에게 알려져 있었고, 독실한 가톨릭 신자였다. 그는 늘 당대의 사치와 부패를 비난했고, 의회의 당파성을 공격했다. 특히 귀족의 탐욕을 소리 높여 질타했다. 그는 본래 공증인으로 남해회사 이사가 되어 경영진 중에서 가장 열심히 일했다. 그렇기에 그는 자신에게 쏟아지는 비난에 대해 할 말이 많았다.

블런트 경은 상원에서 오랫동안 조사를 받았다. 몇몇 중요한 문제에 대해서는 답변을 거부하기도 했다. 그 전에 하원 특별조사위원회에 가서 조사를 받을 때 자신이 한 증언의 내용을 정확히 기억하지 못하므로 상원에서는 일관성 없이 말하게 될까봐 답변을 거부한다고 했다. 이런 태도는 간접적으로 자신의 유죄를 인정하는 것으로 받아들여졌다. 그는 남해회사 관련 법안을 통과시키기 위해 그 주식의 일부를 행정부 관리나 의원에게 팔았는지에 대해 심문을 받았다. 하지만 그는 계속 답변을 거부했다. 그러면서 의회가 자신을 고발하지 못할 것이라고 장담했다.

블런트 경의 기억을 되살리려고 상원 의원들이 여러 가지 질문을 했지만 효과가 없었다. 그러자 행정부가 그의 묵비권 행사를 방조한다는 주장이 나왔다. 이 일로 워튼 공작이 스탠호프 백작을 비난하자 스탠호프 백작은 매우 흥분해서 자신을 변호하다가 고혈압으로 쓰러져 집으로 실려 갔다. 그는 피를 빼내는 치료를 받았으나 병세에 차도가 없었다. 그 다음 날 저녁에 그는 잠이 쏟아져 침대에 엎드려 자다가 그대로 세상을 떠났다. 신실한 정치인으로 알려진 그가 갑자기 사망하자 국왕 조지 1세는 충격을 받았고, 영국 국민은 슬퍼했다.

남해회사 회계담당자인 나이트는 유럽대륙 북서부의 리에주 근처에서 체포됐다. 그는 브뤼셀 주재 영국 외교관의 비서인 리드에 의해 체포된 후 안트베르펜의 성채에 수감됐다. 영국은 오스트리아 정부에 나이트를 영국으로 송환해줄 것을 거듭 요청했으나 거절당했다. 나이트는 오스트리아에서 재판을 받겠다고 주장했다. 그의 신병 처리를 놓고 영국과 오스트리아의 당국간 협의가 진행됐는데, 그사이에 그는 수감돼있던 성채에서 탈출하는 데 성공했다.

특별조사위원회는 2월 16일 하원에 첫 조사보고서를 제출했다. 그러기까지 많은 어려움이 있었다고 위원회는 진술했다. 조사대상자 가운데 조사에 협조적인 사람은 거의 없었고 대부분이 자기합리화로 일관했다는 것이다. 회계장부에도 거짓이 많았다. 주주의 이름은 없이 주식구매 대금만 기록된 장부도 있었고, 일부 페이지가 찢어져 없어졌거나 통째로 파기된 장부도 있었다.

회계장부의 한 항목에서는 125만 9325파운드로 적혀 있었던 주식이 57만 4500파운드에 매각된 것으로 처리된 사실이 적발되기도 했다. 이것은 수치가 조작된 것이었는데 사실은 남해회사법South Sea Act의 통과를 촉진하기 위해 여러 시점에 여러 가격으로 처분된 것이었다. 남해회사에 자본을 늘릴 권한이 부여되기도 전에 이런 일이 벌어졌던 것을 알게 된 위원회는 이 항목의 모든 거래를 샅샅이 조사하기로 했다. 이에 따라 관련자들이 모두 소환되어 엄정한 조사를 받았다. 그 주식이 장부에 기입됐을 때 남해회사가 보유하고 있었던 주식은 최대 3만 파운드에 불과했다. 남해회사는 미래의 구매자들을 상정하고 주식을 발행해 놓았던 것이다. 그런데 실제로는 그 구매자들이 구매대금을 지불하지 않았고, 남해회사법이 통과된 뒤 주가가 상승하자 오히려 회사가 그들에게 차익을 지불했다.

의회에서 격렬한 토론 끝에 처벌과 사후수습을 위한 몇 가지 안이 통과됐다. 이에 따라 남해회사 이사들과 비리에 관련된 의원이나 행정부 관리들은 재산을 내놓아야 했고, 그 재산은 대중의 피해를 보상하는 데 사용됐

켄들 공작 부인이 병풍 뒤에서 남해회사 회계담당 나이트에게 도주하는 데 필요한 자금을 주고 있다.
(남해회사 사건을 풍자한 그림)

다. 대중의 신뢰를 회복하는 일도 중요한 과제였다. 월폴 경이 제시한 방안만으로는 충분하지 않았다.

1720년 말에 남해회사의 자본을 정산해보니 모두 3780만 파운드였다. 그런데 그동안 주주들에게 할당된 주식은 2450만 파운드였다. 1330만 파운드의 차액은 남해회사가 대중을 속여서 얻은 자본이었다. 정부가 그 가운데 800만 파운드 이상을 몰수해서 주주들에게 분배한 것이 그나마 그들에게 위안이 됐다. 그러나 대중의 신뢰가 회복되기까지는 많은 시간이 필요했다.

그리스 신화에 나오는 이카로스는 밀랍으로 만든 날개를 달고 하늘 높이 날아오르다가 태양의 열에 그 날개가 녹아 추락했다. 남해회사가 바로 그런 꼴이었다. 그리고 추락한 남해회사는 그 뒤로 다시는 그렇게 높이 날아오르려고 하지 않았다.

번영의 시기에는 과도한 투기가 일어나는 경향이 있다. 어느 한 프로젝트가 성공하면 유사한 프로젝트가 잇달아 생겨난다. 자유로운 통상을 하는 나라에서 어느 한 종류의 사업이 성공을 거두면 거기에 뛰어드는 사람들이 속출하고 결국 거품이 일어난다. 1825년에도 많은 거품회사들이 생겨났고, 1720년에 그랬던 것처럼 악당들이 돈을 벌었다. 그리고 바로 그해에 심판의 날이 닥치자 많은 사람들이 손실을 입었다. 1836년에도 투기의 물결이 일어났으나 이때에는 다행히 너무 늦기 전에 파국을 피할 수 있었다.

3장

튤립

열풍

| 튤립의 유럽 유입

튤립tulip은 터번turban을 뜻하는 터키어 단어에서 유래한 말이다. 이 말이 가리키는 식물은 16세기 중반에 서유럽으로 들어왔다. 서유럽에 튤립을 널리 알린 사람으로 알려진 콘라트 게스너Conrad Gesner는 1559년 아우크스부르크의 어느 정원에서 처음으로 튤립을 보았다고 한다. 그 정원의 주인인 헤르바르트Herwart는 기이한 물품을 수집하는 취미를 가지고 있었다. 헤르바르트의 친구가 튤립이 인기를 끌던 콘스탄티노플에서 튤립 구근 하나를 그에게 보내주었던 것이다.

그로부터 10년쯤 뒤에는 튤립이 네덜란드와 독일의 부유층에서 큰 인기를 모았다. 암스테르담의 부자들은 콘스탄티노플로 직접 사람을 보내 튤립 구근을 사오게 했다. 영국 땅에 처음으로 심어진 튤립 구근은 1600년에 빈에서 들여온 것이었다. 1634년경에는 서유럽에서 튤립을 키우지 않으면 취향이 나쁜 사람이라는 말을 들을 정도였다. 지식인들도 튤립을 매우 좋아했다.

그러자 중산층과 상인들에게도 튤립 재배 열풍이 번졌고, 경제적으로 그다지 넉넉하지 않은 사람들도 터무니없는 가격에 튤립을 사느라 야단법석이었다. 네덜란드 하를럼 시의 한 상인은 전 재산의 절반을 털어 튤립 한 뿌리를 샀는데, 되팔아서 차익을 남기기 위해서가 아니라 그저 친구들에게 자랑하고 싶어서 그랬다고 한다.

　신중하기로 유명한 네덜란드 사람들조차 튤립을 열심히 사들였다고 하니 이 식물에 뭔가 대단한 것이 있는 게 아닐까 하고 생각할지 모르겠다. 그러나 튤립은 장미만큼 예쁘지도 않고 향기롭지도 않다. 꽃이 피어서 오래가는 것도 아니다. 그럼에도 당대의 시인 카울리Cowley는 요란스럽게 튤립을 찬양했다.

그 다음 튤립이 나타나
자신만만한 모습으로 사람을 즐겁게 하네.
이보다 아름다운 색조는 세상에 다시없으리.

콘라트 게스너

그녀는 얼굴을 다양하게 바꿀 수 있고
자줏빛과 황금빛을 띠기도 하네.
그녀는 가장 화려한 수가 놓인 옷을 즐겨 입어
사람들의 눈을 즐겁게 해서
다른 모든 꽃보다 더 돋보이네.

베크만Beckmann은 저서 《발명의 역사》에서 튤립을 다음과 같이 묘사했다.

튤립처럼 다양한 색깔을 띠는 식물은 드물다. 자연의 상태에서는 단색이며, 꽃이 크고 줄기가 매우 길다. 재배하면 색깔을 더 보기 좋게 만들 수 있다. 꽃이 작아지고 그 색조가 은은하고 다양해진다. 잎의 녹색도 연해진다. 그러나 재배한 튤립은 너무 약해서 이식해서 살리기가 쉽지 않다.

| 튤립 투기의 시작

사람들은 손이 많이 가는 이 식물의 재배에 열중했다. 그 모습이 마치 어머니가 건강한 아이보다 병약한 아이에게 더 신경을 쓰는 것과 비슷했다. 튤립에 대한 근거 없는 찬양이 갈수록 도를 더해갔다.

1634년에는 튤립을 소유하려는 네덜란드 사람들의 열망이 워낙 커지다 보니 이 나라에서는 모든 사람이 생업을 버리고 튤립 거래에 나설 정도에 이르렀다. 이러한 열광으로 튤립의 가격이 계속 올랐다. 1635년에는 튤립

40뿌리를 10만 플로린을 주고 산 사람도 많았다. 이렇게 가격이 높아지다 보니 곡식 한 알갱이보다 가벼운 페릿perit이라는 무게 단위로 튤립을 사고 팔아야 했다.

어느 한 시점의 기록을 보면 튤립 종 가운데 아트미랄 리프켄Admiral Liefken은 한 뿌리의 무게가 400페릿인데 4400플로린에 팔렸다. 아트미랄 판 데르 아이크Admiral van der Eyck 한 뿌리는 446페릿에 1260플로린, 비체로이Viceroy 한 뿌리는 400페릿에 3000플로린이었다.

최고 품종은 젬페르 아우구스투스Semper Augustus 한 뿌리는 무게가 200페릿인데 5500플로린에 사면 싸게 사는 것으로 여겨졌다. 1636년 초에는 네덜란드에 이 품종이 단 두 뿌리밖에 없었는데, 어떤 투기꾼이 이 품종 한 뿌리를 12에이커(1만 4690평)의 대지와 교환하자고 제안할 정도였다.

당시의 저작자 문팅Munting은 희귀종인 비체로이 한 뿌리와 교환된 품목들의 수량과 가치를 기록으로 남겼는데, 그 내용은 다음과 같다.

밀	2라스트	448플로린
호밀	4라스트	558플로린
살찐 황소	4마리	480플로린
살찐 돼지	8마리	240플로린
살찐 양	12마리	120플로린
포도주	2큰통	70플로린
맥주	4통	32플로린
버터	2통	192플로린
치즈	1000파운드	120플로린
침대	1세트	100플로린

옷	1벌	80플로린
은컵	1개	60플로린
합계		**2500플로린**

튤립 열풍 때문에 웃지 못할 일도 일어났다. 어느 부자 상인은 지중해 동쪽에서 자기에게 어떤 귀중한 물건이 탁송됐다는 소식을 전해 듣게 됐다. 그는 자신의 가게로 찾아와 그 소식을 전해준 선원에게 훈제청어를 아침식사용으로 선물했다. 선원은 가게를 나서려다가 비단과 벨벳 같은 고가의 상품들 속에 양파처럼 생긴 것이 하나 놓여 있는 것을 보고 그것을 슬쩍 집어 호주머니 속에 넣었다. 양파를 무척 좋아했기에 훈제청어를 먹을 때 그것을 양념으로 곁들여 먹으려고 한 것이었다.

사실은 그것이 양파가 아니라 가격이 3천 플로린이나 되는 젬페르 아우구스투스 종의 튤립 구근이었다. 부자 상인은 뒤늦게 그것이 없어진 것을 알아차리고 여기저기 찾다가 혹시 선원이 가지고 갔을지도 모른다는 생각에 선원이 타고 온 배가 정박해 있는 부두로 달려갔다. 가서 보니 선원이 둘둘 말아놓은 로프 위에 앉아 훈제청어와 함께 그 비싼 튤립 구근을 뜯어먹고 있는데, 마지막 조각이 선원의 입 속으로 막 들어가고 있었다. 그 튤립 구근의 가격은 무역선 하나의 모든 선원에게 일 년 동안 급여를 지급할 수 있는 금액이었다.

로마제국의 안토니우스는 클레오파트라의 건강을 위해 건배할 때 포도주에 진주를 녹여 넣게 했다고 하고, 영국의 토머스 그레셤 경은 엘리자베스 1세 여왕이 왕립 증권거래소를 개설했을 때 여왕의 무병장수를 기원하며 다이아몬드를 녹여 넣은 포도주를 들이켰다고 한다. 튤립 구근을 먹어치운 선원의 아침식사도 그에 못지않게 호화스러운 것이었다. 게다가 포도

1637년에 사용된 튤립 카탈로그에 실린 '비체로이'라는 고급 품종 튤립의 그림.
이 튤립 구근 1개의 가격은 당시 숙련공 연봉의 10배가 넘는 3000~4200플로린이었다.

주에 보석을 녹여 넣는다고 해서 포도주의 맛이 좋아질 리가 없지만 튤립 구근은 훈제청어와 맛이 잘 어울렸다. 그러나 그 대가로 문제의 선원은 몇 달 동안 옥살이를 해야 했다.

또 이런 일도 있었다. 아마추어 식물학자이자 여행가인 한 영국 신사가 네덜란드 상인의 온실에 갔다가 거기에 튤립 한 뿌리가 놓여 있는 것을 보았다. 그것이 무엇이며 어떤 가치를 지닌 것인지가 궁금해진 영국 신사는 간단히 실험을 해볼 생각으로 호주머니에서 작은 칼을 꺼내어 그것의 껍질을 벗겨냈다. 껍질이 다 벗겨지자 이번에는 칼로 그것을 이등분했다. 주인인 네덜란드 상인은 그가 그러는 모습을 뒤늦게 알아차리고 화가 나서 외쳤다.

"당신이 지금 무슨 짓을 하고 있는지 알기나 하고 그러는 거요?"

"아주 특이하게 생긴 양파를 뜯어보고 있소."

"그건 아트미랄 판 데르 아이크요!"

"이 나라에 흔한 것입니까?"

영국 신사는 노트를 꺼내 들고 자기가 관찰한 것을 메모하려고 했으나, 네덜란드 상인은 영국 신사의 멱살을 잡고 그를 치안판사에게 끌고 갔다. 영국 신사는 치안판사 앞에서야 비로소 그것의 가격이 4천 플로린이나 된다는 사실을 알고 경악했다. 그는 4천 플로린에 대한 확실한 지급보증을 제시한 다음에야 감옥에서 풀려날 수 있었다.

1636년에 진귀한 튤립 품종에 대한 수요가 더욱 늘어나자 암스테르담 외에 로테르담과 하를럼 등에도 튤립을 거래하는 시장이 생겨났다.

이즈음 튤립을 둘러싼 투기와 도박이 성행했다. 주식중개인들이 너도나도 튤립 매매에 나서면서 가격의 급변동을 유도했다. 처음에는 누구나 가격이 오를 것으로 믿었고, 모두가 이익을 보았다. 특히 튤립 거래를 중개한 사람들은 큰 이득을 보았다. 벼락부자가 되는 사람이 한둘이 아니었다. 모두의 눈앞에 황금이 어른거렸고, 사람들은 꿀단지에 파리가 모여들 듯 튤립 투기에 뛰어들었다.

모두가 튤립 호황이 영원할 것으로 착각했고, 전 세계의 부가 네덜란드로 몰려들 것으로 생각했다. 귀족과 도시 주민은 물론이고 농부, 기계공, 선원, 심지어 굴뚝청소부까지 튤립 투기에 나섰다. 사람들은 집과 토지를 헐값에 처분하고 튤립을 샀다. 외국인들도 투기 열풍에 휘말려 네덜란드로 와서 튤립을 사는 데 돈을 퍼부었다. 그러자 튤립뿐 아니라 말과 마차, 사치품, 생활필수품 등도 덩달아 가격이 올랐다. 거래기법이 복잡해져서 새로운 거래규칙이 제정됐고, 공증인들도 호황을 누렸다.

▎투기의 종말

하지만 사려 깊은 사람들은 이런 어리석음이 오래가지 못할 것임을 감지했다. 튤립을 사 모으던 부자들이 이제는 이윤을 남기며 팔기 시작했다. 결국에는 크게 손해 볼 사람들이 있을 것이라는 인식이 널리 퍼졌다. 그러자 튤립 구근의 가격이 폭락했고, 다시는 오르지 않았다.

중간 거래상들은 공황상태에 빠졌다. 구매하기로 계약한 사람들도 대금 인도일이 도래하자 크게 떨어진 가격에도 튤립 구근을 인수하기를 거절했다. 네덜란드 전국에 탄식이 울려 퍼졌다. 그동안 튤립 거래로 부자가 된 사람은 재산을 이웃 시민들이 보지 못하도록 숨기거나 영국으로 옮겨 다른 곳에 투자했다. 많은 거래상들이 무일푼이 됐고, 많은 귀족들이 채무자

플랑드르의 화가 얀 브뤼헐이 1640년 전후에 그린 튤립 투기 풍자화.
튤립 투기자들이 상류층 의복을 입은 원숭이로 그려졌다.

가 됐다.

사태가 여기에 이르자 몇몇 도시의 튤립 구근 보유자들이 모여 회의를 열고 대책을 논의했다. 대표를 뽑아 정부와 자신들을 구제할 방안을 협상하자는 결론이 나왔다. 네덜란드 정부는 처음에는 개입하기를 거부하다가 튤립 구근 보유자들끼리 해결방안을 마련해 가지고 오라고 권고했다.

해결방안 도출을 위한 회의가 여러 차례 열렸으나 서로 다투기만 했다. 그러다가 결국 튤립 투기가 절정에 이르렀던 1636년 11월 이전의 계약은 모두 무효화하고 그 뒤에 체결된 계약에 대해서는 구매자 측이 판매자 측에 계약금액의 10퍼센트만 지급하면 계약이 해소되는 것으로 하자는 합의가 이루어졌다. 그러나 이것은 누구도 만족시킬 수 없었다. 법정공방이 이어졌으나 법원은 도박에 기인한 빚에는 개입하지 않는다는 원칙을 지켰다.

이것으로 사태가 마무리됐다. 완전한 해결책을 찾는 것은 정부의 능력 밖이었다. 불운하게도 거품이 꺼질 때 많은 양의 튤립을 손에 쥐고 있었던 사람들은 더 이상 하소연할 데가 없으니 스스로 손실을 감내해야 했다. 큰 이익을 본 사람들도 있었지만, 파산한 사람들도 많았다. 네덜란드의 상업은 이로 인해 큰 타격을 입었고, 회복되는 데 오랜 시간이 걸렸다.

영국 런던에서도 네덜란드만큼은 아니지만 튤립 투기가 일어났다. 1636년 런던 주식거래소에서 튤립 구근이 공공연하게 거래되자 네덜란드에서처럼 중개상들이 튤립 구근의 가격을 끌어올리려고 애썼다. 프랑스 파리에서도 상인들이 튤립 투기 열풍을 일으켜보려고 했다. 이렇게 해서 두 도시에서 튤립 투기가 일어났지만 심각한 양상으로 치닫지는 않았다. 이후 튤립은 투기의 대상이 아닌 관상용 식물로도 인기를 끌게 됐다. 네덜란드 사람들은 여전히 다른 어느 나라 사람들보다 튤립을 좋아한다.

4장

연금술

| 연금술의 기원

어느 시대, 어느 곳에 사는 사람이든 자신의 운명에 대해 불만을 품기 마련이다. 주로 세 가지, 즉 죽음, 고된 노동, 미래에 대한 무지가 이런 불만의 원인이다. 그러다 보니 많은 사람들이 죽음을 피하거나 수명을 늘리는 방법을 궁리했고, 그 일환으로 '생명의 물Elixir(Water) of life'을 찾는 노력이 일어났다. 또 고된 노동을 피하고 풍요를 얻기 위해 모든 금속을 금으로 바꿔준다는 '현자의 돌Philosopher's stone'을 찾는 노력이 이어졌다. 그런가 하면 미래에 대한 무지와 관련해서는 점성술, 점복술 등의 사이비 과학이 생겨났다. 이 장에서는 생명의 물이나 현자의 돌을 찾고자 한 연금술사들의 활동을 살펴본다.

천 년이 넘는 세월에 걸쳐 연금술은 많은 지식인들을 사로잡았고, 많은 대중이 연금술을 믿었다. 그 기원은 불명확한데, 인간이 창조됨과 동시에 시작됐다는 주장도 있고 노아 시대부터 시작됐다는 주장도 있다. 뱅상 드 보베는 노아 시대에 일어난 대홍수 이전의 사람들은 모두 연금술을 알고 있었다고 주장했다. 이집트에서 연금술이 유래했다는 설도 있다, 이에 따르면 모세는 이집트에서 연금술을 익혀 연금술의 대가가 됐으나 이스라엘의 백성에게는 그것을 가르쳐주지 않았다고 한다. 《출애굽기》 32장에 나오는 황금송아지 이야기를 모세가 연금술 능력을 갖고 있었다는 증거로 제시하는 사람들도 있다.

기원 후 몇 세기 동안 로마에는 금과 은을 만들 수 있다고 떠드는 자들이 있었다. 이런 주장을 하는 사람들이 적발되어 처벌받았다는 기록이 있다. 4세기에는 콘스탄티노플에서 사람들이 연금술을 광범위하게 믿었고, 그리스의 성직자들이 연금술에 관한 연구논문을 쓰기도 했다. 그들에 따르면 모든 금속은 두 가지 물질로 이루어졌다. 금속의 성질을 가진 흙과 가연성의 붉은 물질인 유황이 그것이다. 금은 이 두 가지 물질의 순수한 결합이고, 금 이외의 다른 금속들은 이 두 가지 물질에 그 밖의 다른 성분이 들어가 섞인 것이다. 그런데 현자의 돌은 이런 다른 성분을 모두 분리해내므로 현자의 돌을 가지고 쇠, 납, 구리 같은 각종 금속을 금으로 만들 수 있다는 것이다. 많은 지식인들이 이런 헛된 것을 찾느라 시간, 건강, 정력을 낭비했다.

8세기에는 아랍 세계에서도 연금술이 유행했는데, 이때부터 연금술사나 연금술 후원자들에 관한 기록이 많이 남아 있다.

▮ 게베르

평생을 연금술에 바친 이 철학자의 삶은 상세하게는 전하지 않는다. 게베르Geber는 730년 무렵에 살았다고 한다. 그의 원래 이름은 아부 무사 자파르Abou Moussah Djafar이며 메소포타미아 지역의 후란에서 태어났다. 그가 그리스 사람이라는 말도 있고 스페인 사람이라는 말도 있다. 그가 인도의 왕

자였다고 주장하는 사람도 있다.

게베르는 현자의 돌과 생명의 물을 주제로 500건 이상의 글을 썼다고 한다. 그는 연금술에 대한 신념이 대단했고, 연금술을 믿지 않는 사람들을 '창문이 없는 좁은 방에 갇혀 넓은 세상의 존재를 부정하는 어린아이'라고 비난했다.

그는 모든 병의 원인은 금 이외 금속의 작용에 있다고 보았다. 그러므로 연금술로 모든 병을 고칠 수 있다고 믿었다. 그는 현자의 돌이 여러 차례 발견됐으나 후세에 전하지 않았다고 주장했다.

연금술에 바쳐진 그의 일생이 완전히 헛된 것은 아니었다. 그의 노력은 과학의 발전에 크게 기여했다. 그는 승홍(염화제2수은), 질산, 수은산화물, 질산은 등을 발견했다.

| 알파라비

게베르의 뒤를 이어 연금술에 평생을 바친 아랍 학자들이 많지만, 그 가운데 알파라비Alfarabi가 가장 유명하다. 알파라비는 10세기 초의 사람으로 당대의 최고 지식인이었다. 그는 자연의 비밀에 관한 학자들의 다양한 의견을 듣기 위해 여러 나라를 돌아다녔다. 여행에 따르기 마련인 위험이나 고생도 그의 의지를 꺾지 못했다. 많은 군주들이 그를 자신의 궁전에 머물게 하려고 했으나, 그는 연금술을 확보하겠다는 일생의 목적을 달성하기 위해 어느 한 곳에만 정착하기를 거부했다.

메카를 방문한 알파라비는 지식인을 존중하고 후원하는 술탄 세이페

드둘렛Seifeddoulet의 궁전에 들렀다. 그는 궁전의 여행객 접견실에 들어가 술탄과 그의 신하들 앞에 모습을 드러냈다. 그리고 허락도 받지 않고 술탄의 옆자리에 앉았다. 신하들은 그의 무례한 모습을 보고 분개했고, 술탄은 장군들에게 그 오만한 방문객을 내쫓으라고 명령했다. 그러나 알파라비는 꿈쩍도 하지 않고 술탄에게 자기를 존중해달라고 했다. 술탄은 그의 침착한 태도에 감탄하면서 그를 가까이로 불러 그와 과학과 철학에 관해 오랜 시간 토론했다. 궁전 안의 모든 사람이 이 낯선 방문객에게 매료됐다. 그는 어떠한 주제에 대해서도 놀라운 지식을 보여주었다. 그는 그와 논쟁한 모든 사람을 자기의 견해를 받아들이도록 설득했다. 그는 그들에게 연금술에 대해 자세히 설명해주었고, 그들은 그를 게베르에게 버금가는 지식인으로 인정했다.

궁전에서 누군가가 "모든 학문에 정통하신데 음악에 대해서도 아십니까?" 하고 묻자 알파라비는 아무 말도 하지 않고 류트lute라는 악기를 가져오게 했다. 그가 그 악기로 애절한 가락을 연주하자 사람들이 모두 눈물을 흘렸다. 그가 곡조를 바꿔 쾌활한 음악을 연주하자 술탄과 근엄한 대신들이 신나게 춤을 추었다. 그는 그들을 진정시키려고 이번에는 슬픈 곡조로 연주했다. 그러자 사람들은 훌쩍거리면서 한숨을 내쉬었다.

알파라비의 재능에 감탄한 술탄은 부와 권력을 약속하며 그에게 자신의 궁전에 머물러달라고 청했으나 그는 단호하게 거절했다. 그는 현자의 돌을 발견하기 전에는 쉴 수 없다고 말했다. 그는 그날 저녁에 궁전을 떠났다. 그는 954년에 시리아의 사막에서 도적에게 살해됐다. 그는 연금술에 관한 몇 편의 귀중한 글을 썼다고 하는데 그것이 전하지는 않는다.

| 아비센나

아비센나Avicenna의 원래 이름은 이븐 시나Ibn Sina다. 그는 980년 부하라에서 태어났다. 그는 의사로도 유명했지만 모든 학문 분야에 밝은 인물로 명성을 날렸다. 술탄 막달 둘레스Magdal Douleth는 아비센나에게 정치를 맡겼다. 그는 재상이 되어 훌륭한 업적을 남겼으나 자신의 욕망을 다스리지 못해 술과 여자에 빠져 방탕한 삶을 살았다.

아비센나는 그렇게 살면서도 현자의 돌에 관한 글 7편을 써서 남겼다. 후세의 연금술사들은 그의 글을 매우 소중히 여겼다. 그는 방탕이 지나쳐 공직에서 파면됐고, 1036년에 병으로 사망했다.

그 뒤로 아랍 세계는 연금술에 그다지 관심을 갖지 않았지만, 대신 유럽에서 연금술이 각광을 받기 시작했다. 프랑스, 영국, 스페인, 이탈리아의 지식인들이 연금술에 관심을 갖고 정력을 쏟아 부었다. 12~13세기에는 유럽에서 연금술을 추구하는 열기가 매우 높았고, 이 시대에 명석하다고 알려진 사람들 가운데 연금술과 연관된 인물이 적지 않았다.

| 알베르투스 마그누스와 토마스 아퀴나스

알베르투스 마그누스Albertus Magnus는 1193년 도나우 강 유역의 라우잉엔에서 귀족의 아들로 태어났다(원래 이름은 알베르투스Albertus이고, 마그누스Magnus는 '위대한'이라는 뜻을 가진 별명으로 그의 만년에 사람들에 의해 덧붙여진 것이다—옮긴이). 그는 30살까지는 몹시 어리숙했고 별로 주목받지 못했다. 그는 어릴 때 도미니코 수도원에 들어갔으나 공부에서 남들만큼 진전하는 모습을 보이지 못했다. 그러나 중년이 되자 지력이 발달해 모든 것을 쉽게 익혔다.

그의 지력이 이렇게 늦게 발달한 것은 기적이라고밖에 할 수 없었다. 성모 마리아가 절망에 빠진 그에게 내려와서 뛰어난 철학자가 되고 싶다는 그의 소원을 들어주었다는 이야기가 돌았다. 그는 이 이야기를 부인하지 않았다. 그는 놀라운 정열로 학문연구에 몰두했고, 학자로서의 그의 명성이 전 유럽에 퍼졌다.

유명한 철학자 토마스 아퀴나스Thomas Aquinas는 1244년에 알베르투스에게 가르침을 받았다. 이 스승과 제자에 대해서는 많은 놀라운 이야기가 전한다. 두 사람은 모든 학문에 열중하면서도 현자의 돌과 생명의 물에 대한 탐구를 게을리하지 않았다.

알베르투스는 생명의 비밀을 일부 포착해냈고 동상에 생명을 불어넣었다는 이야기가 퍼졌다. 그와 아퀴나스는 동상을 말할 수 있도록 해서 하인으로 부렸다고 한다. 동상은 하인의 역할은 잘 수행했으나 너무 수다스러운 것이 단점이었다. 어느 날 수학 문제를 풀고 있던 토마스 아퀴나스는 곁에서 동상이 시끄럽게 떠들면서 방해하는 것을 참지 못하고 망치로 그 동상을 부숴버렸다. 아퀴나스는 그런 자신의 행동을 곧 후회했고, 알베르투스도 철학자에게 어울리지 않는 행동을 했다고 그를 질책했다. 그 뒤로 두 사람은 다시는 동상에 생명을 불어넣는 일을 하지 않았다고 전한다. 이 이야기는 그 시대 사람들의 의식을 들여다보게 해준다. 그들은 자연의 비밀을 탐구하는 뛰어난 학자들을 마법사로 보았다.

알베르투스는 계절의 순환도 변경할 수 있는 사람으로 알려졌다. 그 유래는 이렇다. 알베르투스는 쾰른 근처의 땅에 수도원을 짓고 싶었다. 그 땅은 네덜란드 빌헬름 백작의 소유였는데, 그는 알베르투스에게 그 땅을 사

알베르투스 마그누스

용하도록 허락하지 않았다. 빌헬름 백작 일행이 쾰른을 지나갈 때 알베르투스로부터 초청을 받았다. 마침 한겨울이어서 라인 강은 얼어붙어 있었고, 알베르투스의 집을 찾아가는 빌헬름 백작 일행은 손과 발에 동상을 입을 지경이었다. 알베르투스는 바람에 휩쓸려온 눈이 1미터 넘게 쌓인 정원에 잔칫상을 차려놓고 있었다. 그런데 백작 일행이 식탁에 앉자마자 하늘에서 구름이 걷히더니 따사로운 햇살이 쏟아졌다. 이어 부드러운 온풍이 불기 시작했고, 마당에 쌓였던 눈이 녹아내렸다. 꽃도 피고 나무 위에서 종달새와 뻐꾸기도 울어댔다. 백작 일행이 식사를 마치자 다시 구름이 몰려오고 눈이 내리기 시작했다. 강풍까지 몰아치자 백작 일행은 알베르투스의 집 안으로 들어가 난롯불을 쬐었다. 빌헬름 백작은 이런 일을 겪고 나서 알베르투스에게 수도원 부지를 제공했다고 한다.

아퀴나스도 스승 알베르투스 못지않게 놀라운 마법을 보여준 것으로 전한다. 아퀴나스는 쾰른의 큰 거리 옆에서 살았는데, 매일 마부들이 말을 조련하려고 몰고 가는 탓에 들려오는 시끄러운 말발굽소리를 견디기가 어려웠다. 아퀴나스는 마부들에게 다른 길로 가달라고 부탁했으나 마부들이 말을 듣지 않았다. 이에 그는 마법을 쓰기로 했다. 그는 청동으로 작은 말을 만들어 밤에 가지고 나가서 길가에 묻어두었다. 다음날 아침에 마부들이 말을 몰고 그 청동 말이 묻힌 곳에 이르자 말들이 걸음을 멈추고 울어대기 시작했다. 마부들이 아무리 달래도 말들은 그 지점을 지나가지 못했다. 결국 마부들은 다른 길로 말을 몰고 가게 됐고, 아퀴나스는 말발굽소리를 들어야 하는 괴로움에서 벗어났다.

알베르투스는 1259년에 라티스본의 주교가 됐다. 그러나 주교의 일이 철학 연구에 방해가 되자 4년 만에 사직했다. 그는 1280년에 87세로 쾰른에서 세상을 떠났다.

| 아르테피우스

연금술의 역사에서 유명한 인물인 아르테피우스Artephius는 12세기 전반에 태어났다. 그는 현자의 돌에 관한 글과 오래 사는 법에 관한 글을 남겼다. 그는 자신의 나이가 1025세라고 주장했고, 이를 믿은 많은 사람들이 그의 제자가 됐다. 제자들은 예수가 탄생한 직후에 활동한 인물로 기적을 행한 것으로 전하는 티아나Tyana의 아폴로니우스가 바로 그임을 증명하려고 애썼다.

아르테피우스는 뛰어난 기억력과 풍부한 상상력을 지니고 있는데다 역사에도 통달해서 고대인에 관한 질문에 막힘없이 대답했다. 고대의 특정한 위인에 관한 질문을 받으면 그의 외모, 성격, 태도 등을 실감나게 이야기했다. 그는 자신이 현자의 돌을 발견했다면서 그러기 위해 지옥에까지 내려갔다고 주장했다. 연금술에 관한 그의 글은 프랑스어로 번역되어 1609~10년에 파리에서 출판됐다.

| 아르노 드 빌뇌브

아르노 드 빌뇌브Arnaud de Villeneuve는 1245년에 태어나 파리의 대학에서 의학을 배웠다. 이후 20년간 이탈리아와 독일을 돌아다녔고, 그러다가 자신과 성향이 비슷한 피에트로 다포네를 알게 됐다.

아르노는 의사로서 세계 최고의 권위를 인정받았다. 그는 동시대의 다른 지식인들과 마찬가지로 점성술과 연금술에 관심을 가졌다. 그가 납과 구리로 막대한 양의 금을 만들었다는 소문이 널리 퍼졌다. 이탈리아에서 피에트로 다포네가 마법사로 체포되어 재판을 받을 때 아르노도 마법사로 기소됐다. 그러나 그는 이탈리아를 탈출하는 데 성공했다. 그는 지구의 종말을 예언했다가 명성을 잃기도 했으나 의사로서의 명성은 잃지 않았다.

그가 언제 사망했는지는 분명하지 않지만 1311년 이전에 사망한 것으로 보인다. 1311년에 교황 클레멘스 5세가 전 유럽의 성직자들에게 편지를 보내 아르노의 저서 《의술The Practice of Medicine》을 찾아내라고 요구했다. 아르노는 자신이 죽기 전에 이 저서를 완성해 교황에게 바치겠다고 약속했지만 완성하지 못하고 죽었다.

아르노 드 빌뇌브

아르쿠에 드 롱주빌Harcouet de Longeville이 쓴 책《수백 년을 살고 젊음을 되찾은 사람들의 역사》를 보면 아르노에게서 받았다는 장수의 처방이 실려 있다. 그 내용은 다음과 같다.

오래 살고 싶은 사람은 일주일에 두세 번 카시아 나무의 즙으로 몸을 문질러야 한다. 매일 잠을 잘 때에는 심장 부분의 피부에 사프란, 붉은 장미의 잎, 알로에 등을 장미유와 백랍에 섞어 넣어 만든 반죽을 붙이고 자야 한다. 다혈질 성격이면 16마리, 냉담한 성격이면 25마리, 우울한 성격이면 30마리의 닭을 마당에 풀어 놓고 키운 다음 매일 한 마리씩 잡아먹어야 한다. 이 닭들은 뱀과 식초로 만든 수프를 먹이로 주어 키워야 한다.

닭을 잡아먹을 때 요리하는 방법도 희한하다. 2개월 동안 키운 닭을 백포도주로 씻은 다음에 요리해야 한다는 것이다. 이 처방은 7년마다 한 번씩 실천해야 한다. 그런데 이것이 실제로 아르노의 처방인지는 의문이다.

피에트로 다포네

피에트로 다포네Pietro D'Apone는 1250년에 파도바 근처에 있는 아포네에서 태어났다. 그는 친구였던 아르노 드 빌뇌브와 마찬가지로 뛰어난 의사였고 점성술과 연금술에 관심이 많았다. 그는 몇 년 동안 프랑스 파리에서 환자 치료와 점술로 많은 돈을 벌었다.

피에트로는 지옥에서 일곱 악령을 불러와 일곱 개의 유리병에 각각 집어넣어 두었다가 필요할 때마다 그 가운데 적절한 악령을 꺼내어 일을 시켰다고 한다. 일곱 악령은 각각 철학, 연금술, 점성술, 의술, 시, 음악, 그림에 능했다. 그는 놋쇠로 금을 만들 줄 알았으나 그 기술을 아껴 다른 재주로 돈을 벌었다.

피에트로가 물건을 살 때 상인에게 금으로 대가를 지불하면 그 상인이 아무리 깊게 숨기고 엄중히 경비해도 피에트로가 주문만 외면 그 금이 그의 금고로 옮겨졌다고 한다. 그래서 그는 평판이 나빠졌을 뿐 아니라 정통 교리와 반대되는 발언을 해서 이단과 마법사라는 혐의로 법정에 소환됐다. 그는 엄청난 고문을 받으면서도 자신의 무죄를 주장했다. 그러나 그는 판결이 내려지기도 전에 감옥에 수감된 상태에서 죽었고, 사후에 유죄 판결을 받았다.

│ 라몬 유이

아르노 드 빌뇌브는 프랑스에서, 피에트로 다포네는 이탈리아에서 활동했지만, 이들보다 더 뛰어난 연금술사인 라몬 유이Ramon Llull는 스페인에서 나왔다. 그는 게베르를 본받아 각종 금속의 구성과 성질을 열심히 연구했다. 그는 청년기와 중년기를 매우 낭만적으로 보냈고, 40대 이후부터 연금술에 몰두했다.

라몬 유이는 1235년 스페인 마요르카 섬의 명문가에서 태어났다. 유이는 일찍 결혼해 아내와 함께 스페인 본토로 건너갔고, 왕궁의 집사가 되어 몇 년 간 안락한 생활을 누렸다. 그러나 그는 언제나 새로운 애인을 찾았고, 그러다가 암브로시아Ambrosia라는 부인에게 매혹됐다. 기혼자로 남편에게 충실한 그녀는 자신에게 구애하는 그를 경멸했다. 그러나 그녀가 그럴수록 유이의 가슴은 더욱 불타올랐다. 그래서 밤새도록 그녀의 방 창문 밖을 서성거리며 연가를 썼다.

유이는 어느 날 우연히 암브로시아의 젖가슴을 보게 됐다. 바람에 그녀의 목둘레 옷깃이 벌어져 젖가슴이 노출됐기 때문이었다. 유이는 이로 인한 자신의 감흥을 시로 지어 그녀에게 보냈다. 그러자 그녀가 처음으로 답장을 보내왔다. 자신은 유이의 구애를 받아들이지 않을 것이라고 했다. 또한 하느님 이외의 다른 것에 지성을 쏟는 것은 현명한 사람에게 어울리는 행동이 아니라면서 종교적인 삶에 정열을 바치라고 권했다. 그러나 유이가 원한다면 자신의 젖가슴을 보여주겠다고 했다. 그녀가 보여준 젖가슴은 암덩어리로 덮여 있었다.

라몬 유이는 큰 충격을 받고 그 다음 날 공직을 사퇴했다. 유이는 자신의 남은 삶을 하느님에게 모두 바치기로 결심했다. 그래서 자신의 재산 가운데 절반은 가난한 사람들에게 나눠주고 나머지 절반을 가족에게 남기면서 가족과 작별하고 집을 떠났다. 그는 이슬람교도를 기독교로 개종시키는 일로 여생을 보낼 작정이었다.

유이는 어느 날 잠을 자다가 꿈속에서 그리스도를 보았다. 그리스도는 그에게 "나를 따르라!"고 했다. 그는 이것을 하늘의 계시라고 확신하고 그리스도의 열두 제자 가운데 하나인 야고보의 무덤이 있는 성지 산티아고 데 콤포스텔라로 순례를 떠났다. 그러고는 아란다의 산속에서 십 년 동안 혼자 살았다. 그는 여기에서 이슬람교도를 개종시키는 일을 하기 위한 준비로 아랍어를 배웠다. 그는 그 밖에도 동방의 학자들이 쓴 글을 읽으면서 여러 가지 학문을 익혔는데, 그러던 중에 게베르에 대해서도 알게 됐다.

유이는 40살이 되자 은둔생활에서 벗어나 선교에 적극적으로 나섰다. 그는 은둔생활 중에 모은 돈으로 아랍어를 가르치는 대학을 세웠다. 교황은 이 학교를 인가하면서 그의 신심을 칭찬했다. 이 무렵에 그는 아랍인 하인에게 살해당할 뻔했다. 그가 이슬람교를 저주하자 아랍인 청년이 칼로 그의 가슴을 찌르려고 했다. 그는 이 청년을 붙잡아 시 당국에 넘겼다.

그 뒤 유이는 프랑스 파리에 가서 지내다가 아르노 드 빌뇌브를 알게 됐다. 유이는 아르노에게서 현자의 돌을 찾아보라는 말을 듣고 연금술을 연구하기 시작했다. 또한 그는 이슬람교도를 개종시키는 일에 도움을 얻으려고 교황 요한 21세를 만나러 로마로 갔다. 교황은 그를 격려하기는 했으나 도움을 줄 사람을 소개해주지는 않았다.

유이는 혼자서 튀니스로 갔다. 그곳의 아랍 학자들은 그를 뛰어난 연금술사로 알고 환영해주었다. 그러나 그는 연금술을 연구하거나 가르치지 않고 이슬람의 예언자 마호메트를 저주하고 기독교를 포교하다가 곤경에 빠졌다. 튀니스의 어느 시장에서 포교하다가 체포되어 투옥된 것이다. 그는

라몬 유이

재판에 회부되어 사형 선고를 받았다. 그러나 아랍 학자들의 탄원에 힘입어 아프리카에서 추방되는 것으로 그쳤다. 대신 아프리카에 또 온다면 그때에는 사형이 집행될 것이라는 경고를 받았다. 그는 튀니스를 떠나 로마로 향했다. 그러나 도중에 계획을 바꿔 밀라노에 정착해서 그곳 사람들에게 연금술과 점성술을 가르치는 일로 크게 성공했다.

일부 저작자들은 유이가 에드워드 영국 왕의 초청을 받고 밀라노에서 런던으로 가서 런던탑에서 살면서 금을 만들었다고 전한다. 그러나 그가 영국에 간 적이 없다고 주장하는 저작자들도 많다.

유이는 77세에 로마로 가서 교황에게 기독교를 확산시키기 위한 몇 가지 방안을 제의했다. 그 가운데 하나는 유럽의 모든 수도원에서 동방의 언어를 가르치자는 것이었다. 또 유럽의 군사조직을 단일화해서 이슬람 세력에 대항하자는 방안도 있었다. 그러나 그는 교황에게 환대받지 못했다. 그래서 로마에서 2년간 머물다가 다시 포교를 위해 아프리카로 갔다.

그는 1314년 아프리카의 보나Bona에서 마호메트를 비난하고 기독교를 포교하다가 격분한 이슬람교도가 던진 돌을 맞아 해변에 쓰러졌다. 몇 시간 뒤에 제노바 상인들이 그를 발견해 배에 태우고 마요르카로 향했다. 그는 숨은 쉬고 있었으나 말은 하지 못하는 상태였다. 그는 자신의 고향인 마요르카 섬이 가까이 보이는 바다 위 배 안에서 숨을 거두었다. 그의 장례는 팔마의 교회에서 성대하게 치러졌다. 그는 문법, 수사학, 도덕, 신학, 정치, 법학, 물리학, 천문학, 화학 등 여러 분야에 걸치는 저술 500여 건을 남겼다.

▎조지 리플리

영국에서도 13세기에 대학자 로저 베이컨Roger Bacon이 다양한 학문 가운데 하나로 연금술에 관심을 가졌고, 그 뒤로 연금술에 열중하는 사람들이 늘어났다. 그러자 1404년에 영국 의회가 금과 은을 제조하는 행위를 중죄로 처벌하는 법령을 제정했다. 이는 혹시 연금술이 성공해서 어떤 폭군에게 무한한 부를 가져다준다면 국민 전부가 노예가 될 수 있다고 우려하는 분위기가 의회에 영향을 준 결과였다.

그러나 그렇게 우려하는 분위기는 점차 사라졌다. 1455년에는 헨리 6세가 기사, 화학자, 성직자 등에게 현자의 돌과 생명의 물을 찾는 일에 대한 특허장을 내주었다. 이듬해에는 헨리 6세가 10명의 학자들로 구성된 위원회를 만들어 실제로 다른 금속으로 금을 만들 수 있는지를 조사해보고 그 결과를 보고하라고 지시했다. 그러나 이 위원회는 금 제조에 관한 어떠한 보고서도 작성하지 않은 것으로 보인다.

연금술사 조지 리플리George Ripley는 연금술을 알아낸 척했다. 리플리는 이탈리아의 대학에서 20년 동안 연구생활을 했고, 당시의 교황 이노켄티우스 8세의 총애를 받았다. 그는 1477년에 영국으로 돌아와 국왕 에드워드 4세에게 자신이 쓴 글 〈현자의 돌을 찾는 길로 나아가는 12개의 문〉을 헌정했다. 12개의 문은 가열, 용해, 분리, 응결 등이었다.

리플리는 부자가 되어 몰타 섬과 로도스 섬의 기사들에게 오스만투르크와 전쟁하는 데 쓰라고 해마다 10만 파운드를 기부했다. 그는 노년에 요크셔 지역의 보스턴 마을 인근에 은둔하며 연금술에 관한 책 25권을 썼다고 한다. 그러나 죽기 직전에 헛된 연구에 일생을 바쳤다면서 자신이 쓴 책을 모두 불사르게 했다.

| 바실리우스 발렌티누스

15세기에는 독일에서도 연금술사들이 나왔는데, 바실리우스 발렌티누스 Basilius Valentinus는 그 가운데 가장 유명한 사람들 가운데 하나다. 마인츠에서 태어난 바실리우스 발렌티누스는 1414년 무렵 에르푸르트에 있는 성 베드로 수도원의 원장이 됐다. 그는 이즈음 현자의 돌을 찾는 데 몰두해서 연금술에 관한 책을 썼다.

그의 저술은 모두 분실된 것으로 오랫동안 알려졌다가 성 베드로 수도원의 기둥 석조물 속에서 발견됐다. 21권에 이르는 그의 저술과 그 내용은 랑글레Lenglet(니콜라 랑글레 뒤 프레누아Nicolas Lenglet Du Fresnoy, 1674~1755—옮긴이)의 저서 《연금술의 역사》에 소개돼 있다. 그의 저술이 갈라진 기둥 속에서 발견된 것은 하늘이 그것을 세상에 드러내기로 작정하고 번개를 내리쳐서 기둥을 갈랐기 때문이라고 당시의 연금술사들은 주장했다. 그리고 사람들이 그의 저술을 꺼내자 갈라졌던 그 기둥이 저절로 다시 붙었다고 전한다.

| 트리테미우스

트리테미우스Trithemius는 바실리우스 발렌티누스와 함께 가장 유명한 독일 연금술사이지만 그의 실제 행적은 유명세에 비하면 그다지 놀랍지 않다. 그는 1462년에 트리트하임에서 태어났다. 그의 이름 트리테미우스는 고향 트리트하임에서 따온 것이다.

포도재배 업자였던 아버지는 그가 7살 때 돌아가셨다. 어머니가 재혼해서 그는 의붓아버지 밑에서 자랐는데 15살 때까지 글을 배우지 못했다. 이후 독학으로 라틴어와 그리스어를 익혔다. 집에서 천대받던 그는 돌아가신 아버지의 유산을 일부 달라고 해서 그것을 가지고 트리어로 갔다.

트리어에서 대학을 다니던 그는 20살 때 어머니를 만나러 고향으로 가

다가 슈판하임 근처에서 날이 저물고 눈이 쌓여 더 이상 갈 수 없었다. 하는 수 없이 인근 수도원에서 하룻밤을 묵어야 했다. 이때 보게 된 신부와 수도사의 삶을 동경하게 된 그는 아예 세상을 등지고 거기에 머물면서 성직자가 되기로 결심했다.

2년 뒤에 그는 젊은 나이에도 수도원장으로 선출됐다. 당시 그 수도원은 재정상태가 엉망이었다. 건물 벽마저 곧 허물어질 판이었다. 그는 비용을 절감하며 뛰어난 관리능력을 보여주었다. 수도원을 보수하고 재정을 흑자로 바꾸었다. 그는 신부와 수도사들에게 뛰어난 저작들을 필사하게 했다. 그들이 워낙 열심히 필사했으므로 40권이었던 수도원 소장 도서가 40권에서 수백 권으로 늘어났다. 그는 21년 뒤에 엄격한 규율에 반기를 든 신부들에 의해 그곳의 수도원장 직에서 밀려났다. 이후 그는 뷔르츠부르크에 있는 성 야고보 수도원의 원장이 됐고, 그 수도원에서 1516년에 세상을 떠났다.

트리테미우스는 슈판하임에서 수도원장으로 재직하는 동안에 연금술을 비롯한 신비학에 관한 몇 권의 책을 썼다. 연금술을 믿는 사람들 가운데 일부는 슈판하임의 수도원 재정이 넉넉해진 것은 그의 관리능력 덕분이 아니라 그가 가지고 있었던 현자의 돌 덕분이라고 주장해왔다.

| 질 드 레

질 드 레Gilles de Rais는 엽기적인 범죄를 저지른 프랑스의 귀족으로 흔히 드레 원수Maréchal de Rais로 불린다. 그는 1420년께 브르타뉴의 귀족 가문에서 태어나 20살에 아버지가 돌아가실 때 엄청난 부를 물려받았다. 그래서 그의 재산은 프랑스 국왕도 부러워할 정도로 많았다. 그는 15군데에 영지를 소유했고, 연간 30만 리브르의 수입을 올렸다. 그러나 방탕과 사치가 그를 범죄의 길로 이끌었다.

질 드 레는 샹토세Champtocé 성에서 동방의 칼리프 이상으로 호화스럽게 살았다. 그가 행차할 때면 기병 200명이 호위했다. 그가 사냥을 하러 갈 때에는 그 지역 사람들이 요란한 행렬과 화려한 복장에 감탄했다. 그는 성으로 찾아오는 모든 사람을 따뜻하게 맞이했다. 거지도 포도주로 대접했다. 샹토세 성에서는 매일 500명분의 음식을 만들기 위해 황소 한 마리와 여러 마리의 양, 돼지, 닭을 잡았다. 또한 그는 어린이 합창단을 운영했고, 전속 무희와 가수들도 고용했다.

그는 23살 때 투아르 가문의 카트린과 결혼하기에 앞서 10만 크라운의 돈을 들여 성을 수리했다. 결혼은 새로운 낭비의 시작이었다. 그는 기량이 뛰어난 무희와 가수를 찾아오라고 사람들을 외국에 보냈다. 그 자신이 아내와 함께 춤과 노래를 즐기기 위해서였다. 매주 기사들을 초청해 막대한 상금을 걸고 마상무술 시합을 벌이게 했다. 그의 성은 온갖 식객들로 가득 찼고, 그는 그들에게 아낌없이 숙식을 베풀었다.

언제인가부터 아름다운 무희들의 춤을 봐도 그는 즐겁지 않았다. 사람들을 대하는 그의 태도에는 이상한 점이 없었지만, 그는 속으로 차츰 미쳐 갔다. 그를 직접 만나 대화를 나눠본 성직자들은 프랑스의 귀족 가운데 그에 필적할 만한 지식인은 없다고 생각했지만, 그에 관한 좋지 않은 소문이 나돌기 시작했다. 샹토세 성 부근의 마을에서 많은 아이들이 사라졌다. 그 가운데 몇 명은 샹토세 성으로 끌려가는 것이 목격됐다. 그러나 질 드 레처럼 권력이 있는 귀족을 공개적으로 문제 삼는 사람은 없었다. 사라진 아이들 이야기를 하면 그는 경악하며 납치범에 대한 분노를 드러냈다. 그러나 세상을 완전히 속일 수는 없었다. 어른들은 아이들에게 샹토세 성 근처에 가지 말라고 단단히 교육했다.

그의 막대한 재산도 장기간의 무분별한 낭비에 견디지 못했다. 당장 지출할 수 있는 돈이 궁해지기 시작했다. 그는 자신의 부동산 가운데 일부를 매각하려고 했다. 그러나 상속예정자들이 국왕 샤를 7세에게 탄원해 그의 부동산 매각을 금지하도록 했다. 그러자 그는 지출을 줄이려고 하지 않고 쇠로 금을 만들 수 있게 해줄 연금술로 눈을 돌렸다.

질 드 레는 유럽 각지로 사람을 보내 연금술사를 찾았다. 파도바의 연금술사 프렐라티와 푸아투Poitou의 의사가 추천되자 그는 두 사람에게 화려한 실험실을 만들어주었다. 그 뒤 철학자 팔레르모 등 유럽 각지에서 온 20여 명의 연금술사들이 이 실험실에 합류했다. 이들은 모두 넉넉한 보수를 받으면서 연금술을 연구했다.

그러나 그는 오래 기다리지 못하는 사람이었고, 결국은 프렐라티와 푸아투의 의사를 제외하고는 모두 해고했다. 두 사람에게는 현자의 돌을 빨리 찾기 위해 보다 대담한 방법을 쓰라고 요구했다. 푸아투의 의사는 악마가 그 비밀을 알고 있으므로 악마와 접촉해 계약을 맺어야 한다고 주장했다. 이에 그는 그 의사와 함께 한밤중에 숲으로 가서 악마를 부르는 의식을 벌였다. 의사가 갑자기 무슨 말인가를 하기 시작했는데, 악마와 대화를 나누는 듯했다. 그러나 그의 눈에는 아무것도 보이지 않았다. 잠시 후 의사가 기절하듯 쓰러졌다. 다시 깨어난 의사는 악마에게서 현자의 돌을 건네받기 위해서는 스페인과 아프리카에 가서 특별한 약초를 가지고 와야 한다고 말했다. 의사는 다음날 그에게서 여비로 많은 양의 금을 받고 떠났는데 다시는 돌아오지 않았다.

그러나 질 드 레는 연금술 찾기를 단념하지 않았다. 이번에는 프렐라티가 악마와 만났다. 프렐라티는 악마에게 어린이의 심장, 허파, 손, 눈, 피를 주어야 한다고 그에게 말했다. 그와 프렐라티는 악마와 친구가 되기 위해 이후 3년 동안 모두 100명의 아이들을 유괴해서 잔인하게 죽였다.

질 드 레에 대한 의심이 갈수록 커지자 교회가 나섰다. 그와 프렐라티가 체포되어 재판을 받게 됐다. 유죄가 명백했으므로 둘 다 화형 판결을 받았다. 그는 신분이 참작되어 먼저 교수형에 처해진 뒤 시신으로 화형을 당했다. 그의 시신은 반쯤 재로 변한 상태에서 가족에게 인계되어 땅속에 매장됐다. 프렐라티는 바로 화형에 처해졌고, 재로 변한 그의 유해는 바람에 뿌려졌다.

| 아우구렐로

조반니 아우렐리오 아우구렐로Giovanni Aurelio Augurello는 15세기에 태어나 16세기에 이름을 떨친 연금술사다. 1441년 리미니에서 태어난 그는 베네치아와 트레비소에서 문학 교수로 일했다. 그는 젊어서부터 연금술을 신봉했고, 하느님에게 현자의 돌을 발견하게 해달라고 기도했다. 그는 화학도 공부했는데, 여러 가지 약품과 금속을 사는 데 돈을 많이 썼다. 그는 시인이기도 했지만, 시인으로서 대단한 재능을 갖고 있지는 않았다.

아우구렐로는 연금술에 관한 책 《금 만들기Crysophoeia》를 써서 많은 보상을 기대하며 교황 레오 10세에게 헌정했다. 그러나 레오 10세는 연금술을 믿지 않았다. 아우구렐로가 보상을 요구하자 레오 10세는 빈 지갑을 그에게 주었다. 아우구렐로는 금을 만들 줄 안다고 하니 그에게 가장 적당한 선물은 금을 넣어둘 지갑이라는 이유에서였다. 가엾은 연금술사 아우구렐로가 연금술로 얻은 것은 빈 지갑뿐이었다. 그는 매우 가난하게 살다가 83살에 세상을 떠났다.

| 코르넬리우스 아그리파

코르넬리우스 아그리파Cornelius Agrippa는 말만 몇 마디 하면 쇠를 금으로 만들 수 있었다고 알려지면서 죽은 뒤에도 오랜 세월 대단한 명성을 누렸다. 공중에 떠도는 영혼과 땅속의 악령이 모두 그의 명령을 따랐다고도 하고, 그에게는 죽은 사람을 과거 시대 위인의 모습으로 되살아나게 하는 능력이 있었다고도 한다.

아그리파는 1486년 쾰른에서 태어나 어려서부터 화학과 철학을 배웠다. 스무 살 때 이미 연금술사로 이름을 날리면서 파리의 연금술사들로부터 초청을 받았다. 에라스무스도 그를 호의적으로 평가했다는 기록이 남아 있다. 그는 문학의 빛, 철학의 대가로 불렸다. 스스로도 절세의 신학자, 위대한 철학자, 성공한 연금술사라고 자부했다.

그는 신성로마제국 황제 막시밀리안 1세의 비서가 되어 기사 작위도 받았다. 이후 그는 프랑스 돌Dole 대학에서 문학과 히브리어 교수가 됐으나, 프란체스코 수도원의 수도사들과 신학논쟁을 벌이다가 대학을 떠나야 했다. 그는 영국의 런던으로 가서 일 년 동안 히브리어를 가르치고 운명을 점치는 일을 하며 지냈다. 그러다가 다시 이탈리아의 파비아로 가서 교수가 됐지만 성직자들과 다투는 바람에 거기에서도 평화롭게 지내지 못했다. 그는 프랑스의 메스로 옮겨갔지만 다시 신학논쟁에 휩싸인 데다 마녀로 몰린 소녀를 변호하다가 마법사로 기소됐다. 이 때문에 그는 메스에서도 떠날 수밖에 없었다.

그 뒤에 아그리파는 프랑스 국왕 프랑수아 1세의 어머니인 루이즈의 주치의가 됐다. 자신의 미래를 알고 싶어 한 루이즈는 아그리파에게 그것을 물었다. 그는 대답을 하지 않았고, 이 때문에 그녀의 주치의 직에서 해고됐다. 그가 신탁과 점술에 몰두한 점과 나중에 부르봉 원수의 성공을 예언해 명성을 얻은 점을 고려하면 루이즈의 요청을 왜 거절했는지 의아할 뿐이다.

아그리파는 영국 왕 헨리 8세의 초청과 저지대(네덜란드와 벨기에-옮긴이)의 통치자 마르가레트의 초청을 동시에 받았다. 그는 마르가레트의 초청을 받아들여 저지대로 가서 그녀의 아버지인 신성로마제국 황제 카를 5세의 전기를 쓰게 됐다. 그러나 그의 성마르고 건방진 태도가 그곳 대신들을 불쾌하게 했다. 마르가레트가 죽자 그는 마법사로 몰려 브뤼셀의 감옥에 갇혔다. 일 년 뒤에 석방된 그는 그곳을 떠나 다른 여러 나라를 전전하면서 산전수전을 겪다가 48살이 된 1534년에 몹시 가난한 상태로 세상을 떠났다.

아그리파는 루뱅에서 마르가레트의 비호를 받으며 지낼 때 〈인간 지식의 허영과 허무〉라는 유명한 글을 썼다. 또한 그는 마르가레트를 기쁘게 하려고 〈여성의 우월함〉이라는 글을 써서 그녀에게 헌정했다. 이 시기에 속하는 그의 행적 가운데 놀라운 것들이 많다. 그가 상인에게 건넨 금은 24시간이 지나자 돌로 변했다고 한다. 그와 관련해 이보다 더 놀라운 이야기가 예수회 신학자 델리오Delrio가 쓴 마법에 관한 책에 나온다.

어느 날 아그리파가 휴가를 가기 위해 루뱅의 자택을 떠나면서 서재의 열쇠를 아내에게 맡겼다. 아내는 그의 말대로 누구도 서재에 들어가지 못하게 했다. 그런데 그 집에서 하숙을 하는 학생이 호기심에서 서재에 들어가 연금술의 비밀을 알아내고 싶었다. 잘생긴 데다 말솜씨도 좋은 학생은 아그리파의 아내를 설득해 열쇠를 빌려 서재에 들어갈 수 있었다.

학생은 서재에서 주문을 외는 법에 관한 책을 발견하고 앉아서 읽기 시작했다. 한마디를 읽자 문을 두드리는 소리가 났다. 하지만 잘못 들었을 거라고 생각하고 책을 계속 읽었다. 문을 두드리는 소리가 더 크게 나자 겁이 나서 벌떡 일어섰다. '들어오시오!'라고 바로 말하고 싶었지만 입이 떨어지지 않았다. 그런데 문이 서서히 열리더니 풍채가 좋은 자가 서재에 들어왔다. 그러고는 자기를 왜 불렀느냐고 물었다.

"부른 적 없소."

학생이 떨리는 목소리로 대답하자 그자는 화를 내며 말했다.

"분명히 불렀다. 악마를 헛되게 불러서는 안 된다."

그자는 이유도 없이 자기를 불러낸 것에 격분해서 학생의 멱살을 붙잡고 목을 졸랐다.

며칠 뒤에 아그리파가 돌아와서 보니 집에 온통 악마들이 우글거렸다. 굴뚝에도, 서재에도 악마들이 가득했다. 아그리파가 악마들을 밀쳐내며 서재의 책상 앞으로 다가가니 거기에 학생의 시체가 누워있는 것이 보였다.

아그리파는 학생을 죽인 악마를 꾸짖고 되살려내라고 명령했다. 학생은 되살아나 시장에 가서 사람들이 보는 가운데 돌아다니다가 해가 지자 길바닥에 쓰러졌다. 시체에는 목이 졸린 흔적이 있었고, 악마의 손톱자국도 여러 군데 나 있었다.

이 이야기는 소문으로 널리 퍼졌고, 이 때문에 아그리파는 당국의 조사를 받은 뒤 루뱅을 떠나야 했다. 이와 비슷한 이야기가 여러 가지로 전한다. 그 시대의 사람들은 마법에 관한 이야기를 쉽게 믿었다. 사람들은 아그리파의 그럴 듯한 말솜씨와 행동을 보고 그에게 신비한 능력이 있다고 믿었던 것 같다.

| 파라켈수스

'연금술의 최고봉'으로 불리는 파라켈수스Paracelsus라는 철학자는 1493년에 취리히 부근의 아인지델른Einsiedeln에서 태어났다. 원래 이름은 테오프라스투스 폰 호엔하임Theophrastus von Hohenheim이지만 세례명인 파라켈수스로 주로 활동했다. 의사였던 아버지는 아들을 의사로 만들려고 했고, 그는 학문에 뛰어난 자질을 보였다.

파라켈수스는 우연히 이자크 홀란두스Isaac Hollandus의 저술을 읽은 뒤로 현자의 돌에 열중하게 됐다. 연금술에 정신이 온통 사로잡힌 파라켈수스는 스웨덴의 광산에 가서 광석을 관찰하기도 했다. 그는 슈판하임의 수도원장인 트리테미우스를 찾아가 그를 통해 연금술에 관한 지식을 늘렸다. 이어 프로이센, 오스트리아, 터키, 이집트 등지를 돌아다니다가 콘스탄티노플로 돌아왔다.

파라켈수스는 이제 자신은 연금술을 터득했고 생명의 물도 가지고 있다고 자랑했다. 그는 스위스의 취리히로 가서 의사로 개업하고 연금술과 의학에 관한 책도 저술했으며, 얼마 지나지 않아 전 유럽에서 주목을 받게 됐

파라켈수스

다. 그의 주장에 담긴 내용은 애매했지만 그의 명성은 높아져만 갔다. 그는 질병을 치료하는 데 수은과 아편을 쓰기도 했다.

1526년에 그는 바젤 대학의 의학과 자연철학 교수가 됐다. 그의 강의는 학생들 사이에 인기가 높았다. 그는 과거 의사들의 질병 치료법을 비판했고, 특히 갈레노스와 아비센나를 돌팔이 의사라고 비난하면서 그들의 저작을 공개적으로 불태웠다. 그는 자신을 흠모하면서도 다소 어리둥절해하는 군중 앞에서 모든 대학에 사이비 교수들이 가득하다고 주장했다.

"여러분은 나의 새로운 방식을 따르시오. 파리, 몽펠리에, 쾰른, 빈의 교수들과 이탈리아인, 아랍인, 유대인들이여! 모두 내 학설을 따르시오. 내가 의학의 군주입니다."

그러나 그는 곧 바젤 사람들의 존경을 잃었다. 그는 술에 빠져 대낮에도 거리에서 비틀거리곤 했다. 이는 의사로서 신뢰를 받기에는 치명적인 모습이었다. 게다가 그가 마법사의 티까지 내자 그에 대한 평판은 더욱 떨어졌다. 그는 자기가 영혼을 조종할 수 있으며 생명의 물을 가지고 누구든지 놀랄 만큼 오래 살게 할 수 있다고 주장했다.

바젤에서 신뢰를 잃은 파라켈수스는 스트라스부르에 가서 한동안 그곳에 정착했다. 그가 이때 거처를 옮긴 데에는 직접적인 계기가 있었다. 바젤의 한 시민이 병에 걸려 거의 죽을 지경에 이르렀다. 모든 의사가 왔지만 그 시민의 병을 고치지 못했다. 마지막으로 파라켈수스가 왔고, 그 시민은 병을 치료해주면 엄청난 보상을 해주겠다고 약속했다. 파라켈수스는 작은 알약 두 개로 치료해주었지만 그 시민은 약속을 지키지 않고 일반적인 수가만 지급했다. 이에 파라켈수스가 소송을 벌였으나 패소했고, 이에 화가 난 그는 바로 바젤을 떠났다.

파라켈수스는 다시 방랑생활에 들어가 독일과 헝가리 등지를 돌아다녔다. 그러면서 그는 가축의 질병을 치료해주기도 하고 예언도 하면서 생계를 유지했다. 그는 1541년에 잘츠부르크에서 은퇴했는데, 극심한 가난 속에서 세상을 떠났다고 한다.

그를 추종하는 사람들은 그의 생전에도 많았지만 그의 사후에는 훨씬 더 많아졌다. 프랑스와 독일에서 파라켈수스 학파가 생겨날 정도였다. 이 학파의 주된 지도자는 보덴슈타인Bodenstein과 도르네우스Dorneus였다.

파라켈수스가 현자의 돌에 근거를 두고 설파한 의학 이론의 주요 내용은 다음과 같은데, 참으로 터무니가 없다.

성경은 모든 질병 치료에 열쇠가 된다. 《요한계시록》 연구가 마법의 치료법을 알아내는 수단이다. 하느님의 뜻을 맹목적으로 따르는 사람은 하늘의 지능과 현자의 돌을 갖게 된다. 그러면 그는 모든 질병을 치료할 수 있게 되고, 사람의 수명을 몇백 년이나 늘릴 수 있다. 생명은 별에서 나온 것이다. 태양은 심장을 지배하고, 달은 뇌를 지배한다. 목성은 간, 수성은 폐, 금성은 허리를 관장한다. 사람의 위 속에는 일종의 연금술사인 악마가 산다.

파라켈수스는 현자의 돌을 가지고 금 이외의 금속을 금으로 만들면 그 금으로 모든 질병을 치료할 수 있다고 주장했다.

| 게오르크 아그리콜라

게오르크 아그리콜라Georg Agricola는 1494년에 마이센 지역에서 태어났다. 그의 원래 이름은 게오르크 바우어Georg Bauer였는데, 그 자신이 당시의 유행에 따라 '농부'라는 뜻인 바우어Bauer를 같은 뜻의 라틴어 단어인 아그리콜라Agricola로 고쳐 불렀다.

아그리콜라는 어릴 적부터 연금술 공부에 몰두했고, 16살이 되기도 전에 700년의 수명을 보장해줄 생명의 물과 현자의 돌을 찾기를 원했다. 그는 1531년에 쾰른에서 이런 주제의 논문을 발표했고, 이에 관심을 갖게 된 작센 공작의 후원을 받기 시작했다.

그는 보헤미아 지역의 요하임스탈에서 의사로 몇 년간 활동한 뒤에 쳄니츠의 은광에서 채굴감독자가 됐다. 이때 그는 광부들과 어울리며 즐겁게 지내면서 연금술에 관한 많은 실험을 할 수 있었다. 이후 아그리콜라는 여러 가지 금속에 대해 연구를 계속해 이 분야의 지식을 쌓았고, 그러면서 차츰 연금술이 허황된 것임을 깨달았다. 그는 1555년에 유능하고 명석한 사람이라는 명성을 남기면서 세상을 떠났다.

| 장미십자회

17세기에 유럽에서 장미십자회Rosenkreuzer가 선풍을 일으켰다. 장미십자회의 영향은 훗날의 유럽 문학에서도 나타난다. 장미십자회 이전의 연금술은 실체를 더듬어 찾아야 하는 환영이었는데 장미십자회는 정신적인 의미를 부여하면서 이것을 세련되게 다듬었다.

장미십자회 회원들은 연금술의 영역을 확장해 현자의 돌을 갖게 된다면 그것이 부자가 되는 수단이 되는 데 그치지 않고 건강과 행복을 누리는 수단이 되기도 한다고 주장했다. 또한 그것을 이용해 초월적인 존재를 조종하면 시간과 공간의 장벽을 뛰어넘을 수 있고 우주의 비밀에 대한 지식을 얻을 수 있다고 했다. 그들은 단순하고 공상적이었지만 쓸모없는 존재는 아니었다. 그동안 수도사들이 유럽에 퍼뜨린 역겨운 형태의 미신을 이들은 우아하고 은혜로운 것으로 바꾸었다.

장미십자회라는 이름은 14세기 말경 성지 예루살렘을 순례한 독일 철학자 크리스티안 로젠크로이츠Christian Rosenkreutz의 이름에서 유래한 것이다. 로젠크로이츠는 순례 중에 담카르에서 큰 병을 앓았는데, 아랍 지식인들이 찾아와 그를 학문의 형제로 선포하고 현자의 돌을 이용해 그의 질환을 치료해주었다고 한다. 그리고 그들은 그에게 세상의 모든 신비에 대해 가르쳐주었다. 로젠크로이츠는 1401년에 유럽으로 돌아왔는데 그때 그의 나이는 23살이었다. 그는 친구 몇 명을 골라 지식을 전수한 뒤에 그들에게 100년 동안 그것을 비밀로 지키겠다는 맹세를 하게 했다. 그는 그 뒤로 83년을 더 살고 1484년에 세상을 떠났다.

그러나 로젠크로이츠의 존재를 부정하고 장미십자회의 기원을 훨씬 나중으로 잡는 사람들도 있다. 이들은 파라켈수스의 이론에서 장미십자회의 기원을 찾으면서 파라켈수스가 장미십자회의 철학을 창시했다고 주장한다. 이들의 주장은 입증하기도 반증하기도 불가능하다.

장미십자회는 1605년부터 독일에서 사람들의 이목을 끌면서 그 존재가 널리 알려졌다. 장미십자회의 교리가 전파되자 몽상가나 연금술사들이 일제히 이것을 떠받들고 로젠크로이츠를 가리켜 인류를 갱생할 수 있게 해주신 분이라고 칭송했다. 1615년에는 당대의 저명한 의사로 현자의 돌을 찾느라 건강을 해치고 재산을 낭비한 미카엘 마이어Michael Mayer가 장미십자회의 교리와 규율을 소개하는 내용의 보고서를 발표했다. 여기에는 다음과 같이 쓰여 있다.

장미십자회를 설립한 사람들의 명상은 천지창조 이래 상상될 수 있었던 모든 것을 초월한다. 심지어 신의 계시까지도 넘어선다. 그들은 세상의 종말이 오기 전에 인류의 보편적 평화와 갱생을 성취할 것이다. 그들은 최상급의 지혜와 경건함을 갖추었다. 그들은 자연의 은총을 모두 가지고 있고, 그것을 인류에게 베풀 수 있다. 그들은 굶주리지도 갈증을 느끼지도 않고, 질병에 걸리지 않으며, 늙지도 않는다. 그들은 영감에 의해 회원 자격이 있는 사람을 첫눈에 알아본다. 그들은 천지창조 때부터 계속 살아오면서 습득했어야 가능한 정도로 많은 지식을 가지고 있다.

그들의 행동수칙은 다음 여섯 가지였다.

1. 여행 중에 만나는 환자의 질병을 치료한다.
2. 머무르는 곳의 풍습에 맞게 옷을 입는다.
3. 일 년에 한 번 지정된 장소에 모인다.
4. 모든 회원은 죽기 전에 후계 회원을 정해야 한다.
5. '장미십자회'라는 말을 회원끼리 알아보는 신호로 삼는다.
6. 장미십자회의 존재는 120년간 비밀로 유지돼야 한다.

장미십자회 회원들은 이 행동수칙이 로젠크로이츠의 무덤에서 발견된 황금책에 새겨져 있었다고 주장했다. 그리고 그들은 로젠크로이츠가 죽은 지 120년째인 1604년부터 인류의 행복을 위해 자신들의 교리를 본격적으로 전파하기 시작한다고 밝혔다.

이후 8년간 장미십자회는 독일에서 많은 사람들을 회원으로 가입시켰다. 그러나 유럽의 다른 지역들에서는 그다지 반향을 일으키지 못했다. 1623년에는 프랑스 파리에서도 그들이 모습을 드러내어 소동을 일으켰다. 이 해 3월 초의 어느 날 아침에 파리 시민들은 벽에 내걸린 플래카드를 보고 깜짝 놀랐다.

우리는 장미십자회의 대표들로서 가장 높으신 분의 은총으로 이 도시에 보이게 또는 보이지 않게 주거를 잡았다. 우리는 책 없이 가르침

을 전할 것이다. 그리고 모든 종류의 언어로 인류를 죄와 죽음에서 건
져내기 위한 말을 할 것이다.

파리 시민들은 이 플래카드를 화제로 삼았다. 대부분은 웃어넘겼지만
관심을 갖는 사람들도 있었다. 몇 주 사이에 이 신비로운 조직을 소개하는
책이 두 권 출판돼 날개 돋친 듯이 팔렸다. 이 두 책에 쓰인 바에 따르면 장
미십자회 회원은 원래 36명이었다. 그들은 세례를 받기를 거부하고 부활
에 대한 희망을 부정했다. 그들은 천사의 도움이 아닌 악마의 힘을 받아 놀
라운 능력을 발휘했다. 그들은 2~6명씩 9개 집단으로 나뉘어 각각 프랑
스, 이탈리아, 스페인, 독일, 스위스, 스웨덴, 플랑드르 등으로 사명을 띠고
갔다. 이것이 장미십자회의 정체에 대한 두 책의 주장이었다.

파리에서는 갖가지 이상한 소문이 나돌았다. 신비로운 모습의 사람이
숙소에서 최고급 요리와 포도주를 마시더니 갑자기 수증기처럼 되어 공기
속으로 사라졌다거나 얌전한 처녀가 혼자 잠자리에 들었다가 한밤중에 깨
어나 보니 아폴론 신보다 아름다운 남자가 옆에 누워 있었다는 등의 이야
기였다. 파리의 많은 시민들이 이런 이야기들을 그대로 믿었다. 이처럼 소
동이 계속되는 가운데 두 번째 플래카드가 거리에 나붙었다.

장미십자회 회원을 호기심에서만 직접 보고 싶어 하는 사람은 우리와
의사소통을 할 수 없다. 진심으로 우리 단체에 들어오려고 하는 사람에
게는 우리가 진리를 알려줄 것이다. 이런 이유로 우리는 우리의 거처를
밝히지 않는다. 신실한 소망을 가진 사람만이 우리와 통할 수 있다.

파리 시민들은 장미십자회가 실제로 존재하는 것인지 의문을 품기도 했

지만, 플래카드가 연이어 내걸리는 것을 보고 장미십자회에 더 많은 관심을 갖게 됐다. 경찰은 누가 플래카드를 내건 것인지를 조사했으나 소용이 없었다. 교회도 이 문제에 개입했고, 예수회의 고티에Gaultier 신부는 루터의 제자들이 그런 짓을 한 것이라고 주장했다.

이에 장미십자회는 스스로를 변호하고 나섰다. 자신들이 마법을 썼다는 소문을 부인했고, 악마의 힘을 빌린 적도 없다고 했다. 회원들은 모두 100살이 넘었으며 행복하게 살고 있다고 주장했다. 자신들이 갖고 있는 지식은 굳건한 신앙의 대가로 하느님이 주신 선물이라고 했다. 또한 교황의 권위를 인정하지 않고 오히려 교황을 폭군으로 보지만 종교나 정치 문제에는 관여하지 않는다고 했다. 인류는 마녀나 악마와 같은 혐오스러운 존재들이 아니라 더 아름답고 자비로운 존재들에 의해 둘러싸여 있다고 주장했다.

플래카드로 인해 파리에서 일어난 흥분은 몇 달이 지나자 사라졌다. 파리 시민들은 그동안 그들에 관해 나돈 이야기들이 터무니없다고 생각했다. 그리고 보이지 않는 그들과 그들의 환상적인 교리를 비웃기 시작했다. 학자 가브리엘 노데Gabriel Naudé는 《장미십자회 회원들에 관해 프랑스에 던지는 충고》라는 책을 써서 그들의 어리석음을 폭로했다. 이 책은 잘 쓰인 것은 아니지만 시기적절했다.

이후 프랑스에서는 장미십자회가 자취를 감추었다. 가끔 사기꾼들이 장미십자회 회원을 자처했지만, 사람들은 차츰 장미십자회를 잊어갔다. 그러나 독일에서는 장미십자회가 번성했고, 영국에서도 추종자가 많이 생겨났다. 추종자 가운데 독일에서는 야코프 뵈멘Jacob Böhmen이, 영국에서는 로버트 플러드Robert Fludd가 각각 두각을 나타냈다.

로버트 플러드는 영국 장미십자회의 시조라고 할 수 있는데, 그가 보여준 어리석음은 놀라울 정도다. 플러드는 1574년에 켄트 지역의 밀게이트에서 엘리자베스 여왕의 전쟁회계관 토머스 플러드 경의 아들로 태어났다. 그는 군인이 되고 싶었지만 학문을 무척 좋아했고 성격이 얌전하고 조용했다. 아버지는 그에게 맞지 않는 군인의 길을 강요하지 않고 의학을 공부할 것을 권했다.

로버트 플러드는 25살 때 유럽대륙으로 건너갔다. 원래 놀랍고 신기한 것을 좋아하던 플러드는 파라켈수스 학파의 열렬한 추종자가 됐다. 그러다 보니 이탈리아, 프랑스, 독일 등지에 6년간 머물면서 몽상가들과 어울렸다. 그는 1605년에 영국으로 돌아와 옥스퍼드 대학에서 의학박사 학위를 받고 런던에서 개업했다.

플러드는 의사로서 유명해지자 자신의 이름을 라틴어화해 로베르투스 데 풀룩티부스Robertus de Fluctibus로 바꾸고 이상한 학설을 설파하면서 현자의 돌과 생명의 물에 대한 신념을 공언했다. 그는 모든 사물에는 두 가지 원리가 있는데 그것은 응축과 희석이라고 했다. 또 악령들이 인간의 몸을 지배한다고 주장했다. 각각의 질병은 각각의 악령이 저지르는 것이며 그에 반대되는 악령의 힘으로 퇴치할 수 있다고 했다.

그는 장미십자회가 유럽에서 선풍을 일으키자 곧바로 여기에 가입했다. 독일의 몇몇 저술가들이 장미십자회를 맹렬히 비난하자 그는 1616년에 그 교리를 옹호하는 책을 써서 출판했다. 그는 이 책으로 유럽 전역에서 명성을 얻는 동시에 장미십자회의 지도자 가운데 하나로 여겨지게 됐다.

플러드가 이처럼 중요한 인물로 부각되자 케플러Kepler와 가상디Gassendi가 그에 대해 반박할 필요성을 느꼈다. 특히 가상디는 그의 학설을 면밀히 검토하며 반박하는 글을 썼다. 데카르트의 친구인 메르센Mersenne도 그에게 통렬한 반박을 가했다. 그러자 플러드는 장문의 글을 써서 메르센을 무식한 중상모략자라고 비난하는 한편 연금술은 유용한 학문이고 장미십자회

로버트 플러드

는 인류를 갱생시킬 능력이 있다고 주장했다. 그는 이 밖에도 연금술과 의학에 관한 여러 권의 책을 썼다. 그는 1637년에 런던에서 세상을 떠났다.

이후 영국에서 장미십자회의 위세가 다소 위축됐다. 그들은 대중의 관심을 끌지 못했고, 그러려고 노력하지도 않았다. 그러나 간간이 장미십자회에 관한 이해하기 어려운 내용의 저작이 나와 그 유행이 아직 끝나지 않았음을 보여주었다.

유명한 연금술사인 에우게니우스 필라레테스Eugenius Philalethes(토머스 본 Thomas Vaughan(1621~1666)과 같은 인물인 것으로 알려져 있다―옮긴이)는 《장미십자회 회원들의 명성과 고백》이라는 책을 번역해 1652년에 런던에서 출판했다. 몇 년 뒤에는 장미십자회 회원인 존 헤이던John Heydon이 《현자의 왕관, 또는 장미십자회의 영광》과 《예술과 자연을 장미십자회와 결합하는 길로 이끄는 신성한 안내서》라는 책을 펴냈다. 이 두 권의 책은 그다지 주목받지 못했지만 그의 또 다른 저서 《장미십자회 의학의 새로운 방법》은 사람들의 관심을 끄는 데 다소 성공적이었다.

존 헤이던은 이들 책에서 장미십자회의 역사와 교리를 설명했다. 그는 모세, 엘리아, 에스겔이 장미십자회 철학의 가장 오래전 대가들이었다고 주장했다. 또한 영국을 비롯한 유럽에 소수 존재하는 회원들은 모든 것을 보고 들을 수 있는 위대한 우주 왕의 눈과 귀와 같다고 했다. 그 가운데 가장 경건한 회원들은 전염병이 도는 도시를 구제할 수 있고, 폭풍을 멈추게 해서 바다를 잔잔하게 만들 수 있으며, 공중을 걸어 다닐 수 있다고 했다. 헤이던은 장미십자회의 유명한 회원인 월퍼드와 윌리엄스를 알고 있는데 자기가 보는 앞에서 이 두 사람이 기적을 행하고 점성술로 놀라운 예언을 했다고 주장했다.

헤이던은 음식을 먹고 마시는 일이 인간에게 꼭 필요하지는 않다는 장미십자회의 교리를 진심으로 신봉했다. 그는 순수한 공기에는 양질의 지방이 들어 있으며 이것은 인간의 양식으로 충분하다고 했다. 식욕이 넘치는 사람은 고기를 먹어도 무방하지만 반드시 그래야 할 필요는 없다고 했다. 헤이던은 평생 단식을 하면 어떠한 질병에도 걸리지 않으면서 300년이나 살 수 있다고 주장했다.

17세기 말에 이르면 소수이나마 회원들을 유지한 장미십자회가 보다 합리적인 주장을 펼치기 시작한다. '만족'이 진정한 현자의 돌이라고 하면서 더 이상 상상의 물건인 현자의 돌을 찾지 않았다. 애디슨Addison(영국 작가 조지프 애디슨Joseph Addison(1672~1719)을 가리킨다—옮긴이)은 자신이 펴낸 잡지 〈더

스펙테이터The Spectator〉를 통해 자신이 장미십자회 회원과 나눈 대화의 내용을 다음과 같이 전했다.

> 나는 장미십자회 회원과 '위대한 비밀'에 관한 대화를 나누었다. 그는 에메랄드 안에 사는 영혼에 대해 이야기했다. 그에 따르면 그 에메랄드는 가까이에 있는 모든 것을 최고의 완성 단계로 변화시킨다. 그것은 모든 금속을 빛나게 하고 납을 금으로 바꾸어준다. 또한 연기를 불꽃으로, 불꽃을 빛으로, 빛을 영광으로 전환시킨다. 그것이 발하는 빛을 한 번 쬐면 고통이 사라지고 우울증이 치료된다. 간단히 말해 그 에메랄드는 세상을 천국과 같은 곳으로 만든다는 것이다.

애디슨은 그 장미십자회 회원이 자연철학과 도덕 개념을 뒤섞어 말했고, 그가 말한 '위대한 비밀'이란 '만족'을 가리키는 것임을 알게 됐다고 했다.

| 생제르맹 백작

생제르맹 백작Comte de Saint-Germain은 루이 15세의 궁정에서 중요한 역할을 담당했다. 그는 자신이 생명의 물을 발견했으며 자신의 나이가 2천 살이 넘는다고 주장했다. 그는 장미십자회의 교리를 받아들였다. 그래서 자신은 주문을 외어 땅에서 다이아몬드를 끄집어내고 바다에서 진주를 건져낼 수 있다고 자랑했다. 그가 현자의 돌까지 찾았다고 주장하지는 않았다. 하지만 그가 연금술에 몰두했으므로 현자의 돌이 있기만 하다면 얼마든지 찾을 수 있는 인물이라고 많은 사람들이 믿었다.

생제르맹 백작의 본명과 태어난 곳은 알려져 있지 않다. 그가 유대인이라고 하는 사람도 있고 아랍 공주의 아들이라고 하는 사람도 있다. 그러나 그가 보르도에 정착한 포르투갈계 유대인의 아들이라는 설이 좀 더 유력하다. 그는 독일에서 처음으로 사기행각을 벌였다. 생명의 물을 팔아서 상당히 많은 돈을 번 것이다.

프랑스의 벨일 원수Maréchal de Belle-Isle도 그에게서 생명의 물을 샀는데, 그 과정에서 그의 재치와 지식, 태도에 매료되어 그를 유인해 파리에 와서 정착하도록 했다. 그는 벨일 원수의 후원으로 파리의 사교계에도 등장했다. 모두가 이 신비한 인물에 이끌렸다. 그들이 보기에 그는 독서량이 대단하고 기억력도 놀라웠다. 그가 마치 몇백 년을 산 것처럼 처신했으므로 사람들은 그에게 과거의 삶이 어떠했고 그때의 위대한 인물과 만나 어떤 대화를 나누었는지를 물었다. 그런데 그는 이런 질문에 언제나 적절하게 대답했다. 그를 비웃으며 질문을 던진 사람들은 그의 대답을 듣고 당황했고, 그가 과거의 세부적인 부분들을 명확하게 설명하며 이야기하는 것을 보고 경악했다. 다만 그는 자신이 어떻게 살아왔는지를 아무에게도 자세히 이야기하지 않았는데, 이는 자신을 둘러싼 신비감을 유지하거나 강화하려고 그런 것 같다.

생제르맹 백작은 누구보다도 화려하게 차려입었고, 궁중의 귀부인들에게 가끔 매우 비싼 선물을 주었다. 그가 영국에서 보낸 첩자라는 의심이 돌기도 했지만 증거가 없었다. 프랑스 국왕은 그에게 우호적이었고, 그에 대해 나쁜 말을 하지 않았다. 그러나 볼테르는 끊임없이 그를 조롱했다. 볼테르는 프로이센 국왕에게 보낸 편지에서 그를 '웃기는 백작'이라고 지칭했고, 2세기 전에 열린 트리엔트 공의회에 참석한 신부들과 저녁식사를 같이

한 척하는 자라고 비웃었다.

루이 15세의 애인인 퐁파두르Pompadour 부인의 시녀 오세Hausset 부인의 회고록에 생제르맹 백작에 관한 재미있는 일화가 실려 있다. 생제르맹 백작은 파리에 온 뒤 퐁파두르 부인의 살롱에 출입할 수 있게 됐다. 이것은 고위층 귀족에게나 허용되는 특권이었다. 퐁파두르 부인은 생제르맹 백작과 대화하기를 즐겼다.

어느 날 퐁파두르 부인이 그에게 물었다.

"프랑수아 1세(재위 1515~1547)는 어떻게 생겼나요? 내가 좋아했을 유형인가요?"

"그는 대단히 매력적인 인물이었습니다."

생제르맹 백작은 마치 직접 본 것처럼 프랑수아 1세의 용모를 설명했다.

"하지만 너무 열정적인 것이 유감이었습니다. 내가 조언을 해주었다면 불운을 피할 수 있었을 겁니다. 물론 내가 조언을 했어도 그는 받아들이지 않았을 테지요. 그의 운명이 그로 하여금 현명한 충고에 귀를 기울이지 못하게 했으니까요."

"그때 궁전에 현명한 사람들이 많았나요?"

"많았지요. 그러나 그 어떤 현명한 신하보다도 프랑수아 1세의 손자가 더 뛰어났습니다."

"모든 것을 직접 본 것처럼 말하는군요."

"나는 기억력이 아주 좋습니다. 그리고 프랑스 역사를 주의 깊게 읽었지요. 내가 아주 오래 살았다고 사람들이 믿는 것을 보면 즐겁습니다."

"그런데 당신은 우리에게 아직 나이를 말하지 않았습니다. 그런데 50년 전에 빈 주재 대사였던 게르지 백작의 부인은 거기에 있을 때 당신을 보았다고 했습니다."

"맞습니다. 저도 그 부인을 그때 뵈었습니다."

"그렇다면 당신은 100살이 넘었겠네요."

"그렇게 생각하셔도 됩니다."

"당신이 그 부인에게 준 생명의 물이 놀라운 효과를 냈다지요? 왜 그것을 국왕께는 드리지 않습니까?"

"부인, 그랬다가는 의사들이 내가 폐하를 독살하려 한다고 생각할 겁니다."

세상 사람들은 어떤 인물의 유별난 점을 믿고 나면 그것을 끝없이 과장하기 마련이다. 이즈음 파리는 온통 생제르맹 백작에 관한 이야기로 들썩거렸다.

그러다 보니 이런 일도 있었다. 어떤 사람이 재미로 생제르맹 백작으로 가장하고 사교클럽에 가서 별 허황된 소리를 다 했는데, 모두가 그가 하는 말을 믿었다. 그는 갈릴리의 가나에서 열린 혼인잔치에서 예수가 물을 포도주로 바꾸었을 때 자신이 그 포도주를 예수와 함께 마셨다고 했다. 자신은 예수와 친구 사이였는데 예수에게 좀 더 신중하라고 충고하고 그러지 않으면 비참한 최후를 맞을 것이라고 경고했다고 떠들었다. 이런 불경한 헛소리마저 믿는 사람들이 있었다. 그 뒤 사흘이 지나기도 전에 생제르맹 백작은 대홍수 직후에 태어난 사람이며 불사의 존재라는 소문이 돌았다.

생제르맹 백작은 그런 터무니없는 이야기를 할 정도로 세상물정에 어둡지 않았다. 그러나 굳이 그런 이야기를 부인하려고 하지도 않았다. 그는 지위가 높고 교육을 많이 받은 사람들과 대화할 때에는 겸손한 태도를 취했다. 또한 그는 자기 나이가 300살이 넘었다고까지는 이야기하지 않았다. 그는 개인적으로 잘 아는 듯이 헨리 8세(재위 1509~1547) 이야기를 했고, 신성로마제국 황제 카를 5세(재위 1519~1556)와 알고 지낸 듯이 이야기했다. 그는 자기가 그런 과거의 인물과 나눴던 대화를 너무도 진지하게 이야기했다. 그가 당시의 옷차림이나 대화한 상대방의 표정까지 상세히 설명했기에 그의 이야기를 들은 사람 넷 가운데 셋은 거의 속아 넘어갔다.

부유한 노부인들은 그에게 끊임없이 생명의 물을 달라고 부탁했다. 그래서 그는 생명의 물을 팔아서 많은 돈을 번 것 같다. 그러나 그는 친구들에게는 자기가 실천하는 생활방식과 식이요법이 생명의 물보다 오래 사는 데 더 나은 방법이라고 자주 말했다. 이에 글라이헨 남작은 200살까지는 살 것을 기대하며 생제르맹 백작이 하는 대로 따라 했지만 73살에 죽었다. 슈아절 공작 부인도 생제르맹 백작의 식이요법을 따라 할까 망설였지만 남편이 그처럼 세평이 엇갈리는 사람이 권하는 방법은 따르지 말라고 충고해 그만두었다.

생제르맹 백작과 여러 차례 대화를 나눈 오세 부인은 그가 50살 정도로 보였고, 체격은 중간이었으며, 인상이 좋았다고 전한다. 오세 부인에 따르면 그의 옷차림은 단순하면서도 고급스러웠다. 그는 거의 언제나 손가락에 다이아몬드 반지를 끼고 있었고, 보석으로 장식한 시계를 차고 다녔다. 어느 날 퐁파두르 부인의 저택에 그가 다이아몬드로 치장한 구두를 신고 나타나자 퐁파두르 부인은 그에게 국왕보다 화려한 복장이라고 말했다. 그곳에 있었던 공탕 후작 부인은 그의 구두에 치장한 다이아몬드의 가치가 20만 리브르는 족히 된다고 했다. 글라이헨 남작은 회고록에서 생제르맹 백작이 아주 많은 다이아몬드를 보여주어 혹시 그가 알라딘의 램프를 갖고 있는 것 아니냐는 생각을 했다고 한다.

언젠가 생제르맹 백작은 퐁파두르 부인에게 모두 50만 리브르의 가치를 지닌 토파즈, 에메랄드, 다이아몬드가 들어 있는 상자를 열어 보여주었다. 그는 장미십자회가 그러듯이 노래의 마법으로 땅속에서 그 보석들을 끌어냈다고 말했다. 그는 퐁파두르 부인에게 많은 보석을 선물했고, 그녀는 이에 감격해서 에나멜로 장식한 코담뱃갑을 그에게 주었다. 그 코담뱃갑의 뚜껑에는 소크라테스의 초상이 새겨져 있었다. 그녀는 그를 그 고대 철학자에 비교할 만큼 존경했던 것이다. 그는 귀부인에게만이 아니라 귀부인의 시중을 드는 시녀들에게도 보석을 아낌없이 선물했다.

생제르맹 백작이 어떻게 해서 부자가 됐는지는 알려진 바가 없다. 그가 독일에 있을 때에 생명의 물을 팔아서 많은 돈을 벌었다고 하지만 그의 부는 그런 사실 정도로 다 설명되지 않는다. 볼테르는 그가 어떤 외국 정부의 후원을 받는 것이 틀림없다고 단언했다. 그가 다이아몬드에 나 있는 흠을 제거하는 능력을 가지고 있었다는 사실도 주목된다. 그는 질이 낮은 다이아몬드를 싸게 사서 거기에 나 있는 흠을 제거한 뒤 비싼 값에 팔아서도 많은 이득을 보았다. 오세 부인은 이와 관련해 다음과 같은 일화를 전한다.

국왕은 흠집이 있는 중간 크기의 다이아몬드를 가져오라고 지시했다. 그리고 가져온 다이아몬드의 무게를 달아보게 한 다음 이렇게 말했다.

"이 다이아몬드는 흠집이 있어서 6천 리브르에 불과하네. 흠집만 없다면 1만 리브르는 될 걸세. 그대가 흠집을 없애서 나에게 4천 리브르의 이익을 만들어줄 수 있겠는가?"

생제르맹 백작은 그 다이아몬드를 주의 깊게 살펴보더니 이렇게 말했다.

"가능한 일입니다. 제가 이것을 가지고 갔다가 한 달 뒤에 다시 가져오겠습니다."

백작은 한 달 뒤에 흠집이 제거된 다이아몬드를 가져와 국왕에게 바쳤다. 무게를 달아 보니 약간 가벼워졌다. 국왕은 보석상에게 그것을 보내서 가치를 물었더니 9600리브르에 사겠다고 했다. 그러나 국왕은 그것을 그냥 다시 가져오게 해서 기념으로 보관했다.

국왕은 놀라움을 금치 못하면서 만약 생제르맹 백작이 작은 다이아몬드를 크게 만들 수도 있다면 수백만 리브르의 이익을 만들어내는 것이 어려운 일이 아닐 것이라고 말했다. 그러자 생제르맹 백작은 가타부타 아무 말도 하지 않더니 진주라면 더 크게 만들 수 있다고 했다. 국왕과 퐁파두르 부인은 이 말에도 관심을 보였다.

한번은 케누아 후작이 생제르맹 백작을 가리켜 돌팔이라고 말한 적이 있다. 그러자 국왕은 함부로 말한다고 케누아 후작을 꾸짖었다. 국왕은 생제르맹 백작에게 매료된 상태였다.

생제르맹 백작뿐만 아니라 그의 하인도 사람들을 즐겁게 만들 줄 아는 사람이었다. 생제르맹 백작은 몇백 년 전의 일을 이야기하고 나서 그 하인에게 확인을 요구하곤 했다. 재치가 넘치는 그 하인은 그럴 때마다 적절하게 맞장구를 쳐주었다.

한번은 생제르맹 백작이 귀족들과의 저녁 파티에서 십자군 원정 중에 팔레스타인에서 자기가 영국 왕 리처드 1세(재위 1189~1199)와 대화한 이야기를 하면서 자기가 리처드 1세와 친한 친구 사이였다고 주장했다. 그 자리에 참석한 사람들이 얼굴에 놀라움과 불신의 표정을 지었다. 그러자 생제르맹 백작은 자기가 앉은 자리 뒤에 서 있던 하인에게 확인을 요구했다.

"내가 말한 것이 다 사실이지?"

"그건 제가 알 수 없습니다. 제가 주인님을 모신 건 500년밖에 안 되지

생제르맹 백작

않았습니까?"

"아 참, 그렇지! 자네가 나를 시중들기 시작하기 전에 있었던 일을 괜히 자네에게 물었군."

이 밖에도 이 사기꾼에 관한 많은 일화가 전한다. 그는 현자의 돌을 찾기 위해 무척이나 애쓴 것으로 보이지만 그것을 갖고 있다고 자랑한 적은 없다.

그를 오래 전부터 알고 있었던 헤센카셀 공국의 군주가 그에게 파리를 떠나 자기에게 오라는 내용의 편지를 보내왔다. 생제르맹 백작은 이 편지를 받고 그곳으로 갔다. 그 뒤로는 그에 관해 알려진 바가 없다. 헤센카셀 공국의 궁정에서 그가 어떤 말을 했고 어떤 행동을 했는지는 기록으로 남아있지 않다. 생제르맹 백작은 1784년에 슐레스비히에 있는 그 군주의 궁전에서 숨을 거둔 것으로 알려졌다.

| 연금술의 최근 상황

지금까지 별로 이롭지 않은 연금술을 추구하는 데서 두각을 나타낸 인물들의 삶을 살펴보았다. 그들은 모든 계층에서 배출됐다. 그들 중에는 진리를 찾아 나섰지만 잘못된 길로 빠진 철학자도 있었고, 야망을 품은 군주나 귀족도 있었으며, 연금술이라는 것이 불가능한 일인 줄을 알면서도 그것으로 사람들을 속이는 것을 목적으로 삼은 사기꾼도 있었다.

그들의 일생에 관해 기록으로 남은 것을 살펴보면 연금술은 망상이었지만 쓸모가 전혀 없는 것은 아니었음을 알 수 있다. 사람들은 연금술을 통해 너무 많은 것을 성취하려고 너무 멀리 가기만 하지는 않았다. 도저히 이를 수 없는 정상에 오르려다가 도중에 지혜나 지식의 파편을 얻기도 했다. 인류에게 유용한 학문인 화학은 연금술에 적지 않은 신세를 졌다. 연금술을 연구하다가 이루어진 화학 분야의 발견이 적지 않다. 로저 베이컨Roger Bacon은 현자의 돌을 찾다가 화약을 발견했다. 요한 밥티스타 판 헬몬트 Johan Baptista van Helmont는 기체의 성질을 알아냈다. 게베르도 연금술에 몰두하다가 많은 화학적 발견을 했다. 파라켈수스는 인간을 많이 괴롭혀온 질병에 수은이 치료제로 쓰일 수 있다는 사실을 알아냈다.

오늘날에는 유럽에서 연금술에 몰두하는 사람이 거의 없다. 마녀를 믿는 사람은 아직도 적지 않지만 생명의 물이나 연금술을 믿는 사람은 별로 없다. 유럽에서는 연금술이 거의 사라졌다고 말할 수 있다. 그러나 아직도 동방에서는 연금술이 유행하고 있다. 중국, 인도, 타타르, 이집트, 아라비아 등지를 여행하고 돌아온 사람들이 그렇다고 말한다.

5장

중근세의

예언

서기 1000년의 종말론

종말에 대한 공포는 여러 차례 세계를 뒤흔들었다. 중세에 가장 주목할 만한 것은 10세기 중반에 기독교 세계를 휩쓴 종말론이다. 프랑스, 독일, 이탈리아의 기독교 광신자들이 《요한계시록》에서 예언된 종말이 도래할 때가 됐다면서 '사람의 아들'이 구름 속에서 내려와 신자와 불신자를 가려 최후의 심판을 할 것이라고 설교했다. 이런 주장은 교회가 반박하고 나섬에 따라 겉으로는 수그러드는 듯했으나 민중 속으로 깊숙이 번져나갔다.

사람들은 최후의 심판이 이루어질 장소로 예루살렘을 꼽았다. 999년에 순례자들이 주님을 맞이하기 위해 동방으로 갔는데, 그 수가 워낙 많아 지나간 곳들을 모두 황폐하게 만드는 데서 전쟁을 하러 가는 대군과 맞먹었다. 그 대부분은 순례를 떠나기 전에 갖고 있던 재산을

모두 처분했다. 낡은 건물은 그냥 무너지도록 방치됐다. 교회도 그대로 놔두었다. 세계의 종말이 임박한 시점에 건물을 수리하는 것은 무의미한 짓이라고 여겨졌기 때문이다. 기사, 시민, 농노들이 처자식을 거느리고 무리를 이루어 동방으로 갔다. 그들은 찬송가를 부르거나 두려운 눈으로 하늘을 바라보며 걸었다. 언제 사람의 아들이 하늘에서 내려올지 몰랐기 때문이다.

1000년에는 순례자의 수가 더욱 늘어났다. 그들은 모두 공포에 젖어 있었고, 자연현상에도 소스라치게 놀랐다. 걸어가다가 천둥이 치면 걸음을 멈추고 땅에 무릎을 꿇었다. 천둥이 심판의 날을 선언하는 하느님의 목소리로 여겨졌기 때문이다. 예루살렘의 상공에 유성이 나타나면 그곳의 모든 기독교도가 거리로 쏟아져 나와 울면서 기도를 올렸다. 예루살렘에 모여든 순례자들도 마찬가지였다.

밤에 빛 한 덩어리가
하늘에서 빠져나와 떨어지면서
허공에 불의 줄을 긋는다.
순례자들은 걸음을 멈춘다.
-뤼시앵 보나파르트의 서사시 〈샤를마뉴 대제〉에서.

광란 상태에 빠진 설교자들이 대중의 공포를 더욱 부추겼다. 그들은 유성이 나타날 때마다 심판의 날이 다가왔다고 외쳤다.

| 근세의 각종 종말론

혜성의 출현도 세계의 종말을 알리는 것으로 여겨졌다. 이러한 믿음은 아직도 그 흔적이 일부 남아있다. 1832년에 천문학자들이 혜성과 지구가 충돌할지도 모른다는 예측을 내놓자 유럽대륙, 특히 독일에서 사람들 사이에 공포가 넘쳐났다. 여기저기에 사람들이 모여 지구의 운명에 대해 토론했다. 지구가 혜성과 충돌해 산산조각 날까봐 이 해에 사업을 시작하거나 계약을 체결하려던 사람들이 너도나도 그런 일을 나중으로 미루었다.

전염병이 창궐해도 사람들은 세계의 종말이 임박했다는 광신자들의 예언에 귀를 기울였다. 페스트가 유럽을 휩쓴 1345~50년에도 많은 유럽 사람들이 세계의 종말이 곧 닥칠 것이라고 믿었다. 독일, 프랑스, 이탈리아의 주요 도시들에서 자칭 예언자들이 10년 안에 대천사가 나팔을 부는 가운데 하느님이 구름 속에서 나타나 인류를 심판할 것이라고 떠들어댔다.

영국의 신학자이자 수학자인 윌리엄 휘스턴William Whiston은 1736년 10월 13일에 런던의 대홍수를 시작으로 지구가 멸망하게 될 것이라고 예언해 런던에서 대소동이 일어났다. 그날 종말이 시작되는 곳으로 지목된 런던의 대홍수 상황을 지켜보려는 사람들이 대규모로 런던 외곽의 이즐링턴과 햄프스테드로 몰려들었다. 스위프트Swift가 이날의 광기를 풍자하는 내용의 글을 써서 남기기도 했다.

1761년에 런던 시민들은 두 차례의 지진을 겪었다. 그러자 세 번째 지진이 런던을 완전히 파괴할 것이라는 예언이 나왔다. 첫 번째 지진은 2월 8일에 일어났는데, 굴뚝을 쓰러뜨리는 정도였다. 두 번째 지진은 3월 8일에 일어났는데, 주로 런던의 북부에서 감지됐다. 이 두 차례의 지진이 정확히 한 달 간격으로 일어났다는 사실에 사람들은 주목했다.

근위기병대 병사 벨Bell은 세 번째 지진이 반드시 일어날 것이라는 생각에 사로잡혀 거의 정신이 나갈 정도였고, 그러다가 4월 5일에 세 번째 지진이 일어나 런던이 파괴될 것이라고 떠들고 다녔다. 이를 만우절에나 할 소리라고 여기는 사람들이 대부분이긴 했지만 그대로 믿는 사람들도 수천 명에 이르렀다.

4월 5일이 다가올수록 흥분과 긴장이 더해갔고, 적지 않은 사람들이 런던에서 20마일 거리에 있는 촌락으로 거처를 옮겼다. 런던 외곽의 이즐링턴, 하이게이트, 햄프스테드, 해로, 블랙히스는 공포에 사로잡혀 터무니없이 비싼 숙박요금을 지불한 사람들로 가득했다. 그런 숙박요금을 지불할 능력이 없는 사람들은 런던 시내에 머물러 있었지만 운명의 날이 이삼 일 앞으로 다가오자 그중에서 다시 많은 사람들이 런던 외곽의 들판으로 가서 야영을 하기 시작했다.

헨리 8세(재위 1509~47) 때에도 이와 비슷한 일이 있었는데 그때와 마찬가지로 이때에도 공포가 전염되어 일주일 전까지도 지진 예언을 비웃던 사람들조차 서둘러 짐을 꾸려 런던을 탈출했다. 지진이 일어나도 강은 안전하다고 여긴 사람들이 항구로 몰려드는 바람에 운명의 날 하루 전인 4월 4일에는 항구에 정박한 모든 상선이 승선한 사람들로 가득 찼다. 그러나 그 다음 날에 지진은 일어나지 않았다. 대부분의 사람들은 예언이 틀렸다고 판단하고 집으로 돌아갔지만, 그래도 돌아가지 않고 배 안에서 일주일이나 상황을 지켜본 사람들도 적지 않았다.

세 번째 지진을 예언했던 벨은 사람들의 신뢰를 잃고 미친놈 취급을 받았다. 그는 그 뒤에도 몇 건의 다른 예언을 했으나 이제는 누구도 그의 말을 믿지 않았다. 그는 몇 달 뒤에 정신병원에 수감됐다고 한다.

1806년에는 리즈Leeds라는 마을의 주민들이 종말론이 퍼진 탓에 공포에 떨었다. 인근 마을에서 암탉 한 마리가 낳은 알의 껍데기에 '예수가 강림한다'는 글이 새겨져 있었기 때문이다. 수많은 사람들이 소문을 듣고 찾아가 그 달걀을 직접 보고는 심판의 날이 임박한 증거라고 생각했다. 바다에서 폭풍우를 만난 선원들처럼 사람들이 갑자기 하느님을 열심히 찾고 격렬하게 기도하며 지은 죄를 회개했다.

그러나 진상이 드러나자 종교적 열정이 꺼졌다. 몇 명의 학자가 와서 닭을 잡아 조사를 벌였다. 누군가가 잉크로 그 글을 새긴 달걀을 잔인하게도 닭의 몸에 집어넣은 뒤 다시 낳게 했다는 사실이 밝혀졌다. 학자들이 이런 설명을 하자 그동안 기도에 몰두하던 사람들이 한바탕 웃은 뒤에 일상생활로 돌아갔다.

전염병과 악마

1630년 밀라노에 전염병이 창궐했다. 이때의 소동에 대해 리파몬티Ripamonti는 흥미로운 저서 《밀라노의 전염병》을 통해 자세한 기록을 남겼다.

전염병으로 곤경에 빠진 밀라노의 대중은 점성술사와 사기꾼들의 예언에 귀를 기울였다. 전염병이 발생하기 꼭 일 년 전에 전염병 창궐에 대한 예언이 나온 것이 기이했다. 예언의 발단은 1628년에 하늘에 나타난 거대한 혜성이었다. 이것이 무슨 의미인가를 놓고 점성술사들의 의견이 엇갈렸다. 참혹한 전쟁의 징조라는 견해도 있었고, 대기근을 예고한 것이라는 주장도 나왔다. 그러나 대부분의 점성술사들은 혜성의 창백한 색깔을 근거로 전염병이 돌 것이라고 예언했다. 그들은 예언이 맞아떨어지자 큰 명성을 얻었다.

수백년 전에 나왔던 다른 예언들도 이때 밀라노에서 널리 사람들의 입에 올랐다. 그 예언들은 대중에게 새삼 큰 영향을 끼쳐 숙명론이 팽배하게 됐다. 그 숙명론은 삶의 상태가 회복되리라는 희망을 앗아가는 내용이었으므로 대중의 고통이 너 커졌다. 특히 1630년에 악마가 밀라노 전체를 독극물로 오염시킬 것이라는 오래된 예언이 사람들의 불안심리를 자극했다.

전염병이 창궐해 절정에 이르기 전인 1630년 4월의 어느 날 이른 아침에 밀라노 시민들은 주요 거리의 모든 집 문고리에 이상한 얼룩이 묻어 있는 것을 발견하고 놀랐다. 시민들이 이런 소식에 술렁거렸다. 시 당국이 철저히 조사했지만 누가 그랬는지를 알아낼 수 없었다.

그러다가 마침내 악마가 밀라노를 독극물로 오염시킬 것이라는 예언이 오래 전부터 내려왔다는 점이 주목됐다. 사람들은 교회에 가서 악마의 그런 행위를 중단시켜달라고 기도했다. 사람들은 우물 속의 물, 들판의 곡식, 나무의 열매 등 모든 것에 악마가 독극물을 집어넣었을지 모른다고 생각했다. 또한 문고리는 물론이고 담장 등 사람이 만질 수 있는 모든 것에 악마가 독을 발라놓았을지 모른다고 의심했다.

이웃끼리도 서로를 불신의 눈으로 바라보았다. 이웃이 악마의 하수인이 되어 독극물을 퍼뜨릴지도 모른다는 생각에서였다. 평소에 미워하던 사람이 있으면 그가 문고리에 독극물을 바르는 것을 봤다고 고발하기만 하면 그를 제거할 수 있었다. 폭도가 된 대중이 그의 운명을 결정지었다.

여든 살이 넘은 노인이 매일 가는 성 안토니오 교회에서 의자에 앉기 전에 먼지를 쓸어내기 위해 그 의자를 외투자락으로 문질렀다. 그러자 노인이 의자에 독극물을 바르고 있다고 누군가가 외쳤고, 노인은 폭도로 돌변한 여자 신자들에 의해 끌려 나가 밀라노 시의 판사에게 넘겨졌다. 노인은 형틀에 올려져 고문을 받으면서 공범을 대라는 추궁을 당할 처지였지만, 그렇게 되기 전에 죽었다.

그 밖에도 많은 이들이 억울하게 희생됐다. 화학실험을 즐겨 하던 이발사 모라Mora는 악마와 손을 잡고 밀라노에 독극물을 퍼뜨리려고 했다는 죄명으로 고발됐다. 시 당국에서 그의 집을 수색하니 여러 가지 화학실험 도구가 발견됐다. 이 가엾은 사람은 전염병 예방을 위한 실험을 했을 뿐이라고 말했지만 소용이 없었다. 그의 집에서 발견된 물질이 독극물이라고 의사들이 증언했고, 이에 그는 장시간 고문을 받으며 공범을 대라는 요구를 받았다. 그는 버티다 못해 몇몇 사람의 이름을 댔다. 그 사람들도 체포되어 비슷한 고문을 받았고, 모두가 유죄 판결을 받고 처형됐다. 모라의 집은 철거됐고, 그 터에 그의 죄상을 적은 비문이 세워졌다.

전염병이 더욱 기승을 부리자 악마의 하수인이라고 자백하는 사람들이 믿어지지 않을 정도로 많이 나왔다. 그들은 스스로도 전염병에 걸린 사람이 대부분이었는데, 자백을 하면서 죽은 경우도 있었다.

1665년에 런던에서 전염병이 번질 때에도 사람들은 사기꾼과 광신자들의 예언에 귀를 기울였다. 작가 대니얼 디포Daniel Defoe에 따르면 당시의 사람들은 어느 때보다 예언적인 민담, 점성술에 근거한 예언, 꿈에 의한 계시 등에 열중했다고 한다. 전염병이 돌기 전해에 혜성이 나타났는데, 사람들은 그것을 보고 기근, 전염병, 대화재 등이 일어나리라고 예상했다. 전염병이 돌기 시작하자 광신자들은 거리를 돌아다니며 며칠 안에 런던이 파괴될 것이라고 떠들었다.

| 템스 강 홍수 예언

1524년의 런던은 더했다. 그해 초에 런던에서는 점쟁이와 점성술사들이 우글거렸고, 모든 계층의 사람들이 그들에게 미래에 대해 물었다. 일부 점쟁이들이 그해 2월 1일에 템스 강이 범람해 런던 전체가 물에 잠기고 1만 채의 집이 떠내려갈 것이라고 이미 전해 6월에 예언해 놓은 상황이었다. 시간이 지날수록 이 예언을 믿는 사람들이 늘어났고, 런던을 떠나는 행렬도 줄을 이었다.

1524년 1월에는 런던의 노동자들이 처자식을 데리고 런던에서 15~20마일 떨어진 마을을 향해 터벅터벅 걸어가는 모습이 익숙한 풍경이 됐다. 중상층 계급의 사람들은 짐을 실은 마차를 타고 런던을 떠났다. 1월 중순까지 적어도 2만 명이 런던을 떠났다.

성 바르톨로메오 수도원장 볼턴Bolton은 엄청난 비용을 들여 해로온더힐Harrow-on-the-Hill에 요새를 짓고 여기에 두 달치 식량을 저장했다. 운명의 날이 일주일 앞으로 다가온 1월 24일에 그는 수도원 사람들과 그 가족들을 모두 그 요새에 대피시켰고, 큰 홍수에 대비해 배도 마차에 실어 옮겨 놓았다. 부유한 시민들이 너도나도 그 요새에 들어가게 해달라고 간청했다. 볼턴 수도원장은 친구 몇 명과 양식을 가지고 오는 사람들만 받아들였다.

드디어 그날이 왔다. 사람들은 새벽같이 일어나 템스 강으로 가서 수위를 관찰했다. 강의 범람이 천천히 일어날 것으로 예언됐으므로 급하게 도피할 필요는 없었다. 그래도 이미 수많은 시민들이 겁을 집어먹고 런던에서 10마일 이상 떨어진 곳으로 나간 상태였다. 템스 강은 어리석은 대중의 걱정에 아랑곳하지 않고 여느 때와 마찬가지로 유유히 흘러갔다.

저녁이 되자 점쟁이와 점성술사들의 얼굴에서 생기가 사라졌고, 런던 시민들은 그들에게 속은 게 아닌가 하고 생각하기 시작했다. 밤이 되어도 템스 강은 단 한 채의 집도 쓸어가지 않았다. 그럼에도 사람들은 걱정을 내려놓지 못해 잠을 설쳤다. 많은 사람들이 다음날 새벽까지 뜬눈으로 밤을 새웠다.

아침이 되자 런던 사람들은 엉터리 예언자들을 붙잡아 템스 강에 빠트려 죽일 것인지를 진지하게 논의했다. 점쟁이와 점성술사들은 재빨리 대중의 분노를 달랠 구실을 만들어냈다. 사소한 계산 실수로 홍수가 일어날 날짜를 1세기 빨리 잡았다는 것이었다. 그들은 별의 운행에는 잘못된 것이 없지만 자신들은 인간이므로 실수를 할 수 있다고 변명했다. 홍수는 1624년에나 일어날 것이므로 그전에는 모두 무사할 것이라고 했다. 그들이 이렇게 나오자 볼턴 수도원장은 요새를 해체했고, 그곳에 도피해 있던 사람들은 지친 몸을 이끌고 런던 시내로 돌아왔다.

| 마더 십턴과 로버트 닉슨

1666년에 일어난 런던 대화재에 대한 목격담을 보면 런던 사람들이 얼마나 잘 속아 넘어가는지를 알 수 있다. 불을 진압하려는 노력에 참여한 요크 공작 일행은 미신을 믿는 사람들로부터 방해를 받았다고 한다. 이미 오래 전에 유명한 예언자 마더 십턴Mother Shipton(1488~1561)이 대화재로 런던이 재로 변할 것이라고 예언했는데도 사람들이 예방책을 세우지 않았다는 것이었다.

이런 미신에 딕비Digby 경의 아들도 거들었다. 스스로 예언의 능력을 가지고 있다고 자처한 그는 지상의 그 어떤 힘으로도 예언자의 예언이 실현되는 것을 막을 수 없다고 사람들을 설득했다. 이 때문에 많은 사람들이 불을 진압하려는 노력을 포기하고 팔짱을 낀 채 불을 구경하기만 했다.

지금도 영국의 시골에서는 마더 십턴의 예언을 널리 믿고 있다. 그녀는 그동안 영국에서 나타난 예언자들 가운데 가장 대중적 인기가 높은데, 특히 교육을 많이 받지 못한 사람들이 그녀의 예언을 신봉한다. 그녀는 헨리 7세 시대에 네어스버러Knaresborough에서 태어났으며, 자기 영혼을 악마에게 팔아 예지력을 갖게 됐다고 한다.

마더 십턴은 마녀 취급을 받았으나 마녀들의 일반적인 운명을 피해 오래 살았다. 그녀는 하루도 빠짐없이 예언을 했으며, 명성이 자자해 곳곳에서 온갖 사람들이 찾아왔다. 비벌리 수도원장이 찾아갔을 때 그녀는 헨리 8세의 수도원 탄압, 헨리 8세와 궁녀 앤 불린의 결혼, 스미스필드에서의 이단자 화형, 스코틀랜드 여왕 메리의 처형 등을 예언했다. 특히 스코틀랜드의 왕 제임스 6세가 잉글랜드와 아일랜드의 왕 제임스 1세(재위 1603~1625)로 즉위하게 되는 것을 "추운 북녘에서 가장 사악한 자가 올 것"이라는 말로 예언했다고 한다.

지식의 발전에도 예언자 로버트 닉슨Robert Nixon의 명성은 남아있다. 닉슨은 마더 십턴과 거의 비슷한 시기의 인물이다. 그는 델라미어 숲의 가장자리에서 가난한 집의 아들로 태어나 농사를 지었는데 너무 어리석어 수확이 형편없었다. 다른 사람들이 볼 때 그는 제정신이 아니었고, 그가 횡설수설하는 말에 아무도 귀를 기울이지 않았다. 이 때문에 그가 한 중요한 예언들이 주목되지 않고 잊혔다고도 한다.

닉슨은 하나의 일화로 단박에 일급 예언자의 대열에 끼게 됐다. 어느 날 닉슨은 밭을 갈다 말고 갑자기 이상한 몸짓을 하며 외쳤다.

버킹엄셔의 원슬로에 있었던 마더 십턴의 집

"이제는 딕Dick, 이제는 해리Harry! 아, 딕은 잘못됐고, 해리는 잘됐구나. 해리, 해리가 이겼다!"

밭에서 그와 같이 일하던 사람들은 이게 무슨 말인지 알 수가 없었다. 그러나 그들의 궁금증은 곧 풀렸다. 닉슨이 그런 이상한 말을 하는 순간에 리처드 3세(재위 1483~85)가 보스워스 전투에서 전사하고 헨리 7세(재위 1485~1509)가 새로운 영국 왕으로 선포된 것이다. 딕은 리처드의 애칭으로, 해리는 헨리의 애칭으로 사용된다.

얼마 뒤에 이 예언자의 명성이 왕 헨리 7세의 귀에 들어갔고, 왕은 닉슨을 직접 보고 싶었다. 왕은 닉슨을 데려오라며 사자를 파견했는데, 닉슨은 그 사자가 도착하기도 전에 그런 사실을 알고 두려워했다. 닉슨은 마을을 돌아다니며 미친 사람처럼 떠들었다. 왕이 자기를 부르는데 그렇다고 자기가 궁전에 가면 굶어죽게 되리라는 것이었다.

아무리 싫어도 왕의 명령을 거역할 수는 없는 일이었다. 닉슨이 왕의 사자와 함께 궁전에 도착하자 왕은 잃어버린 자신의 다이아몬드를 어디에서 찾을 수 있겠느냐고 물었다. 왕이 닉슨의 신통력을 시험해보려고 스스로 다이몬드를 숨겨 놓고 그렇게 물은 것이었다.

"숨긴 자가 찾을 수 있을 것입니다."

닉슨이 오래된 속담을 인용해 대답하자 왕은 크게 놀랐다. 이를 계기로 닉슨의 예언하는 능력을 믿게 된 왕은 신하를 시켜 그가 하는 모든 말을 받아 적어 놓도록 했다.

닉슨은 궁전에 머무르는 동안 계속 굶어 죽을까봐 걱정했다. 그는 왕에게도 고향으로 돌아가도록 허락받지 못하면 굶어서 죽는 것이 자신의 운명이라고 여러 차례 말했다. 왕은 그의 말을 들어주지 않고, 대신 궁정의 관리와 요리사들에게 그가 원하는 만큼 넉넉하게 음식을 주라고 명령했다.

덕분에 좋은 음식을 잘 먹은 그는 살이 찌기도 했다.

어느 날 왕이 장기간 사냥을 하러 궁전 밖으로 나갈 때 닉슨이 궁문까지 쫓아나가 무릎을 꿇고 자기를 놔두고 궁전을 떠나지 말라고 간청했다. 왕이 사냥을 하는 동안에 자기가 굶어죽을지 모른다는 것이었다. 왕은 껄껄 웃고는 한 관리에게 자신이 궁전에 없는 동안 그 예언자를 특별히 잘 모시라고 명령하고 궁문을 나섰다.

왕이 떠나자 그동안 닉슨이 지나친 대우를 받는다고 생각해 불만을 품고 있었던 궁중의 하인들이 그를 조롱하고 모욕하기 시작했다. 닉슨은 자기를 돌보라는 왕의 명령을 받은 관리에게 이런 사실을 알렸고, 그 관리는 닉슨을 보호하기 위해 그를 작은 방에 숨겨 놓고 식사시간에 맞춰 음식을 넣어주었다.

그런데 갑자기 왕의 사자가 와서 그 관리에게 중요한 문제로 왕이 그를 윈체스터로 부르신다고 했다. 그 관리는 이런 왕명에 윈체스터로 떠났는데, 너무나 급하게 서둘러 떠나는 바람에 닉슨을 돌보는 문제를 잊어버렸다. 며칠 뒤에 돌아온 그 관리가 닉슨이 들어 있는 작은 방의 문을 열고 안을 들여다보니 닉슨은 이미 굶어 죽은 뒤였다.

6장

점술

┃ 점성술

인간은 미래를 알고 싶어 하고, 이 때문에 어리석은 짓을 많이 해왔다. 신은 인간이 열 수 없는 베일을 미래 앞에 쳐놓았다. 내일 무슨 일이 일어날지를 모르는 것이 행복할 수 있다. 그러나 인간은 이러한 신의 축복을 깨닫지 못하고 어느 시대에나 미래를 알려고 애썼다. 미래를 알고 싶은 욕망을 학문으로 충족시켜보려 하기도 했다. 인간의 마음속에는 호기심이 있기에 미래를 알려는 노력은 앞으로도 사라지지 않을 것이다.

고대의 신탁과 종교적인 예언을 제외하고 보면 미래를 아는 체하는 사기꾼들의 전성기는 16~17세기였다. 중세의 연금술사 가운데 예언 능력이 있는 체하는 이들이 많았던 것은 앞에서 보았다. 연금술과 예언 능력이 결합된 것은 결코 놀랄 일이 아니다. 사람의 수명을 수백 년으로 늘릴 수 있다고 주장하는 자들이 미래를 안다고 떠드는 것은 자연스럽다. 그리고 사람들은 누군가가 자연의 신비 가운데 하나를 발견하면 그가 모든 것을 다 알아낸 것으로 쉽게 믿었다.

16~17세기 유럽의 점성술사 가운데 가장 유명한 사람들은 주로 연금술사였다. 아그리파, 파라켈수스, 그리고 장미십자회 회원들은 현자의 돌이나 생명의 물 못지않게 그들 자신의 예지력을 강조했다. 그들의 시대에는

그전의 어느 때보다도 경이적이거나 초자연적인 것에 대한 각종의 허황된 고정관념이 유행했다. 사람들은 악마나 별이 인간사에 끊임없이 끼어든다고 믿었다. 음울한 성향의 사람들은 주술이나 마법에 의지했고, 쾌활한 성향의 사람들은 점성술에 관심을 가졌다.

그 시대에는 모든 나라의 군주나 정부가 점성술에 관심이 많았다. 영국에서는 엘리자베스 1세 여왕(재위 1533~1603) 때부터 명예혁명 직후 윌리엄 3세와 메리 2세의 공동 왕(1688~94) 때까지 점성술이 높은 평판을 누렸다. 그 기간에 디Dee, 램Lamb, 포먼Forman, 릴리Lilly, 부커Booker, 개드버리Gadbury, 에번스Evans 등 수많은 사기꾼이 도시와 마을마다 자리를 잡고 미래를 알고 싶어 하는 사람들에게 결혼 후의 행불행, 여행의 결과, 사업의 성패 등을 예언해주면서 돈을 벌었다.

특히 찰스 1세(재위 1625~49) 때와 청교도혁명 직후 공화정(1649~53) 때에는 가장 많이 배운 사람들인 최고위층 귀족도 공공연히 점성술사와 각종 상의를 했다. 릴리는 점성술의 정당성을 입증하기 위해 점성술 입문서를 써서 펴낼 계획을 세웠다. 많은 사람들이 지지해주자 그는 실제로 입문서를 쓴 뒤 그것을 가지고 부커와 함께 윈저에 있는 의회군의 사령부를 찾아갔다. 두 점성술사는 페어팩스Fairfax 장군의 환영을 받았다. 하지만 페어팩스 장군은 점성술이 법률과 하느님의 말씀에 부합하기를 바랐을 뿐 점성술 자체를 이해하지는 못했다. 그는 다만 두 점성술사가 하느님을 두려워한다고 하니 점성술을 좋게 본다고 말했다. 릴리는 그에게 점성술은 성경에 부합한다고 대답하고 의회군이 모든 적을 물리치게 될 것이라고 예언해주었다.

릴리는 크롬웰이 호국경으로 집권하고 있을 때에 자유롭게 책을 썼다. 그는 독립당원이 됐고, 모든 병사의 벗이 됐다. 그는 스코틀랜드에 갔을 때 한 병사가 부대원들 앞에서 손에 예언서를 든 채 다음과 같이 외치는 모습을 보았다.

"릴리는 이렇게 말했다. 너희는 이번 달에 승리한다. 끝까지 싸워라, 용감한 병사들이여!"

1666년 런던에 큰불이 난 뒤에 릴리는 영국 하원의 조사위원회에 소환됐다. 그가 그 화재를 예언했다고 알려졌기 때문이었다. 그는 1651년에 《군주제냐 아니냐》라는 책을 써서 출판했는데, 이 책에 수의를 입은 사람들이 무덤을 파는 장면과 화염에 싸인 도시의 모습을 그린 삽화가 들어가 있었다. 런던에 큰불이 나자 어떤 의원이 이 두 개의 삽화를 기억해내어 의원들에게 알렸고, 의회가 릴리를 소환하기로 결정한 것이었다. 의회에 나온 릴리에게 로버트 브룩 경이 알고 있는 것을 모두 털어놓으라고 요구했다. 허영심이 강한 릴리에게 이것은 자신의 능력을 자랑하고 널리 알릴 좋은 기회였다.

그는 자화자찬을 하고 점성술을 찬양하는 내용의 일장연설을 늘어놓았다. 그는 찰스 1세가 처형된 이후에 의회와 영국에 무슨 일이 일어날지 알고 싶어 죽을 지경이었고, 그래서 별점을 쳐서 만족스러운 답을 얻었다고 말했다. 그러나 자기가 쓴 책에는 점괘를 그림으로만 상징하고 따로 설명을 하지는 않았는데 이는 현자만이 그 의미를 알아볼 수 있게 하기 위해서였다고 했다.

이때 한 의원이 물었다. "당신이 런던의 대화재를 예언했소?" 그러자 릴리는 이렇게 답변했다. "아니오. 그러고 싶지도 않았소." 의원들은 그에게 질문을 좀 더 해본 다음에 그에게서 알아낼 것이 없다고 판단하고 그를 돌려보냈다.

점성술사들은 영국보다 프랑스와 독일에서 더 환영을 받았다. 훨씬 과거인 8~9세기의 권력자 카를 대제와 그의 뒤를 이은 신성로마제국 황제들은 마법사와 점쟁이를 몹시 싫어했다. 그러나 미신에 많이 의존한 루이 11세(재위 1461~83)는 궁중에 많은 점성술사들을 두었다. 앙리 2세(재위 1547~59)의 왕비인 카트린 드 메디치 역시 모든 중요한 일을 점성술사와 상의했다. 그녀는 자신의 고국인 이탈리아 출신들을 편애했고, 남편이 죽은 뒤에 그녀가 프랑스를 실질적으로 통치한 시기에는 프랑스에 이탈리아 출신의 마법사, 무당, 점쟁이 등이 득시글거렸다.

그러나 이 시대를 대표하는 점성술사는 이탈리아 출신이 아니라 프랑스에서 나고 자란 노스트라다무스Nostradamus다. 그는 1503년에 프로방스 지역의 생레미에서 공증인의 아들로 태어났다. 그는 쉰 살이 넘어서야 난해하기로 유명한 《예언집》을 출판하고 이를 통해 뒤늦게 명성을 얻었다. 1556년에 이 책이 궁정에서도 워낙 자주 거론되자 앙리 2세가 그를 주치의로 임명했다. 이때부터 그는 앙리 2세와 미래의 비밀에 관해 많은 대화를 나누었고, 그 대가로 많은 보상을 받았다. 몇 년 뒤에 앙리 2세가 세상을 떠나자 그는 고향으로 돌아갔다.

1564년에는 샤를 9세(재위 1560~74)가 그의 집을 방문했다. 샤를 9세는 미래에 일어날 일들에 관한 그의 놀라운 지식에 깊은 인상을 받아 그를 국가 고문 겸 주치의로 삼았다. 수많은 귀족과 지식인들이 그를 찾아와 그의 말을 귀담아 들었다.

노스트라다무스의 예언은 천 개가 넘는 사행시로 씌어 있는데, 고대의 신탁 못지않게 애매한 표현으로 가득하다. 그의 예언은 시간으로 보나 공간으로 보나 워낙 넓은 범위에 걸치므로 몇백 년 지나면 어디에선가는 실현될 수밖에 없고, 누구나 머리를 조금만 쓰면 현실에서 일어난 일을 그 내용에 꿰어 맞출 수 있다. 프랑스와 벨기에의 왈롱 지역에서는 지금도 노스트라다무스의 인기가 매우 높고, 특히 농촌의 노파들은 그의 예언을 믿

노스트라다무스

는다.

카트린 드 메디치의 친정인 명문집안 메디치가에는 점성술사를 환대한 사람이 그녀 말고도 많이 있었다. 15세기 초 피렌체에 바실Basil이라는 점성술사가 있었다. 그는 미래를 예견하는 능력으로 이탈리아 전역에서 명성이 자자했다. 바실은 메디치가의 코시모Cosimo가 평범한 시민이었을 때 그에게 훗날 아우구스투스 카이사르나 카를 5세만큼 고귀한 위치에 오를 것이라고 예언했다고 한다.

1537년에 사망한 알레산드로 데 메디치의 죽음에 관해 예언한 점성술사는 죽음을 둘러싼 상황을 너무도 정확하게 맞추어 의심을 받았다. 점성술사는 알레산드로가 몸이 마르고 얼굴이 작고 거무스름하며 말수가 적은 가문 내 친구의 손에 죽을 것이라고 예언했는데, 실제로 그렇게 됐다. 알레산드로는 자신의 방에서 사촌인 로렌초에게 살해됐는데, 로렌초는 점성술사가 말한 특징을 다 갖춘 인물이었다.

15세기 로마냐의 점성술사 안티오쿠스 티베르투스Antiochus Tibertus에 대해서는 더욱 놀라운 이야기가 전해온다. 그 시대에는 이탈리아의 수많은 소국 군주들이 거의 모두 점성술사를 거느리고 있었다. 파리에서 수학을 공부한 티베르투스는 많은 예언을 했는데 그 가운데 일부가 정확히 맞았던 것 같다. 그가 리미니의 군주인 판돌포 디 말라테스타Pandolfo di Malatesta의 궁정에서 살게 된 것은 아마도 이 때문이었을 것이다. 티베르투스의 명성은 갈수록 높아졌고, 그의 서재는 언제나 미래를 알고 싶어 하는 사람들로 북적거렸다. 그래서 그는 짧은 기간에 상당한 부를 모을 수 있었다.

그러나 그는 그 뒤로 비참하게 살다가 형장에서 죽었다. 그의 세 가지 예언이 그 자신의 죽음과 관련이 있다. 그 가운데 첫 번째 예언은 그 자신에 관한 것이었고, 두 번째 예언은 자신의 친구인 기도 디 보니Guido di Bogni

에 관한 것이었으며, 세 번째 예언은 자신의 후원자인 판돌포에 관한 것이었다.

당대의 뛰어난 선장인 기도는 자신의 미래를 너무도 알고 싶은 나머지 티베르투스에게 점을 쳐달라고 졸랐다. 티베르투스는 별자리와 기도의 손금을 살펴보고 나서 슬픈 표정으로 "가까운 사람에게 무고를 당해 죽게 될 운명"이라고 알려주었다. 기도는 티베르투스에게 그 자신의 미래도 내다볼 수 있느냐고 물었다. 이에 티베르투스는 자기는 형장에서 죽을 것이라고 대답했다.

둘 사이의 이런 이야기를 전해들은 판돌포는 자신의 운명이 궁금해졌다. 그래서 티베르투스에게 아무리 불길한 내용이라 해도 조금도 숨기지 말고 자신의 운명을 정직하게 예언해달라고 부탁했다. 그러자 티베르투스는 이탈리아에서 가장 부유하고 강력한 권력도 쥐고 있는 판돌포에게 "훗날 가난에 시달리게 될 것이고, 거지가 되어 볼로냐의 병원에서 죽을 것"이라고 예언했다.

그런데 오싹하게도 티베르투스의 세 가지 예언은 모두 들어맞았다. 기도가 리미니 시를 교황에게 넘겨주려는 음모를 꾸미고 있다고 그의 장인인 벤티볼리오 백작이 고발했고, 이로 인해 그는 판돌포의 명령에 따라 살해됐다. 티베르투스도 친구 기도의 역모에 연루됐다는 의심을 받고 투옥됐다. 티베르투스는 탈옥을 시도했으나 실패해서 그 다음 날 아침에 처형됐다. 이때 판돌포는 자신의 운명에 대한 티베르투스의 예언을 잊어버리고 있었다. 그러나 그 뒤로 판돌포의 삶도 티베르투스의 예언대로 진행됐다.

리미니 시를 교황에게 넘겨주려는 음모가 기도와는 무관하게 실제로 추진됐다. 발렌티노 공작이 리미니 시를 장악했고, 판돌포는 변장한 채 궁전을 가까스로 탈출했다. 판돌포는 가는 곳마다 발렌티노가 보낸 첩자에게 추적당했고, 모든 친구에게서 버림을 받았으며, 결국에는 자식들도 그를 버렸다. 그러다가 볼로냐에서 병에 걸려 병원으로 옮겨졌으나 그곳에서 숨졌다.

그런데 이 이야기의 흥미로움을 깨트리는 결정적인 사실이 있다. 그것은 이 이야기가 티베르투스가 죽은 뒤에 만들어졌다는 것이다.

이런 일도 있었다. 루이 14세가 태어나기 몇 주 전부터 독일에서 온 점성술사가 궁전에 초대되어 머무르고 있었다. 왕비가 출산하기 위해 진통을 겪는 동안에 그 점성술사는 옆방에서 미래의 프랑스 군주에 대해 별점을 쳤다. 그러고는 라틴어로 세 단어를 외쳤다.

"디우Diu, 두레Dure, 펠리키테르Felíciter!"

이는 태어날 아기가 장수를 누리고, 고난을 극복하며, 성공해서 영예와 행복을 누릴 것이라는 뜻이다. 식객으로서 알랑거리기에 능한 점성술사의 입에서 이런 예언이 나온 것은 어쩌면 당연한 일이었다.

위대한 천문학자 케플러는 점성술로 점을 치려고 하지는 않았지만 점성술을 옹호했다. 그는 친구들이 별점을 쳐달라고 부탁할 때마다 "별점을 친 결과를 솔직하게 말해주었다가 자네 마음에 상처를 입힐까봐 두렵네"라며 거절했다고 한다. 그는 천문학자의 보수가 너무 적다 보니 점성술로 돈을 버는 일이 일어나는 것이라고 말했다.

| 기타 점술의 종류

죽은 사람의 영혼과 교감하는 것을 통해 점을 치는 네크로맨시Necromancy

도 크게 유행했다. 기록에 처음으로 나오는 네크로맨시의 사례는 엔돌 마을의 무녀가 사무엘의 영혼을 불러낸 이야기다. 이와 같이 고대에는 모든 민족이 혼령을 불러내어 신의 비밀을 알아낼 수 있다고 믿었다. 고전에는 이런 사실을 알려주는 구절이 많다. 그러나 역사상 어느 나라에서도 네크로맨시가 공공연하게 이루어지지는 않았다. 모든 정부가 이것을 범죄로 규정했기 때문이다. 점성술은 장려됐지만 네크로맨시는 철저히 탄압됐다. 그럼에도 어느 시대에나 영혼의 교감을 통해 미래를 예언한다고 주장하는 사람들이 적지 않았다.

지오맨시Geomancy는 흙을 던지거나 하는 등의 방법을 통해 땅 위에 그려지는 선이나 그 밖의 기호를 가지고 점을 치는 것을 가리키는데, 아시아 각국에서는 여전히 성행하지만 유럽에서는 거의 없어졌다.

오규리Augury는 새가 날아가는 모양을 모고 점을 치는 것으로, 로마인들 사이에서 크게 유행했고 유럽에서도 한때 인기가 높았다. 최근에는 인도의 조직범죄단이 이것을 이용한다고 한다.

미래를 점치는 방법은 이뿐만 아니라 매우 다양하다. 점술은 역사의 가장 이른 시기부터 존재했고, 앞으로 역사가 계속되는 한 지속적으로 존재할 것이다. 유대인, 이집트인, 페르시아인, 그리스인, 로마인뿐만 아니라 현대의 모든 민족이 점치기를 좋아한다. 문명화된 유럽에서는 카드점, 찻잔점, 손금보기가 유행한다. 집시들은 점술을 직업으로 삼고 있다. 또한 유럽의 여러 나라 농촌 지역에서는 수많은 사람들이 농사의 풍흉을 예상하기 위해 찻잔 바닥에 남은 찌꺼기의 모양을 보고 점을 치기도 한다. 처녀가 남편감으로 어떤 모습의 남자를 만나서 언제 결혼하게 될지를 점쳐볼 때에도 같은 방법을 쓴다.

요즘 크게 유행하는 카드점은 카드 자체가 생긴 지 400년 정도밖에 안

됐으므로 가장 근대적인 점치기 방법이라고 할 수 있다. 손금보기는 최근에 유럽에서도 성행하지만 고대 이집트에도 있었다. 《창세기》를 보면 요셉이 찻잔점을 친다는 이야기가 나온다. 이집트인들은 막대기로도 점을 쳤다. 최근까지도 이 방법으로 땅속에 숨겨져 있는 보물을 찾을 수 있으리라고 사람들이 믿었다. 이름으로 점을 치는 오노맨시Onomancy도 새로운 방식의 점술이다. 그러나 이 방식은 그다지 인기가 없다.

17세기에 쓰인 존 골John Gaule의 저서 《매그애스트로맨서Magastromancer》에는 그때까지 실제로 사용됐던 수많은 점술의 목록이 다음과 같이 열거돼 있다.

스테레오맨시Stereomancy: 원소(元素)로 치는 점

에어로맨시Aeromancy: 공기로 치는 점

피로맨시Pyromancy: 불로 치는 점

하이드로맨시Hydromancy: 물로 치는 점

지오맨시Geomancy: 흙으로 치는 점

시오맨시Theomancy: 성령의 계시, 성경, 하느님의 말씀으로 치는 점

데모노맨시Demonomancy: 악마와 악령의 도움으로 치는 점

아이돌로맨시Idolomancy: 우상, 이미지, 도형으로 치는 점

사이코맨시Psychomancy: 사람의 영혼, 애정, 성향으로 치는 점

앤스로포맨시Anthropomancy: 인체의 내장으로 치는 점

시리오맨시Theriomancy: 짐승으로 치는 점

오니소맨시Ornithomancy: 조류로 치는 점

이크시오맨시Ichthyomancy: 물고기로 치는 점

보태노맨시Botanomancy: 풀이나 나무로 치는 점

리소맨시Lithomancy: 돌로 치는 점

클레로맨시Kleromancy: 제비뽑기로 치는 점

오네이로맨시Oneiromancy: 꿈으로 치는 점

오노맨시Onomancy: 이름으로 치는 점

어리스맨시Arithmancy: 숫자로 치는 점

로거리스맨시Logarithmancy: 수학의 로그로 치는 점

스터노맨시Sternomancy: 가슴과 배꼽 사이에 난 점으로 치는 점

개스트로맨시Gastromancy: 배에서 나는 소리나 배에 난 점으로 치는 점

옴팔로맨시Omphalomancy: 배꼽의 모양으로 치는 점

카이로맨시Chiromancy: 손금으로 치는 점

포도맨시Podomancy: 발바닥이나 발자국으로 치는 점

온키오맨시Onchyomancy: 손톱 모양으로 치는 점

세펄리오노맨시Cephaleonomancy: 노새의 머리로 치는 점

테프로맨시Tephromancy: 불에 타고 남은 재로 치는 점

카프노맨시Kapnomancy: 연기로 치는 점

크니소맨시Knissomancy: 향을 태워 치는 점

세로맨시Ceromancy: 밀랍을 녹여 치는 점

레커노맨시Lecanomancy: 물웅덩이로 치는 점

카토프트로맨시Katoptromancy: 유리를 보고 치는 점

차토맨시Chartomancy: 종이에 글을 써서 치는 점

매커로맨시Macharomancy: 칼로 치는 점

크리스틸로맨시Christallomancy: 수정으로 치는 점

대크틸로맨시Dactylomancy: 반지로 치는 점

코스키노맨시Koskinomancy: 체로 치는 점

액시노맨시Axinomancy: 톱으로 치는 점

칼코맨시Chalcomancy: 금속으로 만든 그릇으로 치는 점

스패틸로맨시Spatilomancy: 피부나 뼈로 치는 점

애스트로맨시Astromancy: 별을 보고 치는 점

시오맨시Sciomancy: 그림자로 치는 점

애스트라갤로맨시Astragalomancy: 주사위로 치는 점

오이노맨시Oinomancy: 포도주의 찌꺼기로 치는 점

점성술사가 천궁도를 돌리며 별점을 치는 모습.
17세기에 그려진 그림.

시코맨시Sycomancy: 무화과로 치는 점

티로맨시Tyromancy: 치즈로 치는 점

앨피토맨시Alphitomancy: 밀가루로 치는 점

크리소맨시Krithomancy: 곡물로 치는 점

얼렉트로맨시Alectromancy: 닭으로 치는 점

자이로맨시Gyromancy: 동그라미로 치는 점

램퍼도맨시Lampadomancy: 촛불이나 램프로 치는 점

| 해몽

해몽은 가장 오래된 미래예측 방법으로서 세상이 아무리 변해도 그 명맥을 이어왔다. 지난 5천 년 동안의 기록을 훑어보면 사람들이 꿈으로 미래를 알 수 있다고 얼마나 광범위하게 믿어왔는지를 알 수 있다.

고대의 해몽 방법은 자세히 전하지 않는다. 지금의 해몽에는 한 가지 법칙이 있는 게 분명하다. 기독교 세계에서는 꿈이 반대로 해석된다. 꿈에서 더러운 것을 보면 뭔가 가치가 있는 것을 얻게 된다는 식이다. 꿈에서 어떤 사람이 죽은 것을 보면 그가 살아있는 소식을 듣게 된다고 한다. 꿈에서 많은 친구들이 있는 것을 보면 거꾸로 많은 적들의 박해를 받게 된다.

그러나 꿈이 언제나 반대로만 해석되는 것은 아니다. 꿈에서 새끼돼지를 보면 운이 좋은 것이고, 꿈에서 커다란 수송아지를 보면 재수가 없다. 이빨이 빠지는 꿈을 꾸면 친구를 잃게 되고, 자기 집에 불이 나는 꿈을 꾸면 머나먼 외국에서 어떤 소식이 날아오게 된다. 꿈에서 구렁이를 보면 친

구에게 배신을 당하게 된다. 가장 좋은 꿈은 늪에 빠져 목까지 잠기는 것이다. 꿈에서 깨끗한 물을 보면 슬픔에 빠질 것이다. 많은 사람들이 오가는 길거리에 벌거벗고 서서 어쩔 줄 모르는 꿈은 곤경의 징조다.

영국을 비롯한 유럽과 미국의 농촌에 사는 나이 지긋한 아주머니나 할머니 가운데 해몽을 잘해서 이웃사람들에게 존중받는 이들이 적지 않다. 시골에는 아침식사를 할 때 간밤에 꾼 꿈을 이야기하고 서로 해몽을 해주는 집이 많다. 꿈에서 피는 꽃이나 익는 과일을 보면 그 꽃이나 과일의 종류에 따라 반드시 좋은 일이나 나쁜 일이 일어난다. 꿈에서 들판의 나무나 숲을 본 경우에도 마찬가지다. 꿈에서 불타고 남은 재를 보면 장기간 여행을 가게 된다. 전나무 꿈은 안락과 번영을 의미한다. 꿈에서 잎이 없는 나무를 보면 슬픈 일이 생기고, 가지가 없는 나무를 보면 크게 낙담할 일이 생긴다. 꿈에 나타나 미래를 알려주는 꽃이나 과일로는 다음과 같은 것들이 있다.

아스파라거스Asparagus: 묶음으로 보면 울 일이, 자라나는 것으로 보면 좋은 일이 생긴다.

알로에Aloe: 꽃이 없는 알로에는 장수를 의미하고, 꽃이 핀 알로에는 유산 상속을 예고한다.

아티초크Artichoke: 전혀 기대하지 않던 사람에게서 도움을 받게 된다.

짚신나물Agrimony: 가족 가운데 아픈 사람이 생긴다.

아네모네Anemone: 사랑에 빠진다.

앵초Auricula: 화단에 피어있는 것은 행운, 화분에 심어져 있는 것은 결혼을 의미하며, 한데 모여 있는 것은 과부가 된다는 뜻이다.

월귤나무Bilberry: 즐거운 야유회가 있다.

양골담초Broon-flower: 가족 수가 늘어난다.

꽃양배추Cauliflower: 친구들에게 무시당하거나 가난해진다.

수선화Daffodil: 꿈에서 이것을 본 처녀는 절대로 애인과 같이 숲에 들어가지 말아야 한다. 어두운 곳이나 소리를 질러도 도와주러 올 사람이 없는 외딴 곳으로 가서도 안 된다.

무화과Fig: 초록색이면 당혹스러운 일을 당한다. 마른 것이면 가난한 사람에게 돈이 생기고 부자에게는 웃을 일이 생긴다.

백합Lily: 기쁨이 온다.

레몬Lemon: 이별을 맞이한다.

석류Pomegranate: 독신인 사람은 행복한 결혼을 하고, 사이가 나쁜 부부는 화해를 한다.

장미Rose: 행복한 사랑을 하지만 다른 종류의 슬픔이 온다.

괭이밥Sorrel: 매우 신중하게 대처해야 하는 커다란 재앙이 닥친다.

해바라기Sunflower: 자존심에 크게 상처가 난다.

제비꽃Violet: 독신인 사람에게는 안 좋은 일이 생기고, 결혼한 사람에게는 좋은 일이 생긴다.

수련Water-lily: 바다에서 위험한 일을 만난다.

모든 노란 꽃: 질투를 느끼게 된다.

그러나 꿈에 대한 해석은 나라에 따라 다를 수 있다. 영국의 농촌 처녀들은 꿈에서 장미를 보면 아침에 일어나 기뻐하지만, 노르망디의 처녀들은 같은 꿈을 꾸고 실망한다. 영국인은 꿈에서 떡갈나무를 보면 길조로 여기지만 스위스인은 그렇지 않다.

| 징조

인간이 미래를 알기 위해 주목하는 것으로 징조Omen도 있다. 인간의 많은 오류와 미망이 시간의 흐름에 따라 각성의 빛을 쬐고 고쳐졌지만, 징조는 여전히 위세를 떨치고 있다. 미천하고 무식한 사람들만 징조를 믿는 것이 아니다.

병사들이 신뢰하는 장군도 촛불에서 촛농이 떨어지면 화들짝 놀란다. 지식인도 거리에서 개가 달을 바라보며 짖는 것을 보면 누가 와서 자기 아이를 채어 갈까봐 두려워한다. 징조 같은 것을 무의미하다고 보는 지각 있는 사람도 벽 속에서 빗살수염벌레Death-watch의 뚝딱거리는 울음소리가 들려오면 두려움을 이기지 못한다고 고백한다. 이 벌레의 울음소리는 죽음의 징조라는 속설이 있기 때문이다.

취약계층에 속하는 사람들은 특히 나쁜 징조에 민감하다. 그들은 갑자기 몸이 떨리면 나중에 자신의 무덤이 될 곳의 땅을 원수가 밟고 지나가고 있다고 믿는다. 아침에 집을 나서면서 암퇘지를 보면 그날 좋지 않은 일이 일어나고, 당나귀를 봐도 비슷하게 재수가 없다. 사다리 밑으로 걷는 것, 성 미카엘 축일에 거위 고기 먹기를 잊는 것, 길을 걷다가 딱정벌레를 밟는 것 등도 매우 불길한 일이다.

식탁에서 부주의로 소금그릇을 엎은 사람에게는 불행이 찾아오는데, 엎질러진 소금 알갱이의 수는 불행으로 슬퍼하게 될 날수를 의미한다. 13명의 사람이 한 식탁에서 식사를 하면 일 년 안에 그 가운데 한 사람이 죽고 나머지 12명도 불행해진다는 말이 있다. 재담가인 키치너Kitchner 박사는 13명이 한 식탁에서 식사를 할 때 재수가 없다고 느낀 경우가 딱 한 번 있었는데 그건 그 식탁에 12명분의 식사만 준비돼 있었기 때문이라고 했다.

그러나 유감스럽게도 이러한 생각으로 마음의 평화를 구하려는 사람은 별로 없다. 거의 전 유럽에서 숫자 13과 관련된 미신을 버리지 못하고 있다. 숫자 13과 관련된 모든 것을 재수 없다고 생각하는 것이다. 그래서 주머니에 동전 13개가 있으면 그 가운데 하나를 버리기도 한다.

프랑스의 시인 베랑제Béranger는 우아한 시 〈13명이 앉은 식탁〉을 통해 수치스러운 미신을 진정한 지혜를 주는 교훈으로 승화시켰다. 그는 만찬의 자리에서 식탁 위의 소금그릇을 실수로 엎는다. 또 식탁을 둘러보고 자신이 13번째 손님임을 알게 된다. 그는 자신의 불행한 운명을 한탄하면서 질병, 고통, 죽음 등을 상상한다. 그때 죽음이 유령처럼 나타난다. 그런데 그 모습이 위협적인 괴물이 아니라 빛을 발하는 천사다. 그 천사는 적이 아닌 친구로서 우리 인간을 미신의 족쇄에서 풀어준다.

실제로 죽음의 순간이 올 때까지 우리가 죽음을 이런 식으로 바라보고 현명하게 살아간다면 얼마나 다행일까. 그러면 우리를 사로잡고 있는 슬픔과 노여움에서 벗어날 수 있을 것이다.

좋은 징조 가운데 으뜸가는 것은 얼룩말을 보는 것이다. 한 번에 두 마리의 얼룩말을 보게 되면 더욱 좋은데, 그럴 때 침을 세 번 뱉고 소원을 빌면 사흘 안에 그 소원이 이루어진다고 한다. 양말을 자기도 모르게 뒤집어 신는 것도 행운이 올 징조다. 일부러 뒤집어 신으면 소용이 없다. 재채기를 두 번 해도 재수가 좋다. 그러나 세 번 하면 행운이 오다가 말고 달아나버린다. 처음 보는 개가 꼬리를 치며 다가와서 몸을 비벼대면 크게 번창하게 될 징조다. 낯선 수고양이가 집에 찾아와 친근하게 구는 것도 좋은 징조다. 그러나 암고양이가 그렇게 하면 큰 불행이 닥칠 징조다.

몸이 가려운 것으로도 운세를 알 수 있다. 눈이나 코가 근질거리면 곧 짜증이 날 일이 생긴다. 발이 가려우면 낯선 곳에 가게 된다. 팔꿈치가 가려운 것은 잠자리를 같이하는 사람이 바뀔 징조다. 오른손이 가려우면 곧 수중에 돈이 들어오고, 왼손이 가려우면 돈을 써야 할 일이 생긴다.

이상은 최근 유럽에서 널리 사람들이 믿는 징조들 가운데 일부에 지나지 않는다. 그런 징조들을 다 나열하면 독자가 그 엄청난 양을 읽느라 피곤해질 것이고, 그 터무니없는 내용에 기가 질릴 것이다. 동양의 여러 나라에 존재하는 미신을 일일이 설명하는 것도 쓸데없는 일일 것이다. 동양의 미신도 그 가짓수에서 유럽의 미신에 뒤떨어지지 않는다. 동양에서는 구름의 모양과 날씨의 변화는 물론이고 짐승, 새, 곤충과 모든 소리가 각각 어떤 일의 징조다.

마더 브리짓Mother Bridget의 《꿈과 징조Dream and Omen Book》라는 책의 내용 가운데 일부를 그대로 가져와 아래에 소개한다. 오늘날 많은 영국인이 믿는 것들이다.

1월 1일: 젊은 여성이 잠자기 전에 차가운 샘물에 달걀의 노른자위, 거미의 다리, 뱀장어의 껍질을 넣어 마시면 꿈에 자신의 운명이 계시된다. 다른 날에 이렇게 하는 것은 효력이 없다.

밸런타인데이(2월 14일): 미혼 여성이 아침 일찍 문을 열고 집 밖으로 나가 처음 만난 사람이 여자이면 그해에는 결혼하지 못하고, 남자이면 석 달 안에 결혼한다.

성모의 날(3월 25일): 대천사 가브리엘이 성모 마리아에게 잉태를 알린 날이다. 이날 잠자기 전에 호두나 도토리 31개로 목걸이를 만들어 목에 걸고 이런 주문을 외면 효력이 있다. "기원합니다. 누가 진정으로 나를 사랑하게 될지 알려주소서." 그러면 자정 직후에 꾸는 꿈에 자신을 진정으로 사랑해줄 사람이 나타나고, 미래에 일어날 큰일들을 알게 된다.

성 스위딘 축일의 전날(7월 14일) 밤: 종이의 모서리를 잘라내어 불에 태워 없애고 남은 부분에 가장 알고 싶은 것 세 가지를 붉은 잉크로 쓴다. 그 종이를 잘 접고 자기 머리카락 세 올로 묶은 뒤 베개 밑에 사흘 동안 놔 두면 미래를 알 수 있게 된다.

성 마가 축일의 전날(4월 24일) 밤: 시계 종이 12번 울리면 가장 가까운 교회로 가서 그 교회의 남쪽에 있는 수풀에서 풀을 뜯는다. 그 풀을 세 묶음으로 만들어 베개 밑에 놓고 세 번 이상 다음과 같이 말한다.

성 마가 축일의 전날 밤은 축복이라는 예언이 있습니다.
그러므로 나는 희망과 공포를 모두 내려놓습니다.
나의 미래가 어떠할지를 알려주소서.
행복하게 될까요, 불행하게 될까요.
신분이 높을까요, 낮을까요.
독신으로 살게 될까요, 결혼하게 될까요.
나의 별은 내 운명을 어디로 인도할까요.

그러고 나서 잠을 자는데 꿈을 꾸지 못하면 독신으로 살게 된다. 천둥번개가 치는 꿈을 꾸면 인생이 매우 험난하고 슬플 것이다.

하지(6월 21일이나 22일): 젊은 여성이라면 장미 세 송이를 유황불에 그을리고 그 가운데 한 송이를 오후 3시 정각에 주목朱木의 뿌리 근처에 묻고, 또 한 송이는 새로 생긴 무덤에 묻는다. 나머지 한 송이는 베개 밑에 놓아두었다가 사흘 뒤 숯불에 태운다. 그사이에 꾸는 꿈이 미래를 알려준다. 당신과 결혼하게 될 남자는 당신을 찾아와 만날 때까지 편안하지 못할 것이다. 그리고 당신은 그때까지 그 남자의 꿈에 계속 나타난다.

성 요한 축일의 전날(6월 23일) 밤: 검은 벨벳으로 바늘꽂이를 만든다. 그 한 면에는 작은 핀들을 꽂아 자기 이름을 새기고, 다른 한 면에는 큰 핀들로 십자가를 새긴다. 그 바늘꽂이를 긴 양말에 넣어 침대 끝에 매달아 놓고 잠을 잔다. 그러면 미래의 모든 일이 꿈에 나타난다.

정월 초승달이 뜨는 날: 깨끗한 샘물에 흰 닭이 낳은 달걀의 흰자위, 백포도주 한 잔, 껍질을 벗긴 흰 아몬드 세 알, 백장미로 만든 장미수를 넣고 섞는다. 이것을 잠잘 때 세 모금 마시고, 아래 시를 세 번 이상 또렷한 목소리로 읊는다.

내일 아침이 오기 전에
꿈속에서 순수한 맹물을 본다면
그건 가난해질 징조다.
그러나 맥주를 마시는 꿈을 꾸면
인생이 즐거울 것이다.
포도주를 마시는 꿈을 꾸면
부와 행복을 누리리라.
더 센 술을 마시면 더 즐거우리라.
꿈에 내 운명이 보여라, 보여라.

2월 29일: 4년에 한 번 오는 날이므로 미래를 알고 싶은 사람들, 특히 장래의 남편이 누구인지를 알고 싶은 처녀는 이날을 잘 지내야 한다. 양초 하나에 작은 핀 27개를 3개씩 집어 꽂는다. 그 양초의 밑바닥을 불로 녹여 흙으로 만든 촛대에 꽂는다. 그 흙은 죽은 처녀의 무덤에서 퍼 가지고 온 것이어야 한다. 촛대에 꽂은 양초를 밤에 난롯가에 세워 놓는다. 양초가 다

타면 떨어진 핀들을 주워 왼쪽 신발 속에 넣고 잠을 잔다. 이때부터 아흐레가 지나기 전에 꾸는 꿈에 미래가 보일 것이다.

이제까지 미래를 아는 여러 가지 방법들을 살펴보았다. 어리석은 행동의 특징은 나라별로 다르지 않다. 다만 각 나라의 특성과 그 국민성에 따라 꿈이나 징조에 대한 해석이 다를 뿐이다. 그리고 미래에 대한 인간의 호기심은 앞으로도 사라지지 않을 것이다.

마음이 약하고 무지한 사람들의 마음에는 죽음과 불행이 늘 부담이 된다. 이런 사람들에게는 하느님의 말씀이나 현자의 설교도 도움이 안 된다. 그러나 최근에는 어리석고 쓸데없는 인간의 행동이 과거에 비해서는 많이 줄어든 것이 틀림없다. 점쟁이나 예언자에 대한 대중의 신뢰도 많이 줄어들었다. 이는 발전인 게 분명하다.

7장

자기요법과

최면술

| 자기요법과 무기연고

질병치료에서 상상이 발휘하는 힘은 잘 알려져 있다. 의사가 한 번의 손동작이나 눈빛으로 주는 암시도 환자에게 활기를 일으킨다. 빵으로 만든 알약도 환자가 약이라고 믿고 먹으면 진짜 약보다 더 큰 치료효과를 나타낼 수 있다.

1625년에 스페인 군대가 네덜란드의 요새도시 브레다를 포위했을 때 괴혈병으로 많은 네덜란드 병사들이 죽어갔다. 이런저런 치료법을 다 동원해도 소용이 없었다. 이때 네덜란드 오랑예 대공이 엉터리 치료법으로 병사들의 병을 모두 고쳤다고 하는데, 이 역시 마찬가지였을 것이다. 마법의 역사에서 이와 비슷한 이야기를 수백 개는 찾을 수 있다. 마녀나 마법사의 무언극, 특이한 몸짓, 이상한 주문이 많은 여성들의 히스테리 증상을 치료했다.

연금술이 대중의 신뢰를 잃어가던 시대에 이런 상상의 힘에 토대를 둔 자기요법이 연금술사들에게 새로운 돌파구가 됐다. 많은 연금술사들이 자기치료사magnetizer로 변신했다.

먼저 광물을 이용하는 자기치료사들이 두각을 나타냈다. 파라켈수스가 장미십자회의 창시자인지에 대해서는 논란이 많지만, 그가 최초의 자기치료사라는 데는 반박하는 사람이 별로 없다. 파라켈수스가 연금술사인 동시에 의사였던 것은 앞에서 보았다. 그는 연금술의 비밀을 아는 체했을 뿐 아니라 모든 질병을 다 고칠 수 있다고 했다. 그는 자석에 기적의 힘이 있다고 처음으로 말한 사람이다. 그는 자석이 바로 현자의 돌이라고 확신했고, 자석이 금이 아닌 금속을 금으로 바꿔주지는 못해도 질병으로 인한 고통을 완화하고 질병이 더 심해지는 것을 막아준다고 믿었다. 그는 동방의 우화에서 자주 언급되는 다이아몬드 산을 찾으려고 페르시아와 아랍 지역을 여러 해에 걸쳐 돌아다니기도 했다.

파라켈수스는 바젤에서 의사로 활동할 때 자기가 갖고 있다고 주장한 만병통치약 가운데 하나를 아조스Azoth라고 불렀다. 이것은 돌이나 수정인데 자석의 성질을 가지고 있어 간질과 히스테리 등을 치료해준다고 했다. 그를 흉내 내는 사람들이 속출했다. 메스머Mesmer가 등장하기 전까지는 파라켈수스처럼 광물을 이용해 질병을 치료한다고 주장하는 자기치료사들이 점점 더 늘어났다.

파라켈수스는 자석을 이용하면 인간의 질병을 흙으로 옮겨가게 할 수 있다고 주장했다. 그는 이렇게 하는 데 여섯 가지 방법이 있다고 했는데, 그 가운데 하나만 소개해도 독자가 그 내용을 짐작하는 데 충분할 것이다.

질병에 시달리는 환자는 다음과 같이 치료하라. 미라에서 채취한 물질을 자석에 스며들게 한 뒤에 그 자석을 기름진 흙에 집어넣는다. 그 흙에 치료해야 할 질병에 맞게 고른 식물의 씨앗을 심고 그 전부를 화분에 넣는다. 환자의 몸을 씻은 물을 그 화분에 뿌려준다. 이렇게 하면 질병의 원인이 환자에게서 씨앗으로 옮겨간다. 그런 다음 씨앗을

화분에서 땅으로 옮겨 심는다. 그 씨앗에서 싹이 터서 자라면 환자의
질병은 완화되기 시작한다. 식물이 완전히 자라고 나면 환자의 질병
이 완치된다.

예수회의 키르허Kircher는 연금술이 사기임을 증명하려고 연금술사들과
논쟁을 벌였지만 자석의 치료효과는 믿었다. 그는 탈장 환자에게 자석 가
루를 먹이는 방법으로 치료를 하려고 했다.

자기요법이 널리 알려지자 금속으로 인해 생긴 상처는 자석으로 치료할
수 있다는 믿음이 퍼졌다. 시간이 흐르면서 이러한 믿음이 더욱 허황되게
부풀려져서 칼이 자석의 성질을 갖게 하면 그 칼로 인해 생긴 모든 상처를
치료할 수 있다는 믿음까지 생겼다. 이런 믿음은 17세기 중반에 사람들의
관심을 모은 저 유명한 '무기연고weapon-salve'의 탄생으로 이어졌다.

파라켈수스는 창이나 칼로 인해 생긴 상처에 대한 처방을 가지고 있었
다. 그 처방을 적용하면 심장, 뇌, 동맥에 생긴 상처를 제외하고는 창이
나 칼로 인해 생긴 모든 상처를 치료할 수 있다고 그는 주장했다. 그 처
방은 다음과 같은 방법으로 만든 연고를 상처가 난 부위에 발라주는 것
이었다.

도둑질로 붙잡혀 교수형을 당하고 땅에 묻힌 인간 시체의 머리 부분
에서 자라난 이끼, 미라에서 채취한 물질, 아직 식지 않은 인간의 피
는 각각 1온스씩, 인체의 지방은 2온스, 아마유와 테레빈유, 검붉은
진흙은 각각 4분의 1온스씩 준비한다. 이 모든 것을 으깨어가며 잘
섞어서 연고로 만들고, 그 연고를 길쭉하게 생긴 항아리에 넣어 보관
한다.

ALTERIVS NONSIT QVI SVVS ESSE POTEST

EFIGIES AVREOLI THEOPHRASTI AB HOHEN
HEIM SVE AETATIS 47
OMNE DONVM PERFECTVM A DEO
INPERFECTVM A DIABOLO

1 5 4 40

1540년에 그려진 파라켈수스의 초상

무기연고는 유럽대륙에 널리 알려졌고, 무기연고를 자기가 발명했다고 주장하는 사람도 여러 명이 나왔다. 영국에는 장미십자회 회원인 플러드 Fludd가 무기연고를 들여왔다. 플러드는 환자를 치료하는 데 무기연고를 이용해 효과를 보았는데, 환자에게 치료에 대한 희망을 심어주면서 상처 부위를 깨끗하게 씻고 붕대로 감아주는 치료법도 무시하지 않고 병행한 것으로 알려졌다. 그런데 그는 여기에서 더 나아가 자석을 잘 활용하면 인간의 모든 질병을 치료할 수 있다고 장담했다. 그러면서 인체도 지구처럼 남극과 북극이 있기 때문에 환자가 남북 방향으로 누워 있어야 자석의 치료효과가 발휘된다고 주장했다.

파슨 포스터Parson Foster라는 사람이 소책자를 통해 플러드의 치료법에 대해 다음과 같이 비난했다.

무기연고 제조법은 원래 악마가 발명해서 파라켈수스에게 가르쳐준 것이다. 그것을 파라켈수스가 황제에게 전했고, 황제는 신하에게 전했다. 그리고 그것이 연금술사인 바티스타 포르타를 거쳐 지금 런던에서 활동 중인 플러드에게 전해진 것이다.

이에 대해 플러드는 글을 써서 반박하면서 무기연고의 효능을 옹호했다. 이런 논쟁이 벌어진 직후에 무기연고 신봉자가 새롭게 두각을 나타냈는데, 그는 바로 케닐름 딕비Kenelm Digby 경이다. 그는 1605년에 영국의회 폭파 음모 사건에 연루되어 처형된 에버러드 딕비Everard Digby의 아들이다.

케닐름 딕비 경은 뛰어난 학자이며 여러 모로 유능한 사람인데도 연금술을 믿었다. 그는 현자의 돌이 실제로 존재한다고 생각했고, 프랑스의 철학자 데카르트가 생명의 물을 찾는 데 정력을 쏟아주기를 바랐다. 그는 독사를 모이로 주어 키운 수탉을 요리해 아내에게 먹게 했다. 이는 아르노 드 빌뇌브의 권유에 따른 것으로, 딕비 경은 그렇게 하면 아름다운 아내의 미모가 백 년 동안 유지될 수 있다고 믿었다.

이런 사람이 무기연고를 알게 됐으니 최대한 활용할 것이 뻔했다. 그는 무기연고를 가루로 만들고 그것을 '동정의 가루Powder of Sympathy'라고 불렀다. 영국의 제임스 왕과 황태자, 버킹엄 공작을 비롯한 많은 귀족이 이 가루의 효능을 믿었다고 한다. 딕비 경은 저명한 작가 제임스 하우얼James Howell이 친구들의 결투를 말리다가 손에 입은 큰 상처를 깨끗하게 치료했다고 자랑하기도 했다.

이즈음 많은 자기치료사들도 딕비 경과 비슷하게 자기요법의 놀라운 치료효과를 선전하기에 바빴다. 그들은 언제나 무기연고를 쓸 필요는 없다고 했다. 그들은 자신의 손으로 칼을 쓸어주면 그 칼로 인해 상처를 입은 환자의 통증이 완화된다고 했다. 이때 칼끝 쪽으로 쓸어주어야지 반대 방향으로 쓸어주면 환자의 통증이 더 심해진다고 토를 달았다.

자기요법의 기능에 관한 새로운 개념도 생겨났다. 두 사람의 팔에서 살점을 떼어내어 서로에게 이식하고 거기에 문신으로 알파벳을 새겨두면 두 사람이 수천 마일 떨어져 있어도 그 알파벳을 이용해 의사소통을 할 수 있다는 주장이 나왔다. 한 사람이 그 알파벳을 바늘로 찌르는 방식으로 단어와 문장을 만들면 다른 한 사람의 알파벳 문신에 통증이 일어나 그 단어와 문장이 전달된다는 것이었다.

| 그레이트레이크스의 안수기도 요법

케널름 딕비 경과 같은 시대를 산 사람 가운데 밸런타인 그레이트레이크스Valentine Greatrakes도 유명했다. 그레이트레이크스는 부유하고 고등교육을 받은 아일랜드 귀족의 아들로 코크Cork 시에서 태어났다. 그는 어린 나이에 우울증을 앓았는데, 이후 하느님이 자기에게 연주창을 치료할 능력을 주었다고 믿게 됐다.

그레이트레이크스는 그런 자신의 능력을 시험해보려고 연주창을 심하게 앓고 있다고 알려진 윌리엄 마허라는 사람을 찾아갔다. 그는 그 사람의 상처를 쓰다듬으며 정성을 다해 병이 낫게 해달라고 기도했다. 그러자 며칠 만에 그 사람의 병세가 크게 완화됐고, 그레이트레이크스는 다른 치료법까지 병행해 적용해서 그 사람의 병을 마침내 완치했다.

자신감을 얻게 된 그레이트레이크스는 연주창뿐만 아니라 간질, 궤양, 통증 등도 치료할 수 있게 됐다. 코크 시의 주민들은 병에 걸리면 무조건 그를 찾아갔다. 찾아오는 환자가 워낙 많다 보니 그는 일주일에 사흘은 아침 6시부터 저녁 6시까지 계속해서 환자의 환부에 손을 올려놓고 기도해야 했다. 그의 명성을 듣고 멀리에서 찾아오는 사람들도 갈수록 많아져 인근 주민들이 그들 모두에게 잠자리를 제공할 수 없을 정도에 이르렀다. 그러자 그는 코크 시를 떠나 휴양지 욜Youghal로 옮겨가 거기에 자리를 잡았다. 아일랜드 사람들만이 아니라 잉글랜드 사람들도 보다 쉽게 찾아올 수 있게 하기 위해서였다.

아일랜드의 성직자들은 그가 속임수를 쓰고 있다고 보아 그에게 적대적이었다. 그는 결국 교회의 법정에 소환되어 조사를 받았고, 교회는 그에게 더 이상 환자를 대상으로 안수기도를 하지 말라는 명령을 내렸다. 그러나 그는 교회의 이런 명령에 신경을 쓰지 않았다. 그는 자신의 능력은 교회를 통하지 않고 하늘로부터 직접 받은 것이라고 믿었으므로 안수기도 방식의 환자치료 활동을 계속했다.

그러던 어느 날 콘웨이Conway 경이 그에게 사람을 보내 자기 아내를 몇 년째 괴롭히고 있는 두통을 치료하러 와달라고 부탁했다. 그는 초청을 수락하고 워윅셔 주의 래글리에 있는 콘웨이 경의 집을 찾아갔으나 그의 안수기도 요법이 통하지 않았다. 콘웨이 부인의 두통은 병의 뿌리가 워낙 깊어 믿음이나 상상의 힘으로는 치료되지 않는 것이었다.

어쨌든 그는 당분간 콘웨이 경의 집에 머물면서 아일랜드에서 했던 대로 찾아오는 환자들을 치료했다. 그러다가 런던으로 가서 링컨스인필즈에 숙소를 정하고 지냈는데, 신경증에 시달리는 여성들이 그곳으로 많이 찾아왔다. 생테브르몽Saint-Évremond(정치적인 이유로 영국에 망명해 살다가 사망해 웨스트민스터 성당 내 '시인의 묘역'에 안장된 샤를 드 생테브르몽Charles de Saint-Évremond(1613~1703)을 가리킨다 —옮긴이)이 남긴 글 가운데 1665년 당시의 그레이트레이크스에 관한 흥미로운 서술이 있다. 그 내용은 다음과 같다.

아일랜드에서 온 접신자는 모든 질병이 악령 때문에 생긴다고 주장했다. 통풍과 류머티즘으로 무척 고생해온 환자가 그를 찾아왔다. 기적을 행하는 접신자가 환자에게 이렇게 말했다.

"내가 아일랜드에 있을 때 당신과 비슷한 환자를 많이 봤소. 물의 악령 때문이오."

그는 환자를 향해 외쳤다.

"물을 떠나 사람의 몸에 깃들여 살며 사람을 괴롭히는 악령아, 예전에 네가 살던 곳으로 돌아가라!"

안수기도로 환자를 치료하는 밸런타인 그레이트레이크스

그런 다음 환자를 내보냈다.

이어 우울증에 시달려온 환자가 왔다. 접신자는 환자에게 이렇게 외쳤다.

"공기의 악령아, 돌아가라! 돌아가서 폭풍을 일으키는 너의 본래 역할을 하라. 더 이상 불쌍한 사람의 몸에 바람을 일으키지 마라."

세 번째 환자가 왔다. 접신자는 환자가 작은 요정에게 시달리고 있다고 진단했다. 그는 웃으면서 이렇게 말했다.

"이 요정은 크게 해로운 짓은 하지 않소. 그리고 이리저리 옮겨 다니죠."

그의 말을 듣다 보니 그는 영령에 대해 모르는 것이 없는 것 같았다. 영령들의 이름, 지위, 역할 등을 다 아는 것 같았다. 또한 그는 인간의 일보다 악령들이 하는 짓을 더 잘 안다고 자랑했다.

그가 짧은 기간에 얼마나 큰 명성을 얻었는지는 웬만한 상상으로는 가늠하기 어려울 정도다. 가톨릭과 개신교를 막론하고 수많은 기독교 신자들이 그를 하늘에서 받은 능력을 갖고 있는 사람으로 여기고 전국에서 찾아왔다.

생테브르몽은 그레이트레이크스가 대중에게 미친 영향을 이렇게 요약했다.

그에 대한 믿음이 대단하다 보니 그에게 치료를 받고 맹인은 보지도 못한 빛을 보았다고 믿었고, 귀머거리는 자기가 소리를 들을 수 있다고 상상했다. 절름발이는 똑바로 걸을 수 있게 됐다고, 몸이 마비된 사람은 수족을 놀릴 수 있게 됐다고 믿었다. 환자들은 그렇게 잠시나마 자신의 병을 잊을 수 있었다. 효과가 없어도 치료됐다고 믿고 싶은 그들의 욕망은 억누를 수 없는 것이었다. 이처럼 그 아일랜드인이 대중의 마음에 미친 영향은 컸고, 그런 영향을 받은 그들의 마음은 다시 각자의 몸에 큰 영향을 주었다. 런던에서는 그가 행한 기적에 관한 얘기만 들렸다. 계몽된 사람들조차 반박을 할 엄두를 내지 못했다. 그에 대한 왜곡된 견해와 존경심으로 가득 찬 사람들에게는 지금 그에게 속고 있는 것이라고 말해주어도 아무런 소용이 없었다.

그레이트레이크스와 같은 시기에 활동한 이탈리아의 프란치스코 바뇨네Francisco Bagnone도 그와 비슷한 방식으로 큰 성공을 거두었다. 그 밖에도 유럽에서 일부 지식인들이 자석의 치료효과를 믿으면서 연구에 몰두했다. 판 헬몬트van Helmont는 자기요법에 관한 책을 써서 출판했고, 스페인의 발타자르 그라시안Balthazar Gracian은 자기요법에 관한 견해를 이렇게 밝혔다.

자석은 쇠를 끈다. 쇠는 어디에나 있다. 그러므로 모든 사물은 자기의 영향을 받는다. 사람들 사이의 화합과 분열을 결정하는 것도 이런 일반원칙의 변형이다. 사람에게 동정, 적대, 열정의 감정을 불러일으키는 것도 바로 이것이다.

자기요법의 선구자로 알려진 바티스타 포르타Battista Porta도 자석의 치료효과를 깊이 믿고 환자의 상상력에 작용하는 방식의 치료행위를 했다. 그런데 그 방식이 당시의 사람들이 보기에 워낙 기이했기 때문에 마법사로 고발됐고, 로마의 법정은 그에게 환자를 치료하는 일을 중단하라고 판결했다.

자기요법과 관련된 그 밖의 유명한 사람들 가운데 제바스티안 비르디히 Sebastian Wirdig와 윌리엄 맥스웰William Maxwell은 특히 주목할 만하다. 메클렌 부르크에 있는 로스토크 대학의 의학 교수였던 비르디히는 〈새로운 영혼 의학〉이라는 논문을 써서 런던의 왕립학회에 제출했다. 1673년에 출판된 이 논문에서 그는 자석이 모든 생물에 영향을 준다고 주장했다. 생명은 자기磁氣에 의해 유지되고 죽음도 자기 탓이라고 했다. 파르켈수스 신봉자인 맥스웰은 자신이 파라켈수스의 놀라운 처방에 담긴 비밀을 밝혀냈다고 자랑했다. 그는 인간의 상상이 질병치료에 미치는 효과를 잘 알고 있었다.

| 메스머의 동물자기 이론

예수회의 헬Hell 신부는 빈 대학의 천문학 교수였는데, 자기요법으로도 유명해졌다. 그는 1771~72년에 특이한 형태의 강철판을 만들어 환자치료에 사용했고, 1774년에 자신의 치료요법을 메스머Mesmer에게 전수했다. 메스머는 헬 신부의 이론을 발전시켜 나름대로 새로운 이론을 세움으로써 '동물자기 이론Animal Magnetism'의 창시자가 됐다.

메스머가 동물자기 이론을 내세우자 그를 무모한 모험가라고 비난하는 목소리가 높았지만, 이 이론을 지지하는 사람들은 그를 '인류를 갱생케 해준 사람'이라고 칭송했다. 그는 또한 '창조주와 인간을 더 긴밀하게 묶어주는 비밀을 발견한 사람', '육신의 구속에서 영혼을 구해낸 사람', '인간으로 하여금 시공간의 제약을 극복하게 해준 사람' 등의 찬사도 들었다.

메스머는 1734년 메르스부르크에서 태어나 빈 대학에서 의학을 공부했다. 그는 1766년에 의학박사 학위를 받았는데, 학위논문의 주제는 천체가 인체에 미치는 영향이었다. 그는 점성술사를 겸했던 고대의 의사가 쓴 것이 아닌가 하는 생각이 들게끔 학위논문을 썼고, 이 때문에 비웃음의 대상이 됐다. 이 시기에 이미 그의 마음속에는 동물자기 개념이 싹트고 있었다. 그는 학위논문에서 이렇게 주장했다.

> 태양, 달, 별은 각각의 궤도를 돌며 서로 영향을 준다. 이것이 조수의 간만도 일으키고, 대기 중의 유동하는 매개체를 통해 모든 사물에 그와 비슷한 영향을 준다.

메스머에 따르면 인간의 신경체계도 이런 영향을 받아 긴장과 진정이라는 두 가지 상태를 나타낸다. 그는 이것이 몇몇 질병들에서 관찰되는 주기적 변화의 원인이라고 보았다. 메스머는 나중에 헬 신부를 만나고 그와 다투면서 자신의 생각이 옳다는 확신을 갖게 됐다.

그는 헬 신부로 하여금 몇 가지 자석판을 만들게 했고, 스스로 그것으로 환자를 상대로 실험을 해서 만족스러운 결과를 얻었다. 메스머는 자기가 시도한 실험과 그 결과를 헬 신부에게 보고했다. 그런데 헬 신부가 보고받은 내용을 책으로 써서 출판하면서 거기에 메스머를 자기가 고용한 의사로 묘사했다. 격분한 메스머는 그 책에 설명된 이론은 자신이 창안한 것이며 헬 신부는 다른 사람의 것을 훔쳐 제 것으로 만든 사람이라고 비난했다. 빈의 학자들이 지켜보는 가운데 둘 사이에 몇 달간 논쟁이 이어졌는데, 그 결과는 헬 신부의 승리였다. 그러나 메스머는 이에 아랑곳하지 않고 연구를 계속해서 마침내 동물자기 이론을 수립하기에 이르렀다.

메스머를 찾아온 환자 가운데 프란츨 외스테를리네Franzl Oesterline라는 젊은 여성이 있었다. 그녀는 주기적으로 경련을 일으켰고, 그러면 피가 머리로 몰려 기절하곤 했다. 메스머는 행성의 영향을 이용하는 기법으로 그녀의 증상을 완화시켰다. 그 과정에서 그는 천체가 상호작용하는 것과 마찬가지로 인체를 비롯한 지구상의 사물들도 상호작용한다는 생각을 하게 됐다. 그리고 금속으로 만든 자석판 없이 자신의 손만으로도 환자를 치료할 수 있음을 알아냈다.

이로써 메스머의 이론이 완성됐다. 그는 이런 발견을 논문으로 작성해 유럽의 모든 학회에 보냈는데, 베를린 과학학회에서만 답장을 보내왔고 그것도 결코 우호적인 내용이 아니었다. 그러나 그는 좌절하지 않았다. 그는 주변 사람들에게 자성을 띤 물질이 유동체의 형태로 우주 전체에 퍼져 있고 사람의 몸 안에도 있으므로 사람들이 의지만 가지면 서로 간에 이것을 주고받을 수 있다고 주장했다. 그는 빈에 있는 친구에게 다음과 같은 편지를 썼다.

나는 자기의 유동체가 전기의 유동체와 거의 같다는 사실을 알아냈네. 강철만이 자성을 띠는 것도 아니네. 종이, 빵, 비단, 돌, 가죽, 유리, 나무, 사람, 개 등 내가 만진 모든 것에 자성이 생겼네. 그리고 이렇게 자성을 띠게 된 물질을 환자에게 적용해보니 천연자석을 적용했을 때와 똑같은 효과가 나타났네.

메스머는 빈에 오래 머물러서는 안 된다고 판단했다. 빈의 학자들은 그의 이론을 경멸하거나 무시하는 분위기였다. 메스머는 스위스로 가서 가스너Gassner 신부를 만났다. 가스너 신부는 밸런타인 그레이트레이크스처럼 안수하는 방식으로 환자를 치료하고 있었다. 민감한 소녀들은 가스너 신부를 보자마자 경련을 일으키며 쓰러졌고, 우울증 환자들은 그의 안수로 치료됐다고 믿었다. 그의 집은 매일 절름발이, 맹인, 히스테리 환자로 북적거렸다.

메스머는 가스너 신부의 치료법이 효과가 있다고 단정하고 그것은 자기요법의 효능이라고 선언했다. 가스너 신부의 환자 가운데 몇 명이 메스머에게 맡겨졌고, 그의 치료로 그들의 증세가 완화됐다. 메스머는 이어 베른과 취리히의 병원에 가서 그곳 걸인들의 눈병을 안수로 치료했다. 그는 자신의 성공에 고무되어 빈으로 돌아갔다.

그러나 이번에도 빈에서는 인정을 받지 못했다. 메스머는 눈이 멀고 경련에도 시달리는 파라디스라는 아가씨의 치료를 맡게 됐다. 그는 자기요법을 몇 차례 시도한 뒤 완치가 됐다고 선언했다. 그러나 저명한 안과 의사 바르트는 파라디스가 여전히 앞을 보지 못한다고 진단했다. 또 가족은 그녀가 계속 경련을 일으킨다고 말했다. 그럼에도 메스머는 그녀의 질환이 다 나았다고 고집을 부렸다. 그러면서 자신이 음모의 대상이 됐다고 주장했다. 파라디스와 그녀의 가족이 자신의 명성에 상처를 주려고 거짓말을 하고 있다는 것이었다.

메스머는 다시 빈을 떠나기로 했다. 그에게는 시민들이 쾌락과 신비에 쉽게 빠져드는 도시인 파리가 제격이었다. 1778년에 그는 파리로 가서 그곳의 의사들에게 자신의 이론을 알리기 시작했다. 처음에는 그를 후원하려는 사람보다 비웃는 사람이 많았다. 그러나 그는 자기 자신에 대한 믿음이 대단하고 인내심도 강한 사람이었다. 그는 화려한 건물을 빌려 치료실을 차려놓고 자신이 발견한 자연의 새로운 힘을 실험하거나 체험해보려는 모든 사람에게 개방했다.

대단한 명성을 가진 의사 데슬롱D'Eslon이 메스머의 이론에 심취했고, 이를 계기로 메스머리즘mesmerism으로도 불리는 메스머의 동물자기 이론이 파리에 유행하기 시작했다. 특히 여성들이 열광해서 수다를 떨다보니 이 이론을 찬양하는 이야기들이 빠르게 전파됐다. 사회적 지위가 높든 낮든, 부자이든 가난한 사람이든, 쉽게 믿는 사람이든 의심이 많은 사람이든 누구나 이 마법사의 능력을 신봉하게 됐다.

상상의 힘이 사람들에게 큰 영향을 준다는 사실을 잘 아는 메스머는 그런 효과를 얻기에 가장 좋은 방식으로 치료실을 꾸몄다. 짙게 착색한 유리창으로 치료실에 들어오는 햇빛의 강도를 낮추어 실내를 다소 어둡게 하고 벽에 온통 거울을 붙여서 종교적인 분위기를 냈다. 또한 복도에서부터 오렌지꽃 향기가 나게 했고, 매우 비싼 고급 향을 태웠으며, 하프를 연주하는 소리가 은은하게 울리게 했다.

메스머는 넓은 방의 한가운데에 긴지름이 4피트, 깊이가 1피트 정도 되는 달걀 모양의 큰 대야를 놓아두었다. 그리고 자기를 띤 물을 넣고 코르크 마개로 닫은 포도주병 여러 개를 그 대야의 바닥에 깔아 놓았다. 이어 대야에 물을 가득 채운 뒤 자기의 효과를 높여줄 쇳조각을 그 안의 여기저기에 뿌려주었다. 그런 다음 쇠로 만든 덮개로 대야 전체를 덮어주었다. 그 덮개에는 여러 개의 구멍을 뚫어 놓았고, 각각의 구멍에 쇠막대를 하나씩 꽂아 두었다.

치료는 여러 명의 환자들로 하여금 대야를 가운데 놓고 둘러앉게 하는 것으로 시작된다. 환자들은 각각 자기 앞에 있는 쇠막대를 대야에 연결된 상태로 꺼내어 상처 부위에 대고 서로 손을 잡거나 무릎을 맞대어 자기들끼리도 자기가 흐르도록 한다.

그런 다음 보조치료사들이 들어온다. 그들은 대개 건장한 젊은 남자다. 그들은 각각 무릎 사이에 환자 한 명씩을 끼고 환자의 척추와 신경줄기가 지나는 부위를 손으로 부드럽게 문질러 내린다. 환자가 여자라면 젖가슴을 가볍게 눌러준다. 그런 다음 눈으로 자기를 전달한다면서 환자의 눈을 뚫어지게 바라본다. 이렇게 하는 동안 침묵이 유지되는 가운데 하모니카나 피아노 소리가 간간이 들린다. 여자들은 점점 황홀경에 빠져들어 얼굴이 빨개지고 차례로 경련을 일으킨다. 어떤 여자는 울면서 자기 머리카락을 쥐어뜯고, 어떤 여자는 눈물이 나도록 웃어대고, 어떤 여자는 비명을 지르다가 인사불성이 된다.

그 순간에 메스머가 기적을 행하러 나타난다. 화려한 복장을 하고 새하얀 자석막대를 손에 든 채 위엄이 있는 태도로 걸어 들어온다. 그는 제정신이 아니게 된 환자들의 척추와 눈썹을 손으로 쓰다듬고 젖가슴과 배를 자석막대로 쓸어준다. 그들은 차갑거나 뜨거운 증기가 자기 몸을 관통하는 것을 느끼면서 의식을 회복한다.

메스머의 새로운 치료법은 파리에서 엄청난 선풍을 일으켰다. 그의 적들은 그를 돌팔이라고 했고, 악마에게 영혼을 팔아먹은 자라고까지 비난했다. 그의 친구들은 반대로 그를 칭송하는 데 열을 올렸다. 그의 치료법을 선전하고 지지하거나 폄하고 비난하는 갖가지 소책자들이 파리에 넘쳐났다. 궁정에서는 마리 앙투아네트 왕비가 그의 치료법을 옹호했다.

데슬롱의 충고에 따라 메스머는 자신의 치료법에 대해 프랑스 의학협회의 검증을 받고자 했다. 그는 환자 24명을 뽑아 12명은 자신의 치료법으로 치료하고 나머지 12명은 의학협회에서 전통적인 치료법으로 치료해보자고 제안했다. 불필요한 논란을 막기 위해 의사가 아닌 일반인을 정부로 하여금 지명하게 해서 치료하는 현장에 참관시킬 것도 제안했다. 참관의 목적은 어떻게 치료하느냐가 아니라 치료의 효과가 있느냐를 확인하는 것이어야 한다고도 주장했다. 그러나 프랑스 의학협회가 그의 제안을 받아들이기를 거부했다.

그러자 메스머는 왕비에게 편지를 보내 정부의 보호를 요청했다. 그는 편지에서 정부로부터 성과 토지를 하사받고 연금도 받으면서 여유 있게 자신의 실험을 계속하고 싶다고 했다. 과학자를 후원하는 것은 정부의 의무임을 넌지시 지적하면서 정부의 지원을 받지 못하면 자기를 인정해주는 다른 나라로 갈 수밖에 없다고 했다. 메스머는 자신이 정부의 지원을 받을 수 있도록 왕비가 영향력을 발휘해줄 것을 바라며 다음과 같이 주장했다.

국왕 폐하의 입장에서 40만 내지 50만 프랑을 좋은 일에 지출하는 것은 문제가 안 될 겁니다. 프랑스 국민의 복지와 행복은 폐하의 모든 것입니다. 제가 발견한 치료법은 경애하는 폐하에게 어울리는 후의로 수용되고 보상돼야 합니다.

프랑스 정부는 국왕이 지명한 의사들이 메스머의 의학적 발견을 인정한다면 그에게 2만 프랑의 연금과 성 미카엘 십자훈장을 주겠다고 했다. 하지만 그는 국왕이 지명한 의사들로부터 검증을 받는 것에 동의할 수 없다. 의사들이 검증 후 자신에게 불리한 보고서를 제출할까봐 두려워한 그는 정부와의 협상을 중단했다. 그러고는 건강이 나빠졌다는 핑계를 대고 벨기에의 온천도시 스파Spa로 갔다.

메스머가 파리를 떠나자 프랑스 의학협회는 데슬롱에게 그가 받아들인 동물자기 이론을 버리라고 다시 한 번 요구하면서 이번에도 버리지 않으면 의학협회 회원 자격을 박탈하겠다고 했다. 데슬롱은 검증을 요청했다. 이에 따라 1784년 3월에 프랑스 의학협회가 지명한 사람들로 조사위원회가 구성됐다. 조사위원회는 과학학회의 도움을 받아 데슬롱의 임상 내용을 조

안톤 메스머

사했다. 벤저민 플랭클린과 라부아지에도 조사에 참여했다. 조사위원회는 메스머에게도 참여해달라고 공식으로 요청했으나 메스머는 여러 가지 구실을 대면서 참여하기를 거부했다.

조사위원회는 5개월 동안 조사를 한 뒤에 보고서를 제출했다. 결론은 동물자기 요법이 환자의 신체에 어느 정도 영향을 주기도 하는데 환자가 그 요법을 적용받는다는 사실을 알고 있을 때에만 그렇다는 것이었다. 이는 곧 환자의 상상이 신체에 영향을 끼치는 것일 뿐 동물자기 요법 그 자체는 효과가 없다는 이야기였다.

이 보고서로 인해 프랑스에서 메스머의 명성은 무너졌다. 그는 추종자들에게서 모은 34만 프랑의 돈을 가지고 파리를 떠났다. 그는 고국으로 돌아가 은거하다가 1815년에 81살로 세상을 떠났다.

| 메스머의 후계자들

그러나 메스머가 뿌린 씨앗은 대중의 믿음을 거름으로 삼아 자라나 유럽 각국에서 그의 수법을 모방하는 후계자들이 나왔다. 가장 눈에 띄는 인물은 이탈리아에서 태어나 유럽 각국을 돌아다닌 칼리오스트로Cagliostro인데, 그는 대중의 미망을 활용해 신비학의 대가가 됐다. 그러나 새로운 발견이라는 측면에서 그를 프랑스의 퓌세귀르Puységur 후작이나 바르바랭 기사Chevalier de Barbarin에게 견주기는 어렵다.

뷔장시Buzancy에 꽤 많은 재산을 갖고 있는 퓌세귀르 후작은 메스머 추종자였다. 메스머가 파리를 떠난 뒤에 그는 고향인 뷔장시로 돌아가 동생과 함께 소작농을 대상으로 동물자기 요법을 실험했다. 매우 단순하면서도 자비로운 심성을 지닌 그는 질병에 걸린 소작농들을 직접 치료했을 뿐 아니라 먹여 살리기도 했다. 인근 주민들은 신과 같은 능력을 지닌 인물로 그를 추앙했다.

퓌세귀르 후작의 위대한 발견은 우연하게 이루어졌다. 어느 날 그는 정원사에게 최면을 걸어 깊은 잠에 빠지게 했다. 그러고는 잠에 든 정원사에게 몇 가지 질문을 던져보았다. 정원사는 매우 분명하고 정확하게 대답했다. 이에 크게 놀란 퓌세귀르 후작은 비슷한 실험을 계속했다. 그는 메스머의 방식에 의해 최면상태에 빠진 사람은 영혼이 확장되어 자연과 더욱 긴밀하게 교감하며 자신과도 그렇게 된다는 사실을 발견했다. 그래서 환자를 최면상태에 빠지게 하면 말을 하거나 뭔가 신호를 보내지 않아도 자신의 뜻을 환자에게 전달할 수 있다는 것도 알게 됐다. 그는 영혼 대 영혼으로 대화가 이루어져서 그런 것이라고 생각했다.

소문이 퍼져서 엄청나게 많은 환자들이 찾아와 그는 쉴 틈이 없었다. 건강을 유지하기 위해서는 쉬는 시간을 내야 하는 상황이었다. 이때 그의 머릿속에 나무 조각도 자기를 띠게 할 수 있다고 한 메스머의 말이 떠올랐다. 그래서 나무 한 그루 전체가 자기를 띠게 할 수도 있겠다고 생각했다. 그는 거대한 느릅나무가 서있는 곳으로 가서 그 느릅나무를 손으로 쓰다듬고 나서 변화를 살폈다. 그러자 느릅나무의 기둥은 물론이고 가지와 뿌리에도 자기의 유동체가 흐르는 것이 감지됐다. 이때부터 그는 느릅나무에 여러 개의 줄을 감거나 매달아 늘어뜨려 놓고 환자들로 하여금 빙 둘러서서 그 줄의 끝부분을 질병 부위에 감고 서로 손을 잡아 자기 유동체가 흐르도록 하는 치료법을 사용했다.

바르바랭 기사는 리옹에서 최면치료에 나섰다. 그는 마음속의 의지만으로도 환자를 최면상태에 빠지게 할 수 있다고 믿었다. 실제로 그가 환자가 누워있는 침대 곁에 앉아 최면에 들게 해달라고 기도를 하면 그 환자가 최면상태에 빠졌다고 한다. 그는 최면에 들어간 환자에게 자기요법을 적용해 치료를 했다. 시간이 흐르자 바르바랭 기사를 모방하는 최면치료사들이 곳곳에서 나타나 놀라운 치료 성과를 보여주었다고 한다.

특히 스웨덴과 독일에서 이런 식의 치료사들이 크게 늘어났다. 사람들은 그들을 '영혼주의자들Spiritualists'이라고 불렀다. '실험주의자들Experimentalists'이라고 불리는 퓌세귀르 및 그의 추종자들과 구별하기 위해서였다. 메스머는 자연 속에 산재한 자기 유동체가 자기요법을 가능하게 한다고 믿었지만, 영혼주의자들은 사람들의 영혼이 상호작용하는 것을 통해 자기요법이 효능을 나타낸다고 주장했다. 이들은 자기치료사와 환자 사이에 영혼의 연결이 형성되면 환자가 아무리 멀리 떨어져 있어도 자기치료사가 그 환자에게 영향을 줄 수 있다고 했다.

영국에서도 1788년에 의사 메이노덕Mainauduc이 최면술 치료로 두각을 나타냈다. 메스머와 데슬롱의 제자인 그는 브리스틀에 가서 최면술에 관한 공개강의를 했고, 최면치료로 큰 성공을 거두었다. 런던에서 신분이 높고 많은 재산을 가진 사람들이 찾아와 그의 최면치료를 받았다. 의사 조지 윈터George Winter는 저서 《동물자기 이론의 역사》에서 메이노덕을 찾아온 런던 상류층 사람들의 수를 다음과 같이 헤아렸다.

그들은 127명이었다. 그중에는 공작 1명, 공작 부인 1명, 후작 부인 1명, 백작 1명, 백작 부인 2명, 남작 1명, 남작 부인 3명, 주교 1명, 의원 7명, 성직자 1명 등이 있었다.

메이노덕은 귀족 부인들에게 '위생협회Hygeian Society'를 만들자고 제안했다. 이는 회비를 걷는 방식으로 돈을 벌기 위한 방법이었다. 최면치료에 대한 대중의 호기심이 커지자 최면치료에 대해 강의를 해서 돈을 버는 자들도 많이 나타났다. 그 대표적인 인물은 화가인 루테르부르크와 그의 아내다. 이 부부는 입장료를 내고 자기 집에 들어온 사람들을 대상으로 동물자기 요법을 시연하면서 강의하는 방식으로 돈을 벌었다. 해머스미스에 있는 이 부부의 집은 호기심이 발동해 강의를 들으러 찾아오는 사람들로 북적거렸고, 때로는 수천 명이 한꺼번에 몰려왔다가 대부분 입장도 하지 못하고 발길을 돌리기도 했다. 메리 프랫Mary Pratt이라는 반쯤 미친 여자가 이 부부를 찬양하며 돌아다니기도 했다.

영국에서 자기요법에 대한 대중의 관심은 그 뒤로 한동안 가라앉았다가 1798년에 다시 일어났는데, 이번에 부각된 것은 동물자기가 아니라 광물을 이용한 자기요법이었다. 미국인 의사 벤저민 더글러스 퍼킨스Benjamin Douglas Perkins가 런던의 레스터스퀘어에서 '금속 트랙터Metallic Tractors'라는 것을 만들어 환자를 치료하는 데 사용했다. 이것은 작은 금속조각 2개에 자성을 부여한 것인데, 퍼킨스는 이것이 중풍과 류머티즘을 비롯해 거의 모든 질병을 고친다고 주장했다. 언론의 보도에 힘입어 퍼킨스는 이것을 한 세트당 5기니에 팔아 많은 돈을 벌었다. 많은 환자들이 이것으로 치료에 큰 효과를 보았다고 증언했다.

바스Bath의 저명한 의사인 헤이가스Haygarth는 퍼킨스의 금속 트랙터를 역이용해 돈을 벌었다. 환자의 상상이 치료에 미치는 효과를 잘 알고 있었던 헤이가스는 금속 트랙터가 왜 그런 효과를 내는지는 짐작했다. 그는 나무를 금속 트랙터와 똑같은 모양으로 깎아내고 그것이 금속 트랙터처럼 보이게끔 페인트칠을 했다. 그는 이렇게 만든 나무 트랙터를 환자에게 사용해보았더니 그 효과가 퍼킨스의 금속 트랙터를 사용한 경우와 아무런 차이가 없었다. 헤이가스는 이런 자신의 실험 결과를 책으로 써서 출판했다. 퍼킨스는 이 책 때문에 큰 타격을 입었지만, 헤이가스는 영국에서 번 1만 파운드의 돈을 가지고 미국 펜실베이니아로 가서 여생을 편안하게 보냈다.

이리하여 영국에서는 자기요법이 한동안 웃음거리가 됐다. 프랑스에서는 혁명의 여파로 자기요법에서 대중의 관심이 떠나버려 그에 대한 연구가 중단됐다. 나폴레옹이 정복전쟁에 나선 뒤에는 유럽의 어디에서도 사람들이 자기요법에 관심을 두지 않았다.

| 자기요법의 효능

1813년 프랑스에서 들뢰즈Deleuze가《동물자기 이론의 비판적 역사》를 출판해 동물자기 이론이 다시 쟁점으로 떠올랐다. 신문과 잡지들이 이 이론의 진위에 대한 논쟁을 벌였다. 들뢰즈의 주장은 다음과 같이 요약된다.

인간의 몸에서 끊임없이 빠져나오는 유동체가 있는데, 이것은 우리를 감싸고 있는 대기의 일부가 된다. 이 유동체가 흘러가는 방향은 정해져 있지 않지만, 인간의 의지가 개입하면 특정한 방향으로 집중적으로 흘러가게 될 수 있다. 자기치료사는 손짓으로 그렇게 할 수 있다. 자기치료사가 이 유동체를 어떤 사람의 몸 안에 집어넣으면 그 사람은 몸에 열기나 냉기를 느끼게 된다.
몸 안에 이 유동체가 가득 들어찬 사람은 몽유병과 비슷한 증상을 보인다. 이런 상태가 되면 그 사람의 신체기능이 크게 확장된다. 그의 외부적 감각기능 가운데 일부, 특히 시각기능과 청각기능이 작동하지 않게 되지만, 내부적으로는 그런 감각기능도 예민하게 작동하게 된다. 자기화한 유동체가 보고 듣는 감각을 수행하고 그 내용을 직접 뇌로 전달한다. 그래서 몽유병과 비슷한 상태에 빠진 사람은 깨어있는 사람보다 훨씬 잘 보고 잘 듣는다. 그에게는 자신의 몸 속도 보인다.

들뢰즈는 다음과 같은 규칙을 지키면 누구나 자기치료사가 될 수 있다고 주장했다.

한동안 물리학과 형이상학에 관한 지식을 잊고 지낸다.
질병을 손으로 붙잡아 내던져 버릴 수 있다고 상상한다.
자기요법 공부를 시작하고 6주 동안에는 이성적인 추리를 하지 않는다.
자기요법을 신뢰하고 모든 의심을 버린다.

들뢰즈는 자기요법을 다음과 같이 실행하라고 권했다.

거치적거릴 만한 사람들은 환자의 곁에 있지 못하게 한다. 꼭 필요한 목격자만 남겨 놓는다. 환자를 당신의 맞은편에 편안하게 앉게 한다. 먼저 환자에게 아무 생각도 하지 말라고 한다. 모든 공포심을 버리게 하고, 치료가 될 것이라는 희망을 갖게 한다. 환자의 엄지손가락 안쪽과 당신의 엄지손가락 안쪽이 접촉되도록 당신의 손가락 사이에 환자의 엄지손가락을 끼운다. 당신의 눈을 환자의 눈에 고정시킨다. 2

분 내지 5분 정도 이런 상태를 유지한다. 그런 다음 당신의 손을 빼내어 환자의 머리 높이까지 들어올린다. 이어 당신의 손을 환자의 어깨에 1분 정도 올려놓는다. 그 손으로 환자의 팔과 손가락을 차례로 부드럽게 쓰다듬는다. 이런 동작을 대여섯 번 반복한다. 이어 손을 환자의 머리 위로 올렸다가 배 높이까지 내린다. 이때 당신의 손은 환자의 몸과 2인치 정도 떨어진 상태를 유지해야 한다. 그런 다음 당신의 엄지손가락은 환자의 배 한가운데에, 나머지 손가락들은 환자의 갈비뼈 바로 밑 부분에 올려놓는다. 이런 자세로 당신의 손을 환자의 무릎까지 천천히 쓸어내린다. 이 모든 과정은 두 손을 동시에 사용해서 여러 차례 반복해야 한다.

예민하고 상상하기를 잘하는 여자라면 남자 치료사에게 이런 식으로 자기치료라는 것을 받다 보면 몸에 경련을 일으킬 수밖에 없을 것이고, 그런 성향의 여자가 자기치료의 효과를 신뢰하거나 히스테리 증상이 있다면 더욱 그럴 것이다.

들뢰즈의 책이 출판되자 프랑스에서 자기치료에 관심이 집중됐다. 자기치료사들이 많이 생겨났고, 그 가운데 특히 수도사 파리아Faria가 두각을 나타냈다. 그의 실험은 자기요법에 대한 환자의 반응이 어떤 유동체에 의한 것이 아니라 환자의 상상에 의한 것임을 입증해주었다.

파리아는 환자를 안락한 의자에 앉힌 다음에 눈을 감게 하고 "잠들라!"고만 말했다. 이런 방식으로 그는 수백 명의 환자로 하여금 잠들게 했다. 그는 자신이 5천 명을 몽유병자와 비슷한 상태로 만들었다고 자랑했다. "잠들라!"는 명령을 여러 차례 해야 하는 경우도 적지 않았다. 그렇게 해도 환자가 잠들지 않으면 그는 "이 사람은 안 된다"면서 내보냈다. 자기치료

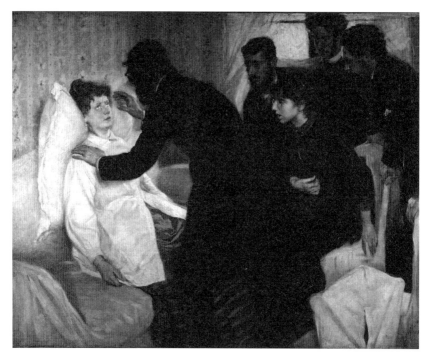

최면시술 장면.
리카르드 베르그, 1887.

사들에 따르면 건강한 사람이나 의심이 많은 사람은 치료가 먹히지 않는다고 한다.

　여기서 우리는 결론을 내릴 수 있다. 자기요법은 완전한 엉터리는 아닐지 모르지만 과장과 오해의 소지가 많다. 자기요법은 약간의 효능이 있었고, 정신의 작용을 다소 해명해주었다. 그리고 굳건한 의지의 힘을 입증했다.

8장

머리와

수염의

모양

| 권력과 종교의 취향

사도 바울이 남긴 "장발은 남자의 수치"라는 말은 후세에 많은 영향을 끼쳤다. 그리고 프랑스와 영국에서는 기독교가 수립된 때부터 15세기까지 머리와 수염의 모양이 국가적인 문제였다.

기독교 수립 이전의 고대에도 남자들은 머리 모양을 자기 취향에 따라 마음대로 하지 못했다. 알렉산드로스 대왕은 아군이 턱수염을 길게 기르면 적이 아군의 턱수염을 붙잡고 머리를 쉽게 벤다고 생각해 병사들에게 턱수염을 깎도록 했다. 반면에 북아메리카 인디언은 적이 자신의 머리를 벤 뒤에 편하게 들 수 있도록 턱수염을 기르는 것을 적에 대한 예의로 여겼다.

한때 유럽에서 긴 머리는 권력의 상징이었다. 6세기 프랑크 왕국의 주교 그레고리우스의 저작에 따르면 당시에 머리를 길게 기르는 것은 왕족의 특권이었고, 권력이 왕과 맞먹는 귀족도 장발을 하고 턱수염을 기를 수 있었다. 이러한 관습은 9세기 전반의 경건왕 루이 때까지 유지됐지만, 그 뒤로 10세기 위그 카페 왕 때까지는 머리를 짧게 깎는 것이 관습이었다.

정복왕 윌리엄 1세(재위 1066~87)가 영국을 침공할 즈음에 노르만족은 머리를 짧게 깎았다. 1060년대에 잉글랜드 왕 헤럴드 2세는 헤이스팅스로 진군하면서 먼저 밀정을 보내 적의 군세를 살펴보고 오게 했다. 밀정은 돌아와서 "적들의 얼굴에서 털을 찾아볼 수 없으니 모두가 사제나 수도사인 것 같습니다"라고 보고했다. 당시 잉글랜드의 관습은 머리와 콧수염은 길게 기르지만 턱수염은 깎는 것이었다. 전투에서 승리하고 잉글랜드를 정복한 노르만족은 잉글랜드 사람들로 하여금 종전대로 머리를 길게 기르게 해서 머리를 짧게 깎은 자신들과 외모만으로도 신분이 구별되게 했다.

이즈음 성직자들은 장발을 싫어했지만 프랑스와 독일에서는 장발이 유행했다. 11세기 말쯤 교황은 장발을 하고 다니는 신자는 파문하고 그가 죽을 때 기도도 해주지 말라고 명령했다. 영국 우스터 주교 울프스턴Wulfstan은 특히 장발을 한 사람을 아주 싫어했다. 그는 머리가 긴 사람은 야수와 같고 부도덕하다고 주장했다. 그는 언제나 주머니에 칼을 넣고 다니다가

정복왕 윌리엄 1세의 병사 둘이 말을 타고 달리는 모습.
프랑스 바이외에 남아있는 1100년 전후의 태피스트리 작품.

장발을 한 사람을 만나면 칼을 꺼내 들고 그 사람의 머리를 한 움큼 잘라냈다. 그러면서 그 사람에게 나머지 머리도 다 깎으라고 하면서 그렇게 하지 않으면 지옥에 갈 것이라고 위협했다.

| 신부에게 머리를 깎인 헨리 1세

풍습이 변하면 과거의 금령이 지켜지지 않을 수도 있다. 헨리 1세(재위 1100~35)가 통치하던 시기에 캔터베리 대주교 안셀무스Anselmus는 장발에 대한 금령을 위반하는 사람들에 대해 다시 파문 조치를 취해야 할 필요성을 느꼈다. 그러나 왕실이 곱슬머리를 선호하니 성직자들이 분노해봐야 소용이 없었다. 헨리 1세와 귀족들은 어깨까지 늘어지도록 머리를 기르기를 중단하지 않았다.

왕과 귀족들의 그런 태도에 마음이 상한 왕실 직속 신부 세를로Serlo는 왕과 귀족들이 모인 자리에서 사도 바울의 말을 인용하면서 머리를 짧게 깎아야 하는 이유에 대해 설교했다. 세를로 신부가 머리를 길게 기른 사람들이 지옥에서 받게 될 벌을 생생하게 묘사하자 그 자리에 있었던 사람들 가운데 몇 명이 울음을 터뜨리면서 머리를 쥐어뜯었다. 헨리 1세 왕도 눈물을 흘렸다. 그러자 세를로 신부는 이때를 놓칠세라 주머니에서 가위를 꺼내 들고 왕의 머리를 짧게 깎았다. 귀족들도 너도나도 자기 머리를 깎는 데 동의했다. 이 사건을 계기로 궁정에서 장발이 사라지는 듯했으나 반년이 지나기도 전에 그들은 다시 길어진 머리를 그대로 놔두어 죄인이 됐다.

대주교 안셀무스는 여전히 장발 문제에 대해 개혁을 이루고 싶어 했다.

왕은 그의 요구를 거부하다가 머리를 짧게 깎는 대신 곱슬머리 가발을 쓰기로 했다. 이 문제 말고도 왕과 대주교 사이에 여러 가지 심각한 갈등이 이어졌다. 대주교가 세상을 떠나자 왕은 너무도 기뻐 그 뒤로 5년간 대주교 자리를 공석으로 놔두었다. 이 시기의 풍습을 기록으로 남긴 오래된 문서에 다음과 같은 서술이 있다.

남자들은 머리를 길러 여자처럼 됐다. 그리고 나이가 들어 머리가 빠

헨리 1세의 머리를 깎는 세를로 신부

지면 가발을 썼다.

그러더니 의외의 이유로 머리 모양의 관습에 변화가 생겼다. 아름다운 장발을 휘날리며 다니던 궁정 소속의 한 기사가 어느 날 악마가 달려들어 그 장발을 가지고 자기를 질식시키려고 하는 꿈을 꾸었다. 기사가 놀라 깨어 보니 스스로 자신의 머리카락 뭉치를 입안에 물고 있었다. 그는 이 꿈을 하늘의 경고라고 생각하고 바로 머리를 짧게 깎았다. 이 이야기는 곧 널리 퍼졌고, 성직자들은 장발에 반대하는 데 그것을 최대로 활용했다.

그 기사는 영향력이 있고 패션을 선도하는 사람이었으므로 그를 모방해 머리를 짧게 자르는 사람이 하나 둘 생겨나더니 점점 더 늘어났다. 신부들의 칭찬도 이런 추세를 촉진했다. 멋쟁이 기사가 꾼 꿈이 교회의 요구보다 효과가 더 컸던 셈이다. 그러나 이런 추세는 오래 계속되지 않았다. 일 년도 채 지나기 전에 머리 패션은 다시 예전으로 돌아갔다.

헨리 1세도 다시는 머리를 짧게 깎지 않으려 했다. 그런데 이 무렵 그는 불쾌한 꿈을 꾸었다. 교회와 사이가 좋지 않았던 그는 어느 날 잠을 자다가 주교와 수도사들이 침대를 둘러싼 것을 보고 크게 놀라서 일어나 칼을 들고 그 유령들을 공격했다. 성직자이기도 한 주치의 그림볼드는 왕이 소화 불량으로 몸이 불편하다 보니 그런 꿈을 꾸게 됐다고 진단했지만 왕에게 그대로 알려주지 않았다. 대신 머리를 짧게 깎아 교회와 화해하라는 처방을 내렸다. 그러나 왕은 이 충고를 듣지 않았다. 왕은 일 년 뒤 바다에서 폭풍을 만나 익사할 뻔했고, 그제야 회개하고 머리를 짧게 깎았다.

바티칸의 장발 금지령은 영국에서와 마찬가지로 프랑스에서도 무시됐다. 그런데 유독 루이 7세(재위 1137~80)는 수도사처럼 머리를 짧게 깎았다. 이에 대해 궁정의 신하들이 유감스러워했을 뿐 아니라 왕비 알리에노르

Aliénor도 창피해했다. 왕비가 왕의 머리 모양을 가지고 바가지를 긁었고, 이후 부부 사이가 나빠졌다. 루이 7세는 끝내 왕비와 이혼했고, 이로 인해 왕비가 결혼지참금 조로 가져왔던 기엔과 푸아투 지역을 잃었다. 알리에노르는 얼마 지나지 않아 노르망디 백작 헨리와 재혼했다. 그런데 나중에 헨리가 영국 왕 헨리 2세(재위 1154~89)로 즉위함에 따라 영국은 프랑스 안에 확고한 발판을 얻은 셈이 됐다. 이는 백년전쟁을 비롯해 두 나라 사이에 수백 년간 이어지는 전쟁의 원인이 됐다.

똑똑한 젊은이들이 십자군 원정에 대거 참여해 팔레스타인으로 떠나게 되자 유럽의 성직자들이 남아 있는 사람들의 머리 모양을 쉽게 바꿀 수 있었다. 영국의 사자왕 리처드 1세(재위 1189~99)가 십자군 원정으로 나라를 떠나 있는 동안 궁정에 남은 그의 신하들은 머리를 짧게 깎고 수염도 깨끗하게 밀었다.

그러나 당시의 민중선동가 윌리엄 피츠오스버트William Fitz-Osbert는 긴 머리가 색슨족의 전통이라고 주장했다. 영국인은 노르망디 주민과 다르게 보여야 한다는 취지였다. 그러면서 그는 수염도 허리까지 내려오도록 길러서 '긴 수염Long beard'으로 불렸다.

| 군주와 턱수염

영국에서 리처드 1세 때에는 턱수염이 짧은 게 유행이었으나 그 뒤로 1세기 정도 지나자 턱수염을 길게 기르는 풍조가 만연했다. 1327년에 런던을 방문한 스코틀랜드인이 써서 어느 교회 문에 붙인 풍자시에 긴 수염이 다음과 같이 언급돼 있다.

비정한 긴 수염이여,
어리석은 두건이여,
꼴사나운 회색 외투여,
이런 것들이 영국을
무절제하게 만드는구나.

카를 5세는 1516년 스페인 왕위에 오를 때에는 수염을 기르지 않았다. 군주에게 아부하려는 신하들은 자신이 군주보다 기백이 있는 모습으로 보여서는 안 된다고 생각했다. 패션에 무관심한 몇몇 나이든 신하를 제외하고는 거의 모든 신하가 수염을 깎았다. 진지한 성격을 가진 사람들은 이런 변화를 슬픔과 놀라움 속에서 바라보았고, 모두가 수염을 깎으면 남자다운 덕성도 사라질 것이라고 생각했다. 이로 인해 당시에 이런 말이 유행했다.

우리는 수염을 잃었으므로 더 이상 영혼도 갖고 있지 않다.

프랑스에서도 앙리 4세(재위 1589~1610)가 세상을 떠난 직후부터 턱수염이 사라지기 시작했다. 왕위를 계승한 루이 13세가 너무 어려 아직 수염이 나지 않았기 때문이다. 특히 궁정을 드나드는 귀족 가운데 젊은 세대는 턱수염을 기르려고 하지 않았다. 그러나 선왕 앙리 4세의 친구나 각료들은 턱수염을 기르기를 고집했다.

영국의 역사에 관심이 있는 사람이라면 둥근머리당Roundheads(의회파)과 기사당Cavaliers(왕당파)이 대립한 청교도혁명을 모르지 않을 것이다. 머리를

17세기 전반기의 영국 상류층 머리와 수염 모양을 잘 보여주는
영국 왕 찰스 1세의 3면 초상화.
안톤 반 다이크의 작품.

짧고 둥글게 깎은 청교도의 의회파는 왕당파의 악덕이 모두 그들의 긴 머리 속에 숨어 있다고 생각했고, 왕당파는 청교도의 짧은 머리처럼 그들의 지혜와 덕성이 부족하다고 생각했다. 이처럼 당시에는 머리 모양이 정치적, 종교적 신조를 상징했다. 청교도 쪽에서는 머리가 길고 숱이 많을수록 신앙심이 약하고 대머리일수록 신앙심이 강하다고 생각했다.

정부가 머리 모양을 규제한 역사적 사례 가운데 1705년에 러시아의 표트르 대제(재위 1682~1725)의 규제만큼 유별나고 성공적이었던 것이 없다. 그 무렵에는 유럽 전역에서 사람들이 턱수염을 기르지 않았는데, 유독 러시아 사람들만 턱수염을 길렀다. 그들은 외국인을 싫어했으므로 스스로 외국인과 다르게 보이고 싶어 했다. 그런데 표트르 대제는 러시아 사람들도 수염을 깎아야 한다고 결정했다.

불굴의 의지를 지닌 표트르 대제는 군인뿐만 아니라 귀족에서 농노에 이르기까지 모든 러시아인은 턱수염을 깎아야 한다는 칙령을 내렸다. 일정한 기간을 주고 그 안에 수염을 깎지 않으면 100루블의 세금을 내도록 했다. 이에 더해 긴 수염으로 도시를 드나들 때마다 별도의 벌금도 내도록 했다. 이에 대한 불만이 컸다. 그러나 표트르 대제가 스트렐치(황제의 친위대)의 반란을 잔혹하게 진압한 기억이 생생하기 때문에 모두가 그의 칙령을 따를 수밖에 없었다. 이전 시대에 교황을 비롯한 성직자들이 머리 모양을 트집 잡아 '영원한 지옥살이' 등의 위협을 가한 것에 비하면 긴 수염에 세금과 벌금을 매기는 방식을 취한 표트르 대제는 현명했다고 볼 수 있다. 이런 방식의 규제 덕분에 러시아 정부는 다년간 상당한 조세수입을 올렸다.

그 뒤로는 유럽의 통치자들이 패션에 개입하려고 하더라도 강요보다는 설득을 위주로 했다. 바티칸도 더 이상 머리나 수염의 모양에 신경을 쓰지 않았다. 그러다가 19세기에 콧수염을 기르는 것이 새로운 유행으로 떠올랐다.

1830년의 7월혁명 이전에는 프랑스와 벨기에에서 콧수염을 유별나게 기르는 사람이 별로 없었다. 그러나 그때부터는 이 두 나라에서 너도나도 콧수염을 기르기 시작했고, 심지어는 가짜 콧수염을 붙이는 사람들도 있었다. 1830년 10월에 네덜란드군이 루뱅 시를 장악하자 이 도시의 애국시민들이 항의의 표시로 즉시 콧수염을 깎았다고 한다. 이때 네덜란드군에서는 병원에서 사용되는 매트리스들의 속을 모두 채울 정도로 많은 양의 콧수염을 수집했다는 농담이 돌기도 했다.

1838년 8월 바이에른Bayern의 왕이 콧수염을 기르는 것을 금지하고 이를 어길 경우 체포한다는 내용의 포고령을 발표했다. 그러자 가을에 나무에서 낙엽이 지듯이 모든 사람의 얼굴에서 콧수염이 깎여 떨어졌다. 모두가 칙령을 따라서 단 한 명도 체포되지 않았다. 삼류시인으로 알려진 이 왕은 시적인 포고령을 자주 내렸지만 이 포고령은 전혀 시적이지 않았을 뿐아니라 이성적인 것도 아니었다.

9장

십자군

▎십자군의 배경

어느 시대에나 이익추구 욕구, 흥밋거리 찾기, 모방충동 발동 등으로 인해 터무니없는 음모나 계획, 환영을 좇는 사업 등에 나서는 바보짓을 하게 될 수 있다. 이런 바보짓은 정치적, 종교적 동기에 의해 촉진되기도 하지만 비이성적 광기 때문에 실패하고 만다. 십자군 원정도 그 배후에 이러한 동기가 있었고, 대중의 열광이 낳을 수 있는 모든 바보짓의 신기록을 세웠다.

십자군은 무지하고 야만적이며 광신에 빠져 있었다. 그래서 십자군이 가는 곳마다 무차별적인 학살의 비극이 펼쳐졌다. 하지만 다른 한편으로 십자군에 관한 이야기들은 영웅주의, 기독교 신앙, 헌신의 미덕 등으로 장식돼 있다. 이제부터 우리는 이런 양면을 다 살펴서 십자가의 이름으로 무기를 들었던 사람들의 진의를 알아내려고 한다.

영어권에서는 '은자隱者 피터Peter the Hermit'로 불리고 프랑스어권에서는 '은자 피에르Pierre l'Ermite'로 불리는 사람이 성전聖戰을 강론할 당시 유럽 대중의 정서를 이해하려면 그보다 훨씬 전의 시대상황부터 돌아봐야 한다. 그 가운데 특히 8~10세기 성지순례자들의 행적을 그들이 겪어야 했던 위험과 그들의 경이로운 체험과 더불어 살펴볼 필요가 있다.

성지 예루살렘을 찾아간 순례자 중에는 관광을 하러 간 사람들도 있었고, 속죄를 하려고 간 사람들도 있었다. 당시에는 아무리 큰 죄를 지었어도 성지를 순례하면 죄를 용서받을 수 있다는 믿음이 있었다. 순례자 가운데 게으른 유랑객들은 그저 그것이 유행이었기 때문에 성지를 순례하고 돌아와 여행담을 영웅담으로 둔갑시켜 자신의 허영심을 충족하기도 했다.

그러나 대부분의 순례자들은 신앙심이 돈독했다. 신앙에서 나오는 열정으로 가득 찬 순례자들은 성지로 가는 동안의 고난과 위험을 겪어내야 할 시련으로 여겼고, 성경에 나오는 모든 곳을 찾아갔다. 세례자 요한이 예수에게 세례를 준 요르단 강에서 세례를 받거나 그 물을 마시는 것은 순례자들에게 더할 나위 없는 기쁨이었다. 그들에게는 성지에 있는 모든 것이 소중했다. 그곳 현지의 주민들은 성경에 나오는 유물이라며 십자가의 나무 조각, 성모 마리아의 눈물, 사도의 손톱 등을 팔았고, 순례자들은 그런 것들을 비싼 값에 사서 들고 유럽으로 돌아갔다.

200년이 넘는 기간 동안 성지순례자들은 팔레스타인에서 방해자를 만나지 않았다. 아바스 왕조의 칼리프들은 순례자들을 호의적으로 대하며 아무런 규제도 하지 않았지만, 파티마 왕조의 칼리프들은 궁한 재정을 보충하기 위해 예루살렘에 들어오는 순례자들에게 세금을 부과했다. 이런 조치는 유럽에서 돈 한 푼 없이 출발해 구걸을 해가며 성지를 찾아온 가난한 순례자들에게 고통을 주었다. 순례자들 사이에 불평의 소리가 높았지만 과세가 엄격하게 집행됐다. 세금을 낼 돈이 없는 순례자는 돈이 많은 다른 순례자가 대신 세금을 내줄 때까지 예루살렘 입구에서 기다려야 했다.

정복왕 윌리엄의 아버지인 노르망디 공작 로베르도 성지순례에 참여했는데, 예루살렘 입구에서 세금을 대신 내줄 사람을 애타게 기다리는 많은 순례자들을 만났다. 부자 순례자는 어떠한 경우에도 가난한 순례자를 위해 세금을 대신 내기를 거부하지 않았다. 순례자 수가 갈수록 늘어나면서 이런 성지입장세가 팔레스타인의 무슬림 통치자들에게 막대한 부를 안겨주었다.

10세기 말부터 11세기 초에 이르는 시기에 유럽의 대중은 터무니없는 망상에 사로잡혔다. 세계의 종말이 얼마 남지 않았으므로 곧 주 예수가 하늘에서 예루살렘으로 내려와 최후의 심판을 할 것이라는 믿음이 널리 퍼졌다. 모든 기독교 국가에 동요가 일어났다. 특히 가난하고 잘 속아 넘어가는 대중 가운데 죄의식을 가진 사람들은 공포에 휩싸였다. 이런 사람들은 예수가 재림하기 전에 속죄하려고 가족과 생업을 버리고 집을 떠나 예루살렘으로 몰려갔다. 성지로 가면서 고난을 겪는 것 자체가 자신의 죄를 덜어준다고도 생각했다.

태풍이나 지진이 일어나는 것도, 하늘에 유성이 나타나는 것도 공포를 확산시켰다. 사람들은 그 모든 것을 최후의 심판이 다가오는 징조로 여겼다. 남자고 여자고 어린아이고 너도나도 예루살렘으로 갔다. 곧 하늘이 열리고 하느님의 아들이 강림할 것이라는 환상이 점점 더 많은 사람들을 성지순례의 길로 내몰았다. 그러자 서유럽에서 콘스탄티노플로 가는 모든 길이 거지나 다름없는 순례자들로 들끓었다. 성직자들이 그들에게 음식을 나누어주기도 했지만, 그것만으로는 턱없이 부족했다. 순례자들은 길가의 나무에서 아직 남아있는 열매를 따 먹으며 허기를 달래기도 했다.

하지만 순례자들을 가장 괴롭힌 것은 허기가 아니라 투르크인들의 박해였다. 바그다드의 칼리프와 그의 군대를 몰아내고 예루살렘 성지를 장악한 셀주크투르크 왕조가 기독교도 순례자들을 경멸하고 적대하기 시작했다. 11세기의 셀주크투르크인은 10세기의 사라센인보다 덜 신중하고 더 사나웠다.

셀주크투르크 사람들은 예루살렘을 누비고 다니는 수많은 기독교도 순레자로 인해 짜증이 났고, 그 수가 줄어들기는커녕 계속 늘어나기만 하자 신경이 날카로워졌다. 최후의 심판이 다가온다는 믿음 때문에 예루살렘에 눌러앉는 순례자들이 많았다. 빠른 속도로 불어나는 그들에 의해 밀려날까 봐 걱정하게 된 투르크인들이 순례자들이 예루살렘에 들어오는 것을 막았다. 뿐만 아니라 순례자들을 폭행하거나 약탈하는가 하면 세금을 못 내는 순례자들을 몇 달씩 예루살렘 입구에서 구금했다.

전염병처럼 번지던 최후의 심판에 대한 공포가 가라앉자 순례자 가운데 일부가 유럽으로 돌아갔다. 투르크인에게 모욕과 약탈을 당한 그들은 유럽 사람들에게 성지에서 벌어지는 투르크인의 악행을 이야기했다. 그들의 이야기는 오히려 성지순례 열기를 고조시켰다. 사람들은 순례하는 과정에서 더 큰 위험을 겪을수록 속죄의 기회가 더 많아진다고 생각했다. 이 때문에 유럽의 모든 도시와 마을에서 성지로 떠나는 새로운 순례의 행렬이 이어졌다. 그 행렬은 11세기 내내 멈추지 않았다.

┃ 은자 피에르와 교황 우르바누스 2세

이제 화약은 갖춰졌으니 불을 붙여 터뜨릴 일만 남은 형국이었고, 마침내 그 일을 할 사람이 나타났다. 은자 피에르는 그 시대에 늦지도 이르지도 않게 등장했다. 그는 의협심이 있고 고집스러웠으며 어느 정도의 광기를 가진 인물로 그 시대의 전형이었다. 피에르는 설교에 뛰어났고 인내심도 지니고 있었다. 아미앵의 수도사였던 그는 예루살렘에 갔다가 그곳에서 순례자들이 박해를 받는 모습을 보고 피가 끓었다. 유럽으로 돌아온 그는 달변으로 투르크인들의 악행을 고발해 기독교 세계를 격앙시켰다.

피에르의 고발이 초래한 놀라운 결과를 상세히 이야기하기 전에 당시 유럽인들의 심리상태를 알아보는 것이 좋겠다. 그러는 것이 피에르가 하고자 한 일에서 성공한 경위를 이해하는 데 도움이 된다. 당시의 유럽은 종교가 지배하는 사회였고, 성직자들이 가장 영향력이 큰 집단이었다. 그들은 대중을 종교적으로 자신들에게 복종하는 상태로 만들었고, 그들로 하여금 자신들이 가하는 억압을 제외한 모든 억압에 대해 종교를 방어수단으로 삼도록 했다.

성직자 계급에게 당시의 모든 지혜와 지식, 그리고 대중의 존경이 집중

은자 피에르

됐다. 그들은 천국에서는 모든 사람이 평등하다고 가르쳤다. 봉건제도 아래에서 사는 대중에게는 아무런 권리도 없었지만, 그들이 주도하는 기독교는 다음 세상에서는 대중이 모든 것을 다 가질 것이라고 가르쳤다. 별다른 정치사상을 가지고 있지 못했던 당시의 대중은 종교에서 위안을 얻었다. 성직자들이 십자군 결성을 종용하고 나서자 대중은 열정적으로 이에 합류했다. 대중의 마음은 이미 팔레스타인에 가 있었다. 2세기 동안 들어온 순례자들의 이야기를 토대로 상상의 날개가 활짝 펴졌다. 성직자들이 성스러운 전쟁을 주장하고 나서자 대중의 열정은 광란으로 바뀌었다.

대중을 열광시킨 원동력은 종교였지만 귀족들은 다른 이유로 열광했다. 당시의 귀족들은 원래 사납고 법을 지키지 않았다. 악덕은 고루 갖췄지만 미덕은 찾아볼 수 없었다. 그들의 유일한 장점은 용기였고, 그들의 유일한 종교는 공포였다. 그 두 가지가 결합하며 들끓게 된 것이 그들을 성지로 이끌었다. 귀족들은 대부분 많은 죄를 지으며 살았다. 누구에게나 피해를 끼치며 살았고, 감정에 따라 행동하며 법을 전혀 지키지 않았다. 그들은 성직자들의 세속권력에는 대항했지만, 사후세계에 대한 성직자들의 무서운 이야기 앞에서는 위축됐다. 그들에게 전쟁은 삶의 기쁨이자 가치 있는 사업이었다. 그런 그들에게 성지탈환 전쟁에 참여하면 모든 죄를 용서받게 된다는 성직자들의 약속은 매우 솔깃하게 들렸다. 그러니 귀족들이 앞을 다투어 전쟁에 뛰어든 것은 조금도 놀랄 일이 아니었다.

유럽 각국의 왕들에게는 성전에 참여할 또 다른 이유가 있었다. 그들에게는 조금도 가만있지 못하고 음모나 일삼는가 하면 항상 피에 굶주려 있는 귀족들이 전쟁터에 나가 눈앞에서 사라져주는 것만 해도 좋은 일이었다. 그렇게 되면 귀족들에게 모욕을 당하지 않아도 되는 등 여러 가지 이점이 있었다. 모든 계급에 걸쳐 십자군 결성에 유리한 동기가 형성됐고, 모든 계급이 각각 나름의 이유에서 십자군 원정에 참여하거나 그것을 고무했다.

은자 피에르는 팔레스타인에 갔을 때 그곳의 기독교도를 이슬람교도의 압제에서 구원하고 예수의 무덤을 되찾기 위해 기독교 세력을 일으켜 세운다는 계획을 처음으로 구상했다. 그곳에서 어느 날 밤에 그가 잠을 자는데 꿈에 예수가 나타나 그의 계획을 보호하고 돕겠다고 약속해주었다. 이런 꿈의 계시는 그로 하여금 결심을 굳게 하고 행동에 나서게 하기에 충분했다.

피에르는 순례자로서 해야 할 일을 다 하고 참회한 뒤에 예루살렘의 그리스정교회 주교 시메온Simeon에게 면담을 요구했다. 피에르가 보기에 그는 이단이었으나 어쨌든 기독교 사제이니 투르크인의 기독교도 박해에 분노하고 있을 것으로 생각해서였다.

시메온은 피에르와 공감하고 그가 제안한 대로 팔레스타인 기독교도들의 슬픔을 자세히 설명하고 그들을 보호하기 위한 군대를 보내줄 것을 요청하는 내용의 편지를 써서 교황과 서유럽의 군주들에게 보냈다. 피에르는 그 나름대로 작업을 재빨리 진행했다. 그는 시메온과 작별하고 서둘러 이탈리아로 갔다.

이때 교황은 우르바누스 2세였다. 직전 교황 그레고리우스 7세는 신성로마제국 황제 하인리히 4세(재위 1057~1106)와 성직자 임면권을 놓고 다투었고, 프랑스 왕 필리프 1세(재위 1059~1108)의 불륜에 이은 재혼을 크게 비난해 그와도 등졌다. 이런 상황에서 교황 자리를 이어받은 우르바누스 2세는 바티칸에 있어서는 위험하다고 생각하고 풀리아로 피신해 그곳의 권력자 로베르 기스카르Robert Guiscard의 보호를 받았다. 풀리아에서 우르바누스 2세는 피에르를 친절하게 맞아들여 그에게서 성지에서 이루어지고 있는 기독교도 탄압에 관한 이야기를 자세하게 들었다.

열정은 역시 전염성이 강했다. 교황은 무한한 열정을 가진 피에르로부터 큰 감화를 받았다. 교황은 피에르를 전권대사로 임명하고 그로 하여금 모든 기독교 국가에 가서 성전의 당위성을 설교하도록 했다. 피에르의 호소에 수많은 사람들이 호응했다. 프랑스, 독일, 이탈리아가 예루살렘을 해방시키기 위한 전쟁을 준비하기 시작했다. 이때 유럽인들의 광기를 직접 목격한 한 역사가는 피에르의 출현을 이렇게 묘사했다.

청중은 피에르의 말과 행동에 신성한 기운이 깃들어 있다고 생각했다. 그를 너무나 존경한 나머지 그가 타고 다니는 노새의 갈기털을 뽑아 유물로 간직하는 사람들도 있었다. 피에르는 발끝까지 내려오는 검은 망토를 걸치고 맨발로 서서 설교했다. 그는 빵과 고기를 전혀 먹지 않았고, 포도주와 물고기만 먹었다. 그는 여기저기 도시와 마을을 돌아다니며 설교했고, 그럴 때마다 많은 사람들이 그를 에워싸고 설교를 들었다. 사람들은 그에게 공물과 헌금을 주며 그의 신성함을 찬미했다. 나는 이와 같은 영예를 누린 사람을 본 적이 없다.

피에르는 가는 곳마다 자신의 열정을 청중에게 전달했고, 마침내 유럽 전체가 뿌리에서부터 소용돌이치기 시작했다. 피에르가 십자군의 병사가 될 대중에게 성전 참여를 호소하는 동안에 교황 우르바누스 2세는 그 지휘관이 될 사람들을 설득했다.

교황은 1095년 가을 이탈리아의 피아첸차에 공의회를 소집했다. 교황은 그 자리에 모인 성직자들에게 십자군의 결성과 원정에 관한 계획을 설명했고, 비잔틴제국 황제가 보내온 사신에게서 투르크인의 유럽 진출 상황에 관한 상세한 보고를 들었다. 이어 토론에 들어간 성직자들은 교황의 계획을 지지하기로 했다. 그들은 각자의 교구로 돌아가 신자들에게 성전의 당위성을 설교했다. 하지만 이탈리아만으로는 십자군 원정에 필요한 모든 준비를 다 할 수 없었다. 이에 교황은 프랑스로 가서 직접 그곳의 용맹한 귀족들과 의협심이 강한 대중에게 성전 참여를 호소하기로 했다.

교황이 자기를 적대시하는 필리프 1세 왕이 다스리는 나라인 프랑스에 직접 간 것은 대담한 행동이었다. 이즈음 유럽 사회에서는 모두가 결과를 계산하지 않고 충동에 따라 움직였고, 교황도 자기의 부름에 호응한 수많은 사람들과 마찬가지로 충동에 따라 프랑스의 심장부에 자기를 내던진 것이었다.

마침내 교황의 소집령으로 프랑스의 클레르몽에서 공의회가 열렸다. 바로 이 공의회에서 성직자들이 교회의 상태를 점검하고 십자군 원정을 본격적으로 준비하기 위한 논의를 했다. 1095년 11월 극심한 추위 속에서 열린 이 공의회는 7일 동안 문을 닫은 채 진행됐다. 프랑스 전역에서 수많은 사람들이 교황의 연설을 직접 듣기 위해 클레르몽으로 몰려왔다. 클레르몽과 그 주변의 마을들은 사람들로 가득 찼다. 마땅한 숙소를 구하지 못한 사람들은 들판에 천막을 치고 생활해 클레르몽 일대가 거대한 야영장 같은 모습을 연출했다.

교황은 공의회의 심의를 거쳐 필리프 1세를 로마 교황청에 대한 불복종과 간통을 이유로 파문했다. 이 대담한 조치에 사람들은 교회와 교황을 두려움과 존경의 눈으로 바라보게 됐다. 사람들은 정의롭고 단호한 교황의 연설에 더욱 정신을 집중했다. 교황이 연설할 시간이 다가오자 클레르몽 교회 앞의 넓은 과정에 거대한 군중이 모였다.

교황은 로마 교황청의 격식에 따라 화려한 의상을 입고 추기경과 주교들에게 둘러싸인 채 주홍색 천으로 감싼 높은 단상에 서서 군중을 내려다

보았다. 추기경과 주교들 사이에 소박한 옷차림을 하고 서있는 은자 피에
르가 특히 돋보였다. 교황이 이목을 집중시키려고 손을 들자 군중은 순식
간에 조용해졌다. 교황은 성지에서 기독교도들이 겪고 있는 수난을 자세히
설명하는 것으로 연설을 시작했다. 이어 이슬람교도들이 성지를 비참한 상
태로 만들고 있다고 목소리를 높이더니 마침내 모두 성전에 참여해달라고
호소했다.

여러분은 진실로 신심이 깊으며 신에게서 영혼의 위대한 권능을 받

클레르몽 공의회

았습니다. 여러분의 선조는 기독교 세계의 지주였고, 여러분의 역대 왕들은 이교도의 침입을 막아냈습니다. 나는 이제 여러분에게 지상에서 악의 세력을 몰아내고 억압받는 형제 기독교도들을 구원하는 일에 나서주기를 간청합니다.

이교도들이 예수의 무덤을 차지하고 악의 세력이 성지를 욕되게 만들고 있습니다. 용감한 기사들과 충성스런 백성이여! 무적의 선조가

낳은 자손들이여! 과거의 영예에서 퇴보할 수는 없습니다. 가족에 대한 연민에 얽매여 위대한 대의의 실행을 망설일 수는 없습니다.

여러분이 기억해야 할 주님의 말씀입니다. "자기 부모를 나보다 더 사랑하는 자는 나를 믿을 자격이 없다. 내 이름으로 집과 땅, 형제자매, 부모, 처자를 버리는 자는 백 배 이상의 보답을 얻고 영생을 누릴 것이다."

연설하는 교황 우르바누스 2세

교황의 열정은 군중에게 잘 전달됐고, 군중은 교황이 연설을 마칠 때까지 여러 번 환호성을 질러 교황의 호소에 호응했다. 교황은 성지탈환 전쟁에 참여해서 얻을 수 있는 현실적인 이익에 대해서도 언급했다. 팔레스타인은 신이 보아도 귀중한 곳이며 젖과 꿀이 흐르는 땅이라고 말했다. 그러면서 그 땅을 십자군에 참여하는 사람들에게 분배할 것이라고 약속했다. 또한 십자군에 참여하는 사람은 어떠한 죄도 용서받을 것이라고 말했다.

여러분 자신의 죄를 씻기 위해 참여하십시오. 이 세상이 다한 후 다음 세상에서 불멸의 영광을 누릴 것입니다.

| 대중의 열광

클레르몽 공의회에 관한 소식은 삽시간에 유럽의 촌구석에까지 퍼졌다. 모두가 십자군 이야기를 입에 올렸고, 남자들은 누구나 십자군에 기꺼이 참여하고자 했다. 공의회 이후 몇 달 동안 프랑스와 독일에서는 진기한 광경이 벌어졌다. 신앙이 깊은 사람은 물론이고 광신자, 난봉꾼, 노인, 청년 등이 십자군에 등록했다. 심지어는 몸을 움직이기 불편한 절름발이와 여자, 어린아이까지 몰려와 등록했다.

모든 마을에서 성직자들이 대중의 참여 열기를 끌어올리느라 열심이었다. 그들은 십자군에 참여하는 사람에게는 영원한 보상이 있을 것이라고 약속했다. 반대로 참여를 거부하거나 망설이는 사람에게는 비난과 저주를 퍼부었다. 십자군에 참여하겠다고만 하면 채무자는 빚의 굴레에서 벗어날 수 있었고, 범법자는 징벌을 사면받을 수 있었다. 십자군에 참여한 사람들의 재산은 교회가 관리해주기로 했다. 사람들은 사도 베드로와 사도 바울이 천국에서 내려와 그들의 재산을 지켜줄 것이라고 믿었다.

대중의 열기를 더욱 돋우는 징조가 하늘에 나타나기도 했다. 굉장히 밝은 빛의 오로라가 나타나자 수천 명이 밖으로 나와 땅에 엎드렸다. 이것을 두고 사람들은 신의 도움으로 이교도들과 싸워 이길 징조라고 믿었다. 어느 수도사는 하늘에서 기독교도를 대표하는 거인 전사와 투르크인을 대표하는 거인 전사가 말을 탄 채 번쩍이는 검을 들고 싸웠는데 기독교도 쪽의 전사가 압도적으로 이기는 광경을 보았다고 주장했다. 하늘에서 땅으로 많은 별이 쏟아져 내리는 현상도 목격됐는데, 이에 대해 사람들은 이교도인 적들이 몰락한다는 뜻으로 해석했다. 또 많은 사람들이 몇백 년 전에 죽은 샤를마뉴 대제가 무덤 속에서 나와 하느님의 군대를 승리로 이끌 것이라고 믿었다.

여자들의 열기도 대단했다. 애인이나 남편에게 모든 것을 버리고 성전에 참여하라고 말했다. 낳은 여자들이 팔뚝이나 젖가슴에 달군 쇠로 십자가 문신을 새기고 그 주위에 붉은 물을 들여 기념으로 남겼다. 어떤 여자들은 젖먹이까지 포함해 어린 자식의 팔다리에 이런 문신을 새겼다.

어느 수도사는 이마에 십자가 문신을 새기고는 자기가 잠든 사이에 천사가 한 일이라고 주장했다. 자기는 신성한 존재라고 다른 사람들을 속여 십자군에서 더 나은 대우를 받으려고 그런 것이므로 그는 바보가 아니라 악한이었다. 그럼에도 십자군에 참여한 다른 사람들이 그에게 음식이나 돈을 아낌없이 주었고, 그래서 그는 멀고 험한 길을 걸어갔음에도 오히려 살이 찐 상태로 예루살렘에 도착했다.

재산이 있는 사람들은 너도나도 재산을 현금으로 바꿨다. 땅과 집의 가격은 4분의 1 수준으로 떨어졌고, 무기를 비롯해 전투에 사용할 수 있는 장비의 가격은 네 배로 뛰었다. 흉년이 예상되어 곡물 가격이 매우 높았는데 너도나도 곡물을 시장에 내놓다 보니 갑자기 공급과잉이 되어 그 가격이 떨어졌다. 귀족들은 갖고 있는 재산을 유대인 등 비기독교도에게 담보로 제공하고 몇 푼 안 되는 현금을 빌렸다. 농부들은 쟁기를 팔아 칼을 샀다. 장인들은 애지중지하던 연장을 팔았고, 여자들은 장신구를 팔았다.

1096년의 봄과 여름에는 집결하는 장소로 지정된 마을들로 가는 모든 길이 십자군 병사로 가득 찼다. 걸어가는 사람, 말을 타고 가는 사람, 수레를 끌고 가는 사람이 섞여 있었고, 배나 뗏목을 타고 강을 건너가는 사람도 있었다. 처자식을 데리고 가는 사람도 적지 않았다.

모두가 예루살렘으로 가고 싶어 길을 떠났지만, 정작 예루살렘이 어디에 있는지를 아는 사람은 거의 없었다. 예루살렘이 5만 마일이나 되는 먼 곳에 있다고 생각하는 사람도 있었고, 한 달이면 도착할 수 있는 곳에 있다고 생각하는 사람도 있었다. 마을이나 성채가 보이는 곳에 이르면 아이들이 "저기가 예루살렘이에요?" 하고 물었다. 귀족과 기사들은 도중에 매사냥을 하는 등 여정을 좀 더 여유 있게 잡았다.

교황의 호소를 전해들은 사람들이 곧바로 친구나 이웃에게 '하느님의 길'을 같이 가자고 설득했고, 이에 따라 십자군 참여 열기가 갈수록 확산됐다. 각지의 영주와 기사들도 성지로 가려는 열정에 빠져들었다. 농사를 짓던 논과 밭을 버리고 성지로 가는 길에 오르는 농부들이 늘어났다. 십자군 원정의 결과를 비관적으로 본 사람들은 헐값에 재산을 처분하고 떠나는 이웃을 비웃었다. 하지만 이런 사람들도 얼마 지나지 않아 그런 이웃과 똑같은 열정에 사로잡혔다.

십자군에 대한 이런 열광은 의외의 부수효과를 낳기도 했다. 인명, 신체, 재산의 피해를 초래하는 사회적 악행과 무질서를 바로잡으려는 교회의 노력이 별로 성과를 거두지 못하고 있었는데, 이런 열광 덕분에 그 목적이 자연스럽게 실현됐던 것이다.

11세기가 시작될 즈음에 프랑스 성직자들은 영주들의 억압에 고통을 겪는 민중을 동정해서 '하느님의 평화Peace of God'를 선포했다. 이에 따라 사람들이 모두 폭력과 사기와 같이 남을 해치는 행위를 하지 않겠다고 맹세했다. 그 대가는 모든 죄를 용서받는 것이었다. 그러나 이런 하느님의 평화는 잘 지켜지지 않았다. 1041년에 또 한 번의 시도로 '하느님의 휴전Truce of God'이 선포됐다. 이것은 수요일 저녁부터 월요일 아침까지 복수나 폭력행위를 금지하는 것이었다. 이것도 그리 효과가 없었다. 나중에 휴전의 기간이 토요일 저녁부터 월요일 아침까지로 훨씬 단축됐는데도 마찬가지였다.

클레르몽 공의회에서 우르바누스 2세는 '하느님의 휴전'을 다시 선포했다. 십자군 원정을 앞둔 이번에는 사람들이 이것을 진심으로 지켰다. 영주들은 민중에 대한 억압을 중단했고, 민중은 불평하기를 그쳤다. 폭력과 강도 등 타인에 대한 가해행위가 사라지다시피 했다. 모든 사람이 성지를 탈환해야 한다는 생각에 사로잡혀 다른 생각을 할 여유가 없었다.

이질적인 요소들이 뒤섞인 십자군 집결 장소의 야영지에서는 여러 가지 특이한 모습과 행동이 나타났다. 영주의 깃발을 따르려는 사람들은 영주의 성채 주위에 천막을 쳤다. 개별적으로 자원하고 나선 사람들은 마을 주변에 임시막사를 설치해 놓고 자신들을 이끌어줄 지도자가 나서기를 기다렸다. 프랑스의 들판은 온통 천막으로 뒤덮였다.

팔레스타인에 도착하면 곧바로 모든 죄를 용서받게 된다고 굳게 믿은 나머지 야영지 안팎에서 음란한 짓에 열중하는 사람들도 적지 않았다. 어깨에 붉은 십자가 표식을 단 매춘부들이 여자를 밝히는 십자군 병사들을 상대로 몸을 팔았다. 향락을 좋아하는 사람들은 마음껏 술에 취하고 방탕하게 놀며 지냈다. 이런 사람들은 팔레스타인에 가면 죄를 용서받을 것이므로 수도사들보다도 오히려 자기들이 먼저 구원을 받게 되리라고 확신했다. 야영지 안팎에는 음란한 환락의 소리와 하느님을 찬양하며 기도하는 소리가 동시에 메아리쳤다.

┃ 십자군 원정의 지도자들

이제 십자군을 이끈 지도자들에 대해 이야기할 차례다. 많은 사람들이 누구보다 은자 피에르를 가장 적당한 지도자로 보고 그에게 몰려들었다. 고티에 상자부아Gautier Sans-Avoir에게도 사람들이 몰려들었다. 그는 영어권에 '무일푼의 월터Walter the Penniless'로 잘못 알려졌는데 사실은 귀족이자 영주였고(부아시상자부아Boissy-sans-Avoir라는 곳에 영지를 소유하고 있었다—옮긴이), 군사적 재능도 지니고 있었다. 독일에서는 수도사 고트샬크Gottschalk를 따르는 사람들이 많았다.

이들 지도자에게 모여든 사람들은 모두 30만 명에 이른 것으로 알려졌다. 그들은 당시 유럽에서 최고의 악당 집단이었다고 할 수 있다. 그들에게는 규율도, 원칙도, 진정한 용기도 없었다. 그들은 무리를 지어 전염병처럼 공포와 죽음을 뿌리며 이 나라 저 나라를 누비고 다녔다.

가장 먼저 원정의 길에 오른 무리는 고티에 상자부아가 지휘했다. 이 무리는 클레르몽 공의회가 끝난 지 한 달 뒤인 1096년 봄에 출발했다. 이들은 아무것도 없이 떠나면서 먹는 문제를 운에 맡겼다. 이들은 파도처럼 독일을 휩쓸고 헝가리에 들어섰고, 그곳의 민중에게 어느 정도 환대를 받았다. 헝가리 사람들은 아직 십자군 원정에 참여할 만큼 열광하지 않는 상태였고, 다만 십자군에게 물질적인 도움을 줄 뿐이었다. 그러나 그런 도움도 오래가지 않았다. 십자군 무리가 식량을 제공받는 것에 만족하지 않고 헝가리 사람들을 약탈하기 시작했다. 저항하는 사람들에게는 살인도 서슴지 않았다.

헝가리의 젬린Semlin 시 주민들이 격분해서 십자군 부대의 후미를 공격해 그들의 무기와 십자가를 빼앗는 일이 벌어졌다. 이에 대해 고티에는 반격하려고 하지 않았다. 메뚜기 떼 같은 무리로는 정규군을 이길 수 없음을 잘 알고 있었기 때문이다. 불가리아에 들어서서도 상황이 나아지지 않았다. 도시는 물론이고 농촌 마을도 십자군에게 통행을 허가하지 않으려 했고, 식량 제공도 거부했다. 뿐만 아니라 주민들이 무리를 지어 십자군을 공격해 수백 명씩 죽였다. 십자군이 간신히 콘스탄티노플에 도착하고 보니 그 규모가 처음에 비해 3분의 1로 줄어들었다.

은자 피에르가 이끈 십자군은 규모가 더 컸지만 충분한 식량을 갖고 떠났으므로 헝가리를 통과하면서 약탈을 할 필요가 없었다. 이 무리가 만약 젬린을 지나가지 않았다면 별일 없었을 것이다. 하지만 이들은 젬린 시의 입구에 도착해서 고티에 일행의 무기와 십자가들이 성문 밖에 내걸린 것을 보았다. 이들은 격분해서 젬린 시를 공격했다. 십자군의 수가 압도적으로 많았으므로 젬린 시가 철저하게 약탈당했다. 젬린 시의 참극을 들은 헝가

헝가리 국왕에게 십자군이 헝가리를 통과할 수 있게 해달라고 요청하는 고티에 상자부아

리 국왕은 군대를 이끌고 응징하러 달려왔다. 이 소식을 미리 들은 피에르는 무리를 이끌고 도나우 강의 지류인 모라바 강으로 퇴각했다. 그러나 거기에는 분노한 불가리아 주민들이 기다리고 있었다. 그들의 공격으로 많은 사람들이 강을 건너다가 익사하거나 칼에 맞아 죽었다.

십자군의 진로에 위치한 니사Nissa의 불가리아 공작은 십자군의 습격에 대비한 방어 준비를 단단히 해두었다. 피에르는 무리로 하여금 니사 성에 대한 적대적 행위를 삼가게 했다. 십자군은 사흘에 걸쳐 니사 성을 조용히 지나갔다. 불가리아 공작도 십자군 무리를 자극하지 않으려고 주민들로 하여금 그들에게 양식을 제공하게 했다. 피에르의 무리는 평화로이 니사를 떠나기 시작했다.

그런데 무리에서 뒤처져 있던 독일인들이 주민들과 사소한 일로 다툰 다음날 방앗간과 주택에 불을 질렀다. 니사의 주민들은 즉각 반격에 나섰다. 그들은 약탈자들을 살해하고 피에르의 무리를 추격해 뒤처져 가던 여자와 아이들을 포로로 잡아갔다. 피에르는 무리를 이끌고 다시 니사로 돌아가서 불가리아 공작에게 해명을 요구했다. 협상 끝에 불가리아 주민들이 여자와 아이들을 돌려보내주기로 했다. 그럼에도 십자군 무리의 일부가 니사를 공격해 점령하려고 했다. 피에르도 이들을 막을 수 없었다. 치열한 전투 끝에 십자군이 패배해서 무기를 버리고 사방으로 흩어졌다.

은자 피에르도 홀로 니사에서 몇 마일 떨어진 숲으로 달아났다. 운 좋게도 거기에는 십자군의 패잔병들이 몇몇 기사들의 지휘 아래 모여 있었다. 피에르는 이들과 함께 밤에 횃불과 뿔피리로 신호를 보내고 수색도 실시해서 흩어진 사람들을 다시 모았다. 이날 밤 사이에 7천 명을 모았고, 하루가 더 지나자 2만 명을 더 모을 수 있었다. 피에르의 무리는 다시 콘스탄티노플을 향해 길을 떠났다.

피에르가 콘스탄티노플에 도착하니 고티에가 그를 기다리고 있었다. 두 무리는 동로마제국 황제 알렉시우스 1세(재위 1081~1118)의 환대를 받았다. 그러나 그들은 경험에서 교훈을 얻지 못한 상태였다. 손님 대접을 받으면서도 약탈의 충동을 이기지 못해 콘스탄티노플의 건물에 불을 지르고 교회의 지붕에서 납을 팔아먹으려고 벗겨냈다. 알렉시우스 황제는 이때 십자군에 대한 혐오감을 갖게 됐고, 그 혐오감은 나중에 좀 더 규율이 잡힌 십자군이 와도 변하지 않는다. 그는 십자군의 약탈행위에 질려 서둘러 그들을 소아시아로 가도록 유도했다.

피에르는 고티에와 함께 보스포루스 해협을 건너 소아시아 땅을 밟았다. 그러나 고티에가 이끄는 무리의 방종한 행태로 보아 그대로 그들과 함께해서는 결코 좋은 성과를 얻을 수 없다고 생각하고 절망감을 안은 채 홀로 콘스탄티노플로 돌아갔다. 고티에에게는 알렉시우스 1세와 식량보급 문제를 협의해야 한다는 핑계를 댔다.

그런데 이때 적의 땅인 소아시아에서 십자군에 내부분열이 일어났다. 고티에가 지휘하는 랑고바르드족과 노르만족의 무리와 피에르가 지휘해온 프랑크족과 게르만족의 무리가 옥신각신하더니 프랑크족과 게르만족이 레이날도Reinaldo 또는 라인홀트Reinhold라고 불리는 사람을 지도자로 내세워서 엑소로고르곤Exorogorgon(세리고르도스Xerigordos라고도 한다─옮긴이) 요새를 공격해 점령해버렸다. 셀주크투르크의 술탄 술레이만은 군대를 동원해 요새 밖에 매복한 십자군을 기습하고 이어 엑소로고르곤 요새를 포위하는 데 성공했다.

포위된 상태가 8일 동안 계속되자 요새 안의 십자군은 식수의 부족으로 큰 고통을 겪었다. 결국 십자군이 버티지 못하게 되자 지도자 레이날도가 배신하고 술레이만에게 항복했을 뿐 아니라 이슬람교도로 개종까지 했다.

셀주크투르크의 포로가 된 십자군 병사 가운데 개종하기를 거부한 사람들은 칼을 맞고 쓰러졌다. 이것이 피에르와 함께 유럽을 횡단해 소아시아까지 간 많은 유럽인들의 최후였다.

고티에가 이끄는 무리도 비슷하게 비참한 최후를 맞았다. 엑소로고르곤의 참극을 전해들은 고티에의 병사들은 즉시 보복공격에 나서자고 요구했다. 냉철한 고티에는 적이 더 우세하다는 사실을 잘 알고 있었다. 그래서 그는 십자군 증원부대가 올 때까지 기다리자고 했다. 그러나 그의 무리는 지휘관이 나서주지 않아도 저들끼리 진격할 태세였고, 고티에는 어쩔 수 없이 무리를 이끌고 진격해야 했다. 이들은 니케아 부근에서 이슬람교도들의 공격을 받았다. 격렬한 전투가 벌어졌고, 십자군은 참패를 당했다. 2만 5천 명의 십자군 가운데 2만 2천 명이 전사했다. 살아남은 십자군 3천 명은 시브토트Civetot로 퇴각해 그곳에서 참호를 파고 버텼다.

은자 피에르는 십자군의 무절제한 모습에는 절망했지만 그들의 불운에 대해서는 연민을 금할 수 없었다. 피에르는 시브토트에서 버티고 있는 3천 명을 구해달라고 황제 알렉시우스 1세에게 눈물로 호소했다. 황제는 구원군을 보내는 한편 적과 협상도 벌여 3천 명을 무사히 콘스탄티노플로 귀환시켰다. 황제는 그들을 무장해제시키고 여비를 주어 각자의 고향으로 돌아가게 했다.

이런 상황이 전개되는 동안에 독일에서 새로운 무리가 성지로 출발했다. 광신적인 성직자 고트샬크가 이들을 지휘했다. 이들도 고티에와 피에르의 무리와 마찬가지로 헝가리를 통과해 성지로 가려고 했다. 규모가 10만 명에 달한 것으로 알려진 이들에 관한 기록은 별로 남아있지 않다. 이들 역시 가는 곳마다 강도와 살인 등 험악한 짓을 했다. 헝가리인들은 이들의 약탈행위에 분노했고, 헝가리 왕 카를로만Karloman이 이들을 유인해 무기를 내려놓게 한 뒤 학살했다. 이들 가운데 학살을 피해 살아남은 사람이 얼마나 되는지는 알 수 없으나 성지에 도착한 사람은 한 명도 없었던 것이 확실하다.

그 뒤에도 독일과 프랑스에서 이런저런 지도자를 앞세운 무리들이 잇달아 일어났다. 이들은 이전의 무리들보다 더 야만적이고 광신적이었다. 규모가 1천 명 내지 5천 명 정도인 이들 무리는 성지를 향해 떠나기 전부터 약탈을 일삼는 것은 물론이고 유대인을 기독교도의 적으로 규정해 고문하고 학살했다. 독일에서만 1천 명이 넘는 유대인이 살해됐다. 십자군이 가하는 고문이 끔찍할 정도로 잔혹하다고 알려지자 많은 유대인이 그들의 손에 잡히기 전에 자살했다. 더 학살할 유대인이 없게 되자 모든 무리가 하나로 모여 성지를 향해 진군했다.

이들은 그 규모가 어느 정도였는지를 정확히 알 수 없지만 헝가리를 지나던 중 떼죽음을 당했다. 이들이 헝가리인들에게 당한 곳은 도나우 강 유역의 메르스부르크였다. 십자군은 강을 건너는 문제를 놓고 헝가리인들과 다투다가 마침내 강을 건너 메르스부르크 성을 공격했다. 이들은 성벽을 뚫는 데는 성공했으나 승리를 거두기 직전에 공포에 사로잡혀 무기를 버리고 달아났다. 무슨 이유로 어떤 공포에 사로잡혔는지는 전하지 않는다. 어쨌든 헝가리인들은 달아나는 자들을 추격해서 거리낌 없이 칼로 베었다. 이때 죽은 자들이 워낙 많아 그들의 시체로 도나우 강이 막혔다고 한다.

| 유럽 귀족들의 십자군 참여

그 다음에는 유럽의 귀족들과 그들의 기사도가 십자군 역사의 무대에 등장했다. 냉철한 두뇌, 성숙한 계획, 불굴의 용기를 자랑하는 귀족들이 십자군의 지도자로 나서서 유럽에서 일어난 거대한 움직임을 아시아로 이끌었다. 지금까지 수많은 모험소설이 이들에 관한 칭송할 만한 이야기들을 남겼고, 이로 인해 그전의 십자군 지도자들이 이들과 대조되면서 그 비열함과 야만성으로 역사의 비난을 받게 되기도 했다.

이 시기에 십자군의 지도자가 된 귀족 가운데 가장 눈에 띄는 인물은 로렌 공작인 고드프루아 드 부용Godefroy de Bouillon과 툴루즈 백작인 레몽Raymond이다. 타랑트의 영주 보에몽Bohémond을 비롯해 유럽 왕가의 사람들도 다수가 십자군의 지도자가 됐다.

이들이 행동에 나선 동기가 전적으로 종교적인 것은 아니었다. 은자 피에르처럼 광신적이지 않았고, 고트샬크처럼 야만적이지 않았다. 용감하면서도 신중했고, 종교적 열정을 지녔으면서도 세속적 관심을 잃지 않았다. 또한 사나우면서도 기사도가 있었다. 이들은 대중의 의지를 읽었고, 스스로 위대해지려는 열망으로 대중의 의지에 올라탔다. 프랑스, 이탈리아, 독일, 영국, 스페인 등지의 영주들도 속속 십자군에 참여했다.

이들이 이끈 십자군의 무리들은 그 수가 전체적으로 워낙 많았으므로 모두가 한 길로 가면 식량조달에 문제가 있었다. 그래서 그들은 서로 길을 달리해 성지로 향했다. 로렌 공작이 이끄는 무리는 헝가리와 불가리아를 거쳐 갔고, 툴루즈 백작의 무리는 롬바르디아와 달마티아를 거쳐 갔으며, 그 밖의 지도자들은 아풀리아 등을 거쳐 갔다. 이들은 모두 콘스탄티노플에 집결했다.

이때의 십자군이 어느 정도의 규모였는지에 대해서는 여러 가지 설이 있다. 황제 알렉시우스 1세의 딸인 안나 콤네네Anna Komnene 공주는 바닷가의 모래알만큼 많은 사람들이 참여했다고 했다. 당시의 성직자 푸셰 드 샤르트르Foucher de Chartres는 기병 10만 명과 보병 60만 명에 이르렀다고 했다. 기번Gibbon은 이 숫자가 과장이기는 하지만 실제 숫자가 그것에 크게 미달하지는 않았을 것이라고 했다.

가장 먼저 그리스 땅을 밟은 귀족 지도자는 프랑스 왕의 아우인 베르망두아Vermandois 백작이었다. 두라초에 도착한 그는 동로마제국 신하들의 환대를 받았고, 그의 군대는 충분한 양식을 제공받았다. 그러나 백작은 갑자기 알렉시우스 황제의 명령으로 체포되어 수감됐다. 황제가 왜 이런 배신을 했는지에 대해서는 여러 가지 설이 분분하다. 가장 개연성이 높은 설은 십자군이 황제의 권력을 위협할 수 있기 때문에 황제가 석방의 대가로 충성서약을 받기 위해 그랬다는 것이다. 황제는 프랑스 국왕의 아우가 충성서약을 하면 다른 십자군 지도자들도 그렇게 할 것이라고 생각했을 수 있다.

고드프루아 드 부용의 군대는 헝가리를 질서 있고 조용하게 통과했다. 메르스부르크에 도착한 그는 학살된 유대인의 시체가 길에 널려 있는 것을 보고 헝가리 국왕에게 그 이유를 물었다. 국왕은 유대인들이 너무 잔악한 짓을 많이 해서 나라와 국민을 지키기 위해 어쩔 수 없이 그렇게 한 것이라고 대답했다.

이어 필리포폴리에 도착한 고드프루아는 베르망두아 백작이 수감됐다는 소식을 들었다. 그는 즉시 알렉시우스 황제에게 사신을 보내 그를 석방할 것을 요구하면서 거절할 경우 곧바로 공격하겠다고 위협했다. 그는 하루를 기다렸다가 다음 날 군대를 이끌고 가던 중에 아드리아노플에서 황제의 부정적인 답변을 가지고 돌아오던 사신을 만났다. 고드프루아는 자신이 한 말을 번복할 사람이 아니었다. 동로마제국은 그의 무자비한 공격을 받았다.

이때 알렉시우스 황제는 실수를 저질렀다. 십자군이 자신에게 공연히 협박만 하는 존재가 아니라는 것을 알고 베르망두아 백작을 석방한 것이다. 십자군 측에서 볼 때 알렉시우스 황제는 백작을 감옥에 가둠으로써 불의한 자가 됐는데 그를 석방함으로써 비겁하기도 한 자가 된 셈이었다. 이에 십자군은 그에게는 정의가 통하지 않고 오직 공포만 통한다고 생각하게 됐다.

고드프루아가 콘스탄티노플 인근에 진을 치고 몇 주간 머물러 있자 걱정이 된 알렉시우스 황제가 그를 회유하려고 했다. 십자군과 싸우려는 듯이 군대를 보내거나 식량공급을 거절하면서 곡물시장을 폐쇄하더니 돌연

고드프루아 드 부용

222

고드프루아에게 사절을 보내 값비싼 선물을 전하기도 했다.

알렉시우스의 위협과 거짓 친절에 분노를 참지 못한 고드프루아는 병사들로 하여금 콘스탄티노플 주변을 6일간 약탈하게 했다. 농가들이 화염에 휩싸인 것을 본 알렉시우스 황제는 공포에 떨었다. 콘스탄티노플이 다음 공격목표가 될까봐 두려워한 그는 신의의 표시로 자신의 아들을 인질로 보내겠다면서 고드프루아에게 면담을 요청했다. 고드프루아는 이에 응하고 콘스탄티노플의 궁전에 들어가 환대를 받았다. 이때 고드프루아는 황제에게 예의를 지켰으나 그를 수행한 다른 귀족과 기사들은 그에 대한 경멸감을 감추지 않았다.

황제에게 동정할 여지가 없었던 것은 아니다. 십자군이 그에게 해를 끼치고 그의 제국을 정복하려 할지도 모른다는 우려가 전혀 근거가 없는 것은 아니었기 때문이다. 그러나 객관적으로 보면 그 스스로 신실하지 못한 태도로 그런 상황을 자초한 측면이 있다. 십자군은 그를 신뢰하지 못했다. 심지어는 투르크인이나 아랍인보다 알렉시우스 황제와 그리스인이 서방 기독교 세계에 더 큰 적이라고 말할 정도였다.

알렉시우스 황제는 십자군의 무리가 속속 도착할 때마다 그 지도자들에게 협박, 뇌물, 회유 등의 수단을 섞어 쓰며 공허한 충성서약을 받아내려고만 했다. 그리고 지도자가 충성서약을 하는 무리에 대해서만 소아시아로 진격하는 것을 허용했다. 이에 십자군의 지도자들이 모두 충성서약을 했지만 툴루즈 백작만은 끝내 충성서약을 거부했다.

콘스탄티노플에 머무는 동안 십자군의 사기가 많이 떨어졌다. 황제 측과의 갈등도 문제였지만 궁정의 부패하고 사치한 모습도 영향을 미쳤다. 툴루즈 백작의 부대도 사기의 저하로 거의 와해될 뻔했으나 백작이 서둘러 부대를 보스포루스 해협 건너의 소아시아로 진격시켜 위기를 넘겼다. 소아시아로 들어서자 십자군의 사기는 다시 올라갔다.

툴루즈 백작의 부대는 니케아 포위전에 나섰다. 고드프루아의 부대와 베르망두아 백작의 부대도 합류했다. 룸Roum의 술탄이자 셀주크투르크의 지도자인 클르츠 아르슬란Kılıç Arslan이 니케아 방어에 나섰으나 십자군에 패배하고 경악했다. 아르슬란은 십자군이 예전처럼 오합지졸일 것으로 예상했으나 이번의 십자군은 훈련이 잘 됐을 뿐 아니라 노련한 지휘관들이 이끄는 군대였다.

셀주크투르크의 군대는 완강하게 버티며 십자군에 독화살을 퍼부었다. 성벽 아래에서 죽은 십자군의 시체를 갈고리로 끌어올려 벌거벗기고 사지를 절단해 십자군에게 던지기도 했다. 식량이 충분한 십자군은 36일 동안 포위전을 계속했다. 이 공격에서 십자군 지휘자들이 보여준 영웅적인 행동은 다양하게 전한다. 혼자서 천 명의 적을 패주시켰다거나 누가 백발백중의 활솜씨를 발휘했다거나 하는 이야기들이다. 그 가운데 특히 고드프루아에 관한 일화는 언급해둘 가치가 있다.

몸집이 큰 투르크 병사 하나가 거대한 활로 십자군에 막대한 타격을 주었다. 십자군 병사들이 그에게 집중적으로 날린 화살은 우뚝 서서 움직이지 않는 그에게 상처를 입히지도 못하고 그의 발밑에 모두 떨어졌다. 그는 대악마여서 사람의 힘으로는 죽일 수 없는 존재라는 소문이 십자군 진영에 퍼졌다. 사기가 떨어진 십자군 병사들을 고무하기 위해 고드프루아가 나섰다. 그는 선두에 서서 거대한 석궁을 들고 신중하게 겨냥해 화살을 쏘았다. 그 화살에 몸집이 큰 투르크 병사가 쓰러졌고, 이를 본 십자군 병사들이 환호성을 올렸다.

십자군이 모든 장해를 극복하고 드디어 니케아를 점령할 일만 남았다고 믿게 됐을 때 엉뚱한 일이 벌어졌다. 알렉시우스 황제가 보낸 지휘관이 그리스군을 이끌고 도착해 투르크군 쪽에 십자군이 아닌 자기에게 항복하라고 했다. 십자군 내부에서 분노가 일어났으나 십자군과 그리스군의 충돌은 가까스로 피할 수 있었다.

십자군은 계속 진격했지만, 이때 분명치 않은 이유로 두 무리로 갈라졌다. 한 무리는 보에몽, 탕크레드Tancred, 노르망디 공작이 이끌었고, 다른 한 무리는 고드프루아가 이끌었다. 니케아에서 패배하여 큰 병력손실을 입은 룸의 술탄은 십자군을 한 방에 격파할 계획을 조심스럽게 세웠다. 그는 기병 20만 명을 중심으로 하는 대규모 병력을 동원했다.

1097년 7월 1일 아침에 투르크의 기병들이 언덕을 내리달려 계곡에 있는 보에몽의 십자군 부대에 쇄도했다. 십자군은 대오를 갖출 시간을 가질 수 없었다. 대부분 보병인 십자군 병사들이 사방을 포위한 투르크 기병의 화살을 맞고 쓰러지기 시작했다. 보에몽의 부대가 전멸할 위기에 몰린 순간에 고드프루아의 부대와 툴루즈 백작의 부대가 도착해 전세를 역전시켰다. 치열한 전투 끝에 투르크군이 퇴각했다. 이 전투에서 십자군의 전사자는 4천 명에 달했고, 파리의 로베르 백작과 탕크레드의 동생 윌리엄도 전사했다. 투르크군은 그보다 피해가 적었지만, 전략을 바꿀 필요가 있음을 깨달았다.

셀주크투르크의 술탄은 아직 완전히 패배한 것이 아니었다. 그가 십자군을 공격하는 데 동원하지 않고 남겨둔 병력이 아직 많았다. 십자군은 그의 변화된 전략을 알아차리지 못하고 투르크군으로부터 노획한 식량을 마음껏 먹어치웠고, 그 대가를 비싸게 치르게 됐다. 십자군은 황폐한 프리기아 지역을 지나가면서 극심한 식량부족을 겪었다. 뜨거운 햇볕이 내리쬐는 가운데 식수도 떨어져 하루에 500명꼴로 죽어갔다. 기사들이 탄 말도 죽어 넘어졌다.

허기와 갈증에 시달리던 십자군은 물이 풍부한 초원 지역을 만났다. 그곳에 천막을 치고 숙영하며 원기를 회복한 십자군은 10월 18일부터 안타키아에 대한 포위공격에 나섰다. 높은 지대에 위치한 안타키아는 오론테스 강을 끼고 있어 방어에 유리한 도시였다. 게다가 투르크군의 요새는 포위공격에 대비해 충분한 식량을 비축해 놓고 있었다. 이에 비해 십자군은 포위공격을 시작한 지 열흘도 안 되어 식량난을 겪기 시작했다.

십자군은 신속하게 안타키아를 함락하려 했으나 뜻대로 되지 않자 기세가 꺾이기 시작했다, 허기가 찾아오면서 열정도 식어갔다. 지휘관들마저 염증을 내기 시작했다. 지휘관 가운데 보두앵Baudouin은 이미 자기가 인솔하던 부대와 함께 에데사로 가서 작은 공국의 최고권력자가 됐다. 베르망두아 백작도 흔들렸고, 부대를 따라온 은자 피에르도 상심에 빠졌다.

기아가 극심해져서 십자군은 죽은 사람의 시체까지 뜯어 먹는 지경에 이르렀다. 보에몽은 식량을 구하려고 부대를 이동시켰다. 이 부대는 약간의 먹을 것을 확보하긴 했지만 그것은 이틀을 버티지 못했다. 알렉시우스 황제의 부하인 그리스인 지휘관 파티키우스는 식량을 구해 오겠다는 구실을 대고 십자군을 떠났다.

| 십자군의 안타키아 함락

떠나지 않고 남은 사람들은 이런저런 징조에 주목하며 스스로를 위로할 거리를 찾았다. 그런데 불길한 징조가 많았다. 격렬한 폭풍이 불어와 나무를 쓰러뜨리고 지휘관의 숙소를 뒤집은 일도 있었다. 지진까지 일어나자 큰 재앙이 닥칠 것이라는 말이 돌았다. 그러나 혜성이 나타나자 이것은 승리의 징조로 해석됐다.

기아뿐만 아니라 전염병도 문제였다. 주변 늪지대의 나쁜 공기와 불결한 음식 탓에 전염병이 돌아 하루에 1천 명씩 죽기도 했다. 게다가 투르크군에 매수되어 적의 밀정 노릇을 하는 자들이 늘어나 십자군 진영 안에 서로 불신하는 분위기가 퍼졌다. 보에몽이 밀정 노릇을 하는 자 2명을 적발해 산 채로 태워 죽였으나 별다른 효과가 없었다. 투르크군은 십자군 내부의 모든 상황을 알고 있었다.

십자군이 극한상태에 이른 시점에 유럽에서 증원군과 식량이 오고 있다는 소식이 전해졌다. 증원군과 식량은 안타키아에서 6마일 떨어진 산시메온 항구에 내렸다. 보에몽의 부대와 툴루즈 백작의 부대가 식량을 얻으려고 허겁지겁 항구로 달려갔다. 이들은 돌아올 때 매복하고 있던 투르크군에게 기습을 당했다. 보에몽의 부대는 무참하게 살육당했고, 보에몽도 간신히 몸을 피했을 뿐이었다.

이 소식을 들은 고드프루아와 노르망디 공작 등이 즉시 구원에 나섰다. 서둘러 현장에 간 그들은 승리한 투르크군이 전리품을 가지고 돌아가기 전에 투르크군을 공격할 수 있었다. 정오부터 해질 무렵까지 격렬한 전투가 벌어졌다. 이 전투에서는 결사적으로 싸운 십자군이 승리를 거두었다. 투르크군은 몇백 명이 오론테스 강에 빠져 죽고 2천 명 이상이 들판에서 전사하는 피해를 입었다. 투르크군에 빼앗긴 식량을 모두 되찾은 십자군은 할렐루야를 외치며 진영으로 돌아왔다.

하지만 이번에도 식량이 며칠 가지 못해 바닥났다. 새로 확보된 식량은 아껴 먹으면 더 오래갈 수도 있었지만, 지휘관들이 식량분배를 적절하게 통제하지 못했다. 기아가 다시 닥쳐오자 블루아Blois 백작이 병사 4천 명을 데리고 알렉산드레타로 가버렸고, 이로 인해 십자군의 사기가 크게 떨어졌다. 지휘관 가운데 가장 야심이 크고 성미가 급한 보에몽은 결단이 필요한 상황이라고 생각했다. 십자군 병사들은 안타키아 포위전의 장기화에 불만이 많았고, 안타키아는 몇 달은 더 버틸 수 있을 것 같았다. 뭔가 대책이 요구되는 상황이었다.

안타키아의 투르크인 영주 바가시한Baghasihan은 성벽의 탑 가운데 산길을 내려다볼 수 있는 중요한 위치에 있는 탑의 수비를 피루즈Phirouz라는 아르메니아인에게 맡겨놓고 있었다. 보에몽은 기독교도인 밀정을 통해 피루즈와 연락을 주고받을 수 있었다. 보에몽은 피루즈에게 탑을 십자군에게 넘겨주면 크게 보상을 하겠다고 약속했다. 피루즈가 응하자 보에몽은 드디어 날을 잡았다.

이어 보에몽은 고드프루아와 툴루즈 백작에게 자신의 계획을 알리면서 그 계획에 따라 안타키아를 공략해 함락하는 데 성공하면 자신이 그곳의 군주가 되는 데 동의해줄 것을 요구했다. 다른 지휘관들은 망설였다. 일부 지휘관들은 질투심에서 그 계획을 지원하기를 거부했다. 그러나 신중한 논의 끝에 지휘관들은 700명의 기사를 동원하기로 합의했다. 그리고 그들을 동원하는 목적을 그 밖의 기사와 병사들에게는 알리지 말고 비밀로 유지하기로 했다.

모든 일이 은밀하게 진행됐다. 약속된 날 밤에 기사들이 십자군 진영을 나섰다. 폭우가 내리는 캄캄한 밤이었다. 별이 하나도 보이지 않았고, 거센 비바람 소리가 다른 모든 소리를 집어삼켰다. 성벽에 가까운 곳에 이르자 보에몽은 기사들을 잠시 멈추게 하고 전령을 피루즈에게 보냈다. 피루즈는 횃불을 들고 순찰을 도는 병사들이 방금 지나갔으니 30분 정도의 여유가 있다면서 서두르라고 알려왔다.

기사들이 성벽 밑에 붙자 탑에서 피루즈가 밧줄을 내렸다. 기사들이 밧줄에 사다리를 묶은 다음 그 사다리를 타고 오르기 시작했다. 보에몽과 고드프루아도 그들과 함께 올라갔다. 60명의 기사들이 탑에 올라갔을 때 순찰조가 다시 나타났다. 그들은 순찰조를 기습해 죽이고 신속하게 계단을 내려가 성문을 열었다. 밖에서 대기하던 기사들이 모두 성문으로 들어갔다. 성 밖에서는 멀찌감치 대기하던 툴루즈 백작의 부대가 공격하기 시작했다. 이로써 안타키아는 성의 안과 밖에서 동시에 적의 기습을 받게 됐다.

십자군은 안타키아 성 안을 공포의 도가니에 몰아넣었다. 남녀노소를

안타키아 성 앞에 매복한 십자군

가리지 않고 학살해 거리를 피로 물들였다. 투르크군 사령관은 산으로 도주했으나 십자군의 추격을 받아 죽임을 당했고, 그의 머리만 전리품으로 안타키아에 돌아왔다. 날이 밝자 학살은 더 이상 일어나지 않았으나 대신 약탈이 시작됐다. 안타키아 성에는 금을 비롯한 각종 보석과 비단이 많았으나 식량은 별로 남아 있지 않았다. 십자군 못지않게 투르크군도 식량사정이 빠듯했던 것이다.

십자군이 점령한 안타키아 성을 수습하고 필요한 식량을 마련하기 전에 투르크인들이 반격해왔다. 페르시아의 술탄이 대군을 일으켜 모술의 영주인 귀르보아Gürboğa에게 그 지휘를 맡긴 것이었다. 귀르보아는 클르츠 아르슬란과 연합해서 대군을 이끌고 출동해 안타키아를 포위했다.

적의 대군에 포위당한 안타키아 성 안의 십자군은 절망상태에 빠졌다. 상당수의 십자군이 성을 빠져나가 알렉산드레타에 있는 블루아 백작에게 갔다. 그들에게서 안타키아 성의 절망적인 위기상황을 들어 알게 된 블루아 백작은 부대를 이끌고 콘스탄티노플로 가버렸다. 그는 가던 도중에 병력을 이끌고 오는 알렉시우스 황제를 만났다. 황제도 안타키아 성의 상황을 전해 듣고 콘스탄티노플로 발길을 돌렸다.

블루아 백작과 알렉시우스 황제가 모두 안타키아를 버리고 가버렸다는 소식을 들은 안타키아 성 안의 십자군은 더욱 낙담했다. 십자군은 쓸모가 없게 된 말을 모두 죽여 그 고기로 허기를 달랬다. 심지어는 개, 고양이, 쥐까지 잡아먹었다. 더 이상 기아를 해소할 방법이 없는 가운데 전염병까지 돌았다. 십자군의 규모는 안타키아 포위전에 나설 때만 해도 30만 명이었으나 이제는 6만 명으로 줄어들었다.

그러나 이런 극한상황에서 십자군 지휘관들은 서로간의 결속을 더욱 굳게 했다. 보에몽, 고드프루아, 탕크레드는 죽을 때까지 대의를 저버리지 않기로 서로 맹세했다. 그러나 병사들의 사기를 다시 끌어올리지는 못했다. 지치고 병든 병사들은 전공에 대한 보상 따위에는 관심이 없었다. 일부는 숙소에 틀어박혀 나오지도 않았다. 보에몽이 불을 질러도 나오지 않고 그 안에서 불에 타죽는 자들도 있었다. 다른 병사들은 그런 광경을 물끄러미 바라보기만 했다. 세속적인 욕망으로 원정에 나선 보에몽은 십자군의 진정한 성격과 그들을 유럽에서 거기까지 떼 지어 오게 한 종교적 광기의 실상을 이해하지 못하고 있었다.

이때 한 수도사가 굶주리고 쇠약해진 6만 명의 십자군 병사들을 분기시켜 6배나 되는 적을 패주시킬 계획을 궁리해냈다. 프로방스 출신의 수도사 피에르 바르텔르미Pierre Barthélemy였다. 그는 무뢰한이나 광신도, 또는 그 둘을 결합한 것 같은 인물이었다. 십자군이 절망적인 상태에 있을 때 그는 툴루즈 백작 레몽에게 면담을 요청했다. 백작과 만난 그는 자신이 경험한 일부터 이야기했다.

피에르 바르텔르미는 몇 주 전 십자군이 안타키아를 포위했을 때 홀로 천막에서 쉬고 있다가 갑자기 일어난 지진에 깜짝 놀랐다. 그가 "하느님, 살려주소서!"라고 외치는 순간 눈앞에 두 사람이 서 있는 것이 보였다. 머리에 후광이 빛나는 것을 보니 이 세상 사람은 아닌 것 같았다. 한 사람은 불그레한 머리에 검은 눈, 긴 턱수염을 가진 노인이었고, 다른 한 사람은 체격이 좀 더 크고 잘생긴 젊은이였다.

노인은 예수의 열두 사도 가운데 하나인 안드레라고 자기를 소개한 뒤에 툴루즈 백작, 퓌Puy의 주교 아데마르Adhemar, 그리고 알타풀토의 레몽Raymond을 찾아가 이제부터 자기가 하는 말을 전하라고 했다. 그러고는 그를 공중으로 띄우더니 안타키아의 성 베드로 교회로 휙 데리고 갔다. 이제는 교회가 이슬람 사원으로 변해 있었다.

교회의 제단에 두 개의 램프가 걸려 있었는데 그 불빛이 대낮의 태양보다 밝았다. 젊은이는 제단으로 오르는 계단에서 조금 떨어진 곳에 서 있었고, 사도 안드레는 계단을 올라갔다가 다시 내려와 땅바닥에서 창 하나를 꺼내들어 수도사에게 건네주면서 "이것은 예수의 옆구리를 찌른 창인데 이 창에 찔린 데서 세상을 구원하는 힘이 흘러나왔다"고 말했다. 수도사는 기쁨의 눈물을 흘리면서 그 창을 받아들고 자기가 그 창을 툴루즈 백작에게 가져다줄 수 있도록 허락해달라고 했다. 그러나 사도 안드레는 이 요청을 거절하고 창을 다시 거두어 땅바닥에 묻었다. 그러고는 12명을 선발해 그들과 함께 거기에 와서 창을 꺼내라고 말했다.

사도 안드레는 수도사를 다시 그의 천막으로 데려다준 다음 젊은이와 함께 사라졌다. 수도사는 이 이야기를 혼자만 알고 툴루즈 백작 등에게 전하지 않았다. 그들처럼 신분이 높은 사람은 이런 놀라운 이야기를 전해봐야 믿지 않을 것이라고 생각해서였다.

그런데 며칠 뒤에 젊은이와 사도 안드레가 다시 수도사에게 나타났다. 이번에는 젊은이가 신성한 빛을 발하는 눈으로 책망하는 듯이 수도사를 바라보았다. 수도사는 자기에게 하라고 한 일을 더 잘 할 수 있는 사람에게 그 일을 지시하라고 했다. 그러자 사도 안드레는 수도사를 쏘아보며 지시를 이행하라고 했다. 그러나 수도사는 이번에도 머뭇거리기만 했다.

수도사가 그의 상관인 윌리엄과 같이 있을 때 젊은이와 사도 안드레가 또 나타났다. 사도 안드레는 요르단 강을 건널 때 강물에 몸을 담그지 말고 작은 배로 건너면서 옷만 적시고 그 옷을 나중에 신성한 창과 함께 보존해야 한다면서 이런 자신의 말을 툴루즈 백작에게 전하라고 수도사에게 말했다. 그러나 수도사는 이 지시를 무시했다.

수도사가 키프로스로 떠나려고 마미스트라 항구로 갔을 때 젊은이와 사도 안드레가 네 번째로 나타났다. 사도 안드레는 자신의 지시를 받아들여 이행하지 않으면 영원한 벌을 면치 못할 것이라고 경고했다. 수도사는 그제야 그의 지시를 따르기로 결심했다.

전후사정으로 미루어보면 이 이야기는 수도사와 툴루즈 백작이 함께 꾸민 것으로 여겨진다. 어쨌든 툴루즈 백작은 수도사가 하는 이야기를 듣고 아데마르 주교와 알타풀토의 레몽을 불렀다. 주교는 그 이야기를 믿으려 하지 않으면서 자기는 관여하지 않겠다고 했다. 하지만 툴루즈 백작은 십자군의 사기를 끌어올리려면 그 이야기를 믿어야 한다고 했다. 그러고는 교회의 땅바닥에서 신성한 창을 꺼내는 일에 대해 주교의 동의를 얻어냈다.

툴루즈 백작을 포함해 12명의 신심 깊은 사람들이 선발되어 이틀 뒤에 해가 뜰 때부터 질 때까지 교회의 땅바닥을 팠다. 그러나 창은 나오지 않았다. 그러자 수도사가 나서서 창을 찾게 해달라고 하느님에게 기도했다. 무엇이든 숨긴 자는 찾을 수 있는 법이다. 마침내 땅속에서 창이 발견되자 백작은 눈물을 흘렸고, 레몽은 창에 입을 맞추었다. 그들은 곧바로 창을 자주색 옷감에 감싸서 십자군 병사들이 볼 수 있는 곳에 전시했다.

이날 밤 수도사에게 사도 안드레가 젊은이와 함께 다시 나타나 툴루즈 백작으로 하여금 신성한 창을 들고 군대를 지휘하도록 하라면서 그 창을 찾은 날을 기독교 세계의 축일로 지정하라고 했다. 그러면서 젊은이의 발과 손에 나있는 상처를 보여주었다. 그 젊은이는 바로 구세주 예수였다.

수도사가 말한 꿈속의 환영은 십자군 병사들의 신뢰를 얻게 됐다. 다른 수도사들도 두 성인이 자기를 찾아와 최후까지 싸우면 십자군이 승리할 것이라고 약속했다고 말했다. 굶주림에 지쳐 탈영했던 병사 가운데 두 명이 돌아오기도 했다. 보에몽을 찾아갔던 두 병사는 두 성인이 나타나 돌아가라고 명령했다고 말했다. 십자군 병사들은 이런 이야기들을 모두 믿었다.

이에 따라 병사들의 사기가 급속히 올라갔다. 그들은 이제 희망이 넘쳤고, 그러다 보니 배고픔도 잊어버렸다.

그들을 유럽에서 소아시아로 오게 한 종교적 열정이 다시 불타올랐다. 병사들은 지휘관들에게 어서 공격 명령을 내려달라고 요구했다. 지휘관들도 전투에서 승리를 해야만 자신들이 구원받을 수 있다고 생각했다. 고드프루아, 보에몽, 탕크레드는 신성한 창에 관한 이야기의 진실성을 의심했다. 그러나 현명한 그들은 십자군 병사들의 사기를 급속히 끌어올린 그 이야기의 진실성을 군이 부정하려고 하지 않았다.

십자군은 은자 피에르를 사자로 귀르보아의 진영으로 보냈다. 그는 귀르보아에게 양쪽에서 가장 용감한 자를 내세워 대결하게 해서 승부를 결정하자고 제안했다. 이에 귀르보아는 형편없는 거지와 강도의 무리가 말하는 제안은 받아들일 수 없다고 경멸하는 눈빛으로 답변했다. 피에르가 돌아와 이런 보고를 하자 십자군은 바로 공격에 나설 준비에 들어갔다.

1098년 6월 28일에 십자군이 출정했다. 이슬람 지도자들은 십자군이 질병과 기아에 시달리고 있다는 사실을 잘 알고 있었다. 하지만 십자군이 이제는 믿을 수 없을 정도로 용기백배하게 된 줄은 몰랐다. 신성한 창에 관한 이야기도 전해 들었지만 그것을 비웃으면서 자기네가 쉽게 승전할 것으로 예상했다. 귀르보아는 적진에서 진군을 알리는 검은 깃발이 올랐다는 보고를 받고도 두던 체스를 멈추지 않았다. 그런데 막상 전투가 시작되고 보니

신성한 창

선두에서 싸우던 2천 명의 이슬람 부대가 패했다는 보고가 들어왔다.

십자군은 투르크군의 기병이 위력을 발휘하지 못하는 산악지대로 진군했다. 선두에 선 노르망디 공작과 플랑드르 백작은 적의 진영이 바라보이는 곳까지 진군했다. 신성한 창을 든 고드프루아와 아데마르 주교가 그 뒤를 따랐고, 보에몽과 탕크레드는 후위에 섰다.

십자군이 생각해온 만큼 약하지 않음을 깨달은 귀르보아는 룸의 술탄 술레이만의 군대가 적의 후면을 공격하는 동안 자신의 군대는 적의 전면을 공격하는 전략을 세웠다. 군대를 이동시키는 것을 감추기 위해 귀르보아는 수풀에 불을 놓았고, 술레이만의 군대는 연기 속에서 십자군의 뒤로 우회했다. 먼저 전면의 전투가 치열하게 벌어졌다. 투르크군은 십자군에 화살을 퍼붓는 동시에 정예 기병들로 하여금 들이치게 했다.

전면의 전투가 십자군의 우세로 전개되는 가운데 술레이만의 부대가 후면에 도달했다. 고드프루아가 급히 병력을 이끌고 후위의 보에몽을 지원하러 갔다. 그래서 아데마르 주교는 적은 병력으로 귀르보아의 부대를 막아야 했다. 십자군 병사들은 영웅적으로 싸웠다. 그러나 압도적인 적의 병력에 밀리기 시작했다. 십자군의 패배가 다가온 것 같았다.

이때 성자들이 십자군 편에서 싸운다는 외침이 들려왔다. 수풀이 불에 타면서 내던 연기가 가시면서 시야가 트이자 멀리 산등성이에 흰 구름이 걸려 있는 것이 보였다. 상상력이 넘치는 십자군 병사가 이것을 보고 흰 옷을 입은 성자들이 백마를 타고 내려온다고 외쳤다. 그러자 주위의 병사들이 입을 모아 "하느님의 뜻이다!"라고 고함쳤다. 하느님이 자신들을 도우려고 하늘의 군대를 보내주고 있다는 믿음을 가지고 십자군은 온힘을 다해 싸웠다.

전세가 다시 역전되어 페르시아군과 투르크군이 밀리더니 패주하기 시작했다. 그들은 사냥개에 쫓기는 사슴마냥 달아났다. 이 전투에서 이슬람 군의 전사자는 7만 명에 이른 데 비해 십자군의 전사자는 1만 명 정도였다. 승리한 십자군은 적의 병영에서 많은 양의 가축과 식량을 노획했다. 십자군 지휘관들은 금을 비롯한 보석과 벨벳은 발견되는 대로 병사들에게 나누어주었다. 아라비아 종의 좋은 말은 기사들에게 분배했다.

십자군은 승리의 기쁨을 만끽하며 안타키아로 돌아왔다. 모두가 참여한 가운데 아데마르 주교가 하느님에게 감사를 올리는 의식을 집전했다. 아울러 모든 병사가 신성한 창을 참례했다. 열광의 분위기가 지속되어 병사들이 예루살렘으로 진격할 것을 요구했다. 그러나 그러기를 원하는 지휘관은 없었다. 지휘관들 사이에 불화가 생긴 탓이었다. 툴르즈 백작이 안타키아에 자신의 깃발을 올려 안타키아의 영주 자리를 노려온 보에몽을 자극했다. 고드프루아와 탕크레드는 보에몽을 지지했다. 이들 사이에 말다툼이 오가다가 툴루즈 백작의 깃발이 내려지고 대신 보에몽의 깃발이 올라갔다. 결국 보에몽이 안타키아의 영주가 됐다.

여기에서 피에르 바르텔르미의 운명을 이야기할 필요가 있다. 꿈을 통한 계시와 신성한 창에 관한 이야기로 십자군의 승리에 기여해 영예와 존경을 얻은 그는 계속해서 자기가 본 환영을 이야기해야 했다. 그러나 여느 거짓말쟁이와 마찬가지로 그는 기억력이 좋지 않았다. 그가 지어내는 꿈 이야기들은 앞뒤가 맞지 않았다. 어느 날 밤에는 사도 요한이 나타나서 어떤 말을 했다고 해놓고 다른 날 밤에는 사도 바울이 나타나 그것과 완전히 다른 말을 했다고 하는 식이었다. 신성한 창에 관한 이야기를 믿었던 사람들도 더 이상 그가 하는 이야기를 믿지 않게 됐다.

보에몽은 툴루즈 백작의 입장을 난처하게 만들려고 바르텔르미에게 불에 의한 시죄법을 적용해 그가 한 이야기들이 진실됨을 증명하자고 요구했다. 툴루즈 백작이 이에 찬성하고 나서자 바르텔르미는 불에 의한 시죄법을 거부할 수 없었다. 마침내 시죄법 적용을 시행할 날이 정해졌고, 바르텔르미는 그 전날부터 단식을 하고 기도를 올렸다. 마침내 그는 신성한 창을 들고 불 속으로 걸어 들어갔다. 그는 불 속에서 다시 걸어 나오기는 했지만 심각한 화상을 입었다. 그는 결국 며칠 뒤에 극심한 고통 속에서 세상을 떠났다.

| 예루살렘 점령

지친 몸으로 격렬한 전투를 치르느라 십자군의 거의 모든 병사가 다치거나 병에 걸린 상태였다. 고드프루아는 예루살렘으로 진격하기 전에 병사들이 충분한 휴식을 취하게 하기로 결정했다. 이때는 7월이었으므로 고드프루아는 무더운 8월과 9월을 안타키아 성 안에서 보내고 10월에 유럽에서 올 지원군과 함께 예루살렘으로 진격하자고 제안했다. 다수의 병사들이 불평했지만 지휘관들이 그의 제안을 수용했다.

십자군의 사절로 콘스탄티노플에 파견된 베르망두아 백작은 알렉시우스 황제에게 그가 대의를 저버리는 행동을 했다고 책망하고 약속한 지원군을 보내라고 촉구했다. 그러나 황제는 이에 전혀 주의를 기울이지 않고 시간을 흘려보냈다. 베르망두아 백작은 콘스탄티노플에서 머물러 지내다가 열정을 완전히 잃고 말았다. 그는 십자군 원정에 염증을 느껴 더 이상 관여하지 않겠다고 결심하고 프랑스로 돌아갔다.

십자군 지휘관들은 두 달가량 안타키아에 머물기로 했으나 실제로는 그렇게 오랫동안 가만히 있을 수가 없었다. 투르크인들이라는 공동의 적만 없었다면 그들을 벌써 다투고 경쟁하는 관계로 돌아갔을 터였다. 게다가 병사들이 인내심을 잃고 어서 예루살렘으로 진격하자고 재촉했다. 결국 지휘관들은 예정보다 일찍 병사들을 이끌고 예루살렘을 향해 출발했다.

툴루즈 백작, 노르망디 공작, 탕크레드는 규모는 작지만 공격하기가 어려운 소도시 마라Marah를 포위했다. 이들의 부대는 식량을 일주일치밖에 준비하지 않아 굶주리게 된 탓에 공격에 어려움을 겪었다. 그러다가 나중에 도착한 보에몽의 부대와 합세하고서야 마라를 함락시켰다. 이 도시를 누가 차지할 것인가를 놓고 보에몽과 툴루즈 백작 사이에 분쟁이 일어났으나 다른 지휘관들의 중재로 가까스로 진정됐다.

십자군의 진군은 거듭 지연됐다. 특히 아르카스Archas를 목전에 두고 진군이 중단되자 격분한 병사들이 새로운 지휘관을 선출하려고 했다. 이에 고드프루아는 아르카스에 설치된 병영에 불을 지르고 진군했다. 툴루즈 백작 휘하의 병사 수백 명도 뒤따랐다. 이런 모습을 본 툴루즈 백작도 서둘러 부대를 이끌고 나섰고, 결국은 모든 십자군이 성지 예루살렘으로 진군하게 됐다.

십자군은 엠마우스에 도착해 베들레헴에서 온 기독교도들을 만났다. 그들은 이교도의 박해에서 당장 벗어나게 해달라고 기도했다. 십자군 병사들은 예수의 출생지인 베들레헴이라는 지명만 듣고도 기쁨에 넘쳐 눈물을 흘렸고, 밤에 잠을 잘 생각도 하지 않았다. 십자군은 다음날 해가 뜨기를 기다리지도 않고 한밤중에 다시 행군을 시작했다. 어둠 속에서 네 시간 이상 행군하자 해가 떠오르면서 예루살렘의 첨탑들이 햇빛을 반사했다.

십자군 병사들은 온순한 순례자가 된 듯 눈물을 흘리며 무릎을 꿇고 "예루살렘! 예루살렘!" 하고 외쳤다. 성스러운 땅에 입을 맞추는 병사도 있었고, 사지를 뻗어 땅에 엎드리는 병사도 있었다. 유럽에서부터 십자군을 따라온 여자와 아이들도 몹시 기뻐했다.

십자군은 곧 진격해서 예루살렘을 포위했다. 포위가 끝나자 바로 공격에 들어갔다. 앞서 달려가던 용감한 기사들이 화살을 맞고 전사하자 십자군은 새로운 방식의 공격을 준비하기로 했다. 투석기, 이동식 탑, 성문이나 성벽을 부수는 충격장비 등을 만들기 시작했다. 또한 병사들의 사기를 높이기 위해 지휘관들이 병사들이 보는 앞에서 서로 끌어안고 손을 맞잡아 들어 올려 화해와 단합을 과시했다. 그리고 병사들은 기도를 올리고 찬송가를 불렀다.

예루살렘이 보이는 곳에 이른 십자군

예루살렘 성을 지키는 이슬람군이 십자군의 약을 올리기 위해 나무로 조잡한 십자가를 만들어 성벽 밖으로 내걸어놓고 거기에 침을 뱉고 흙과 돌을 던졌다. 기독교의 상징이 그렇게 모욕당하는 것을 본 십자군 병사들은 몹시 화가 나서 만용과 광기를 드러냈다. 투석기 등 성을 공격하는 데 필요한 장비들이 완성되자 십자군은 그것들을 가지고 다시 공격에 나섰다.

이슬람군이 쏘아대는 화살과 불덩어리가 쏟아져 내려도 십자군 병사들은 물러서지 않았다. 이슬람군도 용기와 갖은 방어기술을 발휘해 성을 지켰다. 밤사이에는 전투가 중단됐다. 이튿날 아침이 되자 십자군이 공격을 재개했다. 여자와 아이들은 날아오는 화살을 무릅쓰고 마실 물을 병사들에게 가져다주었다. 병사들은 성자들이 돕고 있다고 생각하며 치열하게 싸웠다.

마침내 툴루즈 백작의 부대가 사다리를 타고 올라가 성 안으로 들어가는 데 성공했다. 거의 같은 시점에 노르망디 공작과 탕크레드는 성문 하나를 부수었다. 그 성문으로 결사대가 투입됐다. 잠시 후 성벽 밖으로 십자군의 깃발이 내걸렸다. 십자군은 환호성을 지르며 일제히 성 안으로 쏟아져 들어갔다. 몇 시간 동안 시가전이 펼쳐졌다. 십자군은 남녀노소를 가리지 않고 성 안의 적병과 주민들을 무차별적으로 학살했다. 지휘관 가운데 누구도 학살을 중지하라는 명령을 내리지 못했다. 그런 명령을 내렸더라도 병사들이 따르지 않았을 것이다. 이슬람 사원에서만 1만 명이 목숨을 잃었다고 한다.

전투가 십자군의 승리로 끝나자 예루살렘의 기독교도들이 은신처에서 나와 자신들을 해방시켜준 십자군을 환영했다. 그들은 여러 해 전에 그곳에 순례자로 왔던 은자 피에르를 바로 알아보았다. 그때 피에르가 억압받는 그들을 보고 돌아가 유럽의 군주들에게 그들을 구원하는 조치를 취하게

예루살렘을 장악한 십자군

하겠다고 약속했던 일을 떠올렸다. 그들은 피에르에게 그의 은덕을 영원히 기억하겠다고 맹세했다.

많은 사람들이 예루살렘이 해방된 것은 순전히 그의 용기와 인내 덕분이라며 그를 기렸다. 피에르는 예루살렘에서 성직을 맡았다고 하는데 그것이 어떤 자리였고 나중에 그가 어떻게 세상을 떠났는지는 전하지 않는다. 그가 프랑스로 돌아가서 수도원을 세웠다는 설도 있다. 그러나 이 설에 충분한 근거가 있는 것은 아니다.

유럽에서 살다가 집도 버리고 십자군에 참여해 여기까지 살아서 온 사람들은 목적을 달성한 셈이었다. 예루살렘의 이슬람 사원들은 모두 기독교 교회로 탈바꿈했다. 목적이 실현되자 대중의 열광은 자연히 식어갔다. 물론 예루살렘이 탈환됐다는 소식이 전해지자 유럽에서 순례자들이 몰려들었다. 도중에 이탈한 블루아 백작과 베르망두아 백작은 참회의 기도를 올렸다. 그러나 유럽 각국에 예전과 같은 대중의 열광은 더 이상 없었다. 이로써 1차 십자군 원정은 끝났다.

| 내분으로 실패한 2차 십자군 원정

예루살렘을 탈환한 1차 십자군 지휘관들은 그곳에 기독교도 군주를 두어야 할 필요가 있다고 생각했다. 이에 따라 보에몽이나 툴루즈 백작보다 야심이 적은 고드프루아 드 부용이 예루살렘의 군주가 됐다.

그런데 그 직후 이슬람교도들의 위협이 다시 시작됐다. 고드프루아는 적이 오기를 기다리지 않고 군대를 이끌고 성 밖으로 나가 아스칼론에서 적을 대파했다. 그러나 그는 예루살렘의 왕위에 오른 지 9개월 만에 병사했다. 이어 그의 아우인 에데사의 보두앵Baudouin이 왕위에 올랐다. 보두앵은 예루살렘 주민들의 생활여건을 개선하고 영토를 확장하고자 노력했지만, 왕국의 기반을 확고하게 다지지는 못했다.

이후 예루살렘이 다시 이슬람 세력에 넘어가기까지 50년간은 역사학도들에게 관심의 대상이 됐다. 이 기간에 십자군이 끊임없이 전투를 치러 때로는 이기고 때로는 지는 과정에서 용감한 기사들이 남긴 행적은 인류의 전쟁사에서 유사한 예를 찾아보기 어려울 정도다.

그러나 시간이 흐르면서 예루살렘의 기독교도들은 아직 조잡하고 야만적인 상태였던 유럽에 비해 크게 우월한 이슬람 문명의 선진성과 세련됨을 이해하게 됐다. 또한 신앙이 서로 다른 이슬람교도의 딸과 기독교도 남자가 결혼을 하는 경우도 드물지 않게 생겨났다. 왕인 보두앵도 이슬람교도의 딸과 결혼했다. 이슬람교도의 딸이 기독교도 남자와 결혼하려면 기독교로 개종해야 했다. 하지만 그 자식들은 기독교도임에도 이슬람교도를 혐오하지 않았다.

예루살렘 왕국의 후기에 일어난 전투 가운데는 유럽에서 온 사람들이 벌인 것이 많았다. 광신적인 믿음에 이끌려 예루살렘에 온 그들은 그곳에 정착해 사는 기독교도와 이슬람교도 사이의 휴전을 멋대로 깨뜨렸고, 그곳에서 평화롭게 살려는 기독교도를 학살하기도 했다.

1145년 말쯤 기독교 세계의 전선에 해당하는 도시인 에데사Edessa가 이슬람 세력에 넘어갔다. 에데사를 점령한 이슬람군의 사령관 젱기Zenghi는 유능하고 강력한 군주였다. 그가 사망하자 아들 누레딘Nourheddin이 뒤를 이었는데 아버지 못지않게 진취적이고 능력이 출중했다. 에데사가 이슬람 세력에 의해 함락됨으로써 이슬람 세력이 예루살렘으로 향하는 길이 활짝 열렸고, 이에 기독교도들은 경악했다. 누레딘은 예루살렘을 칠 기회를 노렸고, 예루살렘의 기독교도들은 적의 공격에 대항할 능력이 없었다.

예루살렘의 성직자들은 교황과 유럽의 군주들에게 새로운 십자군 파견을 간청하는 편지를 거듭 써서 보냈다. 팔레스타인 지역의 성직자 중에는 프랑스 출신이 가장 많았으므로 프랑스 국왕 루이 7세에게 이러한 간청을 하는 편지가 쇄도했다. 프랑스의 기사들은 성지를 수호하기 위해 다시 일어설 것을 논의하기 시작했다. 1차 십자군 원정 때 관심을 갖지 않던 유럽의 왕들도 이번에는 흥분했다. 또한 은자 피에르에 못지않게 연설을 잘하는 사람도 나타났다.

그러나 2차 십자군의 열기는 1차 십자군보다는 못했다. 사실 1차 십자군이 가장 열광적이었고, 이후의 십자군은 차수가 늘어날수록 열기가 줄어들었다. 결국은 예루살렘이 다시 이슬람 세력에 넘어갔다. 그 이유에 대해서는 여러 가지 주장이 있다. 그 가운데 가장 널리 인정되는 주장은 유럽이 거듭되는 전쟁에 지쳤기 때문이라는 것이다. 그러나 역사가 기조Guizot는 유럽 문명에 대해 강의하면서 이런 주장을 반박했다.

유럽이 계속해서 아시아를 침공하는 데 지쳤다는 주장이 되풀이되고 있다. 그러나 이런 표현은 잘못된 것이다. 하지도 않은 일에 지치는 법은 없다. 다시 말해 선조의 노고로 인해 후손을 지치게 할 수는 없다. 지친다는 느낌은 개인적인 것이지 대를 이어 물려받는 것이 아니다. 13세기의 사람들이 지친 것은 12세기의 십자군 원정 때문이 아니었다. 그것은 다른 이유 때문이었다. 사람들의 사상과 정서, 그리고 사회적 조건이 변한 것이다. 사람들은 십자군 원정 시대의 욕망을 더이상 갖지 않게 됐다. 사람들의 믿음도 달라졌다. 선조가 믿던 것을 더 이상 믿지 않게 된 것이다.

참으로 정확한 지적이 아닐 수 없다. 십자군의 역사에 좀 더 가까이 접근할수록, 시대별 대중의 심리상태를 더 자세히 비교할수록 이 말이 옳음을 알 수 있다. 십자군 원정 자체가 국가별로 국민적 사상의 변화를 야기하면서 유럽 문명을 발전시키는 역할을 했다.

고드프루아가 십자군을 이끌던 시대에는 귀족의 권력이 강하고 왕의 권력은 약했다. 귀족들이 십자군을 이끌고 나라 밖에 나가 있는 동안에 왕들은 왕권을 강화할 수 있었다. 또한 그 과정에서 민중은 문명화됐다. 이 시대에 십자군 참여 열기가 유달리 뜨거웠던 프랑스에서 특히 왕권이 많이 강화되고 도시공동체가 힘을 얻었다. 2차 십자군이 결성되던 시대에는 유럽에 이미 질서가 자리 잡기 시작한 뒤여서 1차 십자군 때보다 집을 버리고 십자군에 참여하려는 사람들이 적었다.

성지에 갔던 사람들은 보다 개방적인 마음을 가지고 돌아왔다. 그들은 자기들보다 더 문명화된 사람들을 만나고 더 넓은 세상을 보고 돌아왔기에 무지한 편견에서 다소나마 벗어날 수 있었다. 기사들도 십자군 원정을 경험하면서 보다 계몽됐다. 십자군 원정을 노래하는 음유시인들도 그동안 성직자들이 주입한 교리에 사로잡혀 있던 민중의 의식을 일깨웠다.

유럽대륙과 달리 영국에서는 십자군에 대한 열정이 크게 일어나지 않았다. 이는 영국인들이 광신적이지 않았기 때문이 아니라 더 큰 국가적 문제에 직면해 있었기 때문이다. 영국은 계속해서 외부로부터 침략을 받았기에 팔레스타인의 기독교도들을 도울 여력이 없었다. 영국인들은 1차 십자군에 참여하지 않았고, 2차 십자군에도 소수만 참여했다. 그나마 참여한 사람들은 주로 노르만족 기사들이었고, 색슨족은 거의 참여하지 않았다.

다른 나라들과 달리 독일에서는 여전히 십자군의 깃발 아래 많은 사람들이 모여들었다. 독일인들은 주변의 다른 민족들에 비해 야만적이었고, 그들 자신만의 편견에서 오래도록 벗어나지 못했다. 바로 이런 독일에서 2차 십자군 참여자의 대부분이 모집됐다.

성지에서 올라오는 새로운 십자군 결성 요청에 귀를 기울이던 에우게니우스 교황은 마침내 그 임무를 베르나르 드 클레르보Bernard de Clairvaux에게 맡겼다. 베르나르는 청중을 마음대로 울리거나 웃기거나 화를 내게 할 수 있는 뛰어난 설교자였다. 그는 교회의 타락을 신랄하게 비난했다. 아무리 고위층이라도 비난할 일이 있으면 비난했고, 하층민을 동정할 줄도 알았다. 그는 은자 피에르에 못지않게 시대가 필요로 하는 사람이었다. 다른 점으로는 피에르가 열정에 호소했다면 베르나르는 이성에 호소했다는 것을 들 수 있다. 그렇다 보니 피에르가 모은 사람들은 폭도를 이루었지만 베르나르가 모은 사람들은 규율 잡힌 군대를 이루었다.

베르나르는 미신을 잘 믿고 폭군의 기질을 지닌 프랑스 국왕 루이 7세(재위 1137~80)를 십자군 원정에 나서도록 설득했다. 상파뉴 백작과의 분쟁과 관련해 비트리Vitry 마을의 주민 1천 명을 학살한 것을 크게 후회하고 있던 루이 7세는 성지로 가겠다고 맹세했다. 그가 나서자 많은 귀족들도 영향을 받아 출정하기로 했다. 그들은 자신들의 선조가 십자군에 참여했다가 재산의 피해를 크게 입었으므로 이번 기회에 외국의 영토를 정복해서 그 피해를 복구하겠다고 생각했다. 이에 따라 아주 짧은 기간에 20만 명 규모의 군대가 만들어졌다.

루이 7세는 베즐레Vézelay에서 출정식을 가졌다. 귀족들과 주교 3명, 그리고 왕비 알리에노르가 참석했다. 베르나르가 그에게 십자가를 넘겨주었다. 이어 교황의 격려사가 낭독됐다. 이 격려사에서 교황은 십자군 원정에 참여하는 모든 사람의 죄를 용서한다고 했다.

베르나르는 사령관을 맡아달라는 제의를 받았으나 현명하게도 자기에게 어울리지 않는 그 직책을 맡기를 사양했다. 그는 루이 7세를 위한 축성의 의식을 거행한 다음 프랑스의 전역을 돌아다니며 십자군에 대한 민중의 열정을 불러일으켰다. 그는 성령의 도움으로 예언을 하며 기적도 행할 수 있는 인물로 추앙됐다. 그의 연설에 매료된 여자들이 남편과 자식까지 버리고 남장을 한 채 십자군에 참여하기도 했다.

베르나르는 교황에게 자신이 하는 일이 성공을 거두고 있다는 내용의 편지를 써서 보냈다. 이 편지에 따르면 무기를 들 수 있는 남자 가운데 하나도

프랑스 국왕이 출정식을 가진 베즐레의 성당

빠지지 않고 모든 주민이 십자군에 참여한 마을이 적지 않았고, 남편이 십자군에 참여하기 위해 집을 떠나 통곡하는 아낙네가 없는 마을이 없었다. 그럼에도 1차 십자군 때에 비하면 원정에 나선 사람들의 수는 훨씬 적었다. 2차 십자군에 참여한 프랑스인은 20만 명에 가까웠으나 이는 프랑스의 인구 전체에 비해 그리 큰 규모는 아니었다. 게다가 베르나르의 묘사는 사실을 그대로 기록한 것이라기보다는 시적인 표현이었다고 봐야 할 것이다.

루이 7세의 신하로 유능한 관료인 쉬제Suger는 왕이 나라를 비우고 떠나기에는 시점이 적절하지 않다며 십자군 원정을 말렸다. 그러나 루이 7세는 비트리 마을에서 자기가 저지른 주민학살이 마음에 걸린 나머지 십자군 원정만이 유일한 속죄의 방법이라고 생각하고 원정에 나설 준비에 만전을 기했다.

그사이에 베르나르는 독일로 넘어가 프랑스에서 해온 대로 민중을 대상으로 십자군 참여를 촉구하는 설교를 하고 다녔다. 가는 곳마다 많은 사람들이 그를 에워싸고 그의 설교를 들었다. 베르나르가 하는 말을 제대로 이해하지 못하는 사람들도 그가 입은 옷이라도 만져보려고 그에게 모여들었다. 그가 기적을 행한다는 소문도 널리 퍼졌다. 악마가 그를 보면 달아나고, 그가 손만 대면 어떠한 질병도 낫는다는 등의 소문이었다. 독일인들 사이에 열광하는 분위기가 형성되자 독일 왕 콘라트 3세(재위 1138~52)도 십자군 원정에 참여하겠다고 선언했다.

콘라트 3세는 열정적으로 원정에 나설 준비를 해나갔고, 석 달도 지나기 전에 15만 명 이상의 병력을 모집했다. 이런 병력 외에 남편이나 애인을 따라나서는 여자도 많았다. 일부 여자들은 아예 기사의 복장으로 말을 탔다. 콘라트 3세는 이들을 이끌고 헝가리와 불가리아를 통과해 1147년 6월에 프랑스 왕보다 훨씬 먼저 콘스탄티노플에 도착했다.

알렉시우스의 뒤를 이은 동로마제국 황제 마누엘 콤네노스는 콘스탄티노플로 몰려드는 십자군의 무리를 걱정스러운 눈으로 바라보았다. 그는 십자군이 자신의 영토를 지나가는 것을 막기에는 너무 힘이 약했고, 그들을 환영하기에는 너무 의심이 많았다. 그는 십자군이 전쟁에서 승리할 경우에 자기에게 어떤 이익이 있을지 알 수 없었다. 상대적으로 우월한 문명을 가진 동로마제국의 백성은 독일인을 가리켜 '야만인들'이라고 했고, 야만적이기는 해도 성품이 정직하고 언행이 직선적인 독일인은 동로마인을 가리켜 '두 얼굴을 가진 자들' 또는 '반역할 자들'이라고 했다.

독일에서 온 십자군 병사들과 동로마 주민들 사이에 계속 불화가 생겨났다. 그동안 행군 중에 병사들을 완벽하게 통제한 콘라트 왕도 콘스탄티노플에 도착한 뒤에는 그들의 분노를 어찌하지 못했다. 결국 독일인들이 정확히 전하지 않는 어떤 빌미로 동로마제국 황제의 정원을 침범했다. 정원에는 잘 길들여진 귀중한 동물들과 잘 가꾼 숲, 작은 시내 등의 시설이 있었다. 그런데 독일인들이 그곳을 쑥대밭으로 만들었다. 정원이 파괴되는 모습을 창밖으로 무기력하게 바라만 보던 마누엘 황제는 전 황제 알렉시우스와 마찬가지로 기회만 오면 그들을 영토 밖으로 내보내기로 결심했다.

마누엘 황제는 콘라트 3세에게 사절을 보내 면담을 요청했다. 그러나 콘라트 3세는 콘스탄티노플 성 안에서의 면담에는 응할 수 없다고 거절했다. 양쪽 사이에 며칠간 협상이 이어진 끝에 마누엘 황제가 십자군을 소아시아로 인도하는 안내자들을 십자군에 제공하기로 했다. 이들의 안내로 콘라트 3세는 십자군 병력을 이끌고 헬레스폰트 해협을 건넜다.

역사가들은 이구동성으로 동로마제국 황제가 안내자들에게 십자군을 곤경에 빠뜨리라고 지시했다고 말한다. 안내자들은 십자군을 식수와 식량을 얻기 어려운 카파도키아Cappadocia로 가도록 유도했다. 카파도키아에서 십자군은 셀주크투르크군의 기습공격을 받았다. 안내자들은 투르크군을 보자마자 달아났고, 십자군은 낯선 들판에서 불리한 전투를 치러야 했다.

십자군은 투르크 기병대의 날쌘 기동력에 정신을 차릴 수 없었다. 투르크군은 십자군을 늪지대로 몰아넣었다. 십자군은 방향감각을 잃고 허둥대다가 엄청난 희생을 치렀다. 독일 십자군 지휘관 가운데 가장 용감했던 베른하르트 백작과 그의 부대는 포위되어 전멸당했다. 콘라트 3세도 두 차례 심각한 부상을 입었으나 목숨은 간신히 건졌다. 콘라트는 병사들을 이끌고 니케아로 퇴각했는데, 이때 그 병력은 5만~6만 명으로 처음 독일에서 출발할 때에 비해 3분의 1 수준으로 줄어 있었다.

프랑스의 루이 7세는 동로마제국 황제의 배신을 알지 못한 채 보름스와 라티스본을 거쳐 콘스탄티노플을 향해 진군했다. 그는 라티스본에서 마누엘 황제의 사절을 만났고, 사절은 그에게 과도한 찬사와 아첨으로 가득한 황제의 편지를 전달했다. 이 편지를 통해 마누엘 황제는 프랑스 십자군이 동로마제국의 영토를 지나갈 때 말썽을 일으키지 않으며, 소아시아로 건너가 승리하면 그곳의 점령지를 동로마제국에 배분한다는 두 가지 약속을 받아내려고 했다. 루이 7세는 앞의 부탁은 들어주기로 했으나 뒤의 요구는 받아들이지 않았다. 루이 7세가 이끄는 십자군은 행군을 계속해서 콘스탄티노플의 외곽에 도착해 야영하기 시작했다.

그러자 마누엘 황제가 루이 7세를 성 안으로 초대했다. 루이 7세는 성 안의 궁전으로 들어가 마누엘을 만났다. 마누엘은 루이 7세에게 승전할 경우 점령지의 일부를 나눠달라고 다시 요청했다. 루이 7세는 이에 거절한다는 뜻을 분명하게 밝혔고, 마누엘에 대해 전혀 믿을 수 없는 인물이라는 확신을 가지고 돌아왔다. 이후에도 협상이 며칠간 이어졌다.

그러던 중에 마누엘이 투르크의 술탄과 모종의 협정을 맺었다는 소식이 십자군에 전해졌고, 이에 격분한 십자군 병사들이 지휘관들에게 콘스탄티노플을 공격해 초토화하자고 요구했다. 루이 7세는 이를 받아들이지 않고 병사들을 이끌고 소아시아로 건너갔다. 그리고 니케아의 성벽 아래에서 곤경에 빠져 있던 콘라트 황제를 만났다.

두 군주는 군대를 합치고 해변을 따라 에페소스로 갔다. 그런데 콘라트 3세가 자신의 독일 십자군 병력보다 프랑스 십자군 병력이 더 많은 것을 시기하고 프랑스 왕의 지휘를 받게 되는 것이 싫어서 독일 십자군 병력을 거두어 콘스탄티노플로 돌아갔다. 마누엘은 정중하고 친절한 태도로 콘라트 3세를 맞이했다. 그는 병력 손실을 입은 콘라트 3세를 위로하고 자기가 보낸 안내자들의 배신을 통렬하게 비난했다. 이에 콘라트 3세는 마누엘을 성실한 사람으로 믿게 됐다.

예루살렘 방면으로 진군하던 루이 7세는 멘데레스 강을 사이에 두고 적과 마주쳤다. 투르크군이 프랑스 십자군의 도강을 막으려 했으나 프랑스군은 한 농부를 포섭해 여울 부분을 알아내어 그 부분으로 어렵지 않게 강을 건넜다. 프랑스 십자군이 맹렬하게 공격하자 투르크군이 썰물처럼 물러났다. 이때 투르크군이 패주한 것인지 패주를 가장해 일부러 퇴각한 것인지가 분명하지 않지만, 아마도 후자가 맞는 것 같다. 십자군을 격퇴하기에 좋은 곳으로 유인하기 위한 행동이었을 것이다.

십자군은 첫 승리를 거둔 지 사흘 뒤에 가파른 산길의 입구에 이르렀다. 산 정상에는 투르크군이 감쪽같이 매복해 있었다. 십자군이 산길을 어느 정도 올라가자 바윗돌이 굴러 내리고 화살이 쏟아지기 시작했다. 투르크군의 활잡이들이 주기적으로 쏟아내는 화살 세례 한 번에 십자군 병사가 백여 명씩 쓰러졌다. 기사들도 말과 함께 나뒹굴었다. 후위에 선 루이 7세는 계속 앞으로 나아가며 진군을 독려했다. 그러나 그의 이런 노력은 소용이 없었다.

산 위에서 돌이 계속 굴러 내려와 가파른 산길을 올라가기가 쉽지 않았다. 일부 병사들이 정상으로 올라가 백병전을 벌였으나 투르크군에게 모두 격퇴당했다. 루이 7세는 필사적으로 싸웠으나 적의 포로가 되는 것을 간신히 면했을 뿐이었다. 밤이 되자 그는 남은 병력을 이끌고 퇴각해 아탈리아 Attalia에 진을 쳤다. 여기서 그는 부대의 규율을 수습하고 지휘관들과 앞으로의 계획을 논의했다. 그들은 안타키아로 가기로 결정했다.

안타키아는 아직 보에몽의 자손이 다스리는 독립적인 나라였다. 이때의 군주는 레몽Raymond이었고, 그는 루이 7세의 왕비인 알리에노르의 삼촌이었다. 레몽은 루이 7세가 십자군 원정에서 발을 빼고 대신 자신의 안타키아 공국을 강화하고 영토를 확장하는 데 도움을 주기를 바랐다. 그러나 루이 7세는 레몽의 이런 설득을 거부한 뒤 병력을 이끌고 예루살렘으로 갔다. 그곳에는 이미 콘라트 3세가 와 있었다. 그는 증원군을 보내주겠다는 마누엘 황제의 거짓 약속을 믿고 콘스탄티노플을 떠나 그곳에 온 것이었다.

예루살렘에서 십자군 지휘관들은 팔레스타인 지역 기독교 세력의 군주들과 한자리에 모여 작전을 논의했다. 이들은 군대를 합치기로 했다. 그리고 에데사를 치기보다 다마스쿠스를 포위공격하는 것이 십자군 원정의 대의에 더 맞는다는 결론을 내렸다. 이 대담한 계획이 충실히 실행됐다면 십자군의 승리가 확실했을 것이다. 그러나 기독교 세력의 지도자들은 제대로 연합할 줄을 몰랐다. 연합 자체에는 모두가 동의했으나 그 실행 방식에 대한 생각은 서로 달랐다. 게다가 서로 질시하고 혐오하는 감정을 갖고 있었다. 안타키아의 군주는 트리폴리의 군주와 서로 질시했다. 그리고 둘 다 예루살렘의 왕을 질시했다. 콘라트 3세는 프랑스 왕 루이 7세를 질시했다.

루이 7세는 모두를 혐오했다. 그러나 어쨌든 종교적 대의를 좇아 팔레스타인에 온 그는 마지막 순간까지 그 대의에 충실하기로 했다.

마침내 십자군의 다마스쿠스 포위전이 시작됐다. 처음에는 십자군의 공격이 성공적이었다. 포위전이 몇 주간 계속되자 다마스쿠스의 요새들이 파괴됐고, 적군의 저항이 약해졌다. 다마스쿠스를 지키려는 이슬람군이 오래 버티지 못할 것이 분명했다. 그런데 바로 이때 십자군 지휘관들 사이의 어리석은 질투가 분열을 초래했다. 토끼 고기를 먹으려면 요리하기 전에 먼저 토끼를 잡아야 한다. 십자군 지휘관들은 이런 간단한 이치도 도외시했다. 다마스쿠스를 함락하기도 전에 십자군 지휘관들이 누가 그 도시를 통치해야 하느냐는 문제를 놓고 서로 다투었다. 십자군이 이런 문제로 소중한 시간을 허비하는 동안 적은 원기를 되찾았다.

다마스쿠스

지휘관과 지도자 전원이 모인 회의에서 격렬한 논쟁 끝에 플랑드르 백작 로베르가 예루살렘의 통치자가 된다는 결정이 내려졌다. 그러나 그와 경합하던 다른 사람들이 공평한 결정이 아니라고 반발하면서 다마스쿠스 포위전에 더 이상 참여하지 않을 뜻을 내비쳤다. 그들은 서로에 대한 의심만 키워갔다. 음모와 배신을 예고하는 소문들이 나돌았다.

결국 불만을 삭이지 못한 일부 지휘관들이 각기 자기 부대를 이끌고 다마스쿠스를 에둘러 다른 방면으로 가서 성공의 가능성이 희박한 공격을 시작했다. 이 때문에 십자군의 집중 공격으로 가장 약화된 다마스쿠스의 성벽 부분이 보강될 수 있었다. 십자군이 정신을 차렸을 때에는 이미 늦은 상황이었다. 모술의 군주 사프 에딘Saph Eddin이 대군을 이끌고 다마스쿠스를 구하러 왔다. 이에 십자군은 다마스쿠스에 대한 포위를 풀고 예루살렘으로 돌아갔다.

이제 십자군의 열정은 완전히 사라졌다. 그렇게 열정적이던 콘라트 3세는 지쳐서 살아남은 병사들을 이끌고 유럽으로 돌아갔다. 루이 7세는 좀 더 오래 머물렀으나 신하 쉬제의 거듭된 간청을 받고 프랑스로 귀국했다. 이렇게 해서 2차 십자군 원정은 끝났다. 이로 인해 예루살렘 왕국은 상황이 더욱 나빠졌다.

2차 십자군 원정의 성공을 예언했던 베르나르의 명성도 곤두박질했다. 그러나 여전히 그를 옹호하는 광신적인 사람들이 없지는 않았다. 프레이징 헨Freysinghen의 주교는 예언자의 예언이 언제나 들어맞는 것은 아니라면서 십자군이 저지른 죄악이 하늘의 분노를 초래했다고 주장했다.

3차 십자군 원정과 사자왕 리처드 1세

3차 십자군 원정이 논의되기 시작할 즈음에는 1차 십자군 때의 열정이 사라진 지 오래였다. 유럽의 대중은 군주들의 전쟁놀이에 무관심했다. 그러나 기사들은 달랐다. 종교적인 믿음보다 용맹함의 미덕을 찬양하는 시와 노래가 기사들을 자극해서 3차 십자군의 동기가 됐다. 대중은 십자군에 참여하고 싶어 하지 않았으나, 기사들은 성지에 가서 용맹함을 과시해 여자들의 환심을 사려고 했다. 그러다 보니 3차 십자군은 낭만적인 성격을 띠게 됐다. 3차 십자군은 동방의 기독교 왕국을 지키려고 싸운 것이 아니라 개인적인 영광을 위해 싸웠다. 종교적인 믿음보다는 군인으로서의 명예를 위해 전투에 임했다.

살라딘Saladin(이는 유럽식 호칭이고 원래 이름은 살라흐 앗딘Salah ad-Din이다—옮긴이)이 어떻게 동방의 패권을 장악해서 예루살렘에 이슬람의 깃발을 세웠는지를 여기에서 상세히 서술할 필요는 없을 것이다. 기독교 세계 각국의 대중은 물론이고 병원기사단Hospitallers과 신전기사단Templars을 비롯한 기사들도 나태와 분열에 빠져서 현명하고 강력한 군주 살라딘이 이끄는 이슬람 군대에 상대가 되지 못했다.

살라딘에 의해 예루살렘이 함락됐다는 소식은 유럽의 기사들에게 큰 충격을 주었다. 그들 가운데 귀족으로서 신분이 높은 사람들은 팔레스타인에 거주하는 기독교도와 혈연이나 친분 등으로 깊은 유대관계를 맺고 있었기에 더욱 그러했다. 살라딘이 티베리아스 전투에서 기독교군을 대파했다는 소식이 전해지더니 예루살렘, 안타키아, 트리폴리 등이 함락됐다는 소식이 잇달아 들려왔다. 유럽의 성직자들은 절망했다. 교황 우르바누스 3세는 너무나 상심한 나머지 비탄에 잠겨 지내다가 세상을 떠났다. 그의 뒤를 이은 교황 그레고리우스 8세는 기운을 내서 기독교 세계의 모든 성직자에게 성지를 탈환하는 일에 나서도록 민중을 설득하라고 지시했다.

팔레스타인의 북쪽 지역에 있는 도시 티레의 대주교인 윌리엄William은 유럽으로 건너와 유럽 각국의 왕들에게 팔레스타인 현지의 비참한 상황을 알리면서 구조를 요청했다. 신성로마제국 황제 프리드리히 바르바로사(프리드리히 1세-옮긴이)는 신속하게 병력을 모아 출정해서 이코니움을 점령했다. 그러나 그는 더위를 못 이겨 키드누스Cydnus 강에서 목욕하다가 익사했다. 그를 이어 수아비아Suabia 공작이 대신 지휘하며 진격했으나 간신히 안타키아에 발을 들여놓는 정도에 그쳤다.

영국 왕 헨리 2세와 프랑스 왕 필리프 2세는 기사들을 이끌고 출정해서 온 힘을 다해 십자군을 지원했다. 두 왕은 1188년 1월에 기사들을 대동하고 노르망디에서 만났다. 이 자리에는 티레의 대주교 윌리엄도 참석했다. 윌리엄은 열정적으로 십자군의 종교적 대의를 설교해서 두 왕을 비롯한 참석자 모두로 하여금 예루살렘까지 진격하겠다는 맹세를 하게 했다. 또한 이 회동에서 기독교 세계에서 십자군에 참여하지 않는 모든 사람에게 재산의 10분의 1을 세금으로 내게 하는 십일조를 도입하기로 합의됐다. 반대로 십자군에 참여하려는 사람이라면 어떤 이유로도, 심지어는 그가 빚을 지고 있거나 강도나 살인의 죄를 저질렀어도 아무도 그를 억류할 수 없도록 조치하기로 했다. 필리프 2세는 파리로 돌아가 조정 회의를 소집해 이러한 내용의 법령을 반포하게 했다. 헨리 2세도 노르망디 지역의 영국 속령 루앙과 영국 내 게딩턴 등지에 같은 내용의 포고령을 내렸다.

십일조가 도입되자 그렇지 않아도 십자군에 무관심하던 영국과 프랑스의 민중이 이제는 적대감을 갖게 됐다. 민중에게 재산을 헌납하라고 설교해온 성직자들도 십일조를 내려고 하지 않았다. 랭스의 성직자들은 왕 필리프 2세에게 대표를 보내 자신들은 가난해 십일조를 내기 어려우니 열심히 기도로써 십자군을 돕겠다면서 십일조를 면제해달라고 요구했다. 필리프 2세는 따끔한 교훈을 주기 위해 랭스 안팎의 귀족들을 시켜 그곳 교회의 토지를 갈아엎었다. 랭스의 성직자들은 어쩔 수 없이 십일조를 내야 했다. 이러한 일화는 십자군이 그리 인기가 없었음을 잘 보여준다. 성직자들마저 십일조를 내기를 기피할 정도였으니 일반 민중이야 오죽했겠는가. 그럼에도 기사들은 열정적으로 십일조를 거두었다.

영국, 프랑스, 부르고뉴, 이탈리아, 플랑드르, 독일에서 십자군이 결성됐다. 그러나 이들을 지휘하기로 한 영국 왕과 프랑스 왕이 서로 갈등하게 되어 십자군의 출정은 미루어졌다. 기엔 공작 리처드가 툴루즈 백작령을 침범한 것이 원인이었다. 두 왕 사이의 갈등이 계속되자 귀족들이 두 왕을 놔둔 채 십자군을 이끌고 팔레스타인을 향해 떠났다.

이때 헨리 2세가 사망하고 그의 아들인 기엔 공작 리처드가 영국 왕이 됐다. 그가 바로 '사자의 심장을 가진 왕'으로 불리게 되는 리처드 1세다. 리처드 1세는 필리프 2세와 동맹을 맺었다. 두 젊은 왕은 모든 정력을 십자군에 쏟았다. 두 왕은 규율을 잡기 위해 십자군 내 불화의 원천이 되는 도박행위를 규제했다. 병사에 대해서는 모든 도박행위를 금지했고, 기사와 성직자에 대해서는 손익이 일정한 금액을 넘지 않는 정도까지만 도박행위를 허용했다. 이 규제를 어기는 병사는 벌거벗겨 놓고 사흘간 매질을 하겠다고 했다. 또한 동료 병사를 때려 피를 흘리게 하면 손을 자르는 형벌을 내리겠다고 했다. 젊은 여자는 십자군을 따라가지 못하게 했다. 그럼에도 많은 여자들이 남편이나 애인을 따라나섰다.

두 왕은 십자군을 이끌고 같이 행군하다가 리옹에서 헤어지면서 메시나Messina에서 다시 합치기로 했다. 필리프 2세는 알프스 산맥을 넘어 제노바에서 배를 타고 항해해 메시나에 도착했고, 리처드 1세는 마르세유로 가서 배를 타고 항해해 메시나에 도착했다. 메시나의 시칠리아 주민들이 생활필수품을 터무니없이 비싼 가격에 팔자 참다못한 리처드 1세의 병사들이 주민들을 약탈했다. 이로 인해 벌어진 전투에서 리처드 1세의 측근인 르브룅 Lebrun이 진사했다. 이에 격분한 리처드 1세가 앞장서서 부대를 지휘해 시칠리아 전체를 점령해버렸다. 프랑스 왕이 중재에 나섬으로써 영국 십자군과 시칠리아 사이에 강화가 이루어졌지만, 이때 시칠리아 사람들의 마음속에 리처드 1세에 대한 불신이 생겨났다.

리처드 1세는 자신의 기질과 달리 여러 주가 지나도록 시칠리아에서 머물며 하는 일은 없이 안락과 사치를 즐겼다. 그러다가 병사들 사이에 퍼진 미신이 그를 일깨웠다. 혜성 하나가 여러 날에 걸쳐 없어지지 않고 계속 보이자 병사들은 원정이 지체되자 하늘이 노여워하는 증거라고 생각했다. 불길한 유성들도 나타났다. 요아힘Joachim이라는 광신자가 칼을 들고 긴 머리를 어깨 뒤로 나부끼면서 병영을 돌아다녔다. 그러면서 빨리 출정하지 않으면 전염병과 기아 등 온갖 재앙이 십자군을 덮칠 것이라고 경고했다. 사명감을 되살린 리처드 1세는 마침내 병사들과 함께 배를 타고 아크레를 향해 출항했다.

아크레에 도착해 보니 유럽의 기사들이 모두 와있었다. 예루살렘의 왕 기 드 뤼지냥Guy de Lusignan은 이미 오래전에 병원기사단, 신전기사단 등과 함께 아크레를 포위했다. 술탄 살라딘은 수적으로 우세하고 훈련도 잘된 군대를 이끌고 아크레를 수비하고 있었다. 십자군의 포위전은 거의 2년간 계속된 상태였다. 양쪽 모두 초인적으로 싸웠다. 들판에서도 여러 차례 치열한 전투가 벌어졌으나 어느 쪽도 결정적인 승리를 거두지 못했다. 기 드 뤼지냥은 유럽에서 증원군이 오지 않으면 적을 이길 수 없음을 절감하고 있었다. 이런 상황에서 필리프 2세의 군대가 오자 그는 뛸 듯이 기뻐했다. 그는 영국 왕 리처드 1세의 군대가 추가로 오기만을 기다렸다. 마침내 영국 함대가 해안에 모습을 드러내자 십자군은 모두 환호성을 질렀다. 그 환호성은 살라딘이 주력부대를 거느리고 진을 치고 있는 아크레 남쪽의 산악지대에까지 울려 퍼졌다.

이때에는 기독교군이나 이슬람군이나 더 이상 상대방을 야만인으로 보지 않았다. 서로 상대방의 용기와 관용에 존경심을 가졌고, 가끔씩 휴전할 때에는 양쪽의 대표단이 우호적인 분위기 속에서 만났다. 이슬람 전사들은 기독교 기사들을 예우했고, 태도가 훌륭한 그들이 이슬람교도가 아닌 것을 유감스러워했다. 기독교 기사들도 비슷한 태도로 이슬람 전사들의 고상한 태도를 칭송했다. 그러나 전투가 재개되면 양쪽 다 그러한 우호적인 감정을 잊고 격렬하게 싸웠다.

프랑스 왕 필리프 2세는 메시나에서의 경험 때문에 영국 왕 리처드 1세를 불신했고, 이 때문에 두 왕이 합동작전을 펴기란 불가능했다. 양쪽이 따로따로 공격했다가 둘 다 격퇴당했다. 필리프 2세는 금으로 보수를 지급하겠다며 영국 기사들을 프랑스 진영으로 유인했고, 이에 맞서 리처드 1세는 프랑스 기사들에게 더 많은 금을 지급하겠다고 했다. 이는 두 나라 십자군의 사기와 규율에 큰 타격을 입혔다.

그러나 두 나라 십자군이 존재하는 것만으로도 효과는 있었다. 포위된 아크레는 외부로부터 보급을 받지 못해 주민들이 기아상태에 빠졌다. 그럼에도 살라딘은 아크레를 구하기 위해 큰 전투를 벌이는 것은 현명하지 못한 일이라고 판단하고 적의 분열이 깊어지기를 기다렸다.

결국 아크레는 십자군의 조건을 받아들이고 항복하겠다고 했다. 그 조건은 예루살렘에서 탈취해간 성스러운 십자가를 복원하고, 금화 20만 개를 십자군에 넘기며, 200명의 기사와 1천 명의 병사를 포함해 아크레에 있는 기독교도 포로들을 모두 석방한다는 것이었다. 아크레는 항복했으나 이슬람 군주 살라딘은 조건이 너무 가혹하다며 추인하기를 거부했다. 그러자 리처드 1세는 이슬람교도 포로들을 모두 학살하는 것으로 분풀이했다.

십자군은 아크레를 점령했으나 이것이 십자군 지도자들을 분열시키는 새로운 원인이 됐다. 오스트리아 대공이 아크레에 자신의 깃발을 세우자 리처드 1세가 직접 그것을 끌어내려 찢고 짓밟았다. 필리프 2세와 리처드 1세 사이의 불화도 더욱 심해졌다. 예루살렘의 왕 자리를 놓고 기 드 뤼지냥과 코라도 델 몬페라토도 서로 다투었다. 기사들끼리도 불화했다. 이러한 혼란 속에서 필리프 2세가 철군을 선언했다. 그러자 화가 난 리처드 1세가 "대의를 완수하지 않고 떠나면 프랑스 왕과 프랑스에 영원한 치욕이 있을 것"이라고 저주를 퍼부었다.

필리프 2세가 소규모 부대만 남기고 돌아가자 리처드 1세는 아크레를 요새화했다. 그러고는 아스칼론으로 진군했다. 살라딘은 경기병 부대로 하여금 십자군의 후면을 공격하게 하고 자신은 주력부대를 이끌고 정면공격을 감행했다. 그러나 이 전투에서 살라딘의 부대가 패배함으로써 십자군으로서는 예루살렘으로 통하는 길을 확보할 수 있게 됐다. 하지만 이때 십자군 지휘관들의 의견이 다시 엇갈리는 바람에 십자군의 승리가 확정되지 못했다. 리처드 1세의 용맹함과 영향력을 질시한 다른 지휘관들이 진군하지 않고 머뭇거리며 시간을 보냈고, 그사이에 살라딘은 자신의 부대를 재정비할 수 있었다.

승패 없는 전투와 성과 없는 협상이 몇 달간 반복됐다. 리처드 1세는 곧 예루살렘을 재탈환하기를 원했으나 그의 용맹함만으로는 극복할 수 없는 이런저런 난관에 부닥쳤다. 그 자신의 지나친 자부심은 그와 협조할 수도 있었던 다른 많은 지휘관들을 소원하게 만들었다. 마침내 예루살렘으로 진군하기로 합의됐으나 이번에는 진군 자체가 너무 힘들고 시간도 많이 걸렸다. 날은 덥고 건조한데 식수가 모자랐다. 살라딘이 우물과 저수조들을 못쓰게 만들어 놓았던 것이다. 병사들의 불평이 커지자 지휘관들은 퇴각을 생각하기 시작했다.

베들레헴에 이르러 십자군 지휘관들이 모여 전진하느냐 퇴각하느냐를 놓고 토의했다. 퇴각한다는 결정이 내려졌고, 이에 따라 십자군이 퇴각의 행진을 시작했다. 리처드 1세는 퇴각하면서 예루살렘을 바라보고 그렇게 가까이에 가서도 예루살렘의 기독교도들을 구원하지 못하게 된 자신의 처

영국 왕 리처드 1세와 왕비 베렝가리아

지를 한탄하며 눈물을 흘렸다고 한다.

십자군은 두 무리로 나뉘었다. 작은 무리는 가까운 야파로 가서 거기에 머물렀고, 리처드 1세와 부르고뉴 공작이 이끄는 큰 무리는 아크레로 돌아갔다. 리처드가 아크레에서 유럽으로 돌아갈 준비를 하고 있을 때 야파가 살라딘의 군대에 의해 포위되어 즉각적인 지원이 없으면 곧 함락될 상황이라는 소식이 들여왔다. 부르고뉴 공작이 지휘하는 프랑스 십자군이 야파를 지원하러 가기를 거부해서 리처드 1세가 영국 십자군만 이끌고 야파로 갔다.

이슬람군 병사들은 리처드 1세의 이름만 듣고도 달아났다. 그만큼 그의 용맹함을 두려워했던 것이다. 살라딘은 리처드 1세를 높게 평가하는 마음을 갖게 됐고, 리처드 1세가 승리를 거둔 뒤에 사절을 통해 보내온 강화 제의에 기꺼이 응했다. 양쪽 사이에 3년 8개월간의 휴전협정이 체결되어 그 기간에 기독교도가 방해받지 않고 자유로이 예루살렘을 순례할 수 있게 됐다. 아울러 십자군이 티레와 야파를 보유하는 것도 인정됐다.

살라딘은 군주로서의 명성에 어울리는 너그러움으로 많은 기독교도를 예루살렘으로 초청했다. 십자군 지도자들도 살라딘의 초청으로 성지를 둘러보았는데, 이들은 술탄의 궁정에서 대접을 받고 유럽으로 돌아가 이교도 군주의 미덕을 칭송했다. 리처드 1세와 살라딘은 직접 만난 적은 없으나 서로의 용맹함과 고귀한 정신을 존경했다.

리처드 1세는 영국에 자기가 없는 사이에 왕위를 노리는 음모가 들끓는다는 소식을 듣고 귀국을 서둘렀다. 그가 이때 귀국하다가 도중에 오스트리아에서 오랫동안 감금됐다가 몸값을 지불하고 풀려났다는 이야기는 널리 알려져 있다. 어쨌든 리처드 1세의 귀국으로 3차 십자군 원정은 끝났다. 3차 원정에서는 1차와 2차에 비해 십자군의 인명피해가 적은 편이었다.

| 참패로 끝난 4차 십자군 원정

4차 십자군 원정은 유럽 대중의 정서와는 별로 관계가 없었다. 십자군에 대한 대중의 열정은 식어버렸고, 교황과 통치자들이 노력해도 다시 불러일으켜지기 어려운 상태였다.

살라딘은 리처드 1세와 휴전협정을 체결한 지 불과 일 년 뒤에 죽었고, 이로 인해 그의 제국은 조각조각 갈라졌다. 살라딘의 아우인 사이프 에딘 Saif Eddin이 시리아를 점령하고 그 소유권을 놓고 살라딘의 여러 아들과 다투었다. 이런 정보가 유럽에 전해지자 교황 첼레스티노 3세는 새로운 십자군을 결성할 때가 됐다고 판단했다. 그러나 유럽 전체가 냉담한 반응을 보였다. 민중은 십자군에 대한 열정이 없었고, 각국 군주들은 복잡한 국내문제에 시달리고 있었다.

새로운 십자군에 대한 교황의 선창에 유일하게 고무된 군주는 신성로마제국 황제 하인리히 6세였다. 그의 후원 아래 작센 공작과 바이에른 공작이 십자군을 결성해 원정에 나섰다. 이들은 팔레스타인에 도착했으나 그곳의 기독교도들로부터 환영받지 못했다. 살라딘의 온화한 통치 아래 너그러운 대우를 받고 평화를 누렸던 그들은 독일에서 온 십자군을 오히려 침입자로 여겼다. 그들은 십자군이 사이프 에딘과 전투를 벌이는 것도 못마땅하게 생각했다.

이 4차 십자군 원정은 3차 때보다 훨씬 더 재앙적인 결과를 초래했다. 현지 기독교도에 대한 이슬람교도의 태도를 악화시켰을 뿐 아니라 야파도 잃었다. 출정한 십자군 병사 가운데 90퍼센트가 살아서 유럽으로 돌아가지 못했다.

| 콘스탄티노플을 약탈한 5차 십자군

교황은 누구나 군주보다 우월한 지위를 차지하기를 원했다. 그러기에 십자군 원정만큼 적합한 방책은 없었다. 유럽의 왕과 귀족들이 동방으로 가서 이교도들과 싸우다 죽어가는 동안에 교황의 지위는 공고해졌다. 교황으로서는 십자군 원정이 성공하느냐 여부에는 사실 큰 관심이 없었다고 해도 과언이 아니다.

5차 십자군 때에도 뛰어난 설교자가 등장했다. 뇌이Neuilly의 주교 풀크Foulque가 교황 이노켄티우스 3세의 지시를 받고 새로운 십자군의 필요성을 설교하고 다녔다. 이에 호응한 프랑스의 상파뉴 백작, 블루아 백작, 플랑드르 백작, 부르고뉴 공작 등이 수천 명의 기사들과 더불어 원정군을 결성했다.

그들은 힘든 육로를 피해 해로로 팔레스타인에 가기 위해 이탈리아 도시국가들과 접촉했다. 베네치아 공화국의 단돌로Dandolo 총독이 배를 제공할 용의가 있다고 나섰다. 그런데 십자군은 뱃삯을 낼 돈이 부족했다. 단돌로는 헝가리에 빼앗긴 자라Zara 시를 먼저 십자군이 되찾아주면 무료로 배를 제공하겠다고 제의했다. 십자군 지휘관들은 이에 동의했다. 교황이 십자군 지휘관들에게 예루살렘으로 가는 길에서 벗어나면 파문을 하겠다고 공언해도 그들은 듣지 않았다.

십자군은 신속하게 자라 시를 포위공격했고, 헝가리군은 꽤 오래 버티다가 결국은 항복했다. 이제는 십자군이 단돌로가 제공해주는 배를 타고 팔레스타인에 갈 수 있게 됐다. 그러나 이때 예상치 못한 상황이 벌어져 십자군 지휘관들의 야심이 다른 방향으로 발동하고 말았다.

마누엘 황제가 죽은 뒤에 동로마제국은 격렬한 내분을 겪었다. 그의 아들이 제위를 승계해 알렉시우스 2세로 등극했으나 얼마 지나지 않아 삼촌인 안드로니쿠스에게 암살당했다. 그러나 안드로니쿠스의 권력도 오래가지 않았다. 그도 왕족의 일원인 이사크 안젤루스에게 살해당했다. 그런데 이사크 안젤루스 역시 얼마 지나지 않아 제위에서 축출됐다. 그의 동생이 그를 몰아내고 알렉시우스 3세로 제위에 올랐고, 그러는 과정에서 그의 두 눈을 파내어 앞을 못 보게 만든 뒤 그를 감옥에 가두었다.

이사크 안젤루스의 여러 아들 가운데 제위에 오른 삼촌과 이름이 같은 알렉시우스는 콘스탄티노플을 탈출해 피신하고 있었다. 그러다가 십자군이 자라 시를 포위공격했다는 소식을 듣고 십자군을 찾아가 자신의 삼촌을 몰아내고 아버지를 제위에 복귀시켜주면 엄청난 대가를 주겠다고 약속했다. 그 대가는 동로마제국의 모든 교회를 로마 교황에게 종속시키고, 동로마제국의 군대 전부를 팔레스타인 원정에 동원하며, 십자군에 20만 마르크를 지불한다는 것이었다. 십자군 지휘관들은 이 제안을 받아들였다.

십자군은 콘스탄티노플을 공격하기 위해 신속하게 움직였다. 십자군의 공격을 받은 알렉시우스 3세는 콘스탄티노플을 빠져나가 아무도 모르는 곳으로 도주했다. 늙고 앞을 보지 못하게 된 이사크 안젤루스가 감옥에서 나와 다시 제위에 올랐다. 그리고 그는 아들 알렉시우스 4세와 함께 동로마제국을 통치했다.

그러나 알렉시우스 4세가 십자군과 맺은 협정은 동로마인들에게 수치스러운 것이었다. 그들은 로마 교황의 우월한 지위를 받아들일 수 없었다. 알렉시우스 4세는 백성에게 복종할 것을 설득하는 동시에 십자군 지휘관들에게 자신의 권력이 공고해질 때까지 떠나지 말고 머물러달라고 간청했다. 그러나 그는 백성의 지지를 잃었고, 십자군 지휘관들과의 약속을 지키지 못해 그들의 노여움을 샀다.

결국 백성이 폭군을 타도하겠다며 들고일어났고, 십자군은 약속을 지키지 않았다는 이유로 전쟁을 선언했다. 알렉시우스 4세는 궁정에서 자신의 경호부대에 의해 체포되어 감옥에 갇혔고, 십자군은 콘스탄티노플을 포위할 준비에 들어갔다.

동로마인들은 곧바로 새로운 군주를 선출했다. 그들은 용기와 정력, 인내심을 갖춘 사람을 새로운 황제로 선출하려고 했지만, 결과적으로는 자격미달인 알렉시우스 두카스를 제위에 올리고 말았다. 그는 무르주플리스Murzuphlis 황제로 불렸는데, 제위에 오르자마자 알렉시우스 4세를 처형했다.

1204년의 이른 봄에 콘스탄티노플에 대한 십자군의 공격이 시작됐다. 프랑스 십자군과 베네치아군은 미리 전리품 분배에 관한 협정을 맺었다. 승

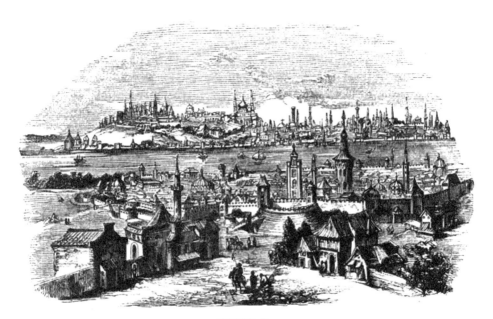

콘스탄티노플

리를 확신한 십자군은 실패의 가능성을 전혀 염두에 두지 않았다. 반면에 동로마인들은 비관적이었다. 무르주플리스 황제는 병력을 비롯해 전쟁을 하는 데 필요한 자원을 훨씬 많이 가지고도 십자군의 공격에 효과적으로 대응하지 못했다. 십자군은 공격을 시작한 지 불과 이틀 만에 승리를 거두고 입성했다. 무르주플리스 황제는 달아났고, 콘스탄티노플은 약탈당했다.

동로마제국의 수도 콘스탄티노플의 부는 엄청났다. 십자군은 그 부로 모든 기사에게 20마르크씩, 모든 병사에게는 10마르크씩의 은화를 분배했다. 콘스탄티노플의 보석, 벨벳, 비단, 고급술, 고급의류 등 온갖 제조품과 사치품이 십자군 지휘관과 병사들의 수중에 들어갔다. 이때 콘스탄티노플의 주민 2천 명이 학살됐다. 십자군이 약탈할 물건이 적었다면 아마도 학살의 규모가 이보다 더 컸을 것이다. 십자군은 예술품도 함부로 다루었다. 아름다운 청동상과 정교한 대리석 조각작품 등이 대규모로 파괴됐다.

약탈이 끝나자 프랑스 십자군과 베네치아군에서 각각 6명씩 12명이 선발되어 콘스탄티노플에 새로 세울 제국의 황제를 선출하는 논의에 들어갔다. 플랑드르 백작 보두앵과 몽페라 후작 보니파스가 유력하게 거론되다가 최종적으로는 보두앵이 황제로 선출됐다. 보두앵은 곧바로 즉위식을 거행하고 제위에 올랐다. 하지만 그는 새로운 제국을 공고하게 하는 역할을 수행할 만큼 오래 살지 못했다.

▌소년십자군과 6차 십자군 원정

교황 이노켄티우스 3세는 성지 예루살렘을 탈환하기 위해 추진한 일이 아무런 성과도 내지 못한 것을 개탄하면서 기회가 있을 때마다 새로운 십자군 결성의 필요성을 역설했다. 그 영향으로 적어도 대중의 마음속에는 성지에 대한 동경이 살아있게 되어 해마다 봄과 여름에 유럽인들이 팔레스타인으로 순례하러 갔다. 이 주기적인 순례는 각각 '3월 순례'와 '성 요한 축일의 순례'로 불렸다.

그러다가 1213년 봄에 프랑스와 독일에서 특이한 십자군이 일어났다. 두 명의 수도사에게 선동당한 소년과 소녀 3만 명이 팔레스타인의 성지를 향해 출발했다. 이들은 주로 도시의 버려진 아이들로 열악한 환경에서 자라나면서 악에 물들어 있었다. 두 수도사의 목적은 아이들을 속이고 구슬려 노예무역선에 태워서 아프리카로 보내 노예로 파는 것이었다. 아이들은 마르세유 항구로 행진해 가서 그곳에서 배에 탔다. 그러나 두세 척을 제외하고는 모든 배가 이탈리아 인근 해역에서 난파해 아이들이 수몰됐다. 난파하지 않고 아프리카에 도착한 배에 탔던 아이들은 노예로 팔렸다.

이 기묘한 십자군에 대해서는 자세한 기록이 남아있지 않다. 사악한 수도사 두 명의 이름도 전하지 않는다. 이 부도덕한 거래로 이익을 본 마르세유 상인 두 명은 나중에 다른 죄로 재판을 받고 사형에 처해졌다. 그러나 그들이 노예매매의 죄로 처벌받은 것은 아니었다.

소년십자군의 실상을 알 수 없었던 교황 이노켄티우스 3세는 그들이 성지로 가기 위해 행진을 시작했다는 소식을 듣고 "우리가 잠을 자고 있는 동안 어린이들이 깨어 있었구나"라고 했다. 그는 유럽인들이 여전히 팔레스타인을 탈환하는 데 관심을 가지고 있으며 소년십자군은 자신의 미온적인 태도에 대한 질책의 의미가 있다고 믿었다. 그는 곧바로 기독교 세계의 모든 성직자에게 새로운 십자군 결성을 위해 대중을 궐기시키는 설교를 하라고 지시했다.

늘 그랬듯이 이번에도 모험을 즐기는 귀족들이 앞장섰다. 이노켄티우스 3세는 라테라노 공의회에서 이번 십자군은 자신이 직접 십자가를 들고 지휘하겠다고 선언했다. 갑자기 세상을 떠나지만 않았다면 광신적인 그는 아마도 자신이 선언한 대로 했을 것이다. 그의 뒤를 이은 교황 호노리우스 3세는 십자군 원정을 적극적으로 추진했으나 그 자신이 같이 가려고 하지는 않았다.

프랑스, 영국, 독일에서 십자군 원정에 나설 준비가 진행됐으나 중요한 인물들은 참여하려고 하지 않았다. 군주 가운데서는 유일하게 헝가리 왕 안드레가 원정에 직접 나섰다. 귀족 중에서는 오스트리아 공작과 바이에른 공작이 상당한 규모의 독일인 무리를 이끌고 출정했다. 이들은 스팔라트로 항구에서 배를 타고 키프로스 섬을 거쳐 아크레에 상륙했다.

헝가리 왕은 팔레스타인에서 매우 유능한 군대를 지휘해 이슬람군을 기습해서 그들을 패주시키고 타보르 산으로 진군했다. 그곳에 이슬람군이 새로 건설한 요새가 있었기 때문이다. 만약 거침없이 진격했다면 쉽사리 요새를 점령할 수 있었을 것이다. 그러나 갑자기 겁을 낸 헝가리 왕은 요새를 공격하지 않고 그냥 아크레로 돌아왔다. 그러고는 십자군의 대열에서 이탈해 귀국해버렸다.

유럽에서 느린 속도로나마 증원군이 잇달아 도착했다. 십자군의 총지휘를 맡은 오스트리아 공작은 마침내 이슬람 세력을 곤경에 빠뜨리기에 충분한 병력을 보유하게 됐다. 그는 다른 지휘관들과 상의해 이집트를 공격하는 데 모든 역량을 집중하기로 했다. 이집트는 이슬람 세력이 팔레스타인 지역과 연락하는 데서 중요한 곳이기 때문이었다. 나일 강을 굽어보는 위치에 있는 이집트의 도시 다미에타Damietta가 첫 번째 공격목표가 됐다. 집요한 포위전 끝에 십자군은 이 도시를 내려다볼 수 있는 탑을 빼앗았다.

이즈음 현명한 술탄 사이프 에딘이 사망했다는 소식이 들려왔다. 그의 두 아들 카멜Camhel과 코레딘Cohreddin이 그가 다스리던 제국을 분할했다. 코레딘이 시리아와 팔레스타인을 차지하고 카멜이 이집트를 차지했다. 그런데 이집트 사람들이 카멜을 싫어해 반란을 일으켰다. 이로써 십자군이 승리할 가능성이 더 높아졌으나 원래 서로 잘 다투는 십자군 지휘관들은 이 기회를 활용하지 못했다. 다미에타의 성벽을 앞에 두고 십자군끼리 싸우는 동안에 이집트에서 반란을 진압하고 권력을 확고하게 다졌다.

이어 카멜은 코레딘과 연합해 다미에타를 에워싼 십자군을 물리치려고 했다. 그는 다미에타에 식량을 공급하는 길을 뚫으려고 했고, 십자군에 대한 공격에 나서기도 했다. 그러나 두 가지 시도 가운데 어느 것도 성공시키지 못했다. 이에 따라 다미에타 안의 식량부족이 극심해져 주민들이 가축은 물론이고 곤충까지 잡아먹기에 이르렀다. 죽은 개의 값이 살아있는 황소의 값보다 비쌌다. 위생적이지 못한 음식물로 인해 전염병이 번지고 수비를 할 사람도 모자라서 다미에타의 이슬람교도들은 더 이상 버틸 수 없게 됐다.

카멜과 코레딘은 십자군에 협상을 제의했다. 이집트에서 철수하면 팔레스타인 지역 전부를 주겠다는 것이었다. 십자군 지도부는 이 유리한 조건을 거부했다. 무지하고 완고한 광신자 펠라기우스Pelagius 추기경이 반대하고 나선 것이 문제였다. 그는 그 제의는 속임수이며 이교도들은 약속을 지키지 않을 것이라고 주장했다. 십자군은 본격적인 공격에 들어가 다미에타를 함락시켰다. 십자군이 별다른 저항에 부닥치지 않고 입성하고 보니 성안의 인구가 7만 명에서 3천 명으로 줄어든 상태였다. 전염병과 기아가 그만큼 극심했던 것이다.

십자군은 다미에타에서 몇 달을 보냈다. 그사이에 십자군은 방종한 생활에 빠졌다. 예루살렘의 명목상 군주인 장 드 브리엔Jean de Brienne은 십자군 지도부의 비겁과 오만에 질려 아크레로 돌아갔다. 십자군 병력도 대부분 유럽으로 철수했다. 추기경 펠라기우스만이 멋대로 이집트에 대한 추가적인 공격을 구상했다. 펠라기우스는 장 드 브리엔을 설득해 다미에타로 돌아오게 해서 그와 함께 십자군을 움직여 카이로로 진격하게 했다.

십자군은 카이로에 가까이 다가갈수록 남아있는 병력으로는 카이로를 공격하기에 역부족임을 깨달았다. 십자군은 회군하려고 했으나 나일 강의 수위가 크게 높아진 탓에 다미에타로 돌아갈 수 없었다. 이에 십자군 지도부는 휴전을 제의했고, 다행히 카멜과 코레딘이 이를 받아들여 여유를 가지고 회군할 수 있게 됐다. 장 드 브리엔은 다시 아크레로 돌아갔고, 펠라기우스는 유럽으로 돌아갔다. 6차 십자군 원정은 이렇게 끝났다.

▎7차와 8차 십자군과 예루살렘 탈환

7차 십자군 원정은 6차보다는 성공적이었다. 신성로마제국 황제 프리드리히 2세(재위 1215~50)는 군대를 직접 지휘해 팔레스타인으로 출정하겠다고 여러 차례 공언했으나 시급한 국내사정으로 인해 차일피일 출정을 미루었다. 시리아와 팔레스타인의 이슬람 군주 코레딘이 너그러운 통치를 해서 현지 기독교도들은 평화롭게 살고 있었다. 그러나 장 드 브리엔은 예루살렘을 수복해야 한다고 주장했고, 교황도 자신의 영향력을 강화하기 위해 새로운 십자군이 결성되기를 바랐다.

7차 십자군 원정에 가장 효과적으로 도움을 줄 수 있는 군주는 역시 프리드리히 2세였다. 그를 더욱 고무하기 위해 예루살렘 왕국의 권력자인 장 드 브리엔이 그에게 자신의 딸 비올란테와 결혼하기를 제안했다. 프리드리히 2세는 기뻐하며 동의했다. 이에 비올란테가 아크레에서 로마로 와서 그와 성대한 결혼식을 치렀다. 장 드 브리엔은 사위에게 모든 권력을 이양했다. 프리드리히 2세는 원정에 나설 준비에 들어갔고, 6개월 만에 6만 명의 잘 훈련된 군대를 조직했다. 영국에서도 같은 규모의 십자군이 결성되어 원정에 나설 준비를 했다.

프리드리히 2세가 이끈 십자군은 이탈리아 남부의 항구 브린디시Brindisi 에 일단 병영을 세웠는데 전염병이 도는 바람에 출항이 몇 달간 지연됐다. 그사이에 비올란테가 아이를 낳다가 죽었다. 그렇지 않아도 자신에게서 권력을 이양받은 사위가 자신을 무시하고 모욕하는 데 분개하던 장 드 브리엔은 딸이 죽자 더 이상 사위의 눈치를 볼 필요가 없다고 생각했다. 그는 곧바로 교황을 압박해서 예루살렘 왕의 자리를 되찾으려고 했다.

교황 그레고리우스 9세는 자존심이 강한 인물이었다. 프리드리히 2세가 자신의 권위에 여러 차례 도전한 것에 앙심을 품고 있던 그는 장 드 브리엔의 입장을 지지했다. 그러나 프리드리리 2세는 이를 무시하고 아크레를 향해 출항했다. 그러나 출항한 지 얼마 안 돼 병에 걸린 그는 브린디시에서 그리 멀지 않은 오트란토 항구로 배를 돌렸다. 이에 교황은 원정을 중단하고 회군했다는 이유로 그를 파문했다.

프리드리히 2세는 자신에 대한 교황의 파문 선고를 비웃었다. 그는 병이 낫자 병력을 이끌고 교황령을 습격했다. 이에 교황은 팔레스타인에 사절을 파견해 현지의 기독교도들에게 자신이 파문한 프리드리히 2세와의 교신과 접촉을 금지했다. 이슬람 세력에 유리한 상황이 전개된 것이었다.

프리드리히 2세는 십자군 원정에 대한 열정이 여전했다. 자신은 예루살렘 왕이기도 하므로 기독교도들이나 그 대표인 교황을 위해서가 아니라 자신을 위해 싸우러 가야 한다고 생각하고 있었다. 장 드 브리엔이 유럽을 떠나려고 한다는 소식을 들은 프리드리히 2세는 곧바로 십자군을 이끌고 출항해서 아크레에 도착했다. 이곳에서 그는 처음으로 파문의 효력을 맛보았다. 팔레스타인의 기독교도들은 그를 도우려고 하지 않고 불신이 가득한 눈으로 그를 바라보기만 했다. 신전기사단과 병원기사단을 비롯한 현지의 기사들도 처음에는 마찬가지였다. 그러나 기사들은 자신들의 이익에 부합하는 일이 눈앞에 있게 되면 언제까지나 먼 곳에 있는 교황에게 맹목적으로 복종할 집단이 아니었다. 프리드리히 2세가 진군하자 기사들도 따라나섰다.

프리드리히 2세는 유럽을 떠나기 전부터 사절을 보내 성지를 되찾는 문제를 놓고 카멜과의 협상에 들어갔다. 형제 관계인 코레딘의 야심을 두려워하고 있었던 카멜은 이집트에 대한 자신의 통치권을 보장하고 지지해주기만 한다면 예루살렘을 프리드리히 2세에게 넘겨주려는 생각을 하고 있었다. 그런데 십자군이 팔레스타인에 도착하기 전에 코레딘이 세상을 떠남으로써 카멜의 근심거리가 사라졌다. 그래도 카멜은 이미 수많은 기독교도와 이슬람교도의 피로 적셔진 작고 메마른 땅 때문에 또 다시 전쟁을 벌이는 일을 피하고 싶었다.

카멜은 이슬람교도들도 예루살렘의 사원에서 자유롭게 기도할 수 있게 해달라는 조건으로 3년간의 휴전을 제의했다. 그러나 팔레스타인의 기독교도들은 이에 불만을 드러냈다. 그들은 이슬람 술탄에게 자신들에 대한 관용을 요구해왔지만 스스로는 이슬람교도들에게 그러한 관용을 베풀려고 하지 않았다. 그들은 파문당한 프리드리히 2세에게는 이슬람교도들과 평화조약을 맺을 권한이 없다고 주장했다.

프리드리히 2세는 그런 태도를 보이는 팔레스타인의 기독교도들에게 염증을 느꼈지만 기사들이 자신에게 계속 충성했으므로 카멜의 제의를 받아들이고 대관식을 거행하러 예루살렘으로 갔다. 그가 교황의 권위를 인정하지 않았으므로 그의 대관식에 참석한 성직자는 아무도 없었다. 이 때문에 그는 스스로 왕관을 써야 했다. 성직자의 축성과 찬송가는 없었으나 기사 수천 명이 칼을 뽑아 들고 그에게 충성을 맹세했다.

프리드리히 2세가 독일을 방치하고 예루살렘에 계속 머물러있을 것으로 생각한 사람은 아무도 없었다. 그가 예루살렘에 머물기 시작한 지 6개월이 지났을 때 장 드 브리엔이 교황과 손잡고 교황의 군대를 지휘해 이탈리아 반도 내 신성로마제국 영토를 침공했다. 프리드리히 2세는 이를 물리친 뒤 예루살렘을 떠나 독일로 귀국했다. 이로써 7차 십자군 원정이 끝났다. 이 원정은 십자군에 불리한 상황에서 시작됐으나 결과로 보아 성공적이었는데, 이는 프리드리히 2세의 용맹과 술탄 카멜의 관용이 결합해 이루어진 것이었다.

카멜과 맺은 휴전의 기간이 끝나기 훨씬 전에 프랑스와 영국의 기사들이 8차 십자군 원정 준비에 나섰다. 팔레스타인 지역에서 휴전조약의 당사자가 아닌 인근의 이슬람교도들이 기독교도들을 끊임없이 위협했기 때문이다. 이에 따라 신전기사단이 알레포의 술탄이 이끄는 이슬람군과 치열한 전투를 벌였다가 참패해 거의 전멸했다. 이 소식이 전해지자 유럽이 들썩거렸고, 특히 많은 기사들이 유서 깊은 팔레스타인 현지 기사단의 소멸을 막기 위해 칼을 들었다.

술탄 카멜은 유럽에서 8차 십자군이 준비되고 있다는 소식을 듣고 대응에 나섰다. 그는 관용은 이미 충분히 보여주었다고 생각하고 휴전기간이 끝난 다음 날 군대를 이끌고 가 예루살렘을 쉽게 점령했다. 이런 사실이 유럼에 알려지기도 전에 십자군이 유럽에서 출발했다. 나바라 왕국의 왕, 브르고뉴 공작, 브르타뉴 백작 등이 주요 지도자였다. 이들은 팔레스타인에 도착해서야 예루살렘이 적의 수중에 들어갔다는 사실을 알게 됐다. 그리고 그사이에 카멜 술탄이 사망하고 그의 후계자 자리를 놓고 격심한 다툼이 전개되고 있다는 것도 알게 됐다.

적이 분열된 상태이므로 십자군으로서는 더욱 단결해 신속히 공세를 취해야 했으나 그러지 못했다. 이전의 십자군이 흔히 그랬듯이 이번 십자군도 단결하지 못했다. 지휘관들이 전체적으로 통일된 전략 없이 제각각 움직이다 보니 좋은 결과를 얻기가 어려웠다. 전투가 지지부진하게 이어지다가 나바라 왕국의 왕이 대패하는 일이 벌어졌다. 그는 자신의 부대가 전멸하는 것을 피하기 위해 카락Karac의 영주와 불리한 조건으로 협정을 맺었다.

십자군이 이렇게 위기상황에 처해 있을 때 사자왕 리처드와 동명이인인 콘윌 백작 리처드가 이끄는 원군이 영국에서 왔다. 리처드의 부대는 강력하고 열정적이었다. 병사들은 지휘관을 신뢰했고, 자신감으로 무장돼 있었다. 이 부대가 도착하면서 전세에 변화가 일어났다. 이집트의 새로운 술탄은 다마스쿠스의 술탄과도 전쟁을 벌이고 있었는데, 두 무리의 적과 동시에 싸울 여력이 없었다. 이에 따라 이집트의 술탄은 리처드에게 사절을 보내와 포로의 교환과 성지의 완전한 이양을 조건으로 강화를 제의했다. 리처드는 이 제안을 받아들임으로써 싸움을 한 번도 하지 않고 팔레스타인 해방자가 됐다.

이후 이집트의 술탄은 같은 이슬람교도들과의 전쟁에 전력을 기울였고, 리처드는 유럽으로 귀환했다. 이로써 8차 십자군 원정이 기독교 세계에 유익한 성과를 내면서 마감됐다.

| 루이 9세가 주도한 마지막 십자군 원정

이제 기독교 세계는 더 이상 성지에 십자군을 보낼 구실을 찾을 수 없었다. 어느 모로 보나 더 이상의 성전은 필요하지 않았다. 기독교도들이 예루살렘, 트리폴리, 안타키아, 에데사, 아크레, 야파 등지와 유대 지역의 거의 전부를 차지하고 있었다. 기독교도들이 단결만 하면 주위 이슬람 세력의 침공은 쉽게 격퇴할 수 있는 상태였다. 그러나 누구도 예상치 못한 일이 벌어졌고, 이로 인해 십자군이 다시 결성되기에 이르렀다.

그것은 몽골족의 세력 확장에 밀려난 이슬람 국가 호라즘의 유민들이 팔레스타인을 침범한 것이었다. 칭기즈 칸과 그의 후계자들은 태풍처럼 아시아를 휩쓸면서 수많은 왕국을 줄줄이 정복했다. 야만적이고 사나운 호라즘 사람들도 그들을 당해내지 못하고 살던 곳을 떠나 새로 정착할 곳을 찾아 나섰다. 우왕좌왕하던 그들은 기름진 나일 강 유역을 탐내어 이집트로 향했다. 이집트의 술탄은 그들을 당해내기 어렵다고 보고 그들의 목적지와 이동경로를 바꿔보려 했다. 그는 호라즘 유민의 지도자인 바르바칸Barbaquan에게 사절을 보내 팔레스타인으로 가서 그곳에 정착하기를 권했다.

이 제안을 받아들인 호라즘 유민은 사막의 모래폭풍처럼 팔레스타인에 쏟아져 들어가 방화와 살육을 저질렀다. 이로 인해 예루살렘의 수많은 기독교도들이 생명이나 재산을 잃었다. 그 와중에 7천 명의 예루살렘 주민이 탈주했다. 그때 예루살렘 성벽에 십자가가 내걸렸다. 탈주하던 주민들이 이를 보고 원군이 온 모양이라고 생각해 살던 곳으로 돌아갔다. 하지만 그것은 탈주자들을 유인하려는 호라즘 유민의 술책이었다. 돌아간 주민들은 모두 학살됐다.

반목을 일삼던 신전기사단, 병원기사단, 독일기사단은 힘을 합쳐 호라즘 유민에 맞섰다. 이들 기사단은 야파Jaffa에 진을 치고 에미사의 술탄, 다마스쿠스의 술탄 등을 끌어들여 그들과 함께 호라즘 유민과 싸우려 했다. 이들의 요청에 따라 이슬람 진영에서 그리 많지 않은 4천 명의 원군을 보내왔다.

야파의 영주인 고티에 드 브리엔Gautier de Brienne이 이슬람 원군과 함께 호라즘 유민과의 결전에 나섰다. 전투가 이틀간 벌어진 끝에 에미사의 술탄은 그의 요새로 돌아갔고, 고티에 드 브리엔은 포로가 됐다. 호라즘 유민은 그를 십자가에 매달아 기독교 진영의 병사들에게 보이도록 세워놓고 기사단 쪽에 항복을 요구했다. 고티에 드 브리엔은 기독교 기사들에게 마지막까지 싸우라고 외쳤다. 호라즘 유민이 야파를 공격해 기독교 기사들을 패퇴시켰다. 이 전투에서 살아남아 아크레로 돌아간 기사들은 신전기사단 소속 33명, 병원기사단 소속 16명, 독일기사단 소속 3명뿐이었다. 이로써 호라즘 유민이 팔레스타인의 새로운 주인이 됐다.

시리아의 술탄들은 사나운 호라즘 유민보다는 기독교도들을 이웃에 두기를 원했다. 이집트의 술탄도 호라즘 유민을 팔레스타인으로 가도록 유도한 것을 후회하고 에미사의 술탄, 다마스쿠스의 술탄과 손을 잡았다. 호라즘 유민은 병력이 2만 명에 불과했으므로 사방에서 몰려오는 적을 당해낼 수 없었다. 술탄들은 이들과 여러 차례 전투를 벌였고, 현지 농민들도 들고일어났다. 그러다가 호라즘 유민의 지도자 바르바칸은 살해됐고, 이후 5년간의 전쟁 끝에 호라즘 유민은 완전히 절멸됐다. 이로써 팔레스타인은 다시 이슬람교도들의 차지가 됐다.

호라즘 유민이 팔레스타인을 침범하기 직전에 프랑스 왕 루이 9세(재위 1226~70)는 예사롭지 않은 꿈을 꾸었다. 병상에 누워있던 그는 몸에 열이 나는 가운데 잠들었다가 예루살렘 인근에서 기독교도들과 이슬람교도들이 전투를 벌여 기독교도들이 참패해서 학살당하는 꿈을 꾼 것이었다. 미신을 잘 믿는 그는 그 꿈을 하늘의 계시로 생각하고 건강을 회복한 뒤에 반드시 성지로 가겠다고 하늘에 맹세했다. 예루살렘과 야파에서 기독교도들이 학살당한 소식이 유럽에 전해지자 루이 9세는 그 꿈을 회상했다. 그러고는 성지를 이교도들로부터 해방시키기 위해 원정에 나설 준비에 들어갔다.

교황 이노켄티우스 4세는 루이 9세의 신심과 열정을 찬양하고 도움을 아끼지 않았다. 그는 영국 왕 헨리 3세와 유럽 각지의 성직자들에게 편지를 보내 루이 9세를 도우라고 호소했다. 영국에서는 솔즈베리 백작 윌리엄 롱소드William Longsword가 출정할 준비에 들어갔다. 그러나 이즈음 영국에서는 물론이고 프랑스에서도 십자군 원정에 대한 민중의 열기는 가라앉아 있었다. 원정이 시작되면 세금이 무거워진다고 여겨진 것이 중요한 원인이었다. 기사들에게도 이제는 출정을 거부하는 것이 더 이상 불명예스러운 행동이 아니었다. 전반적인 분위기가 이러했으므로 루이 9세가 십자군을 조직하고 떠날 준비를 마치는 데 3년이나 걸린 것도 그리 놀랄 일이 아니었다.

어쨌든 준비를 마친 루이 9세는 왕비와 두 아우 앙주 백작, 아르투아 백작과 함께 십자군을 이끌고 키프로스를 향해 출항했다. 그의 셋째 아우 푸아티에 백작도 얼마 지나지 않아 병력을 이끌고 뒤를 따랐다. 롱소드 휘하의 영국인 병력을 제외하면 키프로스에 5만 명의 십자군이 집결했다.

이때 전염병이 발생해 수백 명이 사망하는 일이 벌어졌고, 이 때문에 십자군은 봄이 올 때까지 키프로스에 머물러야 했다. 봄이 오자 루이 9세는 모든 병력을 배에 태우고 이집트를 향해 출항했다. 그런데 도중에 큰 폭풍을 만나 함대가 흩어졌고, 루이 9세는 불과 수천 명의 병력과 함께 다미에타 앞바다에 도착했다. 이때 술탄 멜릭 샤Melick Shah가 압도적으로 더 많은 투르크군 병력과 함께 해안에서 기다리고 있었지만, 열정이 가득한 루이 9세와 그를 따르는 기사와 병사들은 나머지 십자군 병력이 오기도 전에 상륙을 시도했다.

루이 9세가 선두로 해안에 내렸다. 그의 용맹에 고무된 기사와 병사들도 광적인 함성을 지르며 배에서 뛰어내렸다. 그런 장면을 본 투르크군은 공포에 질렸다. 투르크 기병대가 십자군을 공격하려 했으나 십자군 기사들이 커다란 방패를 모래에 박아 줄지어 세워놓고 기다란 창을 일제히 앞을 향해 겨누었다. 그 방어망이 무척 두터웠기에 투르크군은 공격하기를 포기하고 달아났다. 게다가 마침 이때 술탄이 살해됐다는 잘못된 소식이 전해져서 투르크군이 지리멸렬해졌다. 십자군은 이날 밤 다미에타에 사령부를 설치했다.

폭풍으로 인해 늦게 도착한 나머지 병력까지 합류하자 루이 9세는 팔레스타인뿐만 아니라 이집트까지 정복할 생각을 할 정도로 기세가 등등했다. 기사와 병사들도 사기가 충천했다. 그러나 그들의 자신감은 독이 됐다. 그들은 다미에타에 상륙하는 과정이 순조롭다 보니 더 이상 어려운 일이 없을 것이라고 자만해 안일에 빠졌다. 루이 9세가 이들을 이끌고 카이로로 진격할 때에는 처음 상륙할 때의 군대가 아니었다.

긴장이 풀린 그들은 카이로를 향해 가다가 타니시안Thanisian 수로에 이르렀다. 그 둑에서 이슬람군이 십자군이 건너는 것을 막으려고 기다리고 있었다. 십자군은 수로에 부교를 설치하려고 두 개의 이동식 탑을 세웠으나 이슬람군이 화기의 일종인 '그리스의 불Greek Fire'로 그것을 태워서 파괴했다. 루이 9세는 다른 방안을 생각하지 않을 수 없었다. 그는 현지의 한 농부에게 상당한 양의 뇌물을 주고 수로에서 사람이 걸어서 건널 수 있는 얕은 곳이 어디에 있는지를 알아냈다.

루이 9세가 정면으로 이슬람군을 견제하는 사이에 아르투아 백작이 1400명의 병력을 이끌고 농부에게서 알아낸 물이 얕은 곳으로 수로를 건넜다. 이슬람군의 분견대가 그들을 막으려고 했으나 그들은 그 분견대를 격파했다. 승리에 도취한 아르투아 백작의 부대는 자신들이 수적으로 열세라는 사실을 잊어버리고 적을 추격하며 마수라Massoura까지 진격했다. 아르투아 백작의 부대가 십자군 본대와 완전히 멀리 떨어진 것을 확인한 이슬람군이 마수라 요새에 주둔하고 있던 병력과 인근 지역에서 온 원군까지 더해 한꺼번에 반격을 해왔다. 아르투아 백작의 부대는 필사적으로 싸웠지만 결국은 수적으로 월등한 적에게 사방으로 포위되어 꼼짝할 수가 없게 됐다. 아르투아 백작은 여기에서 전사했다. 루이 9세가 구원하러 왔을 때에는 백작의 부대 1400명 가운데 불과 300명만 살아남은 상태였다.

전투는 더욱 치열해졌다. 양쪽 다 젖 먹던 힘까지 다 짜내가며 싸웠다. 저녁이 되어 이슬이 맺힐 무렵에 십자군이 마수라의 전장을 장악했다. 십자군의 병사들은 승전했다는 자부심에 벅차했으나 지도부는 전력손실이 워낙 커서 앞으로도 계속 승리할 수 있다는 희망을 더 이상 가질 수 없게 됐음을 깨달았다.

이에 십자군 지도부는 이슬람군 측에 휴전을 요청했다. 술탄은 십자군 측에 다미에타에서 퇴각할 것과 퇴각이 마무리될 때까지 루이 9세를 인질로 잡혀 두기를 요구했다. 십자군 지도부가 이를 거절함에 따라 협상은 깨지고 말았다. 십자군은 후퇴하려고 했으나 이슬람군이 앞뒤로 포위하고 나서서 곤경에 빠졌다. 수백 명이 나일 강에 빠져 익사했고, 질병과 기아가 엄습했다.

루이 9세도 질병과 피로에 낙담까지 겹쳐 쇠약해질 대로 쇠약해져 말

위에 앉아있기조차 힘들었다. 십자군이 무질서하게 후퇴하는 와중에 루이 9세는 부대와 떨어져 한 명의 기사와 함께 버려졌다. 기사가 그를 부축해서 작은 마을의 헛간에 숨어 들어가 거기에서 며칠간 그를 간호했지만 위독한 그의 증세는 완화되지 않았다. 이슬람군이 두 사람을 발견해 포로로 잡았으나 그가 프랑스 왕임을 알고 최대로 예우했다. 루이 9세는 이슬람 의사의 치료를 받고 빠르게 건강을 회복했다.

이제 문제는 포로가 된 루이 9세의 몸값이었다. 이슬람 측은 그를 풀어주는 대가로 상당한 금전적 보상과 더불어 아크레를 비롯한 팔레스타인 지역의 여러 도시를 요구했다. 루이 9세는 포로의 처지에서도 그와 같은 요구를 단호히 거절하면서 용기와 위엄을 보여주었다. 술탄은 그런 그의 태도를 보고 자기가 본 중에 가장 자긍심이 넘치는 기독교도하고 칭찬했다. 길게 이어진 협상 끝에 술탄이 처음 제시한 조건을 철회하고 루이 9세와 협정을 맺었다. 이 협정에 따라 다미에타가 이슬람 측에 넘어갔고, 루이 9세를 포함해 포로로 잡힌 십자군 전원이 1만 베잔트의 금화를 지불하는 조건으로 석방됐다. 이와 더불어 10년간의 휴전이 합의됐다. 풀려난 루이 9세는 야파로 가서 2년간 방어설비를 건축했다. 그리고 나서 프랑스로 귀국했다. 그는 이때 군인으로서는 인정을 받지 못했지만 성자라는 찬사를 들었다.

루이 9세가 이집트에 있었던 1250년에 수천 명의 영국인들이 성전에 참여하려고 했으나 영국 왕이 항구를 봉쇄해 그들이 배를 타지 못하게 막는 일이 있었다. 십자군 원정에 대한 영국인의 열정이 아직 살아남아 있었던 것이다. 그러나 시간이 많이 흐른 뒤에 전장에서 전세가 역전되어 프랑스 왕이 적에게 포로로 잡혔다는 소식이 영국에 전해지자 영국인의 그런 열정이 완전히 사그라졌다. 그 뒤로는 영국에서 십자군을 일으키자는 이야기가 더 이상 나오지 않았다.

프랑스에서는 왕이 이슬람교도들의 포로가 됐다는 소식이 전해졌을 때 온 국민이 경악했다. 이즈음 시토Cîteaux 출신의 광신적인 수도사가 이 마을 저 마을을 돌아다니며 십자군 참여를 설교했다. 그는 성모 마리아가 성자와 순교자들을 데리고 자기에게 나타나 양을 치는 목자들과 농사를 짓는 농부들을 궐기시켜 십자가를 지키도록 하라고 명령했다고 했다. 그의 웅변에 유인된 사람들이 너도나도 그를 따랐다. 목자만 해도 5만 명 이상이 따라나섰다. 루이 9세가 출정해 프랑스에 없는 동안 대리통치를 맡은 블랑슈 왕비는 이들을 격려했다. 그러나 이들은 곧 약탈자로 변해 가는 곳마다 강도와 살인을 일삼았다. 프랑스 정부는 군대를 동원해 3천 명을 학살하고 이들을 해산시켰다.

이슬람 측과 맺은 10년간의 휴전이 1264년에 만료되자 루이 9세는 다시 팔레스타인 원정을 준비했다. 교황도 적극 찬동해서 다시 한 번 유럽의 기사들이 들뜨기 시작했다. 1268년에는 영국 황태자 에드워드가 십자군에 참여하겠다고 선언했다. 교황 클레멘스 4세는 성직자들에게 십자군을 도우라고 촉구했다. 영국의 성직자들은 재산의 10분의 1을 십자군을 위해 내놓기로 했다. 또한 영국 의회는 성 미카엘 축일(9월 29일)에 곡물 수확량의 20분의 1을 징발하기로 결의했다.

소수의 냉철한 정치인들은 이 원정이 프랑스에 큰 타격을 줄 것이라고 경고했다. 그러나 루이 9세는 이에 아랑곳하지 않고 원정 준비에 박차를 가했다. 1270년 봄에 루이 9세는 6만 명의 군사를 이끌고 출항했다. 그는 더위에 시달리다가 사르데냐 섬에 기착했는데, 여기에서 계획을 바꾸었다. 목적지를 아크레에서 아프리카 해안의 튀니스로 변경한 것이다. 이는 기독교에 호의적인 태도를 보여 온 튀니스의 왕을 개종시키고 그와 힘을 합쳐 이집트의 술탄을 공격하기 위해서였던 것으로 보인다. 루이 9세는 종종 이렇게 말하곤 했다.

"내가 그 이슬람 왕의 대부가 된다면 그보다 더한 영광은 없을 것이다."

루이 9세는 이러한 생각으로 항해해 카르타고 부근의 아프리카 해안에 도착했다. 그런데 그것은 자기 혼자만의 생각이었던 것이 분명했다. 튀니스의 왕은 자신의 종교를 버릴 생각이 전혀 없었고, 십자군을 도우려고도 하지 않았다. 오히려 그는 재빨리 군대를 동원해 십자군의 상륙을 막으려 했다. 프랑스 십자군은 그의 군대를 격퇴했다. 추가로 파견된 이슬람군과도 우세한 전투를 벌였다. 하지만 병영 안에 전염병이 창궐하는 바람에 더 이상 승리를 기대하기는 어려웠다. 하루에 100명꼴로 병사들이 전염병으로 죽어가는 상황에서 튀니스 측의 공격은 더욱 드세졌다.

루이 9세 자신도 이내 전염병에 걸렸다. 그는 프랑스를 떠나기 전에 이미 몸이 쇠약해진 상태여서 갑옷의 무게도 감당하기 힘들 정도였다. 병사들은 존경하는 왕이 오래 버티지 못할 것을 알고 슬픔에 빠졌다. 루이 9세는 며칠 뒤 카르타고에서 56살로 인생을 마쳤다. 후세에 그는 기독교 세계의 작가들로부터 좋은 평판을 받았다. 그들보다 중립적인 역사가들은 그의 광기를 비난했지만 그가 뛰어난 자질을 가졌으며 시대에 뒤진 적은 없고 많은 측면에서 시대를 앞서갔다고는 인정했다.

루이 9세의 아우인 앙주 백작 샤를은 시칠리아에서 혁명을 일으켜 그곳의 왕이 되어 있었다. 그는 루이 9세의 죽음을 알지 못한 채 증원군을 이끌고 메시나에서 출항해 카르타고 인근의 해안에 상륙했다. 그는 그제야 비로소 형의 죽음을 알고 병사들 앞에서 눈물을 흘렸다. 결국은 십자군 지도부와 튀니스 왕 사이에 강화협정이 체결되어 십자군은 프랑스와 시칠리아로 돌아갔다.

영국에서는 십자군 원정이 인기를 끌지 못했다. 에드워드 황태자의 노력에도 불구하고 불과 1500명 규모로만 십자군이 결성될 수 있었다. 에드워드는 이 소규모 십자군을 이끌고 도버 항에서 배를 타고 프랑스의 보르도로 건너갔다. 가서 보니 루이 9세는 이미 출정한 뒤였다. 에드워드는 그의 행로를 뒤쫓아 사르데냐를 거쳐 튀니스로 갔다. 그런데 에드워드가 아프리카 해안에 도착했을 때는 루이 9세가 사망하고 프랑스 십자군과 튀니스 사이에 강화협정이 체결된 뒤였다.

그럼에도 에드워드는 원정을 중단하지 않았다. 그는 시칠리아로 가서 거기에서 겨울을 보내면서 병력을 증강하려고 애썼다. 봄이 오자 그는 배를 타고 팔레스타인을 향해 떠나 아크레에 무사히 도착했다. 팔레스타인의 신전기사단과 병원기사단은 언제나 그랬듯이 이때에도 분열과 대립을 일삼고 있었다. 그러나 에드워드가 도착하자 두 기사단은 불화를 잠시 그치고 그가 이끌고 온 십자군에 힘을 보태기로 했다. 이에 따라 6천 명의 기사들이 에드워드의 십자군에 합류했다.

유혈혁명을 통해 권좌에 올라 이집트와 시리아를 지배한 술탄 바이바르스Baibars는 이즈음 모든 이웃 나라들과 전쟁을 하는 중이었기 때문에 십자군에만 집중할 수 없는 상태였다. 에드워드는 이런 점을 잘 활용해서 대담하게 진격해 이슬람군을 격파하고 나사렛을 확보했다. 하지만 이것이 그가 이룬 성공의 전부였다.

더운 날씨 속에서 십자군에 전염병이 발생했고, 에드워드도 환자가 됐다. 에드워드가 치료를 받고 서서히 건강을 회복하고 있을 때 누군가가 십자군 진영에 와서 중요한 일이라며 그를 직접 만나 서신을 자기 손으로 전달하게 해달라고 요구했다. 에드워드를 만난 그는 에드워드가 서신을 받아들고 읽기 시작하자 허리춤에서 칼을 뽑아 에드워드의 가슴을 찔렀다. 다행히 치명상을 피한 에드워드는 남은 힘을 끌어 모아 그와 씨름을 하다가 자신의 칼로 그를 죽였다. 측근들이 달려와서 피를 철철 흘리는 에드워드에게 응급처치를 했다. 에드워드에게 상처를 입힌 칼에는 독이 묻어 있었다. 신전기사단 단장이 급히 해독제를 보내와 에드워드는 살아났다. 알리에노르 황태자비가 독의 위험을 무릅쓰고 자신의 입으로 에드워드의 몸에서 독을 빨아냈다는 이야기도 전한다.

에드워드는 이집트의 술탄이 자객을 보낸 것으로 의심했다. 그러나 자객이 이미 죽었으므로 그것은 추측에 불과했다. 그는 건강이 회복되자 공격할 준비를 했다. 이때 술탄은 더 중요한 일에 부닥쳐 있었기에 십자군에 강화를 제의했다. 에드워드는 적의 약점을 알고는 더욱 열성적으로 공격을

신전기사단의 기사와 병원기사단의 기사

준비했다. 그러나 아버지 헨리 3세가 사망했다는 소식이 전해졌다. 서둘러 영국으로 돌아가야 할 입장이 된 에드워드는 술탄의 제의를 받아들였다. 이에 따라 성지에 있는 기독교도들이 그들의 영지와 재산을 유지할 수 있게 됐고, 10년간의 휴전도 선언됐다. 에드워드는 영국으로 돌아갔고, 이로 써 마지막 십자군 원정은 끝났다.

| 십자군 전쟁의 결과

이후 성지의 운명은 몇 마디로 요약할 수 있다. 기독교도들이 마르가트Margat 인근의 이집트 상인들을 습격해서 먼저 휴전을 깼다. 술탄은 곧바로 마르 가트의 기독교도들을 공격해서 보복했다. 이로 인해 기독교도들과 이슬람 교도들 사이에 전투가 벌어졌다. 마르가트의 기독교도들은 처절하게 버텼 으나 유럽에서 원군이 오지 않아 끝내 패퇴했다. 마르가트에 이어 트리폴 리 등 다른 도시들도 잇달아 이슬람교도들에게 넘어갔다. 아크레만이 팔레 스타인에서 유일하게 기독교도의 수중에 남아 있게 됐다.

신전기사단이 병사들을 동원하고 키프로스 왕으로부터 약간의 도움을 얻어 아크레를 끝까지 지키려고 했다. 유럽은 신전기사단의 구원 요청에 귀를 닫았다. 신전기사단은 아무리 용감하게 싸워도 적의 압도적인 병력을 당해낼 수 없었다. 이슬람교도들이 아크레를 포위하고 공격을 퍼부어 이곳 의 기독교도들이 거의 전멸했다. 신전기사단 단장은 선두에서 싸우다가 몸 에 백 군데가 넘는 상처를 입고 쓰러졌고, 키프로스 왕은 도주했다. 신전기 사단과 병원기사단에서 각각 일곱 명씩의 기사만이 학살을 피해 가까스로 탈출할 수 있었다. 승리한 이슬람군은 아크레에 불을 질렀다. 이로써 팔레스타인에서 기독교도들의 지배는 사라졌다.

이 소식은 유럽의 성직자들을 비탄에 빠뜨렸다. 그들은 성지를 탈환하자고 호소했다. 그러나 십자군 원정에 대한 대중의 열광은 식은 지 오래였다. 여기저기에서 기사들도 다시 원정에 나서자고 호소했으나 이는 공허한 외침에 지나지 않았다.

그렇다면 십자군 전쟁의 결과는 무엇이었을까? 유럽은 전쟁을 하느라 엄청난 비용을 지출하면서 200만 명의 인명피해를 입었다. 그러고서 서로 다투기를 좋아하는 기사들이 팔레스타인 지역을 100년 가까이 지배했을 뿐이다. 그 지배권이 오늘날까지 유지됐다고 하더라도 그것만을 이익으로 본다면 그 대가로 기독교 세계가 입은 손실이 훨씬 더 크다고 할 수 있었을 것이다.

그러나 광신에서 비롯되고 어리석음에 의해 추동된 십자군 전쟁이 해악만 남긴 것은 아니었다. 유럽의 봉건 영주들이 원정을 통해 아시아의 우월한 문명과 접촉하게 되어 좀 더 각성했다. 민중의 권리도 조금은 향상됐다. 또한 유럽인들이 고난을 통해 미신에서 조금씩 벗어나 다가오는 종교개혁을 맞이할 준비를 하게 됐다.

10장

마녀사냥

| 모세의 율법에 대한 오해

육체를 떠난 영혼이 이 세상을 다시 찾아온다는 믿음은 불사와 불멸에 대한 인간의 황당한 희망에 근거를 두고 있다. 인간은 자기 안에 죽지 않는 그 무엇이 있다고 느낀다. 인생을 살아가면서 이런 황당한 희망에 더욱 더 매달린다. 인간의 미몽이 덜 깨인 시대에는 이런 믿음이 모든 미신의 원천이 되어 유혈의 참극을 초래하기도 했다.

2세기 반이라는 긴 세월 동안 유럽인들은 영혼이 인간 세상을 떠돌아다니면서 사람의 일에 관여할 뿐만 아니라 사람이 악령을 불러내어 다른 사람을 해코지하는 것을 돕도록 할 수 있다는 생각에 사로잡혀 있었다. 악령에 대한 공포가 여러 민족에 전염병처럼 번지면서 그들의 마음을 장악했다. 그래서 사람은 누구나 악마와 그 하수인으로부터 자유롭지 못하다고 생각했다.

사람들은 모든 불행을 마녀의 탓으로 돌렸다. 폭풍이 불어 닥쳐 외양간이 무너진 것도 마녀가 한 짓이고, 전염병으로 가축이나 가족이 죽은 것도 마녀가 한 짓이었다. 마녀라는 말이 모든 사람의 입에 오르내렸다. 특히 프랑스, 이탈리아, 독일, 영국, 스코틀랜드와 북부 유럽에서 마녀재판이 성행했다. 수많은 사람들이 이런 어처구니없는 미망의 희생자가 됐다. 독일에서는 일 년에 평균 600명이 마녀재판을 받고 처형됐다. 일요일에는 마녀재판이 열리지 않았다고 가정하면 매일 두 명씩 죽임을 당한 것이다.

사람들은 성경에 나오는 모세의 율법 가운데 '무당을 살려두지 말라'는 계율을 잘못 이해해서 마녀에 대한 턱없는 분노에 휩싸였다. 어느 시대에나 사람들은 초월적인 존재와 대화를 하는 것을 통해 미래를 알고자 했다. 그러다 보니 모세의 시대에도 자기가 미래에 대한 예언의 능력을 갖고 있는 사람인 척하면서 하느님을 모독하고 잘 속는 사람을 상대로 사기를 치는 야바위꾼들이 있었던 게 분명하다. 그래서 모세가 그들을 경계하라고 한 말이 '무당을 살려두지 말라'는 계율이었다.

그런데 미신에 과도하게 집착한 중세 편집광들은 이 계율을 오해했다. 라틴어로 '베네피카venéfica', 영어로 '위치witch'로 번역된 원래의 히브리어 낱말은 독살범, 점술사, 요술쟁이 등을 의미하는 것이었다. 그러나 중세의 마녀witch는 이와 달리 악령의 힘을 빌려 미래를 예언하는 능력과 사람에게 해악을 끼치는 능력을 갖게 된 존재였다. 그리고 이런 능력은 기독교 신앙을 포기하고 악마에게 자기 영혼을 팔아야만 얻을 수 있는 것으로 여겨졌다.

이 세상에는 과학이나 철학으로 설명하기 어려운 놀라운 자연현상이 많다. 그러니 사람들이 인간의 불행을 초자연적인 존재의 작용 탓으로 돌린 것은 놀랄 일이 아니다. 지금은 과학적인 지식이 널리 보급되어 과거에 초자연적인 존재의 작용 탓으로 설명했던 것들도 이성적으로 설명할 수 있게 됐다. 과학은 신비의 베일을 걷어냄으로써 우리의 선조가 품었던 공포가 더 이상 우리를 괴롭히지 않게 했다. 자기가 늑대라고 생각하는 사람은 마녀사냥이 한창이었던 중세에는 형장으로 끌려갔지만 지금은 정신병원으로 보내진다.

| 악마와 마녀의 모습

마녀사냥의 역사로 들어가기 전에 수도사들이 만들어낸 악마의 모습을 먼저 알아두는 것이 좋겠다. 악마는 체격이 크고, 머리에 뿔이 나 있고, 몸에 털이 많고, 긴 꼬리가 달리고, 발이 갈라져 있고, 용의 날개를 가진 모습이다. 근세의 팬터마임에도 악마가 이런 모습으로 나왔다. 사람들은 연극에서 성인이 몽둥이로 악마를 때리고 칼로 그 꼬리를 자르는 등의 장면을 보면서 즐거워했다.

악마 외에도 보다 열등한 존재인 작은 악마가 수없이 많았다. 베커Bekker, 르루아예Leloyer, 보댕Bodin, 델리오Delio, 드 랑크르De Lancre 등의 저서에는 악마에 대한 묘사가 풍부하게 들어 있다. 이들 가운데 3명은 마녀재판에서 배심원이 되어 피고인들의 자백과 그들의 죄에 대해 제시된 증거를 토대로 그러한 서술을 했다.

이 세상에는 수백만을 헤아리는 악마들이 우글거린다고 하는데, 그들의 기원은 인류와 마찬가지로 아담의 시대에까지 거슬러 올라간다. 악마가 아담을 속여 에덴동산에서 쫓겨나게 만든 뒤로 악마의 수가 급속히 늘어났다. 악마의 몸은 공기와 같아서 단단한 고체도 쉽사리 통과할 수 있다. 악마는 고정적인 거처가 없고 광활한 공간을 이리저리 마음대로 돌아다닌다. 악마들이 대규모로 모이면 공중에서는 회오리바람이 일어나고 바다에서는 폭풍우가 몰아친다. 악마는 스스로도 번식하지만 사악한 짓을 하다가 죽은 사람의 영혼, 아이를 낳다가 죽은 여자의 영혼, 결투를 하다가 죽은 남자의 영혼 등이 더해져 악마의 수가 갈수록 늘어난다.

지구상의 공기는 악마들로 가득 차 있다. 그래서 재수가 없는 사람은 숨을 쉬다가 악마를 입이나 코로 들이마셔 위장을 비롯한 몸속에 살게 해서 질병에 걸리거나 악몽에 시달리게 된다. 악마는 너무 많아서 그 수를 헤아릴 수 없다고 한다. 그러나 요한 베이어르Johann Weyer(악마와 마녀에 관한 저작을 남긴 16세기 네덜란드의 의사—옮긴이)는 740만 5926명이라고 주장했다. 그에 따르면 악마들은 72개의 부대로 나뉘어 있고, 각각의 부대에 대장이 있다. 그들은 남자의 모습이나 여자의 모습, 혐오스러운 모습이나 아름다운 모습으로 자유로이 변신해 나타난다.

악마는 어느 때라도 나타날 수 있지만 금요일 밤과 토요일 밤에 가장 자주 나타난다고 한다. 악마가 사람의 모습으로 나타나면 어딘가 모르게 사람과 다르다. 피부가 너무 검거나 희고, 체격이 너무 크거나 작다. 사지가 몸통과 비교해 균형이 맞지 않는다. 꼬리는 악마가 없앨 수 없는 것이므로 교묘하게 감춘다. 악마는 나무나 시냇물로 변신하기도 한다.

'미남 왕'으로 불리는 필리프 4세(재위 1285~1314) 때에는 악마가 검은 말을 탄 수도사의 모습으로 나타나서 탁발승, 마차바퀴 등으로 변신했다고 한다. 악마가 잘생긴 젊은 남자로 나타나 꼬리를 감추고 아름다운 처녀와 결혼하기도 했다. 그렇게 해서 낳은 아이는 끊임없이 울어대고 젖을 많이 먹어 유모가 다섯 명이나 필요한데 살은 절대로 찌지 않으므로 금세 알아볼 수 있었다. 악마의 왕에게 자기 영혼을 판 사람은 일정한 기간 동안 작은 악마들을 마음대로 부릴 수 있다. 마법사와 마녀는 선한 일만 아니면 어떠한 일도 악마에게 시킬 수 있다. 선한 일을 시키려고 하면 악마가 따르지 않는다.

악마의 왕을 즐겁게 해주기 위한 악마와 마녀들의 모임이 주기적으로 열렸다고 한다. 이 모임은 '안식일Sabbath 모임'이라고 불렸고, 금요일이나 토요일의 자정 직후에 열렸다. 악마와 마녀들은 장소를 바꾸어가며 이 모임을 가졌다. 주로 도로 4개가 만나는 곳이나 호수 부근을 모임의 장소로 선택했다. 그리고 최소한 일 년에 한 번은 브로켄Brocken 산에서 이 모임을 열었다.

악마와 마녀들의 뜨거운 발이 땅의 생산기능을 태워 없애기 때문에 그들이 모임을 가진 장소에서는 더 이상 아무것도 자라나지 않는다. 이 모임에 참석하지 않는 마법사나 마녀는 뱀이나 전갈로 만들어진 몽둥이로 매를 맞는 벌을 받는다. 프랑스와 영국에서는 마녀가 빗자루를 타고 날아다닌다고 믿었다. 그러나 이탈리아와 스페인에서는 악마가 염소로 변해 마녀를 등에 태우고 다니는데 한 번에 태우는 마녀의 수에 따라 그 등이 길어지거나 짧아진다고 했다.

마법사와 마녀들이 모임의 장소에 오면 먼저 의식이 거행된다. 악마의 왕이 스스로 가장 좋아하는 모습인 커다란 숫염소로 변신해 왕좌에 앉으면 모든 참석자가 돌아가며 그에게 경의를 표하고 그의 얼굴에 입을 맞춘다. 악마의 왕은 참석자의 몸에 자신이 찍어 놓은 비밀 표식이 있는지를 확인한다. 아직 표식이 찍히지 않은 자에게는 표식을 찍어주고 별명도 지어준다.

그런 다음에 참석자 모두가 격렬하게 노래를 부르며 춤을 춘다. 이 무리에 새로 끼고 싶은 자가 오면 노래와 춤을 잠시 멈춘다. 신참자는 그리스도의 구원을 부정하고 악마의 왕에게 입맞춤을 한 뒤에 성경에 침을 뱉고 그에게 충성을 맹세한다. 그러고는 모든 참석자가 다시 노래를 부르며 춤을 춘다. 한두 시간을 보낸 다음에는 다들 지친 몸으로 둘러앉아 그동안 자신들이 한 악행을 이야기한다. 충분히 악한 짓을 하지 않은 자가 있으면 가시가 돋친 몽둥이나 전갈로 피가 날 때까지 매를 맞는다.

이어 수천 마리의 두꺼비가 땅속에서 튀어나와 뒷다리로 서서 춤을 춘다. 이때 악마들은 백파이프나 트럼펫을 연주한다. 춤이 끝나면 두꺼비들이 마녀들에게 아직 세례를 받지 않은 아기의 살을 달라고 간청하고, 마녀들은 그렇게 하겠다고 약속한다. 악마의 왕은 마녀들에게 약속을 꼭 지키라고 명령하고 나서 땅에 발을 굴러 두꺼비들이 순식간에 땅속으로 사라지게 한다. 그런 다음에는 연회가 벌어져 모두가 진탕 먹고 마신다.

연회가 끝나면 모두가 다시 춤을 추는 가운데 두꺼비들이 다시 나온다. 이때 모두가 기독교의 세례의식을 조롱하는 연기를 한다. 두꺼비들이 더러운 물을 튀기고, 악마의 왕이 십자가 성호를 긋고, 마녀들이 "성자의 이름으로 고하노니 이제 우리에게 나쁜 것들은 모두 사라졌다!" 하고 외친다. 악마들이 더 많은 즐거움을 얻기를 원하면 마녀들로 하여금 옷을 벗고 각각 고양이 한 마리를 목에 두르고 다른 한 마리를 꼬리처럼 매단 다음에 알몸으로 춤을 추도록 한다. 새벽닭이 울면 악마들은 모두 사라지고 마녀들도 그 자리를 떠나면서 안식일 의식이 모두 끝난다.

악마와 마녀들이 이렇게 그들의 안식일 모임을 갖는다는 믿음은 유럽의 거의 모든 지역에 퍼져 있었고, 오늘날에도 완전히는 사라지지 않았다. 세부적인 내용은 나라마다 약간씩 차이가 나지만 주된 내용은 프랑스, 독일, 영국, 이탈리아, 스페인, 북유럽 등 모든 나라에 걸쳐 똑같다.

| 정치적, 종교적 동기

프랑스에서는 샤를마뉴 대제 때에 이르러 마법을 중범죄로 규정했다. 샤를마뉴 대제는 무당, 점성술사, 마녀 등을 추방하라는 명령을 여러 차례 내렸다. 그럼에도 그런 사람들의 수가 늘어나자 결국 혹독한 조치를 취했다. 모든 종류의 마법이 금지됐고, 악마를 불러내어 사람을 해치거나, 최음제를 제조하거나, 날씨를 불순하게 만들거나, 과일을 수확할 수 없게 하거나, 암소가 우유를 생산하지 못하게 하는 자는 사형에 처해졌다. 그러한 능력을 가진 것으로 확인된 사람도 즉각 처형됐다. 또한 그런 사람과 상담하거나 그런 사람에게 일을 맡긴 사람도 사형에 처해졌다.

프랑스에서는 마법에 대한 박해가 그 뒤에도 이어졌다. 이 범죄는 사람들이 고발하기는 쉬운 반면에 부인하기는 매우 어려웠으므로 권력자는 누구든 이 범죄로 걸면 얼마든지 처벌할 수 있었다. 마법을 구실로 내세웠지만 알고 보면 정치적, 종교적 동기에서 자행된 개인 살해나 공동체 파괴의 사례가 적지 않다. 1234년 슈테딩겐Stedingen의 학살, 1307~13년 신전 기사단에 대한 탄압, 1429년 잔 다르크Jeanne d'Arc의 처형, 1459년 아라스Arras의 마법사 처형 등이 가장 두드러진 경우다.

이 가운데 슈테딩겐의 학살은 그다지 널리 알려지지 않았지만 주목할 만하다. 특히 권력자나 성직자가 선량한 사람들을 탄압할 때 마법사나 마녀의 혐의를 뒤집어씌우는 것이 얼마나 편리했고 그들에게 공포스러웠는지를 잘 보여준다.

슈테딩겐은 베저 강Weser Fluss과 자위더르 해Zuider Zee 사이에 있는 프리슬란트 지역의 일부를 가리킨다. 슈테딩거Stedinger로 불린 슈테딩겐 사람들은 오랫동안 독립적으로 자유롭게 살면서 외적의 침입도 잘 막아냈다. 이들은 이미 11세기에 노르만족과 색슨족의 침입에 대비해 부족연합을 이루었다. 이들은 주위의 성직자나 귀족들로부터 간섭이나 통제를 받지 않고 대의정부를 세웠다. 그 대의정부는 민중의 대표들로 구성되어 필요한 세금의 부과 등 그 사회의 중요한 사안들에 대해 토론을 하고 결정을 내리는 등 오늘날 의회의 기능을 수행했다.

그런데 브레멘의 대주교가 올덴부르크 백작을 비롯한 권세가들과 손을 잡고 슈테딩겐을 집적거리기 시작했다. 그러고는 여러 해에 걸쳐 슈테딩겐 사람들을 괴롭히고 그들 사이에 불화를 조성하더니 마침내 슈테딩겐에 대한 지배권을 확보했다. 그러나 그 시대에는 특이하게도 오랜 세월 동안 종교적 자유와 시민적 권리를 누리던 슈테딩겐 사람들은 굴복하지 않고 무력투쟁에 나섰다. 1204년에 이들은 자신들의 오래된 관습을 내세워 봉건영주에 대한 조세 납부와 교회에 대한 십일조 납부를 거부하며 궐기했다. 이들은 브레멘의 대주교와 올덴부르크 백작의 군대에 맞서 28년간이나 투쟁을 계속했고, 1232년에는 올덴부르크 백작의 요새인 슐루터베르크 성을 파괴했다.

가난하지만 용감한 슈테딩겐 사람들의 용기 있는 저항은 압제자들이 무력만으로는 자유롭게 살고자 하는 그들을 제압할 수 없음을 입증했다. 브레멘의 대주교는 교황 그레고리우스 9세에게 종교적 도움을 요청했다. 교황은 슈테딩겐 사람들에 대해 이단자이자 마법을 부리는 자들이라고 하면서 파문을 선언했다. 이는 기독교도들에게 그들을 전멸시키라고 촉구한 것이나 다름없었다. 1233년에 광신도와 도적들이 무리를 이루어 슈테딩겐으로 쳐들어가 그곳의 집을 닥치는 대로 불태우고 남녀노소를 가리지 않고 주민을 살해했다. 그러나 슈테딩겐 사람들은 이 침략자들을 축출하고 그 지휘관인 올덴부르크 백작을 전사하게 했다.

그러자 교황이 다시 나서서 성직자들을 자극해 독일 전역에 슈테딩겐의 사악한 자들을 토벌할 십자군을 일으키라는 설교가 울려퍼졌다. 교황은 성직자와 권력자들에게 무기를 들고 슈테딩겐의 혐오스러운 마법사와 마녀들을 지상에서 제거하라고 촉구하는 내용의 편지를 보냈다.

슈테딩겐 사람들은 악마에게 유혹되어 하느님과 인간의 법을 버리고

교회를 모독하면서 악령을 불러내어 피가 물처럼 흐르게 하고 성직
자들의 목숨까지 빼앗았다. 또한 악마에 대한 숭배를 퍼뜨리려는 사
악한 음모를 꾸미고 있다. 악마가 그들에게 여러 가지 모습으로 나타
난다. 어느 때에는 거위나 오리로 나타난다. 그러나 어느 때에는 우울
한 표정과 창백한 검은 눈을 가진 젊은이로 나타나 슈테딩겐 사람들
을 안아주어 그들의 가슴을 교회에 대한 영원한 증오심으로 가득 채

슈테딩겐의 학살

운다. 악마는 그들의 안식일 의식을 주재한다. 그 의식에서 그들은 악마에게 입을 맞추고 그를 에워싸고 춤을 춘다. 악마가 그들을 암흑으로 둘러싸면 그들 모두가 남자와 여자를 불문하고 가장 역겨운 방탕에 몸을 던진다.

신성로마제국 황제 프리드리히 2세는 이 편지의 영향으로 슈테딩겐 사람들을 물리치라는 칙령을 내렸다. 라체부르크, 루베크, 오즈나브뤼크, 뮌스터, 민덴 등에서는 주교들이 무기를 들고 나섰다. 브라반트 공작, 홀란트 백작, 에그몬트 백작 등 많은 귀족들도 병력을 이끌고 나섰다. 이리하여 모두 4만 명에 이르는 군대가 브라반트 공작의 지휘 아래 슈테딩겐으로 진군했다. 슈테딩겐에서는 무기를 들 수 있는 남자들이 모두 나섰으나 1만 1천 명에 불과했다. 그들은 결사적으로 싸웠으나 중과부적이었다. 이 전투에서 8천 명이 전사했다. 정복자들은 남아있는 주민들을 닥치는 대로 학살하고 모든 농가에 불을 질러 슈테딩겐 전체를 초토화했다.

1307년부터 신전기사단이 받은 모함도 터무니없는 것이기는 마찬가지였다. 이즈음 신전기사단은 기독교 세계의 고위 성직자와 권력자들에게 불쾌한 존재였다. 신전기사단은 엄청난 부와 힘, 그리고 자존심과 오만함으로 여러 방면으로 적을 많이 만들었다. 신전기사단을 질시하는 자들이 별별 내용으로 모함했으나 효과가 없었다. 그러다가 드디어 신전기사단을 악마와 통하는 자들로 몰아가자 효과가 나타났다.

신전기사단의 기사들은 영혼을 악마에게 팔고 마녀들의 안식일 의식을 따라한다는 고발을 당했다. 그 내용은 이렇다. 신전기사단은 새로 단원으로 가입하려는 기사에게 예수를 저주하고, 구역질나는 각종 괴상한 의식을 치르고, 십자가에 침을 세 번 뱉도록 강요한다. 신전기사단 소속 기사들은 온갖 방탕한 짓을 다 저질러도 되지만 여자와 육체적 관계는 맺지 못한다. 기사가 이 금령을 어겨서 아기가 태어나면 소속 기사들이 모두 모여 그 아기를 던져서 주고받기를 계속해 결국은 죽게 한다. 그런 다음에 아기의 시체를 천천히 불에 익혀 흘러내리는 기름을 기사들의 머리와 수염에 바른다. 소속 기사가 죽으면 그 기사의 시체를 태우고 남은 재를 포도주에 넣어 서로 돌려가며 마신다.

신전기사단에 대한 증오에 휩싸인 프랑스 왕 필리프 4세가 이러한 고발 내용의 대부분을 지어낸 것이 틀림없다. 필리프 4세는 자신의 영토 안에 있는 신전기사단 소속 기사들을 체포하라는 명령을 내렸다. 교황도 그에 못지않게 신전기사단 소속 기사들을 혐오하고 규탄했다. 유럽 전역에서 신전기사단 소속 기사들이 붙잡혀 투옥되고 재산을 몰수당했다. 수백 명의 기사가 고문대에 올라 전혀 이성적이지 않은 고발 내용을 시인하도록 강요당했다. 거짓 자백을 하고 풀려나서 그 자백을 부정하는 것은 또 하나의 범죄로서 처벌의 대상이 됐다.

파리에서는 59명의 기사가 죄를 인정하면 용서해주겠다는 제의를 받아들이기를 거부하고 결백을 주장하면서 화형을 당했다. 농촌 지역의 여러 곳에서도 비슷한 장면이 연출됐다. 이로 인해 프랑스에서 4년 동안 화형식이 열리지 않고 지나간 달이 한 번도 없었다. 그러다가 마침내 1313년에 신전기사단 단장 자크 드 몰레Jacques de Molay와 노르망디 신전기사단 지휘관 기Guy가 화형을 당함으로써 이 참극이 마감됐다.

이보다 더 잔혹한 일은 상상하기 어렵다. 터무니없는 고발 내용을 지어낸 프랑스 왕, 그런 왕을 지지한 교황, 그런 짓을 용인한 그 시대 모두가 수치스럽다. 소수의 악의가 그러한 죄악으로 이어질 수 있었다는 사실은 인류의 수치다. 그러나 수많은 사람들이 그들의 거짓을 믿었다는 것은 더욱

화형대로 올라가는 신전기사단 단장 자크 드 몰레

수치스럽다.

　잔 다르크의 처형은 정적에게 흠집을 내기 위해 마녀의 낙인을 이용한 사례다(영국 왕 헨리 6세의 프랑스 왕위 계승권을 주장하던 영국의 권력자들이 영불전쟁에서 잔 다르크가 펼친 활약에 힘입어 프랑스 왕위에 오른 샤를 7세의 정통성을 훼손하기 위해 포로가 된 잔 다르크를 영국에서 마녀재판에 회부했다—옮긴이). 이와 유사하게 정치적, 종교적 동기에 의해 저질러진 마녀재판의 사례는 많이 있다. 그러나 우리는 여기에서 곧바로 마녀사냥을 본격화한 교황 이노켄티우스 8세의 칙령으로 관심을 옮기는 것이 좋겠다.

| 마녀재판과 처형

이노켄티우스 8세의 칙령이 어떤 상황을 배경으로 해서 나오게 됐는지를 먼저 알아보고, 그런 다음에 이 칙령과 그 뒤의 마녀사냥 광풍을 살펴보자. 이 칙령이 나온 때보다 거의 1세기 전인 14세기 말부터 그 다음 세기 초에 걸쳐서 이미 유럽의 여러 곳에서 마법사와 마녀에 대한 화형이 이루어졌다.

이 시기에 마법사나 마녀로 고발된 사람 가운데는 자기가 실제로 마법의 능력을 갖게 되어 자기를 박해하는 자에게 복수할 수 있기를 바란 경우가 적지 않았다. 그래서 정신이 반쯤 나간 사람이 다른 사람들이 보는 앞에서 악령을 불러내는 주문을 외었다는 기록이 많이 남아 있다. 종교와 법률이 마법의 죄를 인정했던 당시에 마법사나 마녀로 몰려 유죄 판결을 받은 사람이 만약 이성적 사고 능력은 부족하지만 상상력이 풍부하고 신경이 예민한 기질을 가지고 있었다면 자기가 세상 사람들이 말하는 무서운 마법의 능력을 갖고 있다는 망상에 사로잡힌 것이 놀라운 일은 아니었을 것이다.

마법사와 마녀에 대한 대중의 공포가 커지자 가톨릭 사제들이 종교개혁을 시도하는 자들을 탄압하는 데 이런 대중의 공포를 활용하려고 했다. 그런 자들을 이단자로 규탄하는 것이 먹히지 않아도 마법사나 마녀로 모는 것은 먹혔다. 1459년에 신실한 발도파Waldenses 기독교도들이 아라스에서 집회를 열었다. 그들은 그들 나름의 방식대로 밤에 외진 장소에서 집회를 열고 하느님을 찬양하는 의식을 치렀다. 그런데 이 집회에 참석한 사람들이 마법사와 마녀로 몰렸다. 아라스 일대에 다음과 같은 소문이 퍼졌기 때문이었다.

빈터에 그들이 모이자 악마가 인간의 모습으로 나타나 자신의 법령을 읽으니 모두가 악마에게 복종하기로 다짐했다. 악마는 돈과 먹을 것을 나누어주었다. 이어 그들은 온갖 음란하고 방탕한 짓을 했다.

이 소문으로 인해 아라스의 몇몇 신망 있던 사람들이 여러 명의 노망난 노파들과 함께 체포되어 투옥됐다. 어떤 피고든 무엇이나 자백하지 않을 수 없게 하는 고문대가 준비됐다. 피고는 모든 고발 내용을 다 인정할 때까지 고문을 받았다는 기록이 남아있다. 그들은 한밤 집회에 참석한 사람들의 이름을 댔다. 그 가운데는 성직자와 시장 등 지위가 높은 사람도 적지 않았는데, 그 이름은 심문관이 먼저 제시한 것이었다. 자백에 근거해 판결이 내려졌다. 불쌍한 노파들은 장터에서 화형을 당했지만, 부유한 피고들은 큰돈을 내고 풀려났다.

얼마 지나지 않아 이 재판이 엉터리였다는 사실이 널리 인정됐다. 그때 지위가 높고 영향력이 있는 사람들이 판사들의 사적 복수심 때문에 처형되기도 한 것으로 알려졌다. 파리 고등법원은 판결이 불법적인 것이었고 판사들이 간악한 짓을 했다고 선언했다. 그러나 이미 억울한 희생자들이 많이 발생한 뒤였다.

1487년에 스위스의 콘스탄츠 지역에서는 폭풍이 불어와 반경 4마일에 해당하는 땅이 폐허가 됐다. 오래 전부터 마녀 소리를 들어온 가난한 두 노파가 폭풍을 일으켰다는 혐의로 체포됐다. 두 노파는 고문대 위에서 악마와 꾸준히 만났다고 자백했다. 영혼을 악마에게 팔았고, 자신들의 부탁으로 악마가 폭풍을 일으켰다고 했다. 두 노파는 사형 선고를 받고 화형을 당했다.

이 무렵에 교황 이노켄티우스 8세가 마녀를 처벌하는 일에 큰 관심을 갖고 있었다. 1485년에 교황이 된 그는 마녀로 고발되는 사람들의 수가 매우 많은 데 놀라 처벌을 강화해 마녀를 근절하기로 했다. 그는 1488년에 내린 칙령을 통해 유럽의 모든 나라가 사탄의 위협을 받고 있는 교회를 구하는 일에 나서야 한다고 촉구했다. 그는 모든 나라에 심문관들을 임명하고 그들에게 마녀를 판결하고 처벌할 권한을 주었다.

이제 마녀사냥이 본격적으로 시작됐다. 마녀를 색출해서 화형으로 처벌하는 일을 전문으로 하는 심문관 집단이 형성됐다. 독일의 심문관 가운데서는 슈프렝거Sprenger가 가장 유명했다. 그는 심문절차를 서술한 책을 써서 펴냈는데, 다른 나라의 심문관들도 이 책을 보고 그대로 따라하면 피고의 유죄를 가장 효과적으로 확정할 수 있을 만한 것이었다. 고문과 함께 이루어지는 심문에서 피고에게 던져지는 질문은 다음과 같았다.

"악마와 한밤중에 만났나?"
"브로켄 산에서 열리는 마녀들의 안식일 모임에 참석했나?"
"친한 악령이 있나?"
"회오리바람을 일으키거나 번개가 치게 할 수 있나?"
"악마와 성관계를 맺었나?"

심문관들은 피고를 마법사나 마녀로 판결한 다음에는 신속하게 화형을 집행했다. 이탈리아의 심문관 쿠마누스Cumanus는 한 지역에서만 41명의 여자를 화형으로 죽였다. 슈프렝거는 일 년에 500명 이상을 화형에 처한 것으로 알려졌다.

피고의 자백이 다른 피고의 자백과 내용이 유사한 것도 유죄의 증거로 채택됐다. 유사한 자백이 많았던 것은 놀랄 일이 아니다. 심문의 내용이 똑같았을 뿐 아니라 고문이 병행됐으므로 심문관이 피고에게서 자신이 원하는 답변을 끌어내는 데 실패하는 경우가 거의 없었기 때문이다. 고문에 대한 공포에 질린 피고가 고문을 피하려고 심문관이 묻기도 전에 그가 원하는 자백을 하기도 했다. 악마와 성관계를 맺어 아이를 낳았다고 자백하는 여자들도 있었다. 그러나 아이를 낳아본 적이 있는 여자들은 고문이 아무리 고통스러워도 그와 같이 터무니없는 자백을 하지 못했다. 주로 자식을 낳아본 적이 없는 여자들이 그렇게 자백했다.

이노켄티우스 8세 이후에도 여러 교황들이 마녀사냥을 위한 위원회를 설치해 운영했다. 알렉산드르 6세는 1494년에, 레오 10세는 1521년에, 하드리아누스 6세는 1522년에 각각 마녀사냥을 위한 위원회를 구성했다. 위원회에는 마녀를 색출하고 처형할 권한이 부여됐다.

1515~16년에 제네바에서만 500명이 마법사나 마녀라는 이유로 화형당했다. 그러나 진짜 이유는 그들이 가톨릭교도가 아닌 개신교도라는 데 있었다. 코모Como에서는 1524년에 1천 명 이상이 처형된 데 이어 여러 해에 걸쳐 연평균 100명 이상이 처형됐다. 레미기우스Remigius라는 심문관은 자기가 15년 동안 모두 900명 이상을 화형시킨 것을 매우 자랑스럽게 여겼다.

1520년쯤에는 프랑스의 거의 모든 도시에서 마녀를 처형하는 일이 벌어졌다. 신학자 다노Daneau는 저서 《마녀들의 대화》(1564)에서 처형당한 사람들이 너무 많아 그 수를 정확히 헤아릴 수 없다고 했다. 사람들의 정신이 상황에 너무 속박된 상태여서 마녀로 몰린 사람의 친구나 친척도 방관하거나 유죄를 인정했다. 마녀를 죽이는 일을 하게 된 사람의 가족은 그 사람의 그런 운명에 대해 동정했지만, 마법사나 마녀로 몰린 사람의 아내나 남편은 그 사람에게 연민을 느끼지 않았다. 그런 연민을 느끼는 것 자체가 위험한 일이기 때문이었다. 마녀로 몰린 사람을 동정해서 눈물을 흘리면 그것 자체가 그 사람이 진짜 마녀라는 증거로 간주되기도 했다.

그러나 몇몇 지역에서는 미신에도 불구하고 주민들이 격분해서 들고일어났다. 피에몽에 있는 한 농촌 마을에서는 가족 가운데 화형을 당한 사람이 없는 집이 없을 정도로 많은 사람들이 한꺼번에 화형에 처해지자 주민들이 들고일어났고, 심문관이 간신히 도피해 목숨을 건졌다.

고발된 내용 가운데 어떤 것은 너무나 앞뒤가 맞지 않아 피고가 석방되기도 했으나 대개는 일단 고발되면 화형을 면할 수 없었다. 한밤중에 떡갈나무 아래에서 춤을 추었다고 고발된 여자들이 있었다. 그 가운데 일부 여자들의 남편이 그 시간에 아내가 자신의 품안에서 잠을 잤다고 증언했지만 소용이 없었다. 증언한 내용 자체는 받아들여졌으나 대주교가 나서서 그것은 악마의 속임수라고 주장했다. 남편의 품안에서 잔 아내는 진짜가 아니

마녀로 몰려 화형당하는 여자

었고, 진짜 아내는 떡갈나무 아래에서 춤을 추었다는 것이었다. 결국 고발된 여자들은 모두 화형에 처해졌다.

1561년에 베르뇌유에서는 다섯 명의 여자가 고양이로 변신해서 마녀들의 안식일 모임에 참석했다는 이유로 고발됐다. 이들은 모두 유죄 판결을 받고 화형을 당했다. 1564년에는 푸아티에에서 마법사로 몰린 세 남자와 마녀로 몰린 한 여자가 고문대에서 양을 죽이려고 양 우리에 지옥의 연고를 바르고 안식일 모임에 갔다고 자백했다. 이들은 그 모임에서 커다란 검은 염소가 자신들에게 입을 맞추게 하고 의식이 진행되는 동안 촛불을 들고 있게 했다고 말했다. 이들도 모두 처형됐다.

1571년에는 트루아 에셸Trois Echelles이라는 남자가 파리의 그레브 광장에서 화형을 당했다. 그는 프랑스 왕 샤를 9세와 몽모랑시 원수 등이 보는 앞에서 자기는 악마의 도움을 받아 기적을 행할 수 있다고 자백했다. 악마들이 여는 축제의 모습과 그들이 마녀들과 벌이는 방탕한 짓 등도 자세히 설명했다. 그러면서 그는 프랑스 전역에 1200명의 공범자가 있다고 하면서 많은 이름을 댔다. 그 가운데 다수가 체포되어 처형됐다.

1573년에는 돌Dôle 시에서 리옹 출신의 질 가르니에Gilles Garnier가 밤에 늑대로 변신해 돌아다니면서 어린아이들을 잡아먹는다는 혐의로 기소됐다. 왕의 고문인 법학박사 앙리 카뮈Henri Camus가 읽은 기소문에 가르니에의 혐의가 다음과 같이 기록돼 있다.

질 가르니에는 12살 소녀를 붙잡아 포도밭으로 끌고 가서 이빨과 손톱으로 죽였다. 그러고는 피가 흐르는 시체를 입에 물고 숲으로 끌고 가서 뜯어 먹고 남은 부분을 자기 집으로 가지고 갔다. 만성절을 8일 앞둔 날에 또 다른 소녀를 입에 물고 가려고 했으나 마을 사람들이 소녀를 구출했다. 그러나 소녀는 물린 상처로 인해 며칠 뒤에 죽었다. 만성절이 지나고 15일째 되는 날에는 다시 늑대가 되어 13살 소년을 잡아먹었다.

이에 대해 50명이 증언한 뒤에 가르니에가 고문대에 올랐다. 그는 고발된 내용이 모두 맞는다고 자백했다. 카뮈는 돌 시 고등법원의 이름으로 다음과 같은 판결을 내렸다.

믿을 만한 증언과 자발적인 자백으로 질 가르니에가 가공할 범죄를 저질렀다는 사실이 입증됐으므로 본 법정은 오늘 중으로 가르니에를 형장으로 끌고 가서 기둥에 묶어놓고 산 채로 불에 태워 죽이고 유해를 바람에 날릴 것을 선고한다. 처형에 드는 비용은 가르니에 본인이 부담한다. 1573년 1월 18일.

1578년에 파리 고등법원은 여러 날에 걸쳐 재판을 진행한 끝에 자크 롤레Jacques Rollet에 대해 늑대인간loup-garou이라고 판결했다. 그는 늑대인간이 된 죄와 남자아이를 잡아먹은 죄로 그레브 광장에서 화형을 당했다.

1579년에는 믈룅Melun 부근에 마녀와 늑대인간이 늘어난다고 해서 당국에서 대책회의를 열었다. 그 결과로 마녀, 마녀와 상담한 자, 점쟁이, 마법사 등은 사형에 처한다는 포고령이 내려졌다. 이듬해에는 루앙Rouen 시도 같은 문제에 대처하기 위한 포고령을 내렸다. 포고령에는 주문서를 가지고 있는 것만으로도 마녀나 마법사라는 증거가 되므로 화형에 처해진다는 내용이 들어있었다.

1583년에는 프랑스의 3개 도시에서 대책회의가 열렸다. 보르도 고등법

늑대인간
독일 화가 루카스 크라나흐가 1512년에 제작한 목판화

원은 성직자들에게 마녀를 없애기 위한 노력을 몇 배로 더 강화하라는 준엄한 명령을 내렸다. 투르 고등법원은 악마와 거래를 하는 자들을 모두 쓸어버리지 않으면 하느님의 노여움을 살 것이라고 경고했다.

마녀에 대한 처형이 한창일 때에는 자비란 찾아볼 수가 없었다. 마녀재판에 회부됐다가 무죄로 풀려난 기록은 거의 없다. 1589년 파리 고등법원이 14명의 혐의자를 석방한 것이 마녀재판에서 이성이 작동한 유일한 예다. 이들은 판사에게서 사형 선고를 받게 되자 고등법원에 항소했는데, 마침 정치적인 이유로 투르Tours에 망명 중이던 파리 고등법원이 이들을 다시 조사하고 석방했다. 그 경위는 다음과 같다.

파리 고등법원은 왕의 주치의인 네 명의 의사로 하여금 혐의자 14명의 몸에 악마의 표식이 있는지를 조사하게 했다. 이들은 모두 여자이지만 알몸으로 의사들 앞에 서서 정밀검사를 받았다. 의사들은 이들의 몸에서 상처자국을 발견하면 핀으로 그곳을 찔러보았다. 그것이 악마의 표식이라면 찔러도 통증을 느끼지 않을 것으로 믿었기 때문이다. 이 여자들은 매우 가난하고 정신적으로 문제가 있었다. 의사들이 보기에 이들은 삶에 대한 애착이 없었고, 한두 명은 고통스럽게 사느니 차라리 죽기를 원했다. 의사들은 이들에게는 처벌보다 치료가 필요하다고 판단했다. 의사들의 보고를 들은 파리 고등법원은 심사숙고한 끝에 이들을 처벌하지 않고 집으로 돌려보냈다.

| 영국과 스코틀랜드의 마녀사냥

16세기에 이탈리아, 독일, 프랑스에서 터무니없는 마녀사냥이 계속됐지만 대중의 광기라는 측면에서 아직 그 절정에는 이르기 전이었다. 영국의 상황도 그리 다르지 않았다.

종교개혁이 진전되면서 중세의 오류를 많이 극복했지만 유독 마녀 문제에 대해서는 그렇지 못했다. 종교개혁 지도자인 루터Luther와 칼뱅Calvin도 마녀의 존재에 대해 교황 이노켄티우스 8세만큼이나 믿었고, 그들의 추종자인 개신교도들도 가톨릭교도들만큼이나 마녀박해에 열심이었다.

의사 허친슨Hutchinson은 마녀에 관한 저서에서 영국에서는 마녀박해의 광기가 늦게 나타났고 유럽대륙에서만큼 심하지 않았다고 주장했다. 그러나 그의 주장은 일부만 옳다. 영국과 스코틀랜드에서 마녀박해가 늦게 시작된 것은 맞지만 유럽의 다른 나라들에 못지않게 심했다.

이노켄티우스 8세가 마녀사냥을 촉구하는 칙령을 내린 지 50년가량 뒤에 영국 의회가 마법사와 마녀에 대한 처벌을 강화했다. 1541년에 마녀를 처벌하는 내용의 구체적인 법령이 영국에서 처음으로 공포됐다. 이보다 훨씬 앞선 시기에도 영국에서 마법사와 마녀가 처형된 기록이 있지만 유럽대륙에서와 달리 마녀들의 안식일 모임에 참석했다거나 폭풍을 일으켰다거나 하는 이유로 사형 선고가 내려지지는 않았다.

1551년에 영국에서 두 개의 법령이 의회를 통과했다. 하나는 거짓 예언에 관한 것이었고, 다른 하나는 마법과 마녀에 관한 것이었다. 그러나 이 법령으로도 마법사나 마녀로 판정받은 사람을 사형에 처할 수는 없었다. 악마의 힘을 빌려 사람을 죽이려고 한 경우에만 사형에 처할 수 있었다. 그러다가 드디어 1562년에 엘리자베스 여왕이 마녀를 중범으로 규정하고 주위에 해악을 끼치지 않았더라도 마녀를 사형에 처하라고 명령했다. 영국의 마녀사냥은 바로 이때부터 시작되어 17세기 전반에 절정에 달했다.

16세기에 영국에서 일어난 몇 가지 사건을 예로 드는 것이 이 나라의 마녀사냥 광기를 이해하는 데 도움이 된다. 엘리자베스 여왕이 통치한 기간의 후기에 몇몇 주목할 만한 사건이 벌어졌다. 이 시기에 대중은 이미 마녀와 관련된 범죄에 대해 익숙하게 아는 상태였다. 주얼Jewell 주교는 여왕 앞에서 설교를 할 때에는 여왕이 마녀로부터 보호되기를 기원하는 열정적인 기도로 끝을 맺곤 했다. 그는 1598년에는 이렇게 기도했다.

마녀와 마법사가 지난 4년간 폐하의 영토에서 엄청나게 증가한 것을 아셔야 합니다. 이 때문에 폐하의 백성이 야위어 죽어갑니다. 피부가 창백해지고, 살이 썩어 들어가고, 입이 열리지 않습니다. 감각도 없어집니다. 하느님이여, 이들을 보호해주소서!

점차 마녀에 대한 공포가 영국 방방곡곡으로 퍼져나갔다. 청교도 윤리가 뿌리를 내리면서 이러한 경향이 더욱 분명해지는 동시에 마녀박해가 잇따랐다. 영국 성공회는 기독교의 다른 종파들에 비해 이 문제에 신경을 덜 쓰긴 했지만 이 문제와 관련된 미신에서 벗어나 있었던 것은 아니다.

사실 잔혹하기로 손가락에 꼽히는 마녀살해 사건 가운데 하나가 성공회의 권위 아래 일어났고, 오래 지난 뒤에도 케임브리지 대학의 연례 강의를 통해 기념됐다. 그것은 바로 엘리자베스 여왕의 법령이 공포된 지 32년 만에 워보이스Warboys에서 벌어진 마녀사건이다.

워보이스의 마녀사건은 이 분야의 학자들이 중요하게 여긴다는 점에서만이 아니라 당시 제시된 증거가 얼마나 터무니없었는가 하는 점에서도 자세히 들여다볼 필요가 있다. 이 기묘한 드라마의 주역은 새뮤얼 크롬웰 Samuel Cromwell 경의 가족과 스로그모턴Throgmorton 부부다. 크롬웰과 스로그모턴은 헌팅던 군의 워보이스 인근에 사는 지주였다. 스로그모턴 씨에게는 딸이 여럿 있었는데, 맏딸인 조앤Joan은 상상력이 풍부하면서 우울한 기질의 소녀였다. 조앤의 머릿속은 유령과 마녀에 관한 이야기들로 가득했다.

조앤은 어느 날 마더 새뮤얼Mother Samuel이라는 가난하고 못생긴 노파가 남편 및 딸과 함께 사는 오두막집을 우연히 지나갔다. 이때 마더 새뮤얼은 머리에 검은 천을 쓰고 문 앞에서 뜨개질을 하다가 뚱한 표정의 아가씨가 지나가자 하던 일을 멈추고 아가씨를 바라보았다. 조앤은 그 뒤로 온몸이 아프게 됐다고 상상하고 가족과 주위 사람들에게 마더 새뮤얼이 마법을 걸어서 그렇다고 떠들었다. 다른 아이들도 그 영향을 받아서 그 노파를 보기만 하면 겁을 내고 발작을 일으켰다. 자기 자식들보다도 덜 똑똑한 스로그모턴 부부는 이 말도 안 되는 이야기를 믿었다. 스로그모턴 부인과 수다 떨기를 좋아하는 크롬웰 부인도 이 이야기를 떠들고 다녔다.

그러다가 마침내 크롬웰 부인이 마더 새뮤얼을 마녀로 단정하고 괴롭히기로 작정하고 남편과 함께 음모를 꾸미기 시작했다. 상상력이 풍부한 아이들이 이 부부에게 지원군 역할을 했다. 크롬웰 부부와 아이들은 마더 새뮤얼이 자기들을 해코지하려고 보낸 악령들을 상상으로 지어내고 그 각각에 이름까지 지어 붙였다. 그리고 그 가운데 특히 일곱 악령이 그 노파에 의해 지옥에서 불려나와 아이들에게 발작을 일으켰다고 주장했다. 아이들이 실제로 가끔 발작을 일으켰으므로 마을 사람들이 모두 이 이야기를 믿게 됐다.

스로그모턴은 마더 새뮤얼의 오두막집을 찾아가서 강제로 그녀를 마당으로 끌어냈다. 크롬웰 부인, 스로그모턴 부인, 그리고 두 집의 여자아이들이 각각 긴 핀을 갖고 있다가 노파의 몸에서 피가 나는지를 확인해보려고 그 핀으로 노파를 찔러댔다. 크롬웰 부인은 이것만으로 모자랐는지 노파의 머리에서 머리카락을 한 움큼 뽑아내 스로그모턴 부인에게 주었고, 스로그모턴 부인은 그것을 불에 태웠다. 이는 마녀의 저주로부터 자신들을 지키기 위한 행동이었다. 가엾은 노파는 이들에게 저주를 퍼부었다.

크롬웰 가족과 스로그모턴 가족은 일 년이 넘도록 마더 새뮤얼을 괴롭혔다. 그러면서 마더 새뮤얼이 악령들을 자신들에게 보내서 몸에 고통과 경련이 일어나고 암소와 암양이 새끼를 낳지 못하게 됐다고 주장했다. 크롬웰 부인은 병에 걸려 앓다가 죽었는데, 그날은 마더 새뮤얼의 저주를 들은 지 꼭 1년 하고도 3개월이 되는 날이었다. 두 가족은 크롬웰 부인이 죽기 직전에 마녀와 검은 고양이가 나오는 꿈을 대여섯 번 꿨다고 한 말을 떠올렸다. 당시는 검은 고양이는 악마의 저주를 의미한다고 여기던 시절이었다.

크롬웰은 마녀 때문에 아내가 죽었으니 더 강력한 조치를 취해야 한다고 생각했다. 마을 사람들도 모두 마더 새뮤얼을 손가락질하며 마녀라고 아우성쳤다. 그런데 공교롭게도 노파의 외모는 사람들이 흔히 상상하는 마녀의 모습 그대로였다. 조앤이 집에서 발작을 일으켰을 때 두 가족이 노파를 끌고 왔다. 스로그모턴과 크롬웰은 노파에게 조앤의 몸에 깃들인 악마를 쫓아내라고 요구했다. 노파는 마지못해 요구받은 대로 다음과 같이 외쳤다.

나는 마녀인데 크롬웰 부인을 죽게 했다. 너 악마에게 명령하노니 조앤의 몸에서 얼른 나와라!

마더 새뮤얼은 자기뿐만 아니라 남편과 딸도 악마에게 영혼을 팔았다고 자백했다. 이로 인해 노파는 남편, 딸과 함께 체포되어 투옥됐다.

얼마 뒤에 페너Fenner 판사의 주재 아래 재판이 열렸다. 스로그모턴의 딸들이 광기를 드러내며 마더 새뮤얼 가족에게 불리한 증언을 했다. 마더 새뮤얼 가족은 셋 다 고문을 받았고, 마더 새뮤얼은 고문에 따른 고통 속에서 자기는 마녀이고, 여자아이들에게 마법을 걸었으며, 크롬웰 부인을 죽게 했다고 자백했다. 마더 새뮤얼의 남편과 딸은 강한 의지력을 발휘해 끝까지 무죄를 주장했다. 그러나 결국은 셋 다에 대해 교수형 후 화형에 처한다는 판결이 내려졌다.

많은 사람들이 마더 새뮤얼의 젊고 예쁜 딸을 불쌍하게 여겨 그녀에게 임신을 하면 처벌받는 것을 조금이라도 늦출 수 있다면서 임신을 하라고 권했다. 그러나 그녀는 마녀라는 누명도 인정할 수 없고 더 살기 위해 임신을 하라는 말도 받아들일 수 없다며 당당한 태도를 유지했다. 마더 새뮤얼 가족은 1593년 4월 7일에 모두 처형됐다.

크롬웰 경은 몰수된 마더 새뮤얼 가족의 재산에서 40파운드를 지급받았는데 이 돈을 케임브리지 대학에 마녀 문제에 관한 연례 강의를 위한 기금으로 기부했다. 이 기금으로 운영된 연례 강의는 기록에 남아있는 것만 추려서 적어도 1718년까지는 계속됐다.

16세기에 스코틀랜드에서도 마녀사냥이 많이 벌어졌다. 원래 스코틀랜드 사람들은 상상력이 풍부하며 잉글랜드 사람들보다 미신을 더 잘 믿었다. 그들에게는 '고스트Ghost'로 불리는 유령, '고블린Goblin'으로 불리는 도깨비, '켈피Kelpie'로 불리는 물의 정령 등 여러 가지 귀신들이 친숙한 존재여서 그들의 민요에도 자주 등장해왔다. 그러나 스코틀랜드에서 마녀사냥이 본격적으로 시작된 것은 종교개혁을 부르짖는 사람들이 마녀를 규탄하고 마법을 범죄로 처벌해야 한다고 주장하면서부터였다.

스코틀랜드 왕 제임스 6세는 마녀재판에 관심이 많았는데 1591년의 젤리 덩컨Gellie Duncun 사건 직후에 악마와 마법에 관한 저서도 펴낼 정도였다. 젤리 덩컨은 에든버러에서 10마일 떨어진 트래넌트Tranent라는 마을에 사는 집달관의 하녀였다. 그녀는 자기에게 질병을 치료하는 능력이 있는 척하다가 마녀로 몰렸다. 극심한 고문을 받고 자기는 마녀라고 자백했을 뿐 아니라 공범의 이름도 많이 댔다. 그녀 때문에 무고한 많은 사람들이 마법사나 마녀로 몰려 체포됐다.

젤리 덩컨 사건이 일어나기 2년 전에 제임스 6세가 덴마크로 가서 그 나라의 공주를 신부로 맞았다. 귀국길에 오른 제임스 6세는 기후가 순조롭지 않아 코펜하겐에서 몇 달간 머물다가 신부와 함께 다시 출항했는데 심한 폭풍우를 만나 난파할 뻔했다. 제임스 6세가 귀국하고 시간이 좀 흐른 뒤에 젤리 덩컨 사건이 일어나자 제임스 6세가 난파당할 뻔했던 일도 마녀들의 소행이라는 주장이 나왔다. 이런 주장에 대해서도 젤리 덩컨은 고문 끝에 사실이라고 인정했다. 결국 젤리 덩컨을 비롯해 마녀와 공범자 등 다수가 교수형에 처해지고 그 시체는 불태워졌다.

젤리 덩컨 사건 이후 스코틀랜드에서 점점 더 많은 여자들이 마녀로 몰려 처형됐다. 각 지역의 영주나 성직자들이 마녀재판을 집행할 권한을 위임받아 약식재판으로 노파들을 마녀로 판결해서 처형했다. 고대 로마의 신을 믿는 사람들이 가장 많이 희생됐고, 가톨릭교도들도 위협을 느꼈다. 1563년에 마녀 처형에 관한 여왕 메리Mary의 칙령이 의회를 통과한 때부터 제임스 6세가 잉글랜드 왕 제임스 1세로 즉위하기 직전까지 39년간 스코틀랜드에서 연평균 200건 정도의 마녀 처형이 있었고, 이 기간 중 특히 1590~93년에는 연평균 400건으로 처형 건수가 더 많았다.

그 뒤에 벌어진 마녀재판 가운데 1662년의 이소벨 고디Isobel Gowdie 사건은 매우 특이해 눈길을 끈다. 이 여자는 이웃들로부터 구박을 받는 삶에 염증이 나서 스스로 법정에 출두해 자신이 마녀라고 자백했다. 편집증을 가진 그녀는 자신이 고문대에 올라가 고문을 받아야 하며 사지가 찢기는 형벌을 받게 된다고 해도 자신의 죄를 용서받을 수 없다고 했다. 그녀는 50명에 가까운 다른 여자들과 몇 명의 마법사를 자신의 동료라고 진술하고 그들과 함께 다음과 같은 행각을 벌였다고 했다.

그들과 함께 세례를 받지 못하고 죽은 아기들의 시체를 무덤에서 파내어 주술에 이용했다. 다른 사람의 농사를 망치게 하고 싶으면 쟁기에 두꺼비를 매달았는데, 이렇게 하면 다음날 밤에 악마가 그것으로 논밭을 갈아 그 사람의 농사를 망치게 했다.
마녀는 거의 모든 것으로 변신할 수 있지만, 나는 주로 산토끼로 변신했다. 한번은 산토끼로 변신해 있다가 사냥개들에게 쫓기게 됐다. 나는 간신히 도망쳐서 집의 옷장 속에 숨어서 본래의 사람 모습으로 돌아가려고 다음과 같은 주문을 외었다.

산토끼야, 산토끼야!
신이 너를 돌보고 있다.
나는 지금 산토끼의 모습이다.
그러나 여자 사람의 모습이 될 것이다.
산토끼야, 산토끼야!
신이 너를 돌보고 있다.

사탄은 마녀를 결코 세례명으로 부르지 않았고, 마녀도 사탄 앞에서는 다른 마녀를 세례명으로 부르면 안 된다고 했다. 사탄은 마녀들에게 각각의 피로 다시 세례를 베풀면서 이름을 새로 지어주었다. 사탄은 마녀가 자신을 '블랙 존'이라고만 부르지 않으면 어떤 호칭으로 불러도 상관하지 않았다. 마녀가 실수로 사탄을 '블랙 존'이라고 부르면 살점이 떨어져나가도록 사탄에게 매를 맞았다. 사탄은 마법사와 마녀들에게 자기의 도움이 필요하게 되면 땅을 세 번 두드리고 "일어나라, 더러운 도둑아!"라고 말하라고 했다.

이러한 자백을 근거로 많은 사람들이 재판에서 유죄 판결을 받고 처형됐다. 마녀와 마법사에 대한 대중의 증오가 하늘을 찌르다 보니 고발된 사람 가운데 풀려난 경우는 100명에 한 명도 안 됐다.

이제는 마녀색출이 어엿한 직업이 됐다. 돈을 탐내는 자들이 이리저리 돌아다니면서 용의자의 살을 핀으로 찔렀다. 노인 가운데는 몸이 핀으로 찔려도 통증을 느끼지 못하는 사람이 많다. 마녀색출업자는 바로 이런 노인을 찾는 것을 목적으로 삼았다. 핀으로 찔려도 아프다고 하지 않거나 피가 나지 않으면 마녀로 몰려 죽임을 당했다.

일단 마녀로 몰리면 처형되거나 투옥되지 않더라도 이웃들에게 괴롭힘을 당하면서 비참하게 살아야 했다. 이런 삶을 견디다 못해 차라리 죽음을 선택하고 나선 노파도 많았다. 조지 매켄지George Mackenzie 경은 1678년에 펴낸 〈스코틀랜드의 형법〉이라는 저서에 이렇게 기록했다.

10여 년 전 법관 시절에 법정에서 마녀라고 자백한 여자들을 조사하러 갔을 때 들은 이야기다. 그 가운데 한 여자는 이웃들에게 구걸하며 살았다고 했다. 그런데 마녀라는 낙인이 찍힌 뒤에는 아무도 그녀에게 먹을 것을 주지 않고 재워주지도 않았다. 남자들이 그녀를 때리고 개를 풀어 물어뜯게 했다. 그녀는 차라리 죽는 게 낫겠다고 생각했다고 말했다. 그러더니 그녀는 무릎을 꿇고 하느님에게 자신의 증인이 되어달라고 기도했다.

매켄지 경은 마녀에 대한 그 시대의 편견에서 완전히 벗어나지 못해서 마녀의 존재를 믿었지만, 마녀박해를 조장하는 것은 사회에 위험을 초래할 수 있다고 생각했다. 그는 마법사나 마녀로 몰린 사람 4명 가운데 3명은 무고하다고 확신했다. 그리고 고발당한 사람들은 대부분 가난하고 못 배운 사람이며 고발의 내용을 이해하고 있지도 못했다고 지적했다.

어느 가난한 방직공은 자기가 마법사라고 자백했다. 왜 그렇게 생각하느냐고 물었더니 그는 촛불 근처에서 악마가 파리처럼 춤추는 것을 보았기 때문이라고 답변했다. 어느 순진한 여자는 사람들이 자기를 마녀라고 부르기 때문에 스스로 마녀라고 믿게 됐다. 그녀는 법정에서 판사의 어떤 질문에 "마녀이면서 자기가 마녀인 줄을 모르는 사람도 있습니까?"라고 반문했다.

다른 저작자가 기록으로 남긴 한 여자의 사례는 더욱 통탄할 만하다. 그녀는 마녀의 오명을 쓰고 살아가기보다 차라리 처형을 당해 죽기를 선택했다. 그녀는 자기와 같이 마녀로 몰려 투옥된 여자 세 명이 교수형 후 화형을 당하게 됐다는 소식을 듣고 목사를 불러 자기도 영혼을 악마에게 팔았다고 고백했다. 이에 따라 그녀도 똑같이 교수형 후 화형 선고를 받았다. 형장으로 끌려간 그녀는 그 세 명이 잇달아 기도를 올리는 것을 묵묵히 듣다가 자신의 차례가 오자 일어서서 다음과 같이 외쳤다.

내가 마녀라고 자백하고 마녀로서 죽는 모습을 보게 된 당신들에게 말합니다. 내가 피를 흘리며 죽게 한 것에 대해 당신들이, 특히 목사님과 판사님들이 죄책감을 가질 필요는 없습니다. 죄책감은 모두 나

한테 넘기십시오. 내가 죽는 것은 내가 스스로 원한 것입니다. 하늘에 계신 하느님에게 대답해야 할 시간이 왔으니 어느 아이와도 마찬가지로 나도 마녀가 아님을 선언합니다. 나는 마녀로 몰려 남편과 친구들에게서 버림받고 투옥됐습니다. 나는 이런 삶에서 빠져나갈 수 있다는 희망을 더 이상 가질 수 없어서 거짓자백을 했습니다. 이렇게 살기는 싫으니 죽기를 원합니다.

영국에서 청교도혁명이 진행되던 시기에는 매슈 홉킨스Matthew Hopkins라는 마녀사냥꾼이 활개를 쳤다. 홉킨스는 1644년부터 에식스 지역에서 마녀 용의자의 몸에서 악마의 표식을 찾는 데 뛰어난 재능을 보였다. 누군가가 마녀로 고발되면 그가 반드시 나타나 판사에게 조언하기도 했다. 그는 명성이 점점 더 높아져서 마침내 '마녀색출 총독Witch-finder General'으로 불리게 됐다. 그는 마녀를 찾아 에식스는 물론이고 노퍽, 에딩턴, 서식스 등도 돌아다녔다. 그는 일 년 만에 60명의 마녀를 찾아 형장으로 보냈다.

마녀 용의자가 진짜로 마녀인지 여부를 판별해내기 위해 홉킨스가 사용한 여러 가지 시험방법 가운데 하나는 용의자를 물에 던져 넣는 것이었다. 그는 팔과 다리를 결박한 채로 용의자를 담요에 말아서 연못이나 강에 던져 넣었다. 그리고는 그 용의자의 몸이 물속으로 가라앉으면 무죄라고 판단했다. 이 경우에 용의자가 익사하게 되지만 그 가족을 위로하는 것으로 그만이었다. 용의자가 물 위에 뜨는 것은 마녀라는 증거이므로 그 용의자는 마녀로 화형에 처해졌다.

또 다른 시험방법은 주기도문과 기독교 교리를 외는 것이었다. 마녀 용의자가 주기도문을 외다가 한 단어라도 빼먹거나 발음을 잘못 하면 마녀로 판정됐다. 그런데 공포에 질린 용의자는 대부분 그와 같은 실수를 저지를 가능성이 높았다.

홉킨스는 두 명의 조수와 함께 영국 전역을 돌아다녔다. 그는 가는 곳마다 최고급 시설에 묵으면서 마녀를 색출했다. 비용은 관련 당국의 부담이었다. 그는 마녀를 찾든 못 찾든 한 마을당 20실링을 대가로 요구했고, 마녀를 찾아 형장에 보내게 되면 마녀 1인당 20실링을 추가로 요구했다. 그는 3년 동안 이렇게 마녀를 색출하며 돌아다니면서 횡포를 부려 적을 많이 만들었다. 헌팅턴 지역의 목사 골Gaul은 홉킨스를 사회적 골칫거리로 비난하는 내용의 소책자를 출판했다. 이 소책자에 홉킨스의 마녀색출 방법이 소개되어 있다.

마녀 용의자를 방 한가운데 놓인 의자에 불편한 자세로 앉힌다. 용의자가 거부하면 강제로 밧줄로 묶어 앉힌다. 그런 다음 24시간 동안 먹을 것과 마실 것을 주지 않고 굶기면서 용의자를 관찰한다. 그사이에 마녀를 돕는 작은 악령이 나타나 그녀의 피를 빨아먹는다. 작은 악령은 말벌, 나방, 파리 등 곤충의 모습으로 나타나므로 창문에 곤충이 들어올 수 있는 구멍을 뚫어 놓는다. 관찰자는 방 안으로 들어오는 곤충을 모두 잡아 죽인다. 잡히지 않고 살아서 방을 다시 빠져나가는 곤충이 있으면 용의자를 마녀로 판정하고 화형에 처한다.

이 사기꾼은 결국 자신이 만든 올가미에 걸려 죽게 된다. 자신의 방종에 골의 폭로가 더해져서 홉킨스는 판사들의 신뢰를 잃었고, 대중은 그를 혐오스러운 자로 바라보기 시작했다. 그는 서퍽 주의 한 마을에서 마법사로 고발되어 군중에 둘러싸였다. 군중은 그가 마법으로 악마를 불러냈다고 주장했다. 악마는 영국 안에 있는 모든 마녀의 이름이 적힌 명부를 갖고 있는

마녀를 색출하는 매슈 홉킨스

데, 그가 악마의 도움으로 그 명부를 읽었다는 것이었다.

"너는 하느님이 아닌 악마의 도움을 받아 마녀들을 찾아냈다!"

군중은 이렇게 외치며 그가 고안해서 이용해온 마녀판별 방법을 그대로 그에게 적용했다. 즉 그의 손과 발을 붙여서 묶고 담요에 말아서 그를 연못에 던져 넣었다. 그는 물 위로 떠오르지 못하고 물속에 가라앉아 익사한 것으로 알려졌다.

스코틀랜드에서도 마녀색출을 직업으로 하는 사람들이 나타났다. 이들은 마녀 용의자를 긴 핀으로 찔러보는 방법을 주로 이용했으므로 '찌르는 사람pricker'이라고 불렸다. 이들도 홉킨스처럼 마녀를 찾아낼 때마다 돈을 받았다. 돈벌이가 되니 이것을 직업으로 하는 자들이 너무 많아져서 여러 가지 문제를 일으켰고, 판사들은 이런 자들이 증거라고 내놓는 것을 받아들이지 않게 됐다. 1678년에 스코틀랜드 추밀원은 마녀로 고발된 한 여자가 무고함을 주장하는 탄원을 받아들이면서 "긴 핀을 갖고 다니는 마녀색출 업자들은 사기꾼"이라는 의견을 냈다.

1652~82년에는 마녀재판의 수가 갈수록 줄어들었고, 피고가 무죄로 방면되는 사건도 많아졌다. 교육을 받은 계층이 차츰 마녀재판에 대해 회의적인 견해를 내놓기 시작했다. 그러나 그렇게 되어가는 속도는 느렸다.

1664년에 에이미 더니Amy Duny와 로즈 컬렌더Rose Cullender라는 두 노파가 터무니없는 증거로 교수형에 처해졌다. 두 노파는 생김새가 추했기 때문에 마을 사람들로부터 마녀가 아닌가 하는 의심을 샀다. 두 노파가 청어를 사러 생선가게에 갔는데 주인이 팔지 않겠다고 했다. 그러자 두 노파가 화를 내며 욕설을 해댔다. 그런데 주인의 딸이 바로 그때 간질로 인한 발작을 일으켰다. 이로 인해 두 노파는 그 딸에게 마법을 건 혐의로 체포되어 투옥됐다.

1694~1701년에 대법원장 홀트Holt 판사는 11차례 마녀재판을 담당했다. 그는 배심원들의 상식에 호소해 자기가 맡은 모든 사건에서 마녀 용의자를 방면했다. 이즈음 일반 사람들도 터무니없는 혐의로 너무 많은 사람들이 희생됐다고 느끼게 됐다. 이제는 외딴 시골에서는 간혹 마녀재판이 열렸으나 전반적인 여론은 마녀재판을 당연시하지 않았다. 이에 따라 마녀재판은 점점 더 줄어들었다.

1716년에 헌팅던에서 한 여자와 그녀의 아홉 살짜리 딸이 악마에게 영혼을 팔고 폭풍을 일으켰다는 이유로 교수형에 처해졌다. 이것이 영국에서 재판을 거쳐 마녀가 처형된 마지막 사례다. 그러나 그 뒤에도 1736년까지는 대중이 마녀사냥의 습관을 완전히 버리지 못했다. 그래서 가난한 여자를 마녀로 의심해 연못으로 끌고 가서 목숨을 위협하는 일이 간혹 벌어졌다. 그러나 이제는 마녀에 대한 공포가 사회적인 현상이 아니라 편견과 미신에 사로잡힌 사람들만의 개인적인 것이 됐다. 1736년에 형법에서 마녀를 사형에 처하도록 규정한 조항이 삭제됐다. 이때부터는 마녀, 마법사, 점쟁이 등이 사기죄로만 처벌받게 됐다.

스코틀랜드에서도 점차 문명의 빛이 마녀에 대한 미망을 걷어냈지만 잉글랜드에서처럼 그 속도는 느렸다. 1665년까지는 마녀재판의 광기가 줄어드는 기미가 보이지 않았다. 1649년에 마녀와 마법에 대한 처벌을 강화하는 법령이 공포됐고, 이때부터 10년 동안에는 마녀사냥이 그전보다 더 극성스러웠다. 이 기간에 4천 명 이상이 마녀나 마법사로 몰려 처형당했다고 한다.

1659년에 글래스고에서 악마와 거래했다는 이유로 재판을 거쳐 한꺼번에 17명이 화형당하는 일이 벌어졌다. 이듬해부터는 마녀박해가 완화되어 1662~68년에는 고등법원에서 열린 마녀재판이 단 한 건뿐이었고, 그 재판의 피고는 무죄 판결을 받고 석방됐다. 이즈음 마녀사냥꾼 제임스 웰시 James Welsh는 무고한 여자를 마녀로 몰았다는 이유로 태형에 처해져 에든 버러의 거리에서 공개적으로 매를 맞았다.

조지 매켄지 경은 재판에서 제시되는 증거를 신중하게 걸러냄으로써 마녀 용의자의 자백은 증거로서의 가치를 인정받지 못하고 마녀사냥꾼이 제시하는 증거는 불신이나 의심의 대상이 되도록 하기 위해 노력했다. 그는 앞에서도 말했지만 마녀의 존재를 믿는 사람이었음에도 저서 《스코틀랜드의 형법》에 다음과 같이 썼다.

마녀재판에는 가장 분명하고 설득력 있는 증거가 필요하다. 나는 화형 선고를 함부로 내리는 잔인하고 경솔한 판사를 마녀 다음으로 비난한다.

1680년에 가난한 여자 몇 명이 감옥에서 마녀재판을 기다리고 있었는데, 매켄지 경은 그녀들에 대해 자백 외에는 증거가 없는데 자백은 이치에 맞지 않고 모순될 뿐더러 심한 고문 끝에 나온 것이라고 변호했다. 그녀들은 결국 석방됐다.

그 뒤로 16년 동안에는 마녀재판이 열리지 않았다. 그러다가 1697년에 제임스 6세 시절에나 있었을 법한 마녀사건이 일어났다. 크리스티아나 Christiana로 불리는 11살짜리 여자아이가 발작을 일으키고는 평소에 자기와 자주 다투던 가정부가 마법을 걸어서 그런 것이라고 고발했다.

크리스티아나는 가정부가 악마의 힘을 빌려 자기를 못살게 굴었다면서 21명이나 되는 관련자가 등장하는 이야기를 지어내 법정에서 진술했다. 그들이 마녀나 마법사라는 증거는 거짓말을 잘하는 크리스티아나의 상상력과 고문을 받은 그들의 자백뿐이었다. 그럼에도 재판을 거쳐 5명의 여자가 화형을 당했고, 마법사로 몰린 존 리드John Reed라는 남자는 옥중에서 목을 매달아 자살했다.

이로부터 7년 뒤인 1704년에 피턴윈Pittenween 마을의 주민들이 두 여자를 마녀로 몰아 괴롭히다가 한 여자를 끔찍한 집단린치로 죽였다. 두 여자는 거리를 배회하는 걸인에게 마법을 걸어 발작을 일으키게 했다는 이유로 고발됐다. 두 여자는 고문을 받고 마녀라고 자백한 뒤 감옥에 갇혔다. 그중 재닛 콘푸트Janet Cornfoot라는 여자가 탈옥해 도망쳤으나 다음날 병사들에게 붙잡혔다. 마을로 끌려온 그녀를 보고 폭도로 변한 마을 사람들이 그녀를 바닷가로 끌고 갔다. 그들은 그녀를 밧줄로 묶은 뒤 그 밧줄을 한쪽 끝을 길게 늘어뜨려 어선의 돛대에 묶었다. 그러고는 그녀를 바닷물 속에 몇 차례 던져 넣더니 거의 죽을 지경이 되자 밧줄을 끊고 그녀를 끌어내 땅에 내동댕이쳤다. 그들은 정신을 잃고 엎드려 있는 그녀의 등 위에 돌을 쌓았고, 이로 인해 그녀는 결국 압사하고 말았다.

그녀를 붙잡아온 병사들은 멀거니 구경만 했고, 치안판사도 수수방관했다. 이 사건에 대한 비난의 목소리가 컸지만, 누구도 조사받지 않았다. 1708년에는 한 여자가 마녀로 몰려 달군 쇠로 뺨에 낙인을 찍히고 스코틀랜드에서 추방되는 일이 있었다.

1718년에는 케이스네스Caithness 지역의 궁벽진 시골 마을에서 어처구니없는 마녀사건이 일어났다. 고양이를 아주 싫어하는 윌리엄 몽고메리William Montgomery라는 목수의 집 뒷마당에 마을 고양이들이 자주 와서 놀았다. 몽고메리는 왜 그런가 하고 어리석은 머리를 굴리다가 고양이들이 사실은 마녀라는 결론을 내렸다. 가정부도 고양이들이 사람의 목소리로 서로 말하는 것을 들었다고 거들었다.

몽고메리는 도끼와 칼을 들고 기다리다가 고양이들이 뒷마당에 모여들자 덮쳤다. 한 마리는 등을 찍혔고, 다른 한 마리는 엉덩이를 베였으며, 또 한 마리는 다리를 못 쓰게 됐다. 그러나 죽거나 붙잡힌 고양이는 없었다. 며칠 뒤에 그 마을에서 두 노파가 죽었는데 한 노파의 등과 다른 한 노파의 엉덩이에서 각각 최근에 난 상처가 발견됐다는 이야기가 돌았다. 몽고메리와 가정부는 죽은 두 노파가 고양이로 변신한 마녀였다고 확신했고, 이들이 하는 이야기를 들은 마을 사람들도 그렇게 생각했다.

그런데 이때 마을의 또 다른 노파가 다리가 부러진 채 침대에 누워 지내고 있었다. 몽고메리는 이런 사실을 알게 되자 그 노파가 바로 다리를 못 쓰게 된 고양이라고 단정했다. 몽고메리는 그렇지 않아도 마녀처럼 추하게 생긴 노파를 마녀로 고발했다. 체포된 노파는 고문을 받기 전에는 자기 다리가 부러진 실제 이유를 설명했으나 고문을 받은 뒤에는 마녀라고 자백하고는 고양이로 변신해 몽고메리의 집에 갔다가 공격을 받아 그렇게 됐다고 인정했다. 노파는 죽은 두 노파도 마녀라면서 그 밖에도 마녀 여러 명의 이름을 댔다. 노파는 심한 고문을 받은 탓에 다음날 옥중에서 죽고 말았다. 노파에게 마녀로 지목된 사람들은 다행히 운이 좋았다. 왕의 법률고문인 던더스Dundas가 이 마녀사건이 얼마나 터무니없는지를 깨닫고 재판을 중단하게 했다.

4년 뒤에 케이스네스 지역에서 또 다른 마녀재판이 열렸다. 현지의 치안판사는 모든 마녀사건을 상급법원으로 이송하라는 지시를 어기고 직접 한 노파에게 화형을 선고했다. 그녀가 이웃의 소와 돼지에게 마법을 걸었다는 이유에서였는데, 사실 그녀는 원래 미친 여자였다. 그녀는 화형장에서 자기를 태워 죽이기 위해 피운 불을 바라보고 웃어대며 손뼉을 쳤다고 한다. 그녀에게는 손과 발을 쓰지 못하는 장애를 가진 딸이 있었는데, 이것도 그녀가 마녀들의 안식일 모임에 참석할 때 조랑말 대신 딸을 썼기 때문이라고 고발됐다. 그녀가 딸을 데리고 온 것을 보고 악마가 그 딸의 손과 발에 편자를 박아서 그렇게 됐다는 것이었다.

이것이 스코틀랜드에서 자행된 마녀 처형의 마지막 사례다. 스코틀랜드에서는 1736년에 마녀를 처형한다는 조항이 형법에서 삭제됐다. 그 뒤로는 마법사나 마녀로 몰려 유죄가 선고된 사람에게 태형이나 금고형이 적용됐다.

┃ 유럽대륙의 마녀재판

유럽대륙에서도 17세기 초반부터 18세기 중반까지 마녀사냥이 맹위를 떨쳤다. 프랑스, 독일, 스위스에서 가장 요란하게 마녀사냥이 펼쳐졌다. 이들 나라에서 16세기에 마녀사냥에 희생된 사람들에 관한 이야기는 이미 앞에서 서술했다. 17세기에는 마녀사냥에 따른 희생자가 훨씬 더 많아졌다. 그 내용을 들여다보면 어떻게 인류가 그 정도로 광기에 빠질 수 있는지 믿을 수 없을 정도다. 당시의 지식인 호르스트Horst는 그 광기를 이렇게 표현했다.

이 세상은 악마와 마녀들이 제멋대로 까부는 커다란 아수라장인 것처럼 여겨진다.

사람들은 사탄이 누군가가 부르면 나와 회오리바람을 일으키고 번개를 치는가 하면 농사를 망치고 사람의 건강을 해치기도 한다고 믿었다. 가장 경건해야 할 성직자들도 창조주의 은총을 모독하는 이런 믿음을 갖고 있었다. 그들은 아침기도와 저녁기도에서 유일신 하느님의 은총을 찬양하면서도 인간은 연약한 존재이므로 지옥의 악마와 계약을 맺음으로써 하느님의 율법을 어길 수도 있다고 생각했다. 이노켄티우스 8세와 그 뒤를 이은 많은 교황들은 이런 저급한 교리를 널리 알렸다. 그래서 이 세상이 마치 마법을 거는 자들과 걸리는 자들의 두 무리로 나뉜 것만 같았다.

이노켄티우스 8세는 야콥 슈프렝거Jacob Sprenger와 하인리히 크라머Heinrich Kramer를 심문관으로 임명해 독일에서 마녀재판을 실행하도록 했다. 독일의 마녀재판은 주로 밤베르크, 트리어, 쾰른, 파더보른, 뷔르츠부르크에서 열렸다. 마녀의 수가 급속하게 늘어나자 독일, 프랑스, 스위스에서 새로운 심문관이 계속 임명됐다. 스페인과 포르투갈에는 이단심문소가 따로 설치됐다.

독일의 슈프렝거, 그리고 프랑스의 보디누스Bodinus와 델리오Delrio가 남긴 기록을 보면 정의와 종교의 이름으로 교회가 잔학한 행위를 얼마나 많이 했는지를 알 수 있다. 17세기에 명성을 떨친 보디누스는 이렇게 주장했다.

마녀 혐의는 다른 범죄 혐의와는 다르게 다루어야 한다. 마녀 혐의에 대해 일반적인 사법절차를 밟는 것은 인간의 법과 신의 법을 뒤엎는 일이다. 이런 혐의로 재판에 회부된 자는 기소의 잘못이 태양보다 밝게 드러나기 전에는 결코 무죄로 풀려나게 해서는 안 된다. 통상적인 절차로만 심문하면 마녀 100만 명 가운데 단 한 명에 대해서도 유죄를 입증할 수 없을 것이다.

'생클로드 지역의 대 마녀재판관'을 자처한 앙리 보게Henri Boguet는 마녀재판의 진행에 관한 지침을 만들었다. 7개 조항으로 이루어진 이 지침은 보디누스가 만든 것 못지않게 그 내용이 터무니없고 잔인하다. 이 지침의 내용은 다음과 같다.

의심만으로도 용의자를 체포해서 고문해야 한다. 투옥된 자가 잘 안 들리는 소리로 불평하는 것, 땅을 내려다보는 것, 눈물을 흘리지 않는 것은 모두 유죄의 증거다. 마법사나 마녀 용의자에 대해서는 그 자식들도 증인으로 세워야 한다. 인간성이 나쁘기로 이름나서 맹세하는 말조차 믿을 수 없는 사람이라도 누가 그에게 마법을 걸었다고 하면 그 말은 믿어야 한다.

이런 식의 마녀색출 방법이 권장되고 받아들여진 것을 보면 엄청난 수의 사람들이 마녀 판정을 받고 처형당한 것이 그리 놀랄 일이 아니다. 쾰른에서만 해마다 평균 300명이 화형에 처해졌다. 밤베르크에서는 400명, 뉘른베르크와 제네바, 파리, 툴루즈, 리옹 등지에서는 각각 200명이 평균적으로 매년 처형됐다. 마녀재판 가운데 몇 가지 사례를 들여다보자.

1595년에 콘스탄츠 인근의 촌락에 사는 한 노파가 마을 사람들의 축제에 초대받지 못한 것에 화가 나서 불평을 하다가 들판을 지나 언덕으로 올라가 자취를 감추었다. 그런데 두 시간 뒤에 천둥을 동반한 폭풍우가 몰아닥쳐 춤을 추며 축제를 즐기던 마을 사람들의 옷이 흠뻑 젖고 농작물에도 큰 피해가 발생했다. 이로 인해 이전부터 마녀로 의심받던 그 노파가 붙잡혀가 투옥됐다. 노파는 자신이 폭풍우를 불러왔다고 자백할 때까지 고문을 받았고, 이튿날 저녁에 산 채로 화형을 당했다.

거의 같은 시기에 툴루즈에서는 두 남자가 한밤중에 십자가를 끌고 다니다가 때때로 멈춰 서서 십자가에 침을 뱉거나 십자가를 발로 차면서 악마를 부르는 주문을 외운다는 소문이 났다. 그런데 어느 날 폭풍이 불고 우박이 떨어져 농작물 피해가 크게 났다. 이때 구두수선공의 딸이 간밤에 마법사가 외우는 주문을 들었다고 해서 그 두 남자가 체포됐다. 고문을 당한 두 남자는 어느 때나 원하면 폭풍을 일으킬 수 있는 능력을 가지고 있다고 자백하고 같은 능력을 가지고 있는 다른 사람들의 이름도 댔다. 두 남자는 교수형에 처해졌고, 그 시체는 시장에서 불태워졌다. 그리고 두 남자가 거명한 사람 가운데 7명도 같은 운명을 맞았다.

1599년에 독일에서는 호포Hoppo와 슈타틀린Stadlin이 마법사로 판정되어 처형됐다. 이 두 남자는 20~30명의 마녀를 부려 임신부를 유산시키고, 천둥과 번개가 치게 하고, 처녀가 두꺼비를 낳게 했다는 이유로 고발당했다. 실제로 이 두 남자 때문에 두꺼비를 낳았다고 증언하는 처녀가 여러 명 있었다. 슈타틀린은 심문을 받고 한 여성의 자궁에 들어 있었던 태아 7명을 자기가 죽였다고 자백했다.

보디누스는 프랑스의 마녀사냥꾼 니데Nider를 크게 칭찬했다. 니데는 그 자신도 헤아릴 수 없을 정도로 많은 여자를 죽게 했다. 그가 마녀로 고발한 여자 가운데는 말 한마디로 사람을 쓰러뜨려 죽인 경우도 있었고, 다른 여자로 하여금 9개월이 아니라 3년 동안 임신한 상태로 있게 한 경우도 있었다. 뿐만 아니라 다른 사람의 얼굴을 위아래로 뒤집거나 앞뒤로 돌리는 능력을 가진 여자도 있었다. 실제로 얼굴이 그렇게 된 사람을 봤다는 증인은 없었지만 고문을 받은 여자는 자기가 다른 사람의 얼굴을 그렇게 뒤집거나 돌릴 능력을 가지고 있고 실제로 그렇게 했다고 자백하고 교수대로 끌려갔다.

암스테르담에서는 한 미친 소녀가 '투리우스 운트 슈리우스 인투리우스

Turius Und Shurius Inturius!'라는 주문을 외워서 소가 새끼를 낳지 못하게 하거나 돼지와 닭에게 마법을 걸 수 있다고 자백했다. 이 소녀는 교수형에 처해지고 시체는 불태워졌다. 또한 이 소녀의 자백에 따라 코르넬리스라는 여자가 체포됐다. 법정에 나온 증인은 코르넬리스가 불을 피워놓고 앉아서 악마에게 중얼거리자 검은 고양이 12마리가 나타나 뒷다리로 서서 춤을 추는 것을 보았다고 했다. 고양이들은 30분 정도 그렇게 춤을 추더니 무서운 소리를 내고 사라지면서 고약한 냄새를 남겼다고도 했다. 코르넬리스는 교수형에 처해졌다.

밤베르크에서는 1610~40년에 해마다 약 100명씩의 마녀가 처형됐다. 한 여자가 아이를 보고 예쁘다고 말한 직후에 그 아이가 병에 걸려 죽었다. 이 때문에 마녀로 의심받아 체포된 여자는 고문을 받고는 악마가 미워할 만한 사람을 칭찬하면 그 사람을 해칠 수 있는 능력을 악마에게서 받았다고 자백했다. 자기가 남자에게 "대단한 힘을 가지고 있네요!", 여자에게 "참으로 아름답군요!", 아이에게 "너 참 귀엽구나!"하고 말하면 악마가 곧바로 병에 걸리게 한다는 것이었다. 이 불쌍한 여자의 최후는 굳이 말할 필요가 없을 것이다.

1627~29년에 뷔르츠부르크 시에서 벌어진 마녀재판에 관한 기록은 끔찍하다는 점에서 압권이다. 실제로 처형이 이루어진 사례 가운데 일부만 다뤘다는 주석이 달린 이 기록에는 2년 동안 한 번에 5~6명씩 29차례 집행된 화형으로 살해된 157명의 명단이 실려 있다. 여기에는 연극배우 3명, 여관주인 4명, 성직자 14명, 소년성가대원 2명 및 시장의 부인, 약제상의 아내와 딸, 시에서 가장 아름다운 소녀로 알려진 괴벨 바벨린 등이 있다.

전체 희생자 가운데 32명이 떠돌이였고, 어린아이도 많이 희생됐다. 7번째 화형식에서는 12살의 떠돌이 소년과 시장바닥에서 노숙하던 4명의 남녀가 희생됐다. 13번째와 14번째 화형식에서는 9살 소녀와 여동생, 어머니, 24살 숙모가 죽었다. 18번째 화형식에서는 12살 소년 2명, 15세 소녀 1명이 죽었고, 19번째 화형식에서는 9살 소년 1명, 10살 소년 2명, 12살 소년 1명이 희생됐다.

곳곳에서 건강염려증이나 실제 질병에 시달리던 사람들이 마법사나 마녀라고 자백하는 경우가 많았다. 자신의 불행을 한탄하다가 마녀로 몰린 사람도 있었다. 사회의 밑바닥 계층에 속하는 사람들은 도둑이나 강도가 되기 쉬웠는데, 악마의 도움을 받아 그런 짓을 할 특별한 능력을 갖고 싶어 했다. 악마를 불러내는 주문의 문구가 널리 알려지자 개구쟁이들이 장난으로 그 문구를 외웠다가 붙잡혀가기도 했다. 한 소년은 악마가 자기에게 매일 푸짐한 저녁식사와 케이크, 그리고 타고 다닐 조랑말 한 마리를 준다면 영혼을 팔겠다고 했다는 이유로 교수형을 당했다. 란트하임이라는 마을에서는 고작 천 명에 불과한 인구 중에서 해마다 5명가량이 화형에 처해졌다. 1660~64년에는 해마다 30명가량이 화형을 받고 죽었다.

1617년 파리에서 앙크르Ancre 원수 부인이 처형당했다. 마녀라는 것도 그녀의 죄목 가운데 하나였지만, 사실은 그녀가 섭정인 마리 드 메디치 Marie de Médicis의 마음을 사로잡고 이 섭정의 아들인 왕 루이 13세에게도 영향력을 행사한 것이 문제가 됐다. 앙크르 원수 부인이 한밤중에 교회에서 수탉을 죽여 제물로 올리는 것을 보았다고 그녀의 마부가 증언했다. 그녀가 유명한 마녀인 이사벨라의 집에 몰래 들어가는 것을 봤다고 증언한 사람도 여럿이었다. 마리 드 메디치의 마음을 좌지우지할 수 있었던 이유를 묻는 질문에 그녀는 의지가 강한 사람은 의지가 약한 사람에게 영향을 줄 수 있다고 당당하게 대답했다. 그녀는 의연한 모습을 유지한 채 형장의 이슬로 사라졌다.

그 뒤로 2년 동안 프랑스에서 벌어진 마녀재판 가운데 가장 끔찍한 것은 피레네 산맥의 기슭에 있는 라부르Labourd에서 열린 것이다. 라부르에 마녀가 매우 많다는 소문에 보르도 고등법원이 의장 에스페넬Espaignel과 법관 피에르 드 랑크르Pierre de L'ancre를 대표로 한 조사단을 파견했다. 조사와 처벌의 권한을 위임받은 조사단은 1619년 5월에 라부르에 도착했다.

피에르 드 랑크르는 이때 마녀를 색출해 처벌한 활동을 담은 책을 써서 출판해 자신의 공적을 자랑했다. 이 책에는 이때의 희생자 수와 마녀 용의자들이 고문을 받고 자백한 내용 등이 실려 있다. 이 책에서 그는 라부르에 마녀가 많은 이유 가운데 하나로 산악지대의 불모지라는 점을 들었다. 또 그는 라부르의 주민들이 담배를 많이 피운다는 사실에 주목했다. 그는 담배를 '악마의 풀'로 여겼던 것 같다. 재판이 열리자 매일 40명이 법정에 끌려왔다. 그 가운데 무죄로 방면되는 비율은 5퍼센트에 못 미쳤다.

마녀로 몰린 여자들은 대부분 마녀들의 안식일 모임에 참가했다고 자백했다. 모임에서는 악마가 금박의 왕좌에 앉아 있었는데, 어떤 때에는 염소의 모습이었고 어떤 때에는 검은 옷을 입은 신사의 모습이었다고 했다. 그리고 자신들은 빗자루를 타고 모임에 가서 악마와 온갖 추잡한 짓을 했다고 자백했다. 대담하게도 보르도 시의 한복판에서 축제를 연 적도 있다고 했다. 200명이나 교수형에 처해지고 시체가 불태워지고 나서도 재판을 받아야 할 피고가 줄을 이었다.

피에르 드 랑크르는 특히 사람이 늑대로 변신하는 죄에 관심이 많았다. 체포된 사람 가운데 몇몇은 고문을 받지 않고도 자기가 늑대인간이라고 자백했다고 한다. 그들은 밤에 늑대로 변신해 양을 잡아먹었다고 했다. 브장송에 사는 한 젊은이는 심문관 에스페넬에게 자기는 '숲의 주인'인 악마의 하인이라고 자백했다. 그러면서 자기는 악마의 힘을 빌려 늑대로 변신했지만, '숲의 주인'은 훨씬 더 크고 사나운 늑대의 모습이라고 했다. 또한 한밤 중에 늑대로 변신해 돌아다니면서 양을 지키는 개를 죽이고 양을 잡아먹었는데, 그러한 짓을 하면서 격렬한 쾌감을 느꼈고 양의 살을 뜯어먹으면서 기쁨에 겨워 울부짖었다고 했다.

많은 젊은이들이 이와 비슷한 자백을 했다. 자발적으로 자백한 경우도 있었지만, 고문을 받고 자백한 경우가 훨씬 더 많았다. 재판관은 이들에게는 교수형에 처한 뒤 시체를 태우는 형벌을 적용하기에는 죄질이 너무 나쁘다는 이유에서 산 채로 불에 태우는 화형을 적용한다는 판결을 내렸다.

심지어는 근엄하고 학식이 있는 신학박사들도 사람이 늑대로 변신할 수 있다고 주장했다. 이는 구약성서에 나오는 느부갓네살에 관한 이야기 때문이었다. 느부갓네살이 황소로 변할 수 있었다면 사람이 악마의 힘으로 늑대로 변하는 것도 가능하다고 그들을 생각했다. 그리고 그들은 용의자의 자백만으로도 변신에 대한 충분한 증거가 된다고 주장했다.

델리오Delrio는 늑대인간으로 고발된 사람이 20번 이상 고문을 당하고도 자백하지 않다가 정신을 혼미하게 만드는 약을 먹이자 비로소 자백해 늑대인간으로 판정됐다고 전한다. 그러면서 그는 이 재판에 대해 심문관들이 얼마나 공정했는지는 보여주는 예라고 주장했다. 고문을 받고 늑대인간이라고 자백한 사람들은 화형에 처해졌다.

루됭Loudun의 신부 위르뱅 그랑디에Urbain Grandier가 여러 소녀에게 마법을 걸었다고 해서 재판을 받은 사건은 앙크르 원수 부인 사건과 비슷했다. 적들이 그를 파멸시키기 위해 마법사로 고발했다. 1634년에 프랑스를 떠들썩하게 한 이 사건은 대중의 광기에서 비롯된 것이 아니라 음모꾼들이 조작해낸 사건이었다. 그랑디에는 정직하면서도 지적으로 자신을 변호했으나 그에 의해 마법에 걸렸다고 상상하는 미친 여자들의 증언을 이기지는 못했다. 그는 결국 산 채로 화형을 당했다.

1639년에 릴Lille에서 특이한 마녀소동이 일어났다. 앙투아네트 부리뇽 Antoinette Bourignon은 신심이 깊지만 정신이 약간 비정상인 여자였다. 그녀는 여자아이들을 위한 학교를 열었다. 그녀는 어느 날 교실에 들어가면서 수많은 검은 천사들이 아이들의 머리 위로 날아다닌다고 상상했다. 그러고는 몹시 놀라 아이들에게 자기가 본 것을 이야기하면서 작은 악마들이 주변에 떠돌고 있으니 조심하라고 일렀다. 그녀는 아이들에게 매일 같은 이야기를 반복했고, 그러자 나중에는 아이들은 물론 다른 교사들도 악마와 악마의 능력만 입에 올리게 됐다.

한 아이가 학교에서 도망쳤다가 붙잡혀왔다. 왜 도망쳤느냐고 묻자 아이는 도망친 게 아니라 악마에게 끌려갔던 것이라고 대답했다. 그러면서 자신은 7살 때부터 마녀라고 주장했다. 이에 몇몇 아이들이 놀라 발작을 일으키더니 제정신으로 돌아온 뒤에 자기들도 마녀라고 주장했다. 결국에는 50명이나 되는 학생들 전부가 스스로 마녀라고 상상했다. 너도나도 마녀들의 안식일 모임에 참석했고, 빗자루를 타고 하늘을 날아다녔으며, 아기의 살을 뜯어 먹었다고 고백했다.

릴의 시민들은 이런 이야기를 듣고 경악했다. 성직자들이 서둘러 조사에 들어갔다. 일부 성직자들은 모든 것이 사기극이라는 의견을 밝혔으나, 더 많은 성직자들은 아이들이 한 말은 모두 진실이니 모두 화형에 처해야 한다고 말했다. 아이들의 부모는 아이들이 마녀가 아니라 마법에 걸렸을 뿐이라고 주장하며 성직자들에게 아이들을 처벌하지 말아달라고 탄원했다. 부모들의 탄원은 받아들여졌다. 대신 아이들로 하여금 터무니없는 상상을 하게 만든 앙투아네트 부리뇽이 마법을 건 혐의로 고발되어 조사를 받았다. 상황이 불리해지자 그녀는 2차 심문을 받기 전에 변장을 하고 릴을 빠져나갔다. 몇 시간만 늦었어도 그녀는 마녀로 몰려 화형을 당할 뻔했다.

| 마녀사냥의 퇴조

브룬스비크Brunswick 공작은 마녀재판에서 벌어지는 잔학한 고문에 치를 떨면서 제대로 된 판사라면 고문으로 인한 자백을 충분한 증거로 받아들여서는 안 된다고 확신했다. 그는 두 명의 학식 있는 예수회 신부를 초청해 마녀재판을 시연했다. 공작의 친구인 두 신부는 마녀재판의 정당성을 믿는 사람이었다. 공작은 마녀재판이 얼마나 터무니없는지를 보여주기 위해 두 신부를 초청한 것이었다.

브룬스비크 공작은 마녀로 몰려 감옥에 갇힌 여자를 데려오게 해서 두 신부와 함께 그녀의 자백을 들었다. 미리 고문의 위협을 당한 뒤에 끌려온 그녀는 자신이 브로켄 산에서 열리는 마녀들의 안식일 모임에 여러 차례 참석했으며, 공작이 초대한 두 신부를 그곳에서 봤다고 말했다. 두 신부가 멀리 떨어진 곳에 있었느냐고 묻자 그녀는 자신의 바로 옆에 있었다고 대답했다.

브룬스비크 공작은 기절할 정도로 놀란 두 신부를 다른 방으로 데리고 가서 어떻게 해서 그녀로 하여금 그런 자백을 하게 만들었는지를 말해주었다. 두 신부는 그런 방식으로 수많은 사람들이 억울한 일을 당할 수 있음을 인정했다. 아울러 만약 친구가 아닌 적이 그런 자백을 받아냈다면 자신의 운명은 어떻게 됐겠는가 하는 생각에 몸을 떨었다. 두 신부 가운데 하나인 프리드리히 슈페Friedrich Spee는 1631년에 《범죄에 관한 경고Cautio Criminalis》

라는 책을 써서 출판했다. 마녀재판의 부당성을 폭로한 이 책은 독일에서 널리 읽혔다.

멘츠Menz의 대주교이자 선제후인 쇤브룬Schönbrunn은 자신의 영향력이 미치는 지역 안에서 고문을 완전히 금지했고, 브룬스비크 공작을 비롯한 독일의 여러 귀족들도 그를 따라 같은 조치를 취했다. 이때부터 마녀로 몰리는 여자들의 수가 줄어들고 마녀재판을 부추기는 대중의 광기가 가라앉기 시작했다. 1654년에는 브란덴부르크의 선제후가 마녀로 몰려 재판을 받게 된 안나Anna라는 여자에게 고문을 가하거나 물에 빠뜨리는 시험을 하지 말라고 명령했다.

오랜 어둠 끝에 먼동이 트기 시작한 셈이었다. 이제는 어느 지역의 법정에서도 일 년에 수백 명이 마녀 판결을 받는 일은 더 이상 일어나지 않았다. 마녀에 대한 화형이 성행하던 뷔르츠부르크에서도 화형은 거의 자취를 감추었다. 1660~70년에는 독일의 전 지역에서 지방법원이 마녀에게 선고한 사형을 상급법원에서 종신금고형이나 뺨에 낙인을 찍는 형벌로 감형했다.

진리에 보다 가까운 철학이 차츰 대중을 계몽했다. 사람들은 더 많은 교육을 받고 미신의 굴레에서 점점 더 벗어났고, 그동안 대중의 미망을 조장해온 각국 정부와 교회는 그런 태도에서 벗어나기 시작했다.

1670년에 노르망디 고등법원이 여러 명의 여자들에게 빗자루를 타고 날았다는 이유로 사형을 선고하자 국왕 루이 14세가 오지로 추방하는 것으로 감형했다. 이에 노르망디 고등법원이 루이 14세에게 항의하는 내용의 편지를 보냈으나 루이 14세는 흔들리지 않았다. 1680년에는 마녀나 마법사를 처벌하는 게 아니라 마녀나 마법사인 척하는 자를 처벌하는 내용이 포함된 법령이 선포됐다. 이리하여 독일, 프랑스, 영국, 스코틀랜드에서 비슷한 시기에 계몽이 시작되어 18세기 중반 이후에는 가장 미천하고 무지한 사람들만 여전히 마녀의 존재를 믿게 됐다. 그러나 그러는 동안에도 여기저기에서 몇 건의 엽기적인 마녀사건이 일어나 마녀사냥 광기의 끈질김을 보여주었다.

스웨덴 중서부 산악지역의 작은 마을 모라Mohra의 주민들이 마녀들에게 시달리고 있다는 보고를 들은 스웨덴 왕은 성직자와 평신도들로 조사위원회를 구성하고 전권을 주어 파견했다. 1669년 8월 12일에 조사위원회가 모라 마을에 도착하자 주민들은 열렬히 환영했다.

다음날 3천 명의 전 주민이 교회 앞에 모였다. 목사는 악마의 장난으로 고통을 받는 사람들을 위로하는 연설을 한 다음 주민들 사이에 숨어있는 마녀를 모두 없애게 해달라고 기도했다. 조사위원회는 마녀에 관해 무엇이든 알고 있는 사람은 모두 찾아와 진실을 말해달라고 요구했다. 교회 앞과 주변의 거리를 메운 군중은 울거나 흐느끼면서 그렇게 하겠다고 다짐했다. 이날은 이것으로 주민집회가 끝나고 사람들이 모두 집으로 돌아갔다. 다음날 다시 주민집회가 소집됐고 여기에서 몇 명이 공개적으로 증언을 했고, 그 결과로 어린아이 15명을 포함해 모두 70명이 구금됐다. 이웃 마을 엘프달레Elfdale에서도 다수가 체포됐다. 이들은 모두 고문을 받고 죄를 자백했다. 그 내용은 이렇다.

종종 자갈 채취장으로 간다. 거기에서 커다란 천을 같이 뒤집어쓰고 둥글게 도는 춤을 춘 다음 인접한 네거리로 가서 악마를 다음과 같이 세 차례 부른다.
"인도자여, 어서 와서 우리를 블로쿨라Blåkulla로 데리고 가소서!"
블로쿨라는 마녀들의 안식일 의식이 진행되는 큰 집처럼 생긴 곳인데, 여기에서 악마가 법정을 열기도 한다. 첫 번째에는 나지막하게,

두 번째에는 좀 더 크게, 세 번째에는 매우 크게 외친다. 그러면 악마가 나타나는데, 몸집이 작고 회색 외투를 입은 노인의 모습이다.

악마는 사람들에게 "몸과 영혼을 다 바쳐 나를 섬기겠느냐?" 하고 묻는다. 사람들이 "예"라고 대답하면 악마는 블로쿨라로 갈 준비를 하라고 이른다. 그러면서 연고가 들어있는 뿔을 준다. 사람들은 그 연고를 몸에 바른다. 이어 악마가 말, 나귀, 염소 같은 짐승을 데리고 온다. 사람들은 그 짐승을 타고 하늘로 날아올라 블로쿨라가 있는 푸른 초원지대로 간다. 사람들은 아이들도 될 수 있는 대로 많이 데리고 간다.

블로쿨라에서 아이가 악마에게 피멍이 들도록 맞기도 한다. 한 여자아이는 마녀에게 안겨 하늘을 날아가다가 예수의 이름을 입에 올리자 바로 땅에 떨어져 옆구리를 다쳤다. 그러자 악마가 그 상처를 치료해준 뒤 블로쿨라로 데리고 갔다.

블로쿨라 안의 큰 방에는 마녀들이 앉는 기다란 탁자가 있고, 다른 방들에는 고급 침대가 있다. 사람들은 블로쿨라에서 만찬을 즐기고, 그 사이에 악마는 하프나 바이올린을 연주한다. 만찬이 끝나면 사람들이 서로 손을 잡고 원을 그리며 춤을 추는데, 옷을 입고 추기도 하고 벗고 추기도 한다. 악마는 죽은 척해서 사람들의 반응을 떠보기도 한다. 악마는 자기가 죽은 척했을 때 가장 서럽게 운 사람을 품에 안아준다.

법정에서 이만큼 황당한 진술이 나온 적이 없었다. 피고들의 진술은 모순투성이였지만 조사위원회는 그런 점에는 신경 쓰지 않았다. 블로쿨라로 날아가다가 떨어져 옆구리를 다쳤다는 여자아이는 법정에서 여전히 옆구리가 몹시 아프다고 했는데, 판사들은 이 여자아이의 진술을 결정적인 증거로 받아들였다.

이 재판에 심문관으로 참여하고 있던 목사가 어느 날 밤에 극심한 두통에 시달렸다. 마법에 걸린 것 외에는 두통의 원인을 찾을 수 없었던 그는 마녀들이 자신의 머리 주위에서 춤을 춘다고 생각했다. 법정에서 그로부터 이런 이야기를 들은 방청객들은 악마와 마녀들이 그렇게 선량한 사람까지 괴롭힐 수 있는 줄 몰랐다며 놀라워했다.

마녀로 몰린 여자 가운데 하나가 목사에게 두통이 일어난 이유를 설명했다. 악마가 쇠망치와 못을 주면서 자기를 목사에게 보냈다는 것이었다. 그녀는 목사의 머리에 쇠망치로 못을 박으려고 했지만 목사의 두개골이 너무나 단단해서 실패했다고 했다. 이 말에 방청객들이 두 손을 들며 놀라워했다. 신심이 강한 목사는 자신의 두개골이 튼튼한 것을 알게 됐다며 하느님에게 감사했다. 그 뒤로 그는 튼튼한 두개골을 가진 사람으로 유명해졌다. 그녀의 이런 진술이 농담이었는지 진담이었는지는 확실하지 않은데, 어쨌든 사람들은 이로 인해 그녀를 더욱 사악한 존재로 바라보게 됐다.

이런 터무니없으면서도 소름끼치는 자백에 근거해 70명에게 화형 선고가 내려졌다. 그 가운데 23명은 모라 마을에서 수많은 군중이 지켜보는 가운데 한꺼번에 화형을 당했다. 다음날에는 15명의 아이들이 같은 방법으로 살해됐다. 나머지 32명은 이웃 마을 팔루나Fahluna에서 화형을 당했다. 이 밖에도 56명의 아이들이 징역이나 매질과 같은 보다 가벼운 처벌을 받았다.

그 뒤에도 마녀사냥이 오랫동안 이어졌음을 알려주는 기록이 많이 남아 있다. 사람들은 어떤 관념이나 이론이든 그것을 뒷받침하려고 사실을 왜곡하기를 서슴지 않는다. 모라 마을의 마녀사건을 조사하기 위해 파견된 위원회가 좀 더 용기 있고 분별력 있는 사람들로 구성됐더라면 결과가 사뭇 달라졌을 것이다. 아이들은 화형을 당하기보다 병원으로 보내졌을 것이고,

1669년 스웨덴의 모라 마을에서 진행된 마녀재판 과정을 묘사한 그림

아이들의 말을 믿은 어리석은 부모들은 웃음거리가 되는 것으로 그쳤을 것이다. 그래서 아마도 화형을 당한 70명이 모두 목숨을 구했을 것이다.

북아메리카의 식민지 뉴잉글랜드에서도 비슷한 시기에 악마와 마녀를 탓하는 소동이 벌어졌다. 사람들이 갑자기 악마에 대한 공포에 휩싸였고, 이로 인해 매일같이 마녀 용의자가 붙잡혀 들어가 감옥이 만원을 이루었다. 그 가운데 하나가 석공의 딸 굿윈Goodwin이었다. 그녀는 심기증에 걸려 자주 발작을 일으켰는데, 아일랜드 출신의 노파 글로버Glover가 자기에게 마법을 걸어서 그런 것이라고 상상했다. 그녀의 두 오라비도 비슷한 증세를 나타냈는데, 같은 주장을 했다. 이로 인해 글로버가 체포됐고, 주기도문을 완벽하게 외우지 못한다는 이유로 마녀라고 판정되어 처형을 당했다.

그러나 대중의 흥분은 가라앉지 않았다. 한 사람의 희생만으로는 충분치 않다는 듯 사람들은 새로운 폭로가 나오기를 기다렸다. 이런 분위기 속에서 어느 집의 두 소녀가 매일같이 발작을 일으켰다. 두 소녀는 악마가 자기 목구멍으로 공을 집어넣었다고 했다. 목구멍이 막히는 듯한 느낌은 히스테리 환자에게 흔히 나타나는 증상인데, 아마도 두 소녀는 이런 증상을 그렇게 표현했을 것이다. 어쨌든 두 소녀는 온몸에 통증도 느꼈고, 한 소녀는 바늘을 토해내기까지 했다.

두 소녀는 칼뱅파 목사의 딸과 조카여서 더욱 사람들의 관심을 끌었다. 두 소녀의 이야기가 널리 퍼지면서 병약한 여자들이 그 영향을 받아 너도 나도 두 소녀와 같이 자기도 악마에게 괴롭힘을 당하고 있다고 상상했다. 그리고 그러한 상상에 몰두할수록 확신이 커졌고, 이러한 정신상태가 페스트와 같이 전염됐다. 여자들이 연달아 기절했고, 깨어나서는 마녀의 환영을 보았다고 말했다. 일부 여자들은 악마가 손에 계약서용 양피지를 들고 나타나 자기에게 영혼을 파는 계약을 맺으면 곧바로 육체적 고통에서 벗어나게 해주겠다고 약속했다고 진술했다. 그러나 악마가 아니라 마녀가 나타나 비슷한 제의를 하면서 거부하면 몸이 계속 아플 것이라고 위협했다는 진술도 있었다.

이런 여자들이 고발해서 투옥된 사람이 200명이 넘었다. 그들의 연령과 생활형편은 다양했고, 모범적인 삶을 사는 사람도 많았다. 사람들이 이성을 되찾기 전에 그들 가운데 적어도 19명이 처형됐다. 가장 개탄스러운 일은 5살짜리 아이의 희생이다. 몇몇 여자들이 악마와 계약을 맺기를 거부하자 그 아이가 악마와 같이 있다가 자신들을 물어뜯었다고 진술했고, 이로 인해 그 아이는 처형됐다. 심지어는 개 한 마리도 악마의 편을 들어 악마와 계약을 맺기를 거부하는 여자들을 물어뜯었다는 이유로 죽임을 당했다.

코리Cory라는 남자는 자기를 마법사로 모는 기소혐의를 완강하게 부정했다. 이런 경우에는 무거운 돌로 압사시키는 것이 관행이었다. 코리가 죽어가며 극심한 고통 속에서 숨을 쉬려고 혀를 내밀자 처형을 관장하는 보안관이 막대기로 그 혀를 밀어 넣었다고 한다. 사람의 탈을 쓴 악마가 있다면 바로 그 보안관일 것이다. 그러나 그는 신앙심이 깊다고 자부하는 사람이었다.

이런 일이 거듭되자 마녀재판으로 가족이나 친척을 잃었거나 잃을 위험에 처한 사람들이 차츰 의문을 품었다. 재판이 악마에 의해 조종되는 것은 아닐까? 악마가 증인들로 하여금 거짓증언을 하게 하거나 증인들이 바로 악마의 하수인이 아닐까? 뉴잉글랜드 주민들의 정서가 급변하면서 잘못된 일이 벌어지고 있다는 생각이 확산됐다.

판사들은 이미 자백을 한 피고에 대해서도 처벌하려고 하지 않았다. 유죄 선고를 받은 사람들도 자백을 철회하면 석방됐다. 사실 그들은 대부분 자기가 고문을 받고 자백한 내용을 기억하지도 못했다. 발작을 일으키던

344

소녀들이 더 이상 그러지 않게 됐다. 악마나 마녀를 봤다는 이야기도 더 이상 들리지 않았다. 유죄 판결을 내려 마녀를 처형한 판사가 자신의 어리석음을 뒤늦게 통탄하고 매년 그날이 오면 단식을 하고 참회의 기도를 올리기도 했다. 마녀재판에 배심원으로 참여했던 사람들은 교회에서 공개적으로 참회했다. 처형을 당한 사람들은 이제 악마의 공범이 아니라 악마로 인한 희생자로 여겨지게 됐다.

뉴잉글랜드의 원주민인 인디언들은 그곳에 이주해 정착한 영국인들이 마녀재판을 벌이는 것을 보고 어리둥절해했다고 전한다. 그러면서 그들은 영국인에 대해 인근의 다른 지역에 정착한 프랑스인보다 열등하고 죄를 많이 짓는 종족이라고 생각했다. 인디언들은 '신은 이 세상에 마녀를 보내지 않는다'고 믿었다.

1680년 이후에는 유럽에서도 마녀 문제에 대해 사람들이 보다 현명한 생각을 하게 됐다. 많은 사람들이 마녀에 대한 종전의 관념에서 벗어나지 못한 상황에서 유럽 각국의 정부는 처형을 조장하기를 중단했다. 루이 14세가 1680년에 내린 칙령은 마녀미신에 큰 타격을 주었다. 스위스에서는 1652년에 제네바에서 열린 마녀재판을 끝으로 더 이상 마녀재판이 열리지 않았다. 독일의 영주들은 마녀재판이 열리는 것을 막지는 못했지만 다른 죄목 없이 마녀로만 기소된 피고에 대해서는 형량을 금고형으로 낮추었다.

1701년에는 할레 대학의 교수 토마지우스Thomasius가 〈마법을 쓰는 범죄에 대하여De Crimine Magiae〉라는 논문을 발표해 이미 쓰러지고 있던 마녀미신이라는 괴물에게 또 한 번의 큰 타격을 주었다. 하지만 마녀미신은 워낙 뿌리가 깊은 것이어서 쉽게 뿌리 뽑힐 것은 아니었고, 학자의 논의가 외진 시골에까지 전파되기도 어려웠다. 그럼에도 지식인들의 새로운 주장은 마녀미신의 영향력을 억제함으로써 억울한 피해자를 줄이는 데 기여했다.

그러나 상처를 입고 죽어가는 야수가 남은 에너지를 긁어모아 최후의 몸부림을 치는 것처럼 마녀신앙도 최후의 광기를 발휘했다. 마녀사냥의 요람이었던 독일에서였다. 1749년에 독일 뷔르츠부르크에서 벌어진 마녀소동은 스웨덴 모라 마을이나 북아메리카 뉴잉글랜드에서 벌어진 마녀소동과 그 내용이 매우 비슷했다. 이 마녀소동은 전 유럽을 놀라게 하면서 유럽인들에게 역겨움을 느끼게 했다.

뷔르츠부르크의 수녀원에서 여러 명의 젊은 여자들이 마법에 걸렸다고 상상했다. 여자들은 히스테리 환자가 흔히 그렇듯이 목구멍이 막히는 듯한 느낌을 받았다. 그들은 여러 차례 발작을 일으켰다. 바늘을 삼킨 한 여자는 몸에 종기가 났는데 그 부위로 바늘이 빠져나왔다. 이에 마법의 힘 때문이라는 아우성이 일어났다. 마리아 레나타 쟁거Maria Renata Sänger라는 여자가 악마와 손을 잡고 5명의 여자에게 마법을 걸었다고 고발됐다. 그녀의 변신에 관한 증언도 여러 가지로 나왔다. 돼지로 변신해 수녀원 벽을 기어올라 천장에 가서 포도주를 마시고 취했다거나, 고양이로 변신해 지붕 위로 올라가 울면서 돌아다녔다거나, 산토끼로 변신해 수녀원에 있는 암소들의 젖을 다 빨아먹었다거나 하는 증언이었다. 심지어는 그녀가 런던의 한 극장에서 여배우로 출연하고는 그날 밤에 빗자루를 타고 뷔르츠부르크로 돌아와 젊은 여자들의 사지에 통증을 일으켰다는 증언도 나왔다. 이런 증언들이 증거로 받아들여져 그녀는 뷔르츠부르크 장터에서 산 채로 화형에 처해졌다.

이 사건을 마지막으로 마녀미신에 의한 살인은 끝났다. 그 뒤로는 마녀미신이 문명의 손길이 닿지 않는 외딴 곳에만 존재하게 됐다. 무식한 어부나 노동자들은 아직도 그들이 이해할 수 없는 자연현상을 만나면 악마나 마녀가 그것을 일으켰다고 생각한다. 또한 갑자기 몸이 뻣뻣해지는 강직증세를 악마의 소행으로 보기도 한다.

| 근절되지 않는 마녀미신

영국에서는 오늘날에도 마녀미신의 잔영이 남아있어 그 뿌리가 얼마나 깊은지를 알게 해준다. 많은 노파들이 못생기고 욕설을 해댄다는 이유로 이웃 사람들로부터 마녀라고 손가락질을 당한다. 그래도 억울한 인명피해가 더 이상 발생하지 않는 것은 법의 보호가 있기 때문이다.

1760년에 마녀미신이 얼마나 끈질긴지를 보여주는 사건이 일어났다. 레스터셔 주에 있는 글렌Glen이라는 작은 마을에서 두 노파가 서로를 마녀라고 고발했다. 두 노파는 누가 진짜 마녀인지를 놓고 다투다가 물에 빠뜨리는 마녀판별 시험을 받기로 합의했다. 이에 마을 사람들이 두 노파를 각각 오른쪽과 왼쪽의 팔과 다리를 엇갈리게 묶어서 물웅덩이에 던져 넣었다. 한 노파는 곧장 가라앉았지만, 다른 한 노파는 잠깐이나마 물 위에 떠 있으려고 애썼다.

마을 사람들은 물 위에 뜬 것을 유죄의 증거로 보고 그 노파를 끌어낸 뒤 다른 마녀들의 이름을 대라고 윽박질렀다. 노파는 이웃 마을인 버턴Burton에 자기 못지않은 마녀가 대여섯 명 있다고 말했다. 점성술사가 앞장서서 마을 사람들을 이끌고 버턴으로 가서 실제로 마녀일 가능성이 가장 높은 노파의 집으로 먼저 갔다. 노파는 대문을 잠그고 2층에 올라가 밖을 내다보며 왜 왔느냐고 물었다. 사람들이 물에 빠뜨리는 마녀판별 시험을 해보려고 하니 어서 나오라고 외쳤다. 노파가 집 밖으로 나오기를 완강하게 거절하자 사람들이 대문을 부수고 들어가 노파를 강제로 끌어내어 손발을 묶고 물웅덩이에 빠뜨렸다. 이런 시험을 몇 차례 하고 나서도 마녀인지 아닌지를 분별하기가 어려웠는지 사람들은 노파를 물웅덩이에서 꺼내놓고 그냥 글렌으로 돌아왔다. 이튿날 사람들은 다시 버턴으로 가서 다른 두 노

노파를 물에 빠뜨려 마녀인지 아닌지를 시험하는 사람들

파에게 같은 시험을 했지만 다행히 그들도 무사했다. 이 소동은 그 주동자들이 체포되어 재판을 거쳐 처벌받는 것으로 끝났다. 두 명이 감옥에 들어가고 20명 이상이 벌금을 냈다.

영국에는 아직도 문지방에 말편자를 박아놓은 집이 많다. 말편자가 마법에 걸리는 것을 막아준다고 믿기 때문이다. 만약 지나치게 현명한 학자가 남의 집에 가서 이 같은 미신은 버려야 한다고 주장하면서 말편자를 제거하려고 한다면 어쩌면 뼈가 부러지도록 얻어맞을지도 모른다.

1830년에도 마녀미신이 대중의 마음속에 살아있음을 보여주는 소동이 헤이스팅스 인근에서 벌어졌다. 한 노파가 매우 혐오스러운 생김새로 인해 그녀를 아는 모든 무지한 사람들에게서 마녀라는 소리를 들었다. 매우 늙고 허리가 완전히 구부러진 노파였다. 그런 노파가 붉은 외투를 걸치고 목발을 짚고 걸어 다니면서 사람들에게 사악하게 느껴지는 눈빛을 쏘았다. 겉모습은 사람들이 생각하는 마녀의 모습 그대로였다.

노파는 사람들에게 각인된 자신의 인상을 바꾸려고 하지 않았다. 오히려 사람들의 그런 시선을 즐기는 듯했다. 건강하고 행복하게 사는 사람들이 늙어서 가난하고 비참하게 사는 자신을 마녀로 여기고 두려워하는 모습을 보고 노파가 즐거워했을지도 모른다. 겁이 많은 소녀들은 노파와 마주치지 않으려고 피해 다녔다. 노파는 자기를 화나게 하는 사람에게는 저주를 퍼부었다. 옆집의 여자는 딸이 소아마비에 걸렸는지 다리를 절게 되자 노파가 마법을 걸어서 그렇게 됐다고 주장했다. 마을 사람들이 모두 이 말을 믿었다. 노파가 고양이로 변신한다는 소문이 나돌아 애꿎은 고양이들이 수난을 당하기도 했다.

같은 마을에 사는 어부 하나는 마법사로 몰렸다. 마을 사람들은 어부가 악마에게 영혼을 팔았고, 열쇠구멍을 통과할 수 있으며, 자기 딸을 마녀로 만들었다고 믿었다. 심지어는 어부는 세워놓은 바늘 위에 앉아도 아픔을 느끼지 못한다고 했다. 헤이스팅스와 같은 근대화된 도시의 인근에서도 이렇게 최근까지 마녀미신 소동이 벌어진 것을 보면 마녀미신이 끈질김을 알 수 있다.

특히 잉글랜드 북부에는 여전히 마녀미신이 놀라울 정도로 유지되고 있다. 랭커셔에는 질병을 치료할 수 있는 척하는 돌팔이 마법의사들이 우글거린다. '커닝 맨cunning man'으로 불리는 이들 마법의사의 환자치료 방법은 〈허트퍼드 리포머Hertford Reformer〉라는 신문의 1838년 6월 23일자를 보면 잘 알 수 있다.

이름은 전하지 않는 한 마법의사가 링컨과 노팅엄에서 환자를 치료하는 활동을 하고 있었는데, 하루는 그에게 2년 전부터 종기에 시달려온 남자의 아내가 찾아왔다. 남편이 주변의 여러 의사에게 치료를 받았는데 차도가 없자 친구와 이웃들의 추천으로 찾아온 것이었다. 마법의사는 그녀의 남편

몸에 종기가 생겨 없어지지 않는 것은 악마가 마녀를 통해 이웃 사람들을 꾀어 밀랍으로 남편의 인형을 만들어 놓고 주기도문을 거꾸로 외우면서 바늘로 찌르기 때문이라고 진단했다. 그러고는 자기가 만들어주는 부적을 환부에 붙이고 자기가 제조해주는 약을 먹으면서 매일 성경의 《시편》109장과 119장을 읽으라는 처방을 내렸다.

치료에 대한 환자의 신뢰는 언제나 치료의 효과를 높여주는 법이다. 마법의사의 처방을 믿은 환자는 3주 뒤에 통증이 줄어드는 느낌을 받았다. 나중에 마법의사가 만들어준 부적을 뜯어보니 그 안에 신비로운 문자로 뭔가 글이 쓰여 있고 혹성들의 모양을 본뜬 그림이 그려져 있었다.

악마가 시킨 대로 했다고 지목된 이웃 사람들은 환자의 몸에서 종기가 없어지면 그 환자가 악마에게 부탁해서 자기들을 해코지할까봐 두려워졌다. 그래서 그들은 노팅엄셔에서 활동하는 또 다른 마법의사를 찾아갔다. 그 마법의사는 그런 경우에 마법으로부터 보호해주는 효력이 있다는 부적을 만들어주었다. 그러고는 며칠 뒤에 편지를 보내 그 환자는 악마에게 시달리는 것이 아니라 하느님에게 벌을 받는 것이라는 사실을 알아냈다면서 그 환자의 종기는 죽을 때까지 없어지지 않을 것이라고 했다.

이보다 몇 해 전인 1830년 전후에는 턴브리지 웰스Tunbridge Wells 인근에서 오키Okey라고도 하고 오클리Oakley라고도 하는 한 돌팔이 의사가 비슷한 행각을 벌였다. 그는 몇 년간 환자를 치료하면서 돈을 많이 벌었다. 그는 모든 질병을 다 치료할 수 있지만 특히 마법에 걸려서 생긴 질병을 치료하는 데 기적적인 능력을 갖고 있는 척했다. 무지한 사람들뿐만 아니라 마차를 타고 다니는 귀부인들도 그를 찾아왔다. 80살 정도의 노인인 그는 덕망이 있어 보이는 외모를 가지고 있었는데, 이런 외모는 그의 사기행각에 적잖이 도움이 됐다고 한다.

프랑스에는 영국에 비해 마법에 관한 미신이 더욱 폭넓게 남아 있다. 가리네Garinet는 마법의 역사에 관한 저서에서 1805~18년에 프랑스에서 일어난 20건 이상의 마법 관련 사건을 소개하고 있다. 그 가운데 하나만 들어보면 다음과 같다.

1818년 1월에 보르도 근처의 틸루즈 마을에 살고 있는 53살의 석공 쥘리앵 데부르드가 갑자기 앓아눕게 됐다. 그는 자기가 무슨 병에 걸렸는지를 알지 못해 애를 태우다가 마침내 마법에 걸린 것이라고 생각했다. 그는 사위인 브리디에에게 이런 자신의 판단을 이야기하고 같이 보두앵Baudouin이라는 마법사를 찾아갔다. 보두앵은 데부르드가 마법에 걸린 것이 분명하다고 진단한 뒤 르나르라는 노인을 범인으로 지목하고 노인의 집에 같이 가자고 했다.

세 사람은 며칠 뒤 다른 사람들의 눈을 피해 밤에 몰래 노인의 집에 갔다. 그리고 노인에게 악마의 힘을 빌려 마을 사람들이 병에 걸리게 한 것을 따져 물었다. 한편으로는 데부르드가 노인의 앞에 무릎을 꿇고 보복하지 않을 테니 병이 낫게 해달라고 애원했다. 노인은 자신은 마법사가 아니라고 했다. 데부르드가 자기에게 건 주문을 풀어달라고 하자 노인은 주문이 뭔지도 모른다고 했다.

보두앵은 노인이 죄를 자백하기 전에는 데부르드의 병이 치료될 수 없다고 강조했다. 세 사람은 자백을 받아내려고 유황 막대를 노인의 코 밑에 놓고 불을 붙였다. 노인은 이내 질식해서 쓰러졌는데 죽은 것처럼 보였다. 세 사람은 놀라서 노인을 끌고 나가 연못에 던져 넣었다. 노인이 스스로 실족을 해서 익사한 것처럼 가장하기 위해서였다. 그러나 연못은 그리 깊지 않았고, 물이 차가워 노인이 정신을 차렸다. 아직 연못가에 있었던 데부르드와 브리디에는 노인이 깨어난 것을 보고 연못 안으로 걸어 들어가 노인을 때리고 머리를 물속으로 눌러 넣어 그예 노인을 익사시켰다. 며칠 뒤에 세 사람은 살인죄로 체포됐다. 데부르드와 브리디에는 무기징역을 받았고, 보두앵은 조사에서 정신이상자로 드러나 방면됐다.

1818년에 출판된 가리네의 저서는 당시에 프랑스에는 악마를 쫓아내고 마녀를 색출하는 일을 하는 자들이 들끓었음을 알려준다. 시골의 일부 신부들은 어리석은 신도가 찾아와 자기에게 주술이 걸렸다고 할 때마다 구마 의식을 열어주어 미신을 조장했다고 한다. 가리네는 신부와 신도를 가리지 말고 이런 엑소시즘을 행하는 자들을 모두 징역형에 처하기를 권하면서 그렇게 해야만 마녀의 숫자가 줄어들 것이라고 주장했다.

마녀미신은 아직도 프랑스와 영국을 비롯한 유럽의 모든 나라에 남아있다. 잘못된 생각이라도 대중 속에 너무 깊게 뿌리를 내리고 나면 세월이 아무리 많이 흘러도 근절되기 어렵다. 지상에 어두운 그림자를 드리우는 해로운 나무는 현자와 철학자들의 끈질긴 노력이 있다면 밑동까지는 그런대로 잘라낼 수 있다. 그러나 그 뿌리는 땅속까지 파고 들어가는 사람들이 있어야만 뽑아낼 수 있다. 그 뿌리를 방치하면 또 다른 제임스 1세, 또 다른 이노켄티우스 8세가 거기에서 다시 해로운 나무가 자라나게 할 수도 있다. 그러나 어쨌든 마녀사냥이라는 인류의 어리석은 광기가 사라진 것은 그나마 우리에게 위안이 된다.

11장

자연사를
가장한
독살

| 오버베리 독살 사건

아주 느리게 작용하는 독약을 이용해 자연사로 보이게 만드는 독살 수법은 어느 시대에나 있었다. 이에 관심이 있는 사람은 베크만Beckmann의 저서 《발명의 역사》를 읽으면 된다. 그는 고대 그리스와 로마의 저술가들이 남긴 기록에서 그와 같은 독약이 사용된 사례들을 수집해 소개했다.

자연사를 가장한 독살은 16세기부터 점차 늘어나 17세기에는 유럽의 전역에서 유행하다시피 했다. 주로 마법사나 마녀를 자처하는 사람들이 이런 수법을 사용하더니 나중에는 어떤 것이든 초자연적인 능력을 내세우는 자들은 모두 이 수법을 익혔다. 헨리 8세가 즉위한 지 21년째가 되는 해인 1530년에 이런 독살 수법을 쓰는 행위를 대역죄로 규정한 법이 제정되어 위반자에게 삶아 죽이는 벌을 내리기 시작했지만 그 유행을 막지는 못했다.

토머스 오버베리Thomas Overbury 경은 제임스 1세가 통치하던 1613년에 바로 이런 독살 수법으로 살해됐다. 이 사건에 대한 간략한 서술은 자연사를 가장한 독살의 광기 어린 역사에 적당한 도입부가 될 것이다.

스코틀랜드 출신의 청년 로버트 커Robert Kerr는 누구와도 비교가 안 될 정도로 미남이라는 이유로 제임스 1세의 주목을 받아 높은 지위를 누렸다.

왕으로 재임하는 동안에 이미 온갖 혐오스러운 짓을 한다는 의심을 받았던 제임스 1세는 연구할수록 그런 의혹을 더 많이 갖게 하는 인물이다. 어쨌든 커는 여러 사람들이 보는 앞에서 제임스 1세에게 자기 뺨을 내밀어 그의 키스를 받기도 했다. 커는 1611년에 로체스터 자작이라는 작위를 받았고, 2년 뒤에는 스코틀랜드 고등재무관에 올랐다.

커의 신분상승에는 친구의 도움이 있었다. 제임스 1세의 비서인 토머스 오버베리는 왕의 악행에 중개인 역할을 하면서 왕의 위험한 비밀도 알게 된 사람이었다. 오버베리는 자신의 막후 영향력을 커의 승진을 위해 아낌없이 사용했고, 커는 오버베리에게 그 대가를 지불했던 것이 틀림없다. 오버베리는 이에 그치지 않고 커에게 여자들을 소개해주기도 했다. 에식스 백작 부인인 프랜시스 하워드Francis Howard와 커의 밀회도 그가 주선한 것이었다.

프랜시스 하워드는 부끄러움을 모르는 매우 정열적인 여자였다. 그녀는 남편에게서 벗어나려고 당당하게 이혼을 요구해서 얻어냈다. 그러고서 커와 성대한 결혼식을 올릴 준비에 들어갔다. 오버베리는 두 사람이 밀회를 즐기는 관계를 넘어 결혼까지 하는 것에는 반대했다. 평판이 좋지 않은 여자와 결혼하는 것은 커의 출세에 방해가 될 것으로 본 것이었다. 오버베리는 결혼을 포기하도록 커를 여러 모로 설득했지만 소용이 없었다.

한번은 커가 프랜시스와 같이 화이트홀 거리의 회랑을 걸어가는 것을 본 오버베리가 커를 따로 만나 이렇게 말했다.

"자네가 그 천박한 여자와 기어코 결혼한다면 자네의 명예는 물론이고 인생 전부를 망칠 것이네. 나는 둘의 결혼에 결코 동의하지 않을 것이네."

이는 오버베리가 커에 대한 왕의 총애에 금이 가게 할 수도 있다는 경고의 의미를 담은 말이었다. 커는 격분해서 맞대응했다.

"당신은 지금 한 말의 대가를 반드시 치를 것이오."

이런 이야기를 전해들은 프랜시스도 화가 나서 오버베리에게 보복하기로 결심했다. 커는 왕을 설득해 오버베리를 러시아 대사로 임명하게 했다. 그러나 이는 음모의 시작에 불과했다. 커는 이어 오버베리에게는 러시아로 가는 것은 정치적으로 제거되는 것과 같으니 러시아 대사 임명을 거부하라고 조언했다. 만약 왕명을 거부했다는 이유로 좋지 않은 일이 벌어진다면 자기가 도와주겠다는 약속도 했다.

올가미에 걸린 오버베리가 러시아 대사 임명을 거부하자 제임스 1세는 모욕을 당했다고 생각하고 그를 런던탑에 가두었다. 커는 자신의 영향력을 이용해 런던탑 교도소장을 해고시키고 자신의 심복인 저비스 엘위스Jervis Elwes를 그 자리에 대신 앉혔다. 이와 동시에 오버베리를 직접 감시하는 간수 자리에 약국 점원 출신으로 프랜시스와 가까운 리처드 웨스턴Richard Weston이 임명되게 했다.

이어 커는 옥중의 오버베리에게 위로의 편지를 보냈다. 인내심을 갖고 불운을 잘 참고 견디라면서 자기가 왕의 마음을 달래고 있으니 머지않아 풀려날 것이라고 했다. 이런 편지를 보내면서 과자와 사탕 등을 선물로 같이 보냈다. 그런데 그 과자와 사탕에는 독약이 들어 있었다. 터너Turner라는 여자가 독약을 구하는 일을 맡았다. 포주인 터너는 커와 프랜시스에게 밀회의 장소를 여러 차례 제공한 사람이었다. 그녀는 의사인 포먼과 약제사인 프랭클린에게 독약을 만들어달라고 부탁했다. 그들은 천천히 죽게 하는 독약을 만들어 과자와 사탕에 집어넣는 기술을 가지고 있었다. 그들도 그것이 오버베리를 죽이기 위한 것임을 알고 있었다.

터너는 간수 웨스턴에게 과자와 사탕을 전달했고, 웨스턴은 그것을 오버베리에게 주었다. 그는 오버베리에게 주는 음료에도 독약을 탔다. 뿐만 아니라 소금에는 비소, 후추에는 수포를 유발하는 약물을 넣었다. 오버베리는 건강이 나빠지면서 단것을 점점 더 많이 찾았다. 그러는 그에게 커는 독약을 넣은 과자를 잔뜩 보냈고, 질산은을 넣은 돼지고기도 보내주었다. 오버베리가 음식과 함께 먹은 독약의 양은 20명을 독살할 수 있을 정도였다. 그러나 원래 몸이 건강했던 오버베리는 잘 버텨내고 있었다.

초조해진 커는 프랜시스에게 편지를 보내 일이 잘 진척되지 않는다고 했고, 프랜시스는 간수에게 즉시 오버베리를 처치하라고 지시했다. 이때 오버베리는 자기가 먹는 음식에 독약이 들어있으리라고는 생각하지 않았지만, 커를 의심하기 시작했다. 커가 말로만 자신의 석방을 위해 애쓰겠다고 해놓고 실제로는 그렇게 할 뜻이 없는 게 아닌가 하는 의심이었다. 그는 자신이 속히 석방되지 않을 경우에는 옥중에서라도 커의 비행을 폭로하겠다는 내용의 편지를 써서 커에게 보냈다.

그러나 그렇게 해서 무모한 커를 자기에게 유리한 방향으로 움직일 수 있다고 생각한 것은 오버베리의 오산이었다. 커는 '죽은 자는 말이 없다'는 격언을 믿는 사람이었다. 커는 프랜시스에게 일처리가 늦어지는 것을 불평했고, 프랜시스는 간수에게 일을 빨리 끝내라고 독촉했다. 결국 오버베리는 투옥된 지 6개월 만인 1613년 10월 승홍(염화제2수은)이 들어있는 음식을 먹고 죽었다. 바로 그날 그의 시체는 장례식도 없이 런던탑 구내에 묻혔다. 앤서니 웰던Anthony Weldon 경은 저서 《제임스 왕의 궁정과 그의 성격》에서 이 비극의 마지막 장면을 다소 다르게 묘사했다.

웨스턴은 프랭클린과 함께 오버베리가 갇혀 있는 방에 들어가 고통과 싸우는 그를 지켜보았다. 그것은 자연의 힘과 독약의 작용 간 대결이었다. 오버베리의 몸에 수포와 반점이 생겨나는 것으로 미루어 그

대결에서 자연의 힘이 이기고 있는 것처럼 보였다. 나중에 의사의 검시에서 독살이라는 사실이 밝혀질 것을 두려워한 두 사람은 오버베리를 침대보로 질식시켜 죽였다. 두 사람 외에는 음모자들을 포함해 누구도 오버베리의 직접적인 사인이 질식임을 알지 못했다.

오버베리가 갑자기 죽었을 뿐 아니라 검시도 없이 서둘러 매장돼버리자 그와 관련된 의혹이 증폭됐다. 그의 가족과 친척들은 그가 독살된 것이 틀림없다고 공공연하게 떠들었다. 그러나 궁정 안에서는 커의 권력이 아직 막강했으므로 누구도 그러한 말을 입에 올리지 못했다. 얼마 지나지 않아 커는 프랜시스와 성대한 결혼식을 올렸고, 왕도 결혼식에 참석해 축하해주

토머스 오버베리

었다.

하지만 키가 프랜시스와 결혼하면 왕의 총애를 잃게 될 것이라던 오버베리의 예측은 맞았다. 오버베리가 독살됐다는 소문이 가라앉지 않고 계속 떠돌았다. 그런 분위기 속에서 자신의 죄를 숨기려다 보니 커는 용모가 초췌해졌다. 뺨이 생기를 잃고 눈빛이 멍해지더니 태도마저 부주의하고 우울하게 변했다. 그러자 왕이 커에 대한 흥미를 잃고 다른 총신을 찾았다.

버킹엄 공작 조지 빌리어스George Villiers가 왕의 총애를 대신 받게 됐다. 빌리어스는 잘생긴데다 눈치가 빠르고 무원칙한 사람이었는데, 이런 특징은 제임스 1세에게 잘 먹히는 것이었다. 커의 영향력이 줄어드는 데 반비례해 빌리어스의 영향력은 커져갔다. 왕의 총애를 잃고 추락하는 총신에게서는 친구도 떠나는 법이다. 커가 오버베리를 독살했다는 소문이 더욱 기승을 부렸다. 빌리어스는 커를 완전히 파멸시키기 위해 오버베리의 가족과 친척들에게 그의 사망원인을 조사하고 그 결과를 왕에게 보고하도록 했다.

제임스 1세는 자기가 관련되지 않은 범죄에 대해서는 늘 엄격하게 처벌을 내렸다. 뿐만 아니라 그는 풀리지 않은 수수께끼나 의혹에 대해 깊이 천착하는 성격이었다. 오버베리의 죽음은 이런 그의 흥미를 끌 만했다. 그는 저비스 엘위스에 대한 체포령을 내리면서 정확한 진상을 조사하는 일에 착수했다. 그는 아직 오버베리의 죽음에 커가 깊숙이 개입한 것을 알지 못했다. 그는 이 사건에 천천히 작용하는 독약이 사용됐다는 사실을 알게 되자 놀라서 판사들을 불렀다. 앤서니 웰던 경에 따르면 이때 그는 판사들 사이에서 무릎까지 꿇고 이렇게 말했다고 한다.

그대들이 독살 음모를 조사한다는 것을 나는 최근에야 들어 알게 됐소. 우리의 식탁이 그렇게 독살의 덫이 된다면, 우리 모두가 생명의 위험을 무릅쓰고 식사를 해야 한다면 이 왕국이 얼마나 비참해지겠소. 그러므로 추호의 편견도 버리고 이 사건을 조사해주시오. 그대들이 만약 이런 범죄에 대해 아량을 베푼다면 그대들과 그대들의 자손에게 하느님의 저주가 있을 것이오. 그리고 내가 아량을 베푼다면 나와 나의 자손에게 하느님의 저주가 있을 것이오.

런던탑 교도소장 엘위스 다음으로는 간수 웨스턴이 체포됐다. 이어 프랭클린과 터너가 체포됐고, 오버베리가 죽은 뒤에 로체스터 자작에서 서머싯 백작으로 작위가 올라간 커와 그의 부인 프랜시스도 체포됐다.

맨 먼저 웨스턴이 재판을 받았다. 방청객으로 가득 찬 법정에서 검사가 기소장을 읽자마자 웨스턴은 "하느님, 저에게 자비를 베푸소서!"라는 말만 되풀이했다. 그는 유죄 판결을 받고 처형됐다. 그에 이어 터너, 프랭클린, 엘위스도 유죄 판결을 받고 1615년 10월 19일과 12월 4일 사이에 모두 처형됐다. 서머싯 백작 부부에 대한 재판은 미루어졌다.

엘위스에 대한 재판에서 서머싯 백작 부인의 삼촌인 노샘프턴Northampton 백작과 사냥매 훈련관인 토머스 몬슨Thomas Monson 경도 이 사건에 연루된 것으로 드러났다. 노샘프턴 백작은 이미 사망해 이 세상 사람이 아니었지만, 몬슨 경은 체포되어 재판을 받았다. 하지만 그는 처형하기에는 너무나 위험한 인물이었다. 제임스 1세의 추악한 비밀을 너무 많이 알고 있어 죽임을 당하기 전에 그것을 폭로할지도 몰랐다. 몬슨 경에 대한 재판은 얼마 지나지 않아 종결됐고, 그는 다시 자유로운 몸이 됐다.

이로써 제임스 1세는 독살범을 엄벌에 처하겠다던 자신의 맹세를 깨뜨린 셈이 됐다. 게다가 그는 독살범들을 서둘러 처벌한 것을 후회하기 시작했다. 그가 보기에 서머싯 백작은 재판에서 유죄 판결을 받을 수밖에 없는

데, 그렇게 되면 서머싯 백작이 자신에게 사면을 요구하고 나설 게 뻔했다. 옥중의 서머싯 백작은 제임스 1세가 함부로 자기를 재판에 넘기지는 못할 것이라고 장담하고 있었다. 이는 그가 제임스 1세에 대해 계산을 잘못한 탓이었던 것으로 보인다. 하지만 제임스 1세가 그를 어떻게 처리할 것인지를 놓고 고민에 빠진 것은 사실이었다.

둘 사이에 어떤 비밀이 있었는지는 확실하게 알 수 없으나 추측해볼 수는 있다. 어떤 사람들은 제임스 1세가 무언가 악덕한 짓을 저지른 것과 관련된 비밀이 있었으리라고 추측한다. 또 어떤 사람들은 서머싯 백작을 매우 혐오한 황태자 헨리 프레더릭의 죽음과 관련된 비밀이 문제가 됐을 것으로 추측한다. 황태자 헨리는 일찍 죽었는데, 아버지 제임스 1세는 그의 죽음을 슬퍼하지 않았다. 그래서 서머싯 백작이 그를 독살했다는 소문이 돌기도 했다. 어쨌든 모종의 범죄를 저지른 사실이 제임스 1세를 심리적으로 압박했고, 이로 인해 그가 공범 관계인 서머싯 백작을 쉽사리 공개적으로 처형할 수 없는 입장이었던 것 같다.

제임스 1세는 옥중의 서머싯 백작 부부를 달래려고 애썼다. 재판을 열기에 앞서 법정에서 죄를 인정하고 왕의 관용을 기다리라는 충고가 비밀리에 서머싯 부부에게 전달됐다. 제임스 1세는 따로 '자비와 은전'을 약속하는 편지를 서머싯 백작에게 보냈다.

1616년 5월에 서머싯 백작 부인이 먼저 재판을 받았다. 법정에서 기소장이 낭독되는 동안 그녀는 떨면서 눈물을 흘렸다. 그러고는 낮은 목소리로 죄를 시인했다. 판사가 죄를 인정하면 사형 선고를 받을 수밖에 없다고 하자 그녀는 맥없이 이렇게 대답했다. "내 과오는 부인한다고 해서 없어지지 않습니다. 그저 자비를 바랄 뿐입니다." 그녀는 사형 선고를 받았다.

이튿날에는 서머싯 백작에 대한 재판이 열렸다. 그는 죄를 인정하지 않앉다. 제임스 1세의 약속을 믿지 않았기 때문이었다. 그는 자신만만한 태도로 증인들과의 대질신문에 응하며 완고하게 자신을 변호했다. 재판은 11시간 동안 진행됐다. 그는 결국 유죄로 판정되어 부인과 마찬가지로 사형 선고를 받았다.

이때 왕과 죄인 사이에 무슨 비밀이 있었는지는 알 수 없지만, 어쨌든 제임스 1세는 사형집행 명령장에 서명하기를 두려워했다. 서머싯 백작 부부는 런던탑에 갇힌 채 거의 5년을 보낸 뒤에 왕의 사면을 받았다. 서머싯 백작의 재산은 몰수됐으나 왕은 그에게 거액의 연금을 주었다. 사면을 받고 풀려난 뒤에는 서머싯 백작 부부가 예전의 열렬하던 사랑을 잊고 서로에 대해 염증이 나서 한 지붕 아래 살면서도 몇 달씩 말 한마디 안 하고 살았다는 것밖에는 전해지는 이야기가 없다.

| 제임스 1세 독살설

자연사를 가장한 독살 사건은 이후에도 계속 일어났다. 모방이라는 인간의 기묘한 속성은 그만큼 강력했다. 제임스 1세 자신도 버킹엄 공작에게 독살됐을 가능성이 매우 높다. 버킹엄 공작의 이런 혐의는 충분히 입증된 것은 아니지만 강력한 의심이 가능한 상황에 근거하고 있다. 그에게는 왕을 독살할 만한 이유가 있었다. 그는 제임스 1세의 말년에 그의 총애를 잃었으므로 자신의 지위를 잃을까봐 두려워했다. 왕위를 승계할 태자에게 큰 영향력을 가지고 있었던 그는 제임스 1세가 빨리 죽기를 바랐을 것이다.

제임스 1세의 주치의를 지낸 의사 조지 이글리셤George Eglisham은 〈복수의 전조〉라는 글을 통해 다음과 같이 증언했다.

왕이 학질에 걸리자 버킹엄 공작이 이를 기회로 삼았다. 왕이 주치의
들과 만찬을 들고 있을 때 그가 왕에게 약이라며 하얀 가루를 드시라
고 주었다. 왕은 그 가루를 먹고 싶지 않았으나 그의 끈질긴 아부에
넘어가 그 가루를 포도주에 타서 마셨다. 왕은 여러 번 졸도하면서 고
통에 시달렸다. 왕이 "먹지 말아야 할 것을 먹었다"며 "그것은 버킹엄
공작이 준 것"이라고 소리쳤다. 의사들이 "왕이 독약을 드셨다"고 외
치자 버킹엄 공작이 그들더러 방에서 나가라고 명령했다. 결국 왕이
죽은 뒤에 보니 몸체와 머리가 엄청나게 부풀어 올랐고 손톱과 발톱
이 거의 빠져 있었다.

버킹엄 공작과 같은 패거리에 속하는 클라렌던Clarendon은 제임스 1세의
죽음에 대해 전혀 다르게 기술했다.

58살의 왕은 학질에 걸려 네댓 차례 발작을 일으키다가 세상을 떠났
다. 그의 사후에 근거가 전혀 없는 중상모략이 횡행했지만 조사는 엄
중하게 이루어졌다.

그러나 클라렌던의 주장과 달리 조사는 치밀하게 이루어지지 않았고, 버
킹엄 공작이 조사 과정에 상당한 영향력을 행사했다. 나중에 브리스틀Bristol
백작이 버킹엄 공작의 죄를 고발할 때 왕을 독살한 것도 죄의 한 항목으로
포함시켰다.

버킹엄 공작은 마법사이면서 돌팔이 의사이자 점술가를 자처하기도 한

램Lamb에게서 독약을 얻었다고 알려졌다. 램은 화가 난 대중을 두려워해 런던의 거리에 나오지도 못했다. 그는 비참한 최후를 맞았다. 어느 날 사람들이 못 알아보게끔 변장을 하고 거리에 나왔으나 아이들이 그를 알아보고 돌을 던지면서 "독살범이다, 마법사를 죽여라!" 하고 소리를 질렀다. 이에 사람들이 모여들었다. 그는 달아났으나 군중이 그를 추격해 우드 거리에서 붙잡았다. 군중은 그를 성 바울 성당 앞으로 끌고 가서 몽둥이로 때리고 돌로 쳐서 죽였다.

왕위를 계승한 찰스 1세는 이 소식을 듣고 군중의 난동을 진압하기 위해 말을 타고 달려갔다. 그러나 찰스 1세가 현장에 도착했을 때는 그가 이미 죽임을 당한 뒤였다. 화가 난 찰스 1세는 난동의 주동자를 색출해 법정에 세우지 못했다는 이유로 런던 시에 벌금 600파운드를 내게 했다.

| 이탈리아의 독약판매업

그러나 독살 사건이 가장 많았던 나라는 이탈리아다. 이 나라에서는 오래전부터 독살은 적을 제거하는 정당한 방법이라고 여겼다. 16~17세기에도 이탈리아 사람들은 양심의 가책을 느끼지 않으면서 적을 독살했다. 그 태도는 마치 오늘날 영국 사람들이 자기에게 피해를 입힌 자를 사법당국에 고소하는 것과 다르지 않았다.

1648년에 이탈리아 나폴리를 점령하려는 무모한 시도를 한 프랑스 기즈Guise 공작의 회고록에서 우리는 독살을 정당시한 당시 이탈리아 사람들의 생각을 엿볼 수 있다. 기즈 공작에게 나폴리 민중의 지도자 겐나로 안네세Gennaro Annese가 눈엣가시였다. 이에 기즈 공작의 추종자들이 경호대장에게 안네세를 암살하는 일을 맡기면서 단도를 쓰라고 권했다. 그러자 그는 언제든 독살로 안네세를 제거할 준비가 돼있다면서 단도를 쓰는 것은 경호대장이라는 직위에 어울리지 않는 수치스러운 방법이라고 했다.

기즈 공작이 독살에 동의하자 아우구스티노 몰라Augustino Molla라는 사람이 독약을 구해 왔다. 기즈 공작의 회고에 따르면 몰라는 어느 날 밤에 액체가 들어있는 병을 들고 와서 다음과 같이 말했다.

겐나로 안네세를 제거해줄 물건을 가지고 왔습니다. 그는 죽어야 합니다. 그를 어떻게 죽이느냐는 중요한 문제가 아닙니다. 이 깨끗하고 아름다운 액체를 보십시오. 이것을 사용하면 나흘이면 됩니다. 경호대장이 그에게 이것을 먹일 겁니다. 이것은 아무런 맛도 없으니 그의 의심을 살 일도 없습니다.

그러나 겐나로 안네세는 독약을 먹고도 죽지 않았다. 같이 먹은 오일 드레싱 한 양배추가 해독제 역할을 해서 그가 먹은 독약을 토해냈던 것이다. 그는 이후 닷새 동안 심하게 앓았지만 자기가 독약을 먹었다가 토해냈으리라고는 전혀 생각하지 못했다.

이탈리아에서 독약판매는 상당한 수익을 내주는 사업이 됐다. 1659년에 로마에서는 게으른 정부가 개입하고 나서야 할 정도로 독약판매가 성행했다. 많은 젊은 여자들이 천천히 작용하는 독약으로 남편을 죽인 사실에 대해 고해성사를 한다고 교황 알렉산드르 7세에게 보고됐다. 신부들이 고해성사의 내용을 비밀로 지켜야 하기 때문에 당사자의 이름은 밝히지 않았으나 젊은 아내가 남편을 독살하는 일이 많이 일어나고 있다는 사실 자체는 교황에게 알려야 한다고 생각한 것이다. 이와 관련해 로마에 유달리 과부가 많다는 것도 화제가 됐다. 결혼생활이 행복하지 않은 집에서 남편이 앓다가 죽는 경우가 많다는 점도 주목됐다.

조사에 들어간 교황청은 젊은 아내들의 모임이 결성되어 있다는 것을 알아냈다. 이를 통해 젊은 아내들이 어떤 목적을 위해서인지 밤에 히에로니마 스파라Hieronyma Spara라는 노파의 집에서 만난다는 사실도 밝혀졌다. 이 노파는 마녀이자 점쟁이로 명성이 자자한 사람이었다.

확실한 증거를 잡기 위해 정부가 교황청과 협조해 많은 돈을 주고 한 여자를 고용했다. 이 여자는 화려한 치장을 하고 스파라를 만나러 갔다. 그녀는 자신이 남편의 바람기와 폭행으로 큰 고통을 받고 있다면서 잔인한 남편을 영원히 잠들게 할 물을 몇 방울 달라고 간청했다. 올가미에 걸린 스파라는 비싼 값에 그 물을 팔았다. 정부가 그 물을 분석한 결과 천천히 효력을 발휘하는 독약임이 드러났다.

경찰은 스파라와 그녀의 동료, 그리고 스파라의 집에서 모임을 가진 젊은 아내들을 체포했다. 스파라는 고문을 받고도 죄를 완강히 부인했다. 그러나 함께 체포된 그라티오사라는 여자는 모든 것을 자백했다. 고문에 의한 자백 외에 확실한 증거도 확보됐다. 스파라와 그라티오사는 교수형에 처해졌고, 남편을 독살한 세 명의 젊은 아내도 같은 처벌을 받았다. 또 30여 명의 여자들은 태형에 처해져 길거리에서 매를 맞았다. 신분이 높은 몇 명의 여자들은 벌금을 내고 추방됐다. 이때부터 몇 달 동안 추가로 9명의 여자들이 남편을 독살한 죄로 교수형에 처해졌고, 이 밖에 수많은 여자들이 로마의 길거리에서 매를 맞았다.

그럼에도 독살 사건은 멈추지 않고 이어졌다. 유산을 노리고 아버지, 삼촌, 형제를 독살하는 범죄도 빈번하게 발생했다. 맛도 색깔도 냄새도 없는 독약이 사용됐으므로 범죄자들이 의심을 받지 않으면서 쉽게 목적을 달성했다. 기술이 뛰어난 독약판매업자들은 약효의 강도를 조절할 수 있었다. 그들은 독약이 효력을 발휘하는 기간을 고객이 원하는 대로 일주일, 한 달, 6개월 등으로 맞추었다.

독약판매업자들은 주로 여자였는데, 그 가운데 600명 이상을 독살당하게 한 토파니아Tophania라는 노파가 가장 유명하다. 이 노파는 젊을 때부터 독약을 팔았는데, 처음에는 팔레르모에서 살다가 나중에는 나폴리로 이사했다. 여행을 즐긴 신부 레바트Lebat가 이 노파에 관한 이야기를 많이 기록해 남겼다. 이에 따르면 1719년에 나폴리 총독은 독약 판매량이 급증하는 것을 알게 되어 조사를 벌였다.

나폴리 총독이 조사를 벌일 당시에 토파니아의 나이는 70살 정도였다. 그녀는 독약을 작은 유리병에 담아 이탈리아의 곳곳에 팔고 있었다. 유리병에는 '바리의 성 니콜라스의 만나Manna of St. Nicholas of Barri'라고 씌어 있었다. 바리의 성 니콜라스의 무덤은 이탈리아 전역에서 사람들이 찾아가는 곳이었다. 그 무덤에서 기적을 일으키는 기름이 나온다고 알려져 있었다. 신심이 깊은 사람이 그 기름을 몸에 바르면 모든 병이 다 낫는다고 사람들은 믿었다. 토파니아는 이런 소문을 활용한 것이었다.

토파니아의 독약은 스파라의 독약과 거의 비슷한 것이었다. 성분은 비소 화합물인데, 먹으면 점차 식욕을 잃고 정신이 혼미해지며 힘이 빠지고 위가 아프게 된다. 그러나 차나 수프에 이것을 몇 방울씩만 넣으면 효과가 느리게 나타나므로 이것을 모르고 먹은 사람은 알아차릴 수 없었다. 오스트리아 황제의 주치의 가렐리Garelli가 호프만이라는 사람에게 보낸 편지를 보면, 이 독약은 결정화된 비소를 달이는 방식으로 물에 용해하고 이유는 알 수 없으나 참바위솔이라는 풀을 첨가한 것이었다고 한다. 토파니아가 만든 독약은 '아쿠아 토파니아Aqua Tophania'라는 이름으로 널리 알려졌다.

토파니아는 사업을 크게 벌여나갔지만 누구든 그녀를 만나기는 어려웠다. 그녀는 발각되어 처벌받게 될까봐 두려워해서 사람들에게 들키지 않게 숨어서 지냈고, 거주지는 물론 이름도 수시로 바꾸었다. 수녀원에 들어가 몇 달씩 머물기도 했다. 나폴리 총독이 그녀에 대한 체포령을 내린 뒤에도 도피수법이 뛰어났는지 수색이 느슨했는지는 몰라도 그녀는 몇 년간 무사히 지내면서 독약판매 사업을 계속했다. 남편을 증오하는 가난한 아내를 동정해서 그런 여자에게는 독약을 선물로 거저 주기도 했다.

그러나 이런 일을 숨어서 영원히 할 수는 없는 법이다. 결국은 토파니아가 어느 수녀원에 숨어 있는지가 드러났다. 총독은 그 수녀원에 사절단을 보내서 그녀를 내놓으라고 요구했으나 수녀원 측이 거부했다. 요구를 거듭해도 수녀원장은 대주교인 피냐텔리Pignatelli 추기경의 후원을 받아가며 계속 거부했다. 대중의 호기심이 커지면서 토파니아를 보려고 수천 명이 한꺼번에 수녀원에 찾아오기도 했다.

총독의 인내심이 한계에 다다랐다. 상식적인 사고를 할 줄 아는 가톨릭교도인 그는 아무리 교회라고 해도 극악한 범죄자까지 보호해서는 안 된다는 생각을 가지고 있었다. 마침내 그는 병사들을 수녀원에 보내서 그녀를 강제로 끌고 오게 했다. 이에 대주교가 격분해서 나폴리의 시민 모두를 파문시키겠다고 위협했다. 신부들도 대중을 선동해 총독의 관저를 습격해서 토파니아를 구출할 태세를 갖췄다.

그러나 총독은 이런 위협에 겁먹을 사람이 아니었다. 명민함과 냉철함을 겸비한 정력적인 인물인 그는 파문을 막기 위해 자신의 호위대를 보내 대주교의 처소를 둘러싸고 사실상 대주교를 연금했다. 그렇게 하면 대주교가 그 자신도 계속 거처해야 하는 도시 나폴리의 시민 전부를 굶주리게 할 파문을 시도하지 못할 것이라는 계산에서였다. 시민 전부에게 파문이 내려지면 상인들이 식량을 가지고 나폴리에 들어오지 못하게 되기 때문이었다. 나름대로 머리를 굴릴 줄 아는 대주교는 분노를 자제했다.

남은 문제는 대중의 동요였다. 총독의 요원들이 대중 속으로 섞여 들어가 토파니아가 도시의 모든 우물과 분수에 독약을 넣었다는 소문을 퍼뜨렸다. 이것으로 충분했다. 대중의 태도가 그녀에게 적대적인 쪽으로 바뀌었다. 그녀를 성녀로 보던 사람들도 이제는 악마로 보기 시작했다.

결국 토파니아는 고문을 받고 자신이 저지른 죄를 자백하고 거래한 고객들의 이름을 댔다. 그녀는 교수형에 처해졌고, 시체는 그녀가 생전에 머무르던 수녀원 안에 버려졌다. 시체를 어떻게 처리할지는 교회의 처분에 맡긴 것이었다.

▍브랭빌리에 부인의 불륜과 살인

프랑스에서는 1670년대에 독살이 만연하면서 뿌리를 내리게 됐다. 사후에 서간문 작가로 널리 알려지게 되는 세비녜 부인Madame de Sévigné이 이즈음 쓴 편지에서 이러다가 프랑스인이 독살범과 동의어가 되는 것 아니냐고 우려할 정도였다.

이탈리아에서와 마찬가지로 프랑스에서도 성직자들이 정부에 독살의 만연을 알렸다. 남편을 독살한 아내들로부터 고해성사를 듣게 된 신부들이 그런 사실을 정부에 알린 것이었다. 정부가 조사를 벌여 엑실리Exili와 글라세르Glaser라는 두 명의 이탈리아인이 독약을 제조해 판매한 사실을 적발했다. 두 사람은 체포되어 바스티유 감옥에 수감됐다. 글라세르는 감옥에서 죽었으나 엑실리는 7개월간 감옥 안에 있으면서 다른 죄수 생트 크루아 Sainte Croix와 알고 지냈다. 바로 이 사람이 감옥에서 나와 프랑스에 독약을 널리 퍼뜨렸다. 그로부터 사악한 지식을 전수받은 사람들 가운데 가장 악명이 높은 인물은 브랭빌리에Brinvilliers 후작 부인이다.

브랭빌리에 후작 부인은 프랑스의 명망 높은 귀족 가문에서 태어나 손꼽히는 귀족과 결혼했다. 그녀는 어린 시절부터 차가운 성격을 드러냈다. 훗날의 자백에 따르면 그녀는 10대 초부터 악행의 길로 들어섰다. 그러나 그녀는 아름답고 세련되었기에 다른 사람들이 보기에는 모범적이고 상냥한 처녀였다. 그녀는 1651년에 브랭빌리에 후작에게 시집갔지만 결혼생활이 행복하지는 못했다. 행실이 자유분방한 후작은 아내에게 생트 크루아를 소개했다.

브랭빌리에 후작 부인은 생트 크루아에게 연정을 품게 되어 불륜에 빠졌다. 그러다가 남편의 외도를 트집 잡아 남편과 법적 별거에 들어갔다. 그녀는 이제 가면을 벗어던지고 애인과 공공연히 놀아났다. 그녀의 아버지 오브레Aubray 후작은 이에 분노해서 정부 당국을 움직여 생트 크루아를 바스티유 감옥에 12개월간 구금시켰다. 과거에 이탈리아에서 살았던 생트 크루아는 스파라의 독약 제조법을 어느 정도는 알고 있었는데, 바스티유 감옥에서 만난 엑실리에게 더 많이 배워서 독약 제조법을 완전히 터득했다.

브랭빌리에 후작 부인과 비슷하게 생트 크루아도 겉으로는 친절하고 재치가 있으며 명석하게 보였다. 그래서 그의 복수심과 탐욕이 얼마나 강한지를 사람들은 알지 못했다. 그는 자신을 투옥시킨 오브레 후작에게 앙심을 품고 복수도 하고 그의 재산도 빼앗겠다고 다짐했다. 감옥에서 나온 그는 오브레 후작과 그의 두 아들을 독살로 제거해서 오브레 후작 집안의 재산이 브랭빌리에 후작 부인에게 상속되게 하겠다는 계획을 브랭빌리에 후작 부인에게 말했다. 브랭빌리에 후작 부인은 양심의 가책도 없이 자신의 친정 식구들을 죽이겠다는 그를 돕기로 했다.

생트 크루아는 독약을 만들어서 개, 토끼, 비둘기 등을 대상으로 실험했다. 그런 다음에는 병원에 입원한 가난한 환자들에게 음식을 기부한다는 명목으로 그들을 대상으로 실험해 독약의 효능을 확인했다. 이어 브랭빌리에 후작 부인이 아버지 오브레 후작과 같이 식사를 하는 사람들을 대상으로 다시 실험해본 뒤 드디어 아버지에게 그 독약을 넣은 초콜릿을 먹였다. 오브레 후작은 앓아누웠고, 딸은 침대 곁에서 아버지를 간호하는 척했다. 다음 날에는 독약을 넣은 수프를 아버지에게 먹였다. 결국 오브레 후작은 열흘을 넘기지 못하고 사망했다. 다른 사람들이 보기에는 그가 병에 걸려 사망한 것이 분명했다. 두 남동생이 아버지의 장례식에 참석하기 위해 와서 지내는 동안 그녀는 내내 비탄에 잠긴 모습이었다. 그러나 그사이에 그녀와 그녀의 애인이 고용한 쇼세Chaussée라는 하인이 두 남동생에게 독약을 음식에 섞어 먹였다. 두 남동생도 6주 만에 사망했다.

오브레 후작 집안의 남자들이 잇달아 죽은 데 의문을 제기하는 사람들도 있었지만 그런 의문을 뒷받침할 증거는 없었다. 브랭빌리에 후작 부인에게는 여자형제가 하나 있었고, 따라서 오브레 후작의 유산은 두 자매가 절반씩 상속하게 됐다. 생트 크루아는 그 여자형제도 독살할 생각이었으나 의심이 많은 그녀가 얼른 파리를 떠남으로써 목숨과 상속받은 재산을 건질 수 있었다.

브랭빌리에 후작 부인은 이제 애인을 더욱 기쁘게 하기 위해 남편을 독살하려고 했다. 그녀는 남편과 법적 별거 중이었으나 이혼은 아직 하지 못한 상태였다. 그녀는 남편을 상대로 이혼소송을 벌이는 것보다 그를 독살하는 것이 더 낫다고 생각했다. 이혼소송에서 져서 이혼을 하지 못하게 될 수도 있기 때문이었다. 그러나 그녀에 대한 생트 크루아의 애정이 식어버렸다. 사실 그는 그녀를 이용하려고만 했지 그녀와 결혼할 생각은 갖고 있지 않았다. 따라서 그로서는 브랭빌리에 후작의 죽음을 바랄 이유가 없었다. 그는 양다리를 걸쳤다. 그녀에게 독약을 만들어 주었지만, 이튿날에는 그녀의 남편에게 해독제를 주었다. 그러고는 자취를 감추었다.

그대로 묻혀버리고 말 것 같았던 생트 크루아와 브랭빌리에 후작 부인의 범죄는 얼마 뒤에 우연한 사고로 인해 세상에 드러나고 말았다. 게다가 그 사고는 생트 크루아 자신의 실수로 발생한 것이었다. 그가 만드는 독약은 독성이 매우 강해서 실험실에서 만들 때 반드시 마스크를 써야 했다. 그런데 어느 날 실험실에서 그는 쓰고 있었던 마스크가 벗겨지는 바람에 독약을 흡입하고 질식사하고 말았다. 그는 연락하고 지내는 가족이나 친척이 없었으므로 경찰이 그의 유품을 수습했다. 그 가운데 작은 상자가 하나 있었는데, 거기에 다음과 같은 내용의 유언 메모가 붙어있었다.

누구든 이 상자를 입수한 사람에게 부탁드립니다. 이것을 브랭빌리에 후작 부인에게 전해주십시오. 이 안에 들어있는 것들은 모두 그녀와 관련된 것이자 그녀의 것입니다. 그리고 그녀 이외의 다른 사람에게는 쓸모가 전혀 없는 것입니다. 그녀가 나보다 먼저 죽게 된 경우에는 내용물을 꺼내지 말고 이 상자를 그대로 불에 태워주십시오. 이상은 나의 마지막 유언입니다. 1672년 5월 25일, 파리, 생트 크루아.

경찰이 상자를 열어 보니 그 안에 유리병과 가루, 그리고 약간의 서류가 들어 있었다. 서류 가운데서 생트 크루아를 지급지시자로 한 브랭빌리에 후작 부인의 3만 프랑짜리 약속어음이 발견됐다. 그 밖의 다른 서류는 오브레 후작 집안의 비극이 사실은 독살로 인한 것이며 여기에 그녀와 하인 쇼세가 연루됐음을 알려주는 것이었다.

브랭빌리에 후작 부인은 생트 크루아가 이런 상자를 남기고 죽었다는 소식을 듣자마자 경찰에 사람을 보내 상자를 자기에게 넘길 것을 요구했다. 경찰이 거부하자 그녀는 곧바로 프랑스를 떠났다. 이튿날 경찰이 추적에 나섰으나 그녀는 이미 영국으로 가버린 뒤였다.

상황을 전혀 알지 못하고 있던 쇼세는 경찰에 체포됐다. 그는 고문을 받고 자신이 오브레 후작의 두 아들을 독살했으며 생트 크루아와 브랭빌리에 후작 부인이 그 대가로 1천 리브르와 평생 연금을 주기로 약속했다고 자백했다. 그는 법정에서 사지를 찢어 죽이는 형벌을 선고받고 파리의 그레브 광장에서 그렇게 처형됐다.

브랭빌리에 후작 부인은 영국에 3년 가까이 머무른 뒤 1676년 초에 이제는 괜찮겠지 하고 방심하고 유럽대륙으로 건너가는 모험을 감행했다. 그녀는 우선 은밀하게 벨기에의 리에주로 갔다. 그녀는 나름대로 조심스럽게 행동했지만 프랑스 경찰은 그녀의 행방을 알아차렸다. 경찰은 리에주 시당국과 교섭해서 그녀를 체포해도 좋다는 승인을 얻었다.

헌병대 장교 데그레Desgrais가 그녀를 체포하는 임무를 띠고 리에주로 갔다. 그녀는 어느 수도원에 숨어 있었는데, 그곳은 성역이므로 경찰이 마음대로 들어갈 수 없는 곳이었다. 데그레는 성직자로 가장해 수도원에 들어가서 그녀를 만났다. 그는 프랑스 사람인 자신이 리에주를 지나면서 미모와 불운으로 너무도 유명한 부인을 방문하지 않을 수 없었다고 거짓말을 했다. 그의 칭찬이 그녀의 허영심을 자극한 것이 분명했다. 그가 그녀를 유혹하는 말을 늘어놓자 그녀는 경계심을 늦추었다. 그는 수도원 밖의 자유로운 분위기 속에서 다시 만나자고 간청했고, 그녀는 허락했다. 그녀는 이 새로운 애인과 약속한 시간에 약속한 장소로 갔으나 거기에서 기다리고 있는 것은 경찰이었다.

브랭빌리에 후작 부인에 대한 재판이 지체 없이 열렸다. 그녀의 범죄를 입증하는 증거는 많았다. 쇼세의 증언만으로도 충분했지만, 생트 크루아가 상자 안에 담아 남긴 서류와 프랑스에서 탈출한 그녀 자신의 도주행각도 증거가 됐다. 또한 생트 크루아의 다른 유물에서 그녀가 아버지와 두 남동생을 죽였음을 입증해주는 그녀 자신의 친필 문서도 발견됐다.

이 재판은 파리를 들썩이게 했다. 사람들이 브랭빌리에 후작 부인에 관한 이야기만 했다. 그녀가 저지른 범죄를 자세히 서술한 책이 출판되자 사

감옥에 갇힌 브랭빌리에 후작 부인(1676, 샤를 르 브룅)

람들이 그것을 사서 게걸스럽게 읽었다. 이때 사람을 천천히 죽이는 독약이 사람들의 머릿속에 각인됐고, 그 영향으로 이후 수백 명이 모방범죄를 저지르게 된다. 1676년 7월 16일에 파리 고등법원이 그녀에게 유죄를 선고하고 다음과 같이 사형을 집행하라는 명령을 내렸다.

> 목에 밧줄을 걸고 손에 횃불을 들게 하고 맨발로 나무수레에 태워 노트르담 성당으로 끌고 들어가 사람들이 보는 앞에서 죄를 뉘우치게 한다. 그런 다음에 그레브 광장으로 데리고 가서 참수한다. 시체는 불에 태우고 남은 재는 바람에 날린다.

브랭빌리에 후작 부인은 처형장에 가서도 죽음을 두려워하지 않는 것처럼 보였고, 냉담한 태도로 죽음을 받아들였다. 이튿날 많은 사람들이 그녀의 시체를 태우고 남은 재를 긁어모아 조금이라도 가지고 가려고 처형장에 몰려들었다. 군중은 그녀를 마치 순교한 성녀나 되는 것처럼 여겼고, 그러다 보니 그녀가 남긴 재는 무슨 질병이든 다 치료할 수 있다는 생각을 하게 된 것이었다. 대중의 어리석음이 이보다 더 역겨운 경우는 없었다.

▎독약 장사를 한 산파

브랭빌리에 후작 부인이 처형당하기 직전에 프랑스 남부 랑그도크Languedoc 지역의 회계관이자 징세관인 프노티에Penautier 후작이 독살 혐의로 고발당하는 일이 있었다. 생 로랑St. Laurent이라는 부인이 자기 남편을 독살한 범인으로 프노티에 후작을 지목해서 고발한 것이었다. 그녀의 남편은 징세관이었는데 프노티에 후작이 그 자리를 차지하기 위해 독약으로 죽였다고 그녀는 주장했다.

프노티에 후작은 생트 크루아는 물론 브랭빌리에 후작 부인과도 친한 관계이며 그들에게서 독약을 얻은 것으로 알려졌다. 그러나 브랭빌리에 후작 부인은 그와의 관계를 부인했다. 프노티에 후작은 몇 달간 바스티유 감옥에 수감되어 조사를 받았지만 혐의가 입증되지 않아 풀려났다.

봉지Bonzy 추기경이 프노티에 후작과 공범이라는 소문도 나돌았다. 추기경의 부동산은 여러 건의 연금채무에 묶여 있었는데 연금수령자들이 잇달아 사망했다. 이와 관련해 추기경은 이렇게 말하곤 했다.

"내 운명의 별에 감사한다. 내가 그들보다 오래 살고 있으니!"

추기경이 프노티에 후작과 함께 마차를 타고 가는 것을 본 어떤 사람은 추기경의 이 말에 빗대어 이렇게 외쳤다.

"추기경의 운명의 별과 프노티에의 운명의 별이 같이 가고 있다!"

이즈음에 자연사를 가장한 독살은 이미 대중의 마음에 자리를 잡았다. 이후 1682년까지는 프랑스의 감옥이 자연사를 가장한 독살의 죄로 기소된 사람들로 가득 찼다. 대신 다른 수단에 의한 살인 사건은 줄어들었다. 이탈리아에서도 독살이 많이 이루어졌지만 프랑스에서는 더 많이 이루어졌다. 냄새도 없고 맛도 없는 독약을 이용하는 살인의 수법은 사악한 자들의 관심을 끌기에 충분했다. 범죄가 발각될까봐 두려워 권총이나 칼을 쓰기를 꺼려하는 자들이 천천히 효력을 발휘하는 독약을 안심하고 사용했다.

프랑스에서 이런 범죄가 많이 발생하자 프랑스에 대한 유럽 사람들의 평판이 매우 나빠졌다. 루이 14세는 프랑스에서 이런 악행을 없애기 위한 특별관청을 만들고 이를 통해 독살범들을 체포해 처벌하기 시작했다.

이때 두 여자가 독약을 만들어 팔아 수백 명을 죽음에 이르게 해서 악명을 떨쳤다. 바로 파리에 사는 라부아쟁Lavoisin과 라비고뢰Lavigoreux였다. 두 여자는 스파라와 토파니아를 모방해 주로 남편을 죽이려는 아내들에게 독약을 팔았고, 이보다 드물긴 하지만 아내를 죽이려는 남편들에게도 독약을 팔았다.

두 여자의 공식 직업은 산파였으나 점쟁이 행세도 했다. 모든 계층의 사람들이 이들을 찾아와 미래와 운명에 대해 물었다. 이들의 예언은 대부분 죽음에 관한 것이었다. 이들은 여자에게는 남편과의 이별이 다가오고 있다고 예언했고, 나중에 상속할 재산은 있지만 당장은 형편이 어려운 사람에게는 그 재산의 소유자인 가족이나 친척이 죽을 날이 멀지 않았다고 예언했다. 이들은 산파여서 많은 가족의 비밀을 잘 알고 있었고, 예언을 하는 데 그 비밀을 활용했다.

두 여자가 체포될 때까지 얼마나 오랫동안 이런 식으로 독약 장사와 점쟁이 노릇을 했는지는 알 수 없다. 그러나 어쨌든 이들은 1679년 말에 체포되어 유죄 판결을 받고 이듬해 2월 22일에 두 손이 잘린 뒤 산 채로 화형을 당했다. 이들의 공범들도 파리와 지방의 곳곳에서 체포되어 재판을 받았다. 그 결과로 어떤 기록을 보면 30명이, 또 어떤 기록을 보면 50명이 교수형에 처해졌다고 한다. 처형당한 사람들은 대부분 여자였다.

두 여자 가운데 라부아쟁은 독약을 사려고 자기 집에 찾아온 고객들의 이름을 적어 놓았는데, 경찰이 그 명단을 압수했다. 명단에는 뤽상브르 원수, 수아송 백작 부인, 부용 공작 부인도 들어 있었다. 뤽상부르 원수는 라부아쟁을 찾아간 것 자체가 불명예스럽고 어리석은 행동이었을 뿐 별다른 범죄 혐의는 없었지만 그에 대한 여론이 불리하게 돌아간 탓에 바스티유 감옥에 수감되어 재판을 받았다. 그에 대해서는 14개월간이나 재판이 계속됐지만 아무런 형벌도 선고되지 않았다. 수아송 백작 부인은 재판을 받기 싫어 벨기에의 브뤼셀로 도망갔는데, 이 때문에 결과적으로 왕비를 독살하려고 했다는 혐의를 끝내 벗지 못했다. 부용 공작 부인은 미래를 알고 싶고 악마를 보고 싶다는 호기심에서 라부아쟁을 찾아갔으나 독약과는 아무런 관계도 없는 것으로 밝혀졌다. 재판관 라 레니La Reynie는 추하게 생긴 노인이었는데, 법정에서 부용 공작 부인에게 악마를 정말로 본 적이 있느냐고 진지하게 물었다. 그러자 부용 공작 부인이 그의 얼굴을 빤히 바라보며 이렇게 대답했다.

"오, 그렇습니다! 지금 보이네요. 몸집이 작고 심술궂게 생긴 노인의 모습입니다. 그리고 법관의 복장을 하고 있네요."

이에 그 재판관은 더 이상 아무런 질문도 하지 못했다고 한다. 부용 공작 부인은 바스티유 감옥에 수감됐다가 몇 달 뒤에 지인들의 탄원에 힘입어 석방됐다. 어쨌든 자연사를 가장한 독살의 방법으로 살인 범죄를 저지르는 자들이 엄중한 처벌을 받게 되면서 모방범죄가 줄어들기 시작했다.

12장

유령이

출몰하는

흉가

| 마녀미신의 잔재

사람이 살기 어렵고 먼지투성이에 황량해 보이는 집에서 한밤중에 문을 두드리는 소리, 쇠사슬이 삐걱거리는 소리, 유령이 신음하는 소리가 들린다는 이야기는 누구나 들어봤을 것이다. 이런 집은 세를 들어 살려는 사람도 없고 근처를 지나가는 사람도 없다. 그런데 영국에는 지금 이런 집이 수백 채가 넘는다. 프랑스와 독일을 비롯해 유럽대륙의 모든 나라에도 유령이나 악령이 산다고 해서 사람들이 기피하는 집이 수백 채씩 있다.

유령이 출몰하는 흉가가 있다는 믿음은 마녀미신의 잔재다. 그러나 다행하게도 마녀미신과 달리 흉가에 대한 믿음은 억울한 희생자를 만들어내지 않는다. 흉가는 마음만 굳게 먹으면 그 실체를 밝혀낼 수 있다.

엑슬라샤펠Aix-la-Chapelle에는 5년 동안 사람이 살지 않았다는 황량해 보이는 큰 집이 있었다. 여기에서는 낮이고 밤이고 문을 두드리는 소리가 들렸지만 누구도 그 이유를 밝힐 수 없었다. 공포가 더해가고 이웃 사람들은 다른 곳으로 이사를 갔다. 오랫동안 사람이 살지 않다 보니 집이 더욱 황량해졌다. 유령이 출몰하는 집이라고 해서 해가 지고 나면 근처를 지나가는 사람이 없었다.

이 집의 2층 방에서 문을 두드리는 소리가 났는데, 아주 큰 소리는 아니었지만 매우 규칙적으로 들렸다. 천장에서 신음소리가 들렸다거나 자정을 넘은 시간에 창밖으로 불빛이 비쳤다는 말도 나돌았다. 흰 옷을 입은 유령들이 창가에 모여 웃고 떠든다는 이야기도 있었다. 이런 소문은 한 가지만 빼고는 모두 거짓으로 밝혀졌다. 그 한 가지는 문을 두드리는 소리가 난다는 것이었다. 집주인이 여러 차례 그 이유를 밝혀보려고 했으나 실패했다. 성직자가 와서 성수를 뿌리며 "악령아, 물러가라!"고 외쳐도 소용없었다.

그러다가 우연히 그 이유가 분명하게 밝혀져 사람들이 안심하게 됐다. 돈이 궁해진 집주인이 헐값에 집을 팔았는데, 새 집주인이 살펴보니 일층 방의 문짝이 시끄러운 소리를 내면서 움직이더니 그 밑 부분이 방바닥에 부딪치고는 약간 위로 올라가는 것이었다. 새 집주인이 1분 정도 지켜보니 한두 번 더 같은 일이 일어났다. 더 자세히 살펴보니 문짝의 걸쇠가 부러져 아래쪽 경첩에만 의존해 문짝이 움직이고 있었다. 그리고 바로 맞은편 벽의 창문에 끼운 유리창이 깨져 있었다. 바람이 불면 깨진 유리창의 틈새를 통해 바람이 강하게 들어와 문짝을 움직인 것이었다. 새 집주인이 유리창을 새것으로 끼우자 더 이상 괴상한 소리가 나지 않았다. 집 전체가 수리되어 옛 모습을 되찾았다. 그러나 3년이 지난 뒤에도 사람들은 이 집 근처를 지나가기를 꺼렸다.

월터 스콧 경의 저서 〈악마론과 마법에 관한 서간문〉에도 이와 비슷한 이야기가 나온다. 그 이야기의 주인공은 명문가 출신의 신사로 정계에 잘 알려진 인물이었다. 그가 작위와 재산을 물려받은 지 얼마 지나지 않아 하인들이 밤만 되면 집에서 이상한 소리가 난다고 수군거렸다.

신사는 그 집에서 오래 살아온 늙은 하인과 함께 원인 규명에 나섰다. 늙은 하인은 신사의 아버지가 세상을 떠난 뒤부터 이상한 소리가 나기 시작했다고 했다. 두 사람은 밤에 소리가 나는 곳을 추적했다. 그 소리는 식량을 쌓아두는 작은 창고에서 들려왔다. 두 사람이 창고의 문을 열고 들어가자 소리가 잠시 멈추었다가 다시 나기 시작했다. 창고 안을 구석구석 뒤져보니 덫에 걸린 쥐가 내는 소리였다. 쥐가 덫에서 벗어나려고 할 때마다 소리가 나는 것이었다. 스콧은 이 이야기를 신사로부터 직접 들었다고 했다.

그러나 유령이 출몰한다고 알려진 흉가는 이처럼 우연적인 이유로 생겨난 경우보다 살아있는 사람의 악의로 인해 생겨난 경우가 더 많다.

| 악의로 퍼뜨린 흉가 소문

경건하고 도덕적으로 살았다고 해서 '성왕聖王'으로 추앙되는 프랑스 왕 루이 9세(재위 1226~70)는 여섯 명의 수도사가 퍼뜨린 흉가 소문에 감쪽같이 속은 적이 있다. 루이 9세는 자신의 고해신부에게서 성 브루노 수도회 소속 수도사들의 선량함과 학식을 칭찬하는 말을 듣고는 파리 인근에서 그들이 공동체를 이루고 지낼 수 있도록 거처를 제공하기로 했다. 이에 수도회에서 여섯 명의 수도사를 보냈고, 루이 9세는 그들에게 샹틸리 마을의 좋은 집을 하나 주었다.

수도사들이 그 집에 들어와 창밖을 보니 보베르Vauvert 궁이 가까운 곳에 있었다. 이 궁은 원래 로베르 왕(재위 886~1031)이 살려고 지었지만 그 뒤로 버려져 사람이 산 지 오래였다. 수도사들은 왕이 하사한 집보다는 이 궁에서 살고 싶다는 욕심이 생겼다. 그러나 차마 왕에게 궁을 달라고 요구할 수는 없었다. 궁리 끝에 그들은 보베르 궁에 관한 나쁜 소문을 내기로 했다.

그 뒤로 보베르 궁에서는 밤만 되면 끔찍한 비명소리가 들리면서 창문에 청색, 적색, 녹색의 빛이 비쳤다가 사라졌다. 쇠사슬이 끌리는 소리와 사람이 신음하는 소리도 들렸다. 이런 일이 몇 달간 계속되자 인근의 주민들이 공포에 떨게 됐고, 이런 상황이 전국에 소문으로 퍼지고 루이 9세에게도 보고됐다.

마침내 보베르 궁에 유령까지 나타났다. 한밤중에 궁의 창문에 흰 수염과 뱀의 꼬리를 가진 거대한 몸집의 유령이 연두색 옷을 입고 나타나 무섭게 으르렁거리면서 지나가는 사람에게 주먹을 흔들었다. 샹틸리에 사는 여섯 명의 수도사는 주민들을 만나 자신들이 사는 곳의 바로 맞은편에 있는 궁에 유령이 나타나 사람들을 위협하는 것은 악마의 짓이라면서 분개하는 태도를 보였다.

루이 9세가 파견한 조사단이 이 마을에 도착했다. 여섯 명의 수도사는 조사단을 만나 자신들이 보베르 궁에서 살도록 허락해주면 거기에 들어가 살면서 악령들을 모두 쫓아내겠다고 했다. 이를 보고받은 루이 9세는 수도사들의 신심에 탄복해 이들의 속셈도 알지 못하고 제안을 받아들이기로 했다. 1259년에 루이 9세는 보베르 궁을 성 브루노 수도회의 재산으로 인정한다는 증서를 써주었다. 수도사들이 들어가 살기 시작하자 보베르 궁에 유령이나 불빛이 더 이상 나타나지 않았다.

1580년에 투르 시의 변두리에서 흉가 소동이 벌어졌다. 질 블라크르Gilles Blacre라는 사람이 페테 피케Peter Piquet로부터 집을 빌렸지만 곧바로 집주인 피케와 임차계약을 맺은 것을 후회하고 그 계약을 최소하려고 했다. 그러나 피케가 거부하자 블라크르는 다른 꾀를 냈다.

블라크르는 빌린 집이 알고 보니 프랑스의 모든 마녀와 악령이 만나는 곳이라고 사람들에게 떠벌였다. 그는 밤에 소음이 너무 크게 나서 잠을 잘 수가 없다고 했다. 마녀와 악령들이 벽을 두드리거나 벽난로에 들어가 으르렁대거나 유리창을 깨뜨리거나 부엌을 어지럽히며 돌아다닌다는 것이었다. 호기심을 느낀 인근 주민들이 그런 소리를 직접 들으러 찾아왔다. 그들 가운데 일부는 담에서 벽돌이 저절로 떨어져 내리는 것을 봤다고 했다.

드디어 블라크르는 투르 민사법원에 임차계약을 취소해달라는 소송을 냈다. 집주인 피케는 법정에 소환되어 계약을 취소해주지 않는 이유를 대라는 추궁을 받았다. 피케는 합당한 이유를 댈 수 없었고, 법원은 계약을 취소한다는 판결을 내렸다. 피케는 파리 고등법원에 항소했다. 고등법원은 오랜 심의 끝에 1심 판결을 번복하는 판결을 내렸다. 고등법원의 판결은 다음과 같았다.

그 집이 마녀와 악령에 시달리는지가 충분히 입증되지 않았기 때문이 아니라 투르 민사법원의 재판이 약식으로 진행되어 충분한 형식적 요건을 충족하지 못했기 때문에 그 판결이 무효임을 선언한다.

1595년에 보르도에서도 이와 비슷한 소송이 있었다. 고등법원이 성직자들로 구성해 파견한 조사단이 어떤 집에 유령이 출몰한다는 소문이 사실로 확인됐다는 보고서를 제출했다. 이에 따라 그 집에 대해 체결됐던 임차계약은 무효가 됐고, 임차인은 임대료와 세금을 돌려받았다.

| 왕당파 당원의 유령 놀음

가장 유명한 흉가 이야기는 아마도 우드스톡Woodstock 궁의 유령 소동일 것이다. 1649년에 찰스 1세를 처형한 영국 청교도들이 우드스톡 궁을 손에 넣으려고 접수단을 보내 궁 안에 있는 왕의 흔적을 모두 제거하려고 했다.

접수단이 우드스톡 궁에 도착한 날은 1649년 10월 13일이었다. 접수단은 왕의 침실을 부엌으로, 식당을 땔감 창고로 개조하는 등 찰스 1세를 연상시키는 모든 것을 없애기 시작했다. 자일스 샤프Giles Sharp가 접수단의 사환으로 그들을 도왔다. 오래된 나무가 '왕의 나무'라고 불린다는 이유만으로 접수단이 그 나무를 뿌리째 뽑으려고 할 때에도 샤프는 그 일을 거들었다.

그런데 궁 안에서 이상한 소리가 들렸다. 접수단은 처음 이틀 동안에는 그 소리에 신경을 쓰지 않았다. 사흘째에는 개가 들어와 침구를 갉아먹는 소리라고 생각했다. 나흘째에는 의자와 탁자가 춤을 추기 시작했다. 닷새째에는 밤에 누군가가 침실로 들어와 걸어 다니더니 침대를 따뜻하게 덥히는 다리미로 시끄러운 소리를 냈다. 엿새째에는 식당에서 식기들이 여기저기 날아다녔다. 이레째에는 밤에 접수단이 자는 침대에 베개 대신 나무토막이 놓여 있었다.

여드레째와 아흐레째에는 아무 일도 일어나지 않았다. 그러나 열흘째에는 벽난로 속의 벽돌들이 들썩거리다가 마루로 나와 춤을 추더니 공중으로 올라가 돌아다녔다. 열하루째에는 접수단의 반바지가 모두 사라졌다. 열이틀째에는 침대에 양은그릇들이 쌓여 있었다. 열사흘째에는 모든 유리가 산산조각 나서 그 파편이 궁 안을 가득 채웠다. 열나흘째에는 대포를 쏘는 소리가 마흔 번 나더니 공중에서 조약돌이 쏟아져 내렸다.

접수단은 악령을 쫓아내려고 열심히 기도를 올렸지만 효과가 없자 궁을 떠나야 하는지를 놓고 심각하게 논의했다. 그러나 좀 더 머물러보기로 하고 속죄의 기도를 올렸는데, 그날 밤에는 별다른 일이 일어나지 않아 접수단이 모두 편하게 잠을 잘 수 있었다. 그런데 이것은 접수단을 방심하게 하기 위한 속임수였다. 그 다음 날 밤에도 아무 일이 없자 접수단은 악령들이 궁에서 나간 것으로 생각하고 그해 겨울을 궁에서 보내기로 했다.

그런데 11월 1일에 응접실에서 무언가 움직이는 것이 느리게 걷는 소리가 나더니 돌, 벽돌, 회반죽, 깨진 유리 등이 쏟아져 내렸다. 2일에는 다시 걷는 소리가 났는데, 거대한 곰이 걷는다 싶을 정도의 소리였다. 15분 뒤에 그 소리가 그치자 여러 개의 돌멩이와 말의 턱뼈가 탁자 위로 떨어졌다. 접수단에서 가장 용감한 사람들 몇이 칼이나 권총을 들고 응접실로 들어갔으나 아무것도 발견하지 못했다.

잔뜩 겁을 집어먹은 접수단은 밤에 잠을 자지 못하고 궁 안을 돌아다니

우드스톡 궁

며 촛불과 등불을 켜고 방마다 벽난로에 불을 피웠다. 악마나 악령은 어둠을 좋아하고 빛을 싫어하므로 환하게 빛을 밝혀 놓으면 활동을 중단할 것으로 생각해서였다. 그런데 굴뚝을 통해 벽난로에 물이 쏟아져 내려 불이 꺼졌고, 어찌된 일인지 촛불과 등불도 꺼졌다. 잠을 자던 하인들은 쏟아져 내린 구정물로 침대가 온통 젖어버리자 놀라서 깨어났다. 이어 어디에선가 천둥보다 큰 소리가 들려오자 모두 무릎을 꿇고 하느님의 가호를 빌며 기도를 올렸다. 접수단원 가운데 한 명이 무슨 죄를 지었다고 이런 식의 괴롭힘을 당해야 하느냐고 하느님에게 물었으나 아무런 응답도 듣지 못했다.

그들은 다시 촛불을 켰으나 잠시 뒤에 촛불이 다시 꺼졌다. 그때 한 접수단원이 말편자 같은 것이 촛대 윗부분을 치는 것을 보았다면서 칼집에 손을 가져갔다. 그러나 그가 칼집에서 칼을 꺼내기도 전에 보이지 않는 손이 그 칼집을 잡아채가더니 그것으로 그를 내리쳤다. 그런 뒤에는 온갖 소음이 다시 시끄럽게 들리기 시작했다. 모두가 알현실로 가서 앉아 기도를 하고 찬송가를 부르면서 밤을 새웠다. 접수단은 궁을 차지하기 위해 악마와 다투는 것은 소용없는 일이라고 확신하고 짐을 꾸려 런던으로 돌아갔다.

이 소동의 진실은 긴 세월이 흐른 뒤에야 밝혀졌다. 왕정복고가 이루어지고 나서야 그 모든 것이 접수단의 사환 자일스 샤프가 꾸민 짓임이 드러났다. 그는 본명이 조지프 콜린스Joseph Collins이며 왕당파의 비밀당원이었다. 그는 어린 시절을 우드스톡 궁에서 보냈으므로 궁 안의 모든 함정과 비밀통로를 포함해 구석구석을 다 알고 있었다. 접수단은 그를 청교도혁명 지지자로 간주하고 믿었으나, 그는 다른 왕당파 당원들과 짜고 그런 일을 꾸몄던 것이다.

| 코클레인 마을의 유령

우리 시대에 보다 가까운 18세기 중반에도 유령이 나타나는 집에 관한 유명한 이야기가 생겨났다. 런던 시내 스미스필드 구역의 코클레인Cock Lane 마을에서 생겨난 이 이야기는 이성적인 사람도 쉽게 속아 넘어간다는 사실을 일깨워준다는 점에서 주목할 만하다. 이 이야기는 한동안 런던을 떠들썩하게 했다.

1760년 초에 코클레인 마을에 교회의 서기인 파슨스Parsons가 살고 있었다. 그가 사는 집에는 켄트Kent라는 주식중개인이 세를 들어 같이 살고 있었는데, 그의 아내가 아이를 낳다가 죽었다. 그래서 켄트의 처제인 패니 Fanny가 와서 집안을 돌봐주었다. 두 사람은 곧 사랑하게 됐고, 서로 죽을 때 유산을 남긴다는 유언장을 써 놓았다.

그렇게 살던 파슨스가 돈에 쪼들리게 되어 켄트에게서 돈을 빌렸다. 그런데 그 뒤에 두 사람의 사이가 나빠지자 켄트가 그 집에서 나오면서 파슨스를 상대로 빌려준 돈을 돌려받기 위한 민사소송을 걸었다. 법정에서 한창 공방이 벌어지고 있을 때 패니가 갑자기 천연두에 걸렸고, 켄트의 정성스러운 간호에도 불구하고 세상을 떠났다. 그녀의 시신은 성 요한 교회의 지하실에 안장됐다. 파슨스는 켄트가 패니의 유산을 탐내서 그녀를 죽인 게 아니냐는 의심을 내비치기도 했지만, 그 뒤로 2년이 별일 없이 지났다. 그러나 복수심이 강한 파슨스는 그사이에 켄트에게 복수할 궁리를 했다. 파슨스는 결국 적당한 방법을 생각해냈다.

1762년 초에 파슨스의 집에 죽은 패니의 유령이 나타난다는 소문이 코클레인 마을에 퍼졌다. 파슨스의 12살 된 딸이 여러 차례 그 유령을 보고 대화까지 했다는 것이었다. 더구나 그 유령은 자기가 천연두로 죽은 게 아니라 켄트에게 독살을 당했다고 말했다고 했다. 파슨스는 패니가 죽은 뒤로 2년간 매일 자기 집에서 누군가가 문이나 벽을 두드리는 소리가 났다고 주장했다.

무식하고 잘 속아 넘어가는 동네 사람들이 이런 이야기를 퍼뜨렸고, 파슨스는 사회적 지위가 높은 신사를 초대해 자기 집에서 일어나는 특이한 현상의 증인이 되어달라고 부탁했다. 신사는 다른 사람들도 데리고 와서 함께 진실을 규명해보겠다고 했다.

다음 날 그 신사는 세 명의 성직자와 20명의 신사를 데리고 왔다. 그중에는 두 명의 흑인도 있었다. 그들 모두는 파슨스의 집에서 밤을 새우며 유령이 나타나기를 기다리기로 했다. 파슨스는 유령이 딸에게만 보이지만 누구든 질문을 던지면 문이나 벽을 두드리는 소리를 내는 방식으로 '그렇다'와 '아니다'라는 의사표시는 한다고 설명했다. 두드리는 소리가 한 번 나면 '그렇다'라는 긍정의 표시이고 두 번 나면 '아니다'라는 부정의 표시라는 것이었다. 또한 두드리는 소리가 아니라 긁는 소리가 나면 그것은 불쾌하다는 뜻이라고 했다.

성직자들이 혹시 문이나 벽을 두드리는 것과 같은 소리를 내는 물체가 숨어 있는지를 살펴보려고 침대를 조사했다. 그런 다음에 파슨스의 딸이 그 침대에 누웠다. 몇 시간이 지나자 두드리는 소리가 났다. 파슨스의 딸은 패니의 유령이 보인다고 했다. 성직자들은 패니의 유령이 좋아한다는 하녀 메리 프레이저를 통해 유령에게 질문을 던졌다. 이에 유령은 두드리는 소리로 대답했다. 이런 방식으로 이루어졌다는 문답의 내용을 정리하면 다음과 같다.

"켄트 씨에게 부당한 일을 당해서 이런 소동을 일으키는 건가요?"

"그렇다."

"독살당했나요?"

"그렇다."

"독약은 보통 맥주와 쑥을 넣은 펄 맥주 중 어디에 들어 있었나요?"

"펄 맥주."

"펄 맥주를 마신 지 얼마나 지나서 죽었나요?"

"3시간."

"당신은 켄트 부인의 동생인가요?"

"그렇다."

"언니가 죽은 다음에 켄트 씨와 결혼했나요?"

"아니다." (같이 살긴 했지만 결혼은 하지 않았다.)

"켄트 씨 외에 독살에 관여한 사람이 있나요?"

"없다."

"당신은 스스로 원하기만 하면 누구에게나 나타날 수 있나요?"

"그렇다."

"그렇게 할 건가요?"

"그렇다."

"당신은 이 집에서 나갈 수도 있나요?"

"그렇다."

"이 아이를 언제나 쫓아다닐 생각인가요?"

"그렇다."

"이렇게 질문을 받는 것이 당신에게 위안이 되나요?"

"그렇다."

"죽기 한 시간 전에 하녀 캐러츠에게 당신이 독약을 먹었다고 말했나요?"

"그렇다." (옆에 있던 캐러츠는 그 시간에는 패니가 이미 말을 하지 못했다면서 이 대답은 사실이 아니라고 했다. 이 때문에 유령의 대답에 대한 사람들의 신뢰가 흔들렸지만 질문은 계속됐다.)

"캐러츠 양과 같이 산 지는 얼마나 됐나요?"

"사나흘." (이 대답에는 캐러츠도 사실이라고 했다.)

"켄트 씨는 체포될 경우 자백을 하리라고 생각하나요?"

"그렇다."

"그가 교수형에 처해진다면 당신의 영혼이 편하게 쉴 수 있나요?"

"그렇다."

"그가 이 일로 교수형에 처해질까요?"

"그렇다."

"지금 이 방에 성직자가 몇 명 있나요?"

"세 명."

"흑인은 몇 명 있나요?"

"두 명."

"이 시계는 흰색인가요?"

"아니다."

"노란색인가요?"

"아니다."

"파란색인가요?"

"아니다."

"검은색인가요?"

"그렇다." (시계는 검은 가죽상자 안에 들어 있었다.)

"오늘은 몇 시에 이 집을 떠날 건가요?"

"네 시." (이 답변은 두드리는 소리를 네 번 내는 것으로 했다.)

이런 일이 있었다는 소문이 삽시간에 런던 전역에 퍼졌다. 그러자 파슨스의 집 앞의 거리가 몰려든 군중으로 꽉 차서 사람이 지나다닐 수 없을 정도가 됐다. 집 안을 구경하고 싶어 하는 사람들이 많자 파슨스는 입장료를 내는 사람만 집 안에 들어오게 했다. 복수도 하고 돈도 벌게 된 파슨스는 매우 기분이 좋았다. 유령은 밤마다 무엇이든 질문을 하면 문이나 벽을 두드리는 소리를 내서 사람들을 놀라게도 하고 즐겁게도 해주었다.

그러다가 파슨스에게 불행한 일이 일어났다. 유령이 앨드리치Aldritch 목사의 유도질문에 넘어가 파슨스의 딸이 어디로 가든 따라가겠으며 그녀뿐만 아니라 누구라도 성 요한 교회의 지하실로 가면 따라가 관의 뚜껑을 두드려서 자신의 존재를 알리겠다고 약속했다. 이에 사회적 신분과 지위가 높은 다수의 신사와 부인들이 증인이 되기로 했다.

며칠 뒤 밤 10시에 우선 파슨스의 딸이 앨드리치 목사의 집에 가서 침실의 침대에 누웠다. 부인들은 침실에 같이 있기로 했고, 신사들은 옆방에서 기다렸다. 잠시 뒤에 부인들이 뭔가 두드리고 긁는 소리를 듣고 신사들을 침실로 불렀다. 모두 지켜보는 가운데 유령을 보았느냐고 질문하자 파슨스의 딸은 보지는 못했지만 유령이 자기 등에 생쥐처럼 매달려 있는 것 같다고 대답했다. 부인들이 그녀더러 두 손을 침대 밖으로 빼내라고 하고는 그녀의 몸을 꽉 붙잡았다. 이런 상태에서 유령에게 몇 가지 질문을 던졌으나 두드리거나 긁는 소리가 나지 않았다. 모습을 보여달라고 했으나 유령은 응하지 않았다. 아무 소리라도 내서 자신의 존재를 알려보라는 부탁에도 조용하기만 했다.

한 성직자가 아래층으로 내려가 거기에서 기다리고 있던 파슨스에게 실험 결과를 알려주고 유령이 응답하지 않은 이유를 물었다. 파슨스는 유령에 관해 그동안 자기가 한 이야기에 아무런 거짓도 없고 한 번은 유령을 만나 대화를 나눈 적도 있다면서 자기도 그 이유를 알 수 없다고 했다. 이에 신사와 부인들은 교회 지하실로 가서 두 번째 실험을 하기로 했다. 앨드리치 목사는 교회 지하실로 갈 테니 약속을 지키라고 유령이 듣도록 큰 소리로 외쳤다.

새벽 한 시를 지난 시간에 사람들이 모두 교회로 갔다. 두 명의 신사가

코클레인에 있었던 파슨스의 집

대표로 지하실로 들어가 패니의 관 옆에 서서 "모습을 보이라"고 말했으나 유령은 나타나지 않았다. 두드리는 소리를 내보라고 해도 감감무소식이었다. 두 신사는 지하실에서 나와 기다리던 신사와 부인들에게 결과를 알려주고 모든 것이 파슨스와 그의 딸의 속임수였다는 의견을 말했다.

그러나 성급하게 그런 결론을 내리는 데 반대하는 사람들이 있었다. 사람들은 심각하게 논의한 끝에 켄트에게는 유령이 모습을 나타낼 것이라는 데 의견을 모으고 그를 불렀다. 켄트는 여러 사람과 함께 지하실로 들어가서 유령을 부르며 "내가 너를 독살했느냐"고 물었다. 그러나 유령은 아무런 응답도 하지 않았다. 앨드리치 목사는 유령이 있다면 반드시 자신을 드러내고 독살범을 지목할 것이라면서 누가 독살범인지를 거듭 물었다. 30분이 지나도록 아무 일도 일어나지 않았다.

며칠 뒤 켄트는 파슨스와 그의 아내와 딸, 그리고 하녀 메리 프레이저를 사기죄로 고발했다. 이들에 대한 재판이 열렸고, 12시간의 심문 끝에 모두 유죄 판결을 받았다. 파슨스는 2년 금고형, 그의 아내는 1년 금고형, 메리 프레이저는 6개월 금고형을 받았다. 이들이 어떤 속임수를 썼는지는 정확하게 밝혀지지 않았다. 아마도 문이나 벽을 두드리는 소리가 난 것은 파슨스의 아내가, 긁는 소리가 난 것은 딸이 각각 한 짓이었던 것 같다. 참으로 유치한 속임수였지만 많은 사람들이 깜빡 속았다.

| 골딩 부인의 수난

파슨스의 사기사건이 일어난 지 10년 뒤에 런던이 다시 유령이 나오는 흉가 이야기로 들썩였다. 이번에는 복스홀 근처의 스톡웰Stockwell이라는 마을에서 소동이 벌어졌다. 나이가 지긋한 골딩Golding 부인의 집에서 식기와 음식이 저절로 흔들리다가 바닥에 떨어졌다는 소문이 퍼졌다. 1772년 주현절(1월 6일) 저녁에 가정부 앤 로빈슨Anne Robinson과 단 둘이 사는 골딩 부인의 집에서 일어난 일이었다.

찬장과 식탁에서 컵과 그릇이 저절로 덜거덕거리며 움직이더니 바닥으로 떨어졌다. 햄. 치즈, 빵조각도 마찬가지였다. 깜짝 놀란 골딩 부인은 이것을 악마의 짓으로 단정하고 이웃 사람들에게 도움을 요청했다. 자기와 같이 머물면서 악령이 자기를 해코지하지 못하게 해달라고 부탁한 것이었다.

이웃 사람들이 왔지만 괴상한 일은 여전히 일어났다. 그릇과 도자기들이 움직이더니 떨어져 깨져서 방마다 파편이 가득했다. 나중에는 의자와 탁자도 들썩거렸고, 집 전체가 흔들리는 것 같았다. 질겁한 이웃 사람들은 서둘러 골딩 부인의 집을 빠져나갔다. 골딩 부인도 가정부와 함께 자기 집을 떠나 이웃집에 가서 머물렀다. 그러나 그 이웃집에서도 같은 일이 벌어졌다. 그러자 집주인이 골딩 부인에게 나가달라고 했다.

골딩 부인은 자기 집으로 돌아와 괴상한 일에 시달려야 했다. 그러다가 며칠 뒤에 마침내 가정부 앤 로빈슨의 소행이 아닌가 의심하고 그녀를 내보냈다. 그러자 괴상한 일이 더 이상 일어나지 않았다. 이로 미루어 누가 그런 짓을 저질렀는지는 분명했다. 세월이 좀 흐른 뒤에 앤 로빈슨이 브레이필드Brayfield 목사에게 모든 것을 고백하고 목사가 혼Hone 씨에게 이 이야기를 알려주었다. 혼 씨는 이 이야기를 책으로 써서 출판했다.

앤 로빈슨은 골딩 부인의 집을 차지하고 싶어 애인과 함께 그런 술책을 짜낸 것이었다. 그릇과 도자기 등은 조금만 움직여도 덜거덕거리거나 떨어지도록 놓아두었고, 그 밖의 다른 물건들은 말의 털로 만든 실의 한쪽 끝을 그것에 붙여놓은 뒤 로빈슨이나 그녀의 애인이 옆방에서 다른 한쪽 끝을 쥐고 잡아당겨 움직였다.

| 스코틀랜드 농가의 유령 소동

1838년 겨울에는 스코틀랜드의 한 농가에서 악마와 유령이 장난을 친다는 소문이 퍼졌다. 12월 5일에 밸더로크Baldarroch 마을의 농부들이 농장 안에서 막대기, 자갈, 흙덩이가 이리저리 날아다니는 것을 보고 크게 놀랐다. 누구의 짓인지를 밝히려고 애썼으나 소용이 없었다. 이런 일이 닷새 동안 계속되자 농부들은 악마와 유령의 짓이라고 결론을 내렸다. 이런 이야기가 순식간에 소문으로 널리 퍼졌다. 악마와 유령의 장난을 구경하려고 먼 곳에서 사람들이 찾아오기도 했다.

얼마 뒤에는 농장의 마당에서만이 아니라 집 안에서도 이상한 일이 벌어지기 시작했다. 숟가락, 칼, 그릇, 양념통 등이 저절로 움직여 이 방 저 방으로 돌아다녔다. 방문과 지붕에서 시끄러운 소리가 나는가 하면 나무막대와 자갈이 날아와 유리창을 부수기도 했다. 마을 사람들은 놀라 자빠졌다. 그들은 악마의 저주 때문에 그런 초자연적인 현상이 일어난다고 생각하고 하느님에게 악마의 저주로부터 보호해달라고 기도했다.

타지에서 온 방문객들은 과장해서 소문을 퍼뜨렸다. 한 노인은 칼과 그릇 등이 돌아다니는 것은 거대한 체구에 검은 옷을 입은 유령이 그런 것들을 가지고 돌아다녀서 그렇게 보이는 것이라면서 자기는 그 유령을 직접 보았다고 했다.

방문객 가운데 목사와 장로들이 있었다. 그들이 작심하고 조사에 들어갔고, 그 결과로 두 주일 만에 모든 속임수가 들통 났다. 두 명의 젊은 하인이 그런 일을 꾸민 것으로 드러나 체포되어 투옥됐다. 두 하인의 수법은 앤 로빈슨의 수법과 거의 같았다. 두 하인은 그저 장난으로 그런 짓을 한 것으로 알려졌다.

유령이 출몰하는 흉가에 관한 이야기는 인간의 어리석음을 잘 보여주며, 그런 이야기들의 역사는 인간 사회의 발전을 증명해준다. 코클레인 마을의 파슨스가 한 짓은 만약 그때보다 200년 전에 이루어졌다면 더 많은 사람을 속였을 것이고, 파슨스의 가족은 금고형이 아니라 마법사와 마녀라는 판결을 받고 교수형에 처해졌을 것이다.

이 세상에 어리석은 사람들이 존재하고 그들이 어리석은 행동을 하지만 남에게 피해를 입히는 범죄만 아니라면 이런 사람들은 지혜와 관용으로 대하는 것이 처벌하는 것보다 낫다. 세월이 흐르면서 법전에서 이런 사람들을 터무니없이 가혹하게 처벌하는 조항들이 제거돼왔다. 마녀 소동이나 유령이 출몰하는 흉가에 관한 소문이 아직도 완전히 근절되지 않는 것은 무지한 사람들이 잘못된 생각을 하기 때문이라기보다는 그들을 계몽의 길로 이끄는 데서 사회 지도층과 지식인들이 자기 역할을 제대로 하지 않기 때문이라고 봐야 한다.

13장

유행어와

유행가

| 런던의 유행어

대도시에서 유행하는 유머는 사람들의 마음을 위로해준다. 대도시에서 슬퍼할 것을 찾는 사람은 언제나 가슴을 아프게 할 만한 장면을 쉽게 발견할수 있다. 시민들이 아무리 동정심을 가져도 가난한 사람들은 줄어들지 않는다. 그들을 보고 슬퍼하기만 하는 철학자는 눈물로 눈이 흐려져 그들을 구제할 방법을 찾아내지 못한다. 최악의 상황을 보고도 울지 않는 사람만이 진정한 박애주의자가 될 수 있다.

여기에서는 범죄와 악행을 비롯한 인간 세계의 탄식해야 할 측면을 떠나 가난한 사람들의 순진한 어리석음과 변덕을 잘 보여주는 흥미로운 유행어와 유행가를 살펴보기로 하자. 특히 런던에서는 유행어가 많이 만들어진다. 대중이 즐겨 주고받는 유행어는 어느 날 갑자기 생겨난다. 유행어가 언제 어디에서 어떻게 생겨났는지를 알 수 없는 경우가 많다.

오래전에 '쿼즈Quoz'라는 말이 돌아다녔다. 이 말은 단음절이지만 그 자체로 하나의 어구 역할을 했다. 이 기묘한 말은 대중의 상상력을 자극해 수없이 많은 뜻을 갖게 됐다. 들어줄 수 없는 요청을 듣게 되면 '쿼즈!'라고만 말하면 그만이었다. 개구쟁이가 지나가는 행인을 놀려서 친구들을 즐겁게해주고 싶으면 그 행인의 얼굴을 바라보면서 '쿼즈!'라고 외치면 됐다. 대화를 하다가 상대방이 하는 말의 진실성이 의심스러우면 어깨를 으쓱하면서 '쿼즈!'라고 했다. 시내의 거리와 술집 등에서 끊임없이 '쿼즈!'라고 외치는 소리가 들렸다.

그러나 다른 모든 유행과 마찬가지로 이 말의 유행도 끝났다. 이 말은 어느 날 갑자기 생겨난 것과 똑같이 어느 날 갑자기 사라졌다. 새로운 유행어가 생겨나서 이 말을 밀어낸 것이다.

그 다음으로 유행한 말은 '형편없이 나쁜 모자로군What a shocking bad hat!' 이었다. 지나가는 사람의 모자가 조금이라도 낡았으면 누구나 이 말을 했다. 한 사람이 이 말을 하면 다른 사람들도 따라 했다. 이 말을 들은 사람은 그것이 일종의 욕설임을 알면서도 대개는 그냥 참고 지나갔다. 불쾌한 감정을 드러내면 이 말을 계속해서 들어야 했기 때문이다. 사람들은 이 말을 함으로써 지나가는 사람의 성격을 알 수 있었다. 다혈질이어서 격하게 반응하는 사람에게는 이 말을 계속 하면서 놀려댔다. 그래도 이 정도에서 그치면 다행이었다. 모자를 빼앗기는 경우도 많았다. 사람들은 빼앗은 모자를 도랑에 던져 넣은 뒤 막대기 끝으로 진흙이 묻은 그 모자를 집어 올리면서 "형편없이 나쁜 모자로군!" 하고 외쳤다.

이 말은 '쿼즈'와 달리 유래가 알려져 있다. 런던의 서더크Southwalk 구역에서 치열한 선거전이 벌어졌을 때에 한 후보가 이름난 모자 제조업자였다. 이 후보는 선거운동 기간에 유권자에게 뇌물을 주면서도 그것이 뇌물이 아닌 것처럼 인식되게 하는 수법으로 표를 더 많이 얻으려고 했다. 그는 품질이 최상급이 아니거나 조금이라도 낡은 모자를 쓴 유권자를 만날 때마다 "형편없이 나쁜 모자를 쓰고 계시네요"라면서 "저의 가게에 오시면 새것으로 바꿔드리겠습니다"라고 말했다. 그러자 그와 경쟁하는 다른 후보들이 사람들로 하여금 그를 보면 "형편없이 나쁜 모자로군!"을 연호하도록 유도했다. 이렇게 서더크 구역에서 생겨난 이 말은 얼마 지나지 않아 런던 전역으로 퍼져 한동안 크게 유행했다.

'후키 워커Hookey Walker', 줄여서 '워커'라는 말은 유행가에서 유래한 것으로 '퀴즈'와 비슷한 뜻으로 사용됐다. 마음에 들지 않는 남자에게서 키스 해달라는 말을 들은 여자는 "워커!"라고 하면 됐다. 친구에게 돈을 조금 빌려달라고 했는데 그 친구가 꾸물거려도 "워커!"라고 했다. 술에 취한 사람이 비틀거리며 걸어가고 있으면 아이들이 쫓아가 그 사람의 외투 자락을 붙잡거나 다른 어른이 그 사람이 쓴 모자를 쳐서 돌리면서 "워커!"라고 했다. 이 말은 두세 달 유행하다가 사라졌다.

확 타오르라는 뜻의 '플레어 업Flare up'이라는 말도 크게 유행했다. 이 말은 의회에서 선거법 개혁을 논의할 때 브리스틀에서 흥분한 군중이 폭동을 일으켜 그 도시의 절반을 불태워버린 데서 유래했다. 이 말의 발음에 어떤 매력이 있었는지, 아니면 그 뜻에 어떤 호소력이 있었는지는 알 수 없지만, 어쨌든 이 말은 다른 모든 유행어를 몰아냈다. 런던에서는 "플레어 업!"이라는 소리만 들렸다.

이 말은 모든 질문에 대답으로 사용됐고, 어떤 논쟁이든 끝맺음했다. 모든 사람에게, 모든 상황에서, 모든 것에 대해 사용되다 보니 '플레어 업'은 대단히 포괄적인 뜻을 갖게 됐다. 사람들은 연설하는 사람이 예의바르지 않은 태도를 보이면 이 말을 했다. 술집에 너무 자주 가서 건강을 해친 사람도 이 말을 들어야 했다. 열정에 빠진 사람이나 밤에 소란을 피우는 사람도 이 말을 들었다. 연인끼리 밀고 당기며 다투거나 남자끼리 주먹으로 싸우는 모습을 봐도 사람들은 이 말을 했다.

이 말의 인기는 대단했고, 사람들은 그 소리 자체를 좋아했다. 밤에 술에 취해 비틀거리며 집으로 가는 주정뱅이도 이 말을 외침으로써 정신이 아직 멀쩡함을 증명하고자 했다. 그런데 길에 쓰러져 잠든 술꾼을 발견한 경찰도 "여기 플레어 업 된 사람이 있네!"라고 말했다. 그 술꾼이 들것에 실려 보호소로 가면 그곳에 이미 들어와 있던 다른 술꾼들이 "플레어 업!"이라고 외치며 새로 온 동지를 환영했다.

이 말이 워낙 인기를 끌어 오래 유행할 듯하자 어느 투기꾼은 〈플레어 업〉이라는 주간지를 창간했다. 그러나 이것은 모래 위에 지은 집과 같았다. 이 말의 유행이 퇴조하면서 주간지도 몰락의 길을 걸었다. 사람들은 이 말의 단순함에 싫증을 내더니 이것을 속된 표현으로 여기기 시작했다. 결국 이 말은 어린아이들에 의해서만 사용되다가 유행어로서는 소멸됐다. 이 말 자체는 지금도 간혹 사용되지만 한창 유행하던 때의 의미로는 사용되지 않고 단지 갑자기 일어나는 화재나 심술, 소란 등을 가리킬 때 사용된다.

| 일상의 고달픔을 덜어주는 유행가

유행어가 언제나 끊임없이 생겨나는 것은 아니다. 유행어의 공백기에는 유행가가 인기를 모으기도 한다. 민중이 유행가에 빠지면 유행어에 대한 관심이 감소하고, 반대로 유행어가 인기를 끌면 유행가가 뒷전으로 밀리는 경향도 있다.

한때 런던 시내에 오직 하나의 노래만 메아리친 적이 있다. 소년이든 소녀든, 젊은이든 늙은이든, 처녀든 주부든, 남자든 여자든 모두가 그 노래에 열중했다. 노래의 제목은 〈체리 라이프Cherry ripe〉였고, 후렴구에서도 '체리 라이프'라는 가사가 반복됐다.

사람들이 음정도 안 맞게 '체리 라이프, 체리 라이프!' 하고 노래하며 다녔다. 거리의 악사들도 바이올린이나 플루트 등으로 이 노래를 연주했다. 조용한 것을 좋아하는 사람들은 귀를 막고 살거나 런던을 떠나 벌판으로 피신해야 했다. 그러나 이 열광은 1년 정도만 유지되다가 꺼졌다.

그러자 이번에는 모든 질문에 엄지손가락을 코끝에 대고 나머지 네 손가락을 빙빙 돌리는 몸짓이 크게 유행했다. 사람들은 누구든 상대방에게 모욕을 주고 싶을 때에도 이 몸짓을 했고, 조롱과 불신, 놀라움, 거절 등의 의사표시를 할 때에도 이 몸짓을 했다. 요즘에도 이 몸짓을 하는 사람을 가끔 볼 수 있지만, 이제 이것은 저질스러운 행동으로 간주된다.

지금으로부터 16년 전쯤 런던에서 새로운 노래가 유행했다. 어디에서나 "더 시, 더 시The Sea, The Sea!" 하고 노래를 부르는 소리가 들렸다. 그때 외국인이 런던 시내를 걸으면서 어디에서나 불리는 이 노랫소리를 들었다면 아마도 그것이 영국인의 바다 사랑을 표현한 것이라고 추측하고 다음과 같이 말했을 것이다.

영국인이 대양에서 천하무적인 것은 놀라운 일이 아니다. 영국인은 매일 시장바닥에서도 바다에 대한 애정을 드러낸다. 이 호전적인 종족의 나라에서 국민 모두가 부르는 노래에서 사랑은 중요한 주제가 아니다. 술의 신 바쿠스도 그들에게는 신이 아니다. 그들은 강인하며 늘 바다와 그것을 정복할 방법을 생각한다.

그 외국인이 귀에 들리는 것만을 증거로 삼았다면 틀림없이 그렇게 생각했을 것이다. 그러나 그가 들은 노래는 음조가 수천 가지로 변하지만 그모두가 음악을 제대로 들을 줄 아는 사람에게는 불협화음에 불과한 소음이었다. 이 짜증나게 하는 소리를 듣고 싶지 않아도 런던 시내에서는 피할 도리가 없었다. 사부아에서 온 한 시인은 조용한 거리를 찾아 헤매다가 실패한 뒤 외지고 아늑한 숙소로 돌아갔으나 거기에서도 이 노래를 들어야 했다. 그러나 이 노래는 6개월 정도만 유행하고 말았을 뿐이다.

그 뒤로도 몇몇 노래가 유행했지만 인기가 그리 대단하지는 않았는데 하나만은 예외였다. 그것은 〈내 모자 둘레에All round my hat〉라는 노래였는데 매우 유행했다. 그 뒤를 이어 인기를 끈 노래는 미국 배우가 처음 소개한 〈짐 크로Jim Crow〉라는 것이었다. 그는 이 노래를 부르면서 한 구절이 끝날 때마다 몸을 한 바퀴 돌렸다. 바로 이 몸짓이 런던 시민들의 취향에 들어맞으면서 노래가 여러 달에 걸쳐 유행했다. 그 가사의 일부를 옮기면 다음과 같다.

돌고 돌아라.
돌기만 해라.
돌고 돌아라.
그리고 뛰어 올라라, 짐 크로!

먹고 살기 위해 돈을 훔치거나 거리에서 노래를 부르거나 둘 중 하나를 선택해야 했던 고아들이 이 노래를 불렀다. 이 노래를 좋아하는 대중의 취향이 유지되는 한 그러는 것이 돈을 버는 방법이라고 생각했던 것이다. 이 노래의 인기가 절정이었을 때 런던을 관찰한 사람이라면 시인 셸리Shelley를 따라 다음과 같이 읊었을 것이다.

여름 먼지가 쌓인 길의 가장자리에 앉아,

저녁에 나도는 무수한 각다귀처럼

이리저리 몰려다니는 사람들의 물결을 바라본다.

수많은 사람들이 격렬하게 노래 부르고 미친 듯이 춤추며

도처에서 광란하고 있다.

'영국인은 바다를 사랑한다'고 추리했던 이론가가 이즈음에 다시 런던

영국 화가 앨프레드 클린트가 그린 시인 셸리의 초상화

에 왔다면 이번에는 '영국인은 노예제 폐지를 위해 노력하고 있다'고 추리했을 것 같다. 아마도 그는 이렇게 말했으리라.

자비로운 민족이여! 그대들의 동정심은 끝이 없구나. 피부색만 다른 아프리카의 불행한 사람들을 사랑하는 그대들은 그들을 위해 엄청난 돈을 쓰고도 조금도 아까워하지 않는구나. 짐 크로는 수난을 당하는 인종을 상징하는 인물인데, 그대들은 그를 영웅으로 떠받드는구나. 인류여, 그를 찬양하는 영국인의 노래를 들어보라. 영국인은 심지어 쉴 때에도 그의 이름을 입에 올린다. 오, 박애의 정신으로 충만한 영국이여, 문명의 전위여!

14장

큰 도둑

숭배

| 대중의 마음을 사로잡는 큰 도둑

가난의 고통을 겪는 사람들이 부자의 재산을 털어가는 대담하고 재간이 있는 약탈자에게 공감하기 때문인지, 아니면 인류가 일반적으로 위험한 모험의 기록에 흥미를 느끼기 때문인지는 모르겠다. 하지만 어쨌든 어느 나라에서나 민중은 성공한 큰 도둑을 숭배하는 눈으로 바라본다. 유럽에서도 모든 나라에 민중이 숭배하는 큰 도둑이 있고, 그런 큰 도둑의 행적이 시로 읊어진다.

유럽의 여행자 가운데 각국의 국민성을 연구한 사람들은 이러한 민중의 정서를 감지하고 기록했다. 18세기 초에 영국에 와서 잠시 머무른 프랑스의 르 블랑Le Blanc 신부는 프랑스인과 대비하며 영국인에 관해 쓴 흥미로운 내용의 편지에 다음과 같이 썼다.

내가 만난 영국 사람들은 노상강도의 성공을 영국군의 용맹보다 더 찬양했다. 모두가 노상강도의 솜씨, 교묘함, 관용적인 행동에 대해 이야기하고 유명한 도둑을 영웅시했다. 범죄자가 교수대로 끌려가는 모습을 바라볼 때 다른 나라 사람들은 불안해하는 눈빛으로 바라보지만 영국 사람들은 흥미를 느끼는 눈빛으로 바라본다. 영국 사람들은 범죄자가 마지막 순간까지 담대한 태도를 유지하는 것을 보고 기뻐하고, 범죄자가 하느님과 인간의 심판에 용감하게 맞서는 것을 보고 환호한다.

르 블랑 신부는 유명한 강도 맥퍼슨Macpherson을 노래한 다음과 같은 옛 발라드를 알았다면 그 편지에 이것을 끼워 넣고 '영국 사람들의 관점'이라는 설명을 덧붙였을 것 같다.

그는 요란스럽게 제멋대로,
그리고 대담하게 살더니
교수대에 올라 목매는 나무 밑에서
뛰고 돌며 춤을 추었네.

▌영국의 큰 도둑들

영국의 옛 도둑 가운데 영국뿐 아니라 모든 나라에서 가장 유명하고 대중이 사랑하는 인물은 로빈 후드Robin Hood다. 그는 부자들의 재산을 강탈해서 가난한 사람들에게 나누어줌으로써 불멸의 명성을 얻었다.

로빈 후드를 찬양하는 소설과 시가 경쟁적으로 쓰이고, 그가 활동한 셔우드 숲에 순례자들의 발길이 끊이지 않는다. 그가 도둑질을 하면서 보여준 몇 가지 미덕은 700년이 넘도록 전해지며 찬양됐고, 그의 활약상은 영어가 언어의 기능을 상실하고 사라지지 않는 한 미래에도 영원히 잊히지

로빈 후드

않을 것이다. 가난한 사람들에 대한 그의 자선과 여자들에 대한 그의 신사도는 그가 전 세계에서 가장 뛰어난 큰 도둑으로 인정받게 했다.

로빈 후드의 뒤를 잇는 17~18세기 영국의 큰 도둑 중에서는 딕 터핀 Dick Turpin, 잭 셰퍼드Jack Sheppard, 클로드 뒤발Claude Duval 등이 유명하다. 그 시대에 이들 길 위의 기사는 영국 사람들에게 두려움의 대상인 동시에 즐거움의 원천이었다.

영국인은 열 살이면 터핀에 대해 알게 된다. 터핀이 런던에서 말을 타고 요크까지 놀라운 속도로 갔다는 이야기는 수많은 영국인에게 갖가지 상상을 불러일으켰다. 터핀이 노파를 불 위에 올려놓고 돈을 숨긴 곳을 대라고 협박했다는 이야기를 영국인은 유머가 섞인 이야기로 받아들인다. 또한 터핀이 교수대에서 보여준 당당한 태도는 고결한 행동으로 여겨진다.

르 블랑 신부의 기록에 따르면 터핀은 여행자를 상대로 노상강도 짓을 할 때 여행자가 여행을 계속하는 데 필요한 여비는 남겨주면서 신고를 하지 않겠다는 맹세를 하게 했고, 여행자는 터핀 앞에서 한 맹세를 지켰다고 한다. 다음은 르 블랑 신부가 소개한 하나의 사례다.

어느 날 터핀은 길을 가던 부자를 멈춰 세우고 말했다.
"돈을 바치겠는가, 아니면 목숨을 바치겠는가?"
부자가 돈을 바치겠다고 해서 터핀이 부자의 몸과 짐을 수색했다. 그러나 아무리 뒤져도 돈이 5~6기니밖에 없었다. 터핀은 부자에게 공손한 자세로 말했다.
"앞으로는 돈을 좀 더 많이 가지고 다니시오. 나하고 다시 만났는데 그때에도 가진 돈이 이 정도밖에 안 되면 마구 패주겠소."

르 블랑 신부는 터핀을 좋아하는 영국인에게서 다음과 같은 이야기도 들었다고 했다.

터핀이 어느 날 케임브리지 부근에서 C씨를 덮쳤다. 터핀은 C씨에게서 시계, 코담뱃갑, 돈 등을 빼앗더니 2실링을 되돌려주면서 신고하지 말라고 했다. C씨는 그러겠다고 맹세했고, 두 사람은 헤어졌다.

두 사람은 나중에 뉴마켓이라는 곳에서 다시 만나게 됐다. 이때 C씨는 터핀에게 빼앗겼던 돈의 일부를 공정한 방법으로 되찾았다. 터핀의 제의에 따라 두 사람은 경마장에 같이 가서 내기를 했다. 터핀은 내기에서 지자 곧바로 돈을 내주었다.

르 블랑 신부에게 이런 이야기를 해준 영국인은 터핀과 같은 노상강도가 영국에 있다는 사실을 매우 자랑스러워했다고 한다.

터핀이 붙잡혀 처형당한 뒤에 그의 시체는 의사들에게 해부용으로 넘겨질 예정이었다. 그러나 영웅의 시체가 무례한 의사들의 손에 의해 해부되는 것을 참을 수 없다고 생각한 사람들이 시체를 빼돌려 다른 곳에 깊이 묻었다.

잭 셰퍼드도 영국 사람들에게 친숙한 도둑이다. 셰퍼드는 로빈 후드처럼 부자를 털어 가난한 사람을 돕지도 않았고, 터핀처럼 피해자에게 정중한 태도를 취하지도 않았다. 하지만 그는 뉴게이트 교도소에서 족쇄를 찬 채로 여러 차례 탈출해 명성을 얻었다. 처형당할 때 그의 나이는 스물세 살밖에 안 된 청년이었다. 그는 대중의 동정을 받으며 죽었고, 그 뒤로 몇 달간 영국 사람들은 그를 유일한 화제로 삼았다. 셰퍼드의 인형이 인기리에 팔렸고, 리처드 손힐 경은 그의 초상화를 그렸다. 그를 다룬 팬터마임도 무대에 올려졌다.

클로드 뒤발의 죽음은 개선장군의 죽음과 흡사했다. 그는 신사적인 도둑으로 추앙됐다. 버틀러Butler는 그를 위한 송가까지 지었다.

그는 야만적인 아랍인 노상강도에게
좀 더 점잖은 방법으로 털라고 가르쳤다네.

딕 터핀

노획물을 취할 때

사기꾼으로 자라지 않은 사람보다 더 정중하게 하는 방법과,

교수형을 받을 때

아둔한 영국인이 아는 정도보다 더 우아하게 받는 방법도.

뒤발의 태도는 공손함의 극치였고, 여자에 대한 그의 행동은 정중하기
로 정평이 났다. 이러한 그가 붙잡혀 수감되자 누구보다도 여자들이 매우

슬퍼했다. 버틀러는 이에 대해 다음과 같이 노래했다.

> 도처에서 부인들이 몰려와서
> 그에 대한 속마음을 털어놓았네.
> 그것은 그가 받아 마땅한 찬사였네.

| 프랑스의 큰 도둑들

프랑스의 유명한 도둑 가운데 가장 뛰어난 자는 샤를 6세(재위 1380~1422) 때 활동한 에메리고 테트누아르Aimerigot Têtenoire다. 그는 사오백 명을 부하로 거느렸고, 리무진과 오베르뉴에 각각 성을 가지고 있었다. 그는 노상강도 짓으로 버는 돈 말고는 수입이 없었지만 사는 것은 귀족과 별로 다르지 않았다. 그는 죽을 때 다음과 같은 유언을 남겼다.

> 나는 성 조지 예배당에 1500프랑을 수리비로 기부한다. 나를 사랑해 준 애인에게는 2500프랑을 남긴다. 그 나머지는 모두 동료들에게 전해달라. 그들이 분배를 잘 하고 형제처럼 살기를 바란다. 그들이 분배에 합의하지 못해 분쟁이 일어난다면 그것은 내 잘못이 아니다. 그렇게 된다면 누구든 도끼로 내 금고를 부수고 그 안에 들어있는 것을 알아서 가져가라. 빠른 자가 이기는 자다.

그 뒤로는 프랑스에 대중의 사랑을 받을 만한 도둑이 별로 없었다. 악명 높은 카르투슈Cartouche는 그 이름이 프랑스에서 악당이라는 말과 동의어로 통하게 됐지만 큰 도둑으로 추앙되는 데 필요한 관대함, 예의바름, 용감함이라는 미덕은 전혀 보여주지 못했다. 그는 1727년 11월에 거열형에 처해져 사지가 찢기면서 참혹한 죽음을 맞았다. 1734~36년에 프랑스의 극장에서 그의 이름을 제목으로 내세운 연극이 상연되어 크게 성공을 거두었다.

가장 최근에는 프랑스에서 비도크Vidocq라는 도둑이 인기를 누렸다. 그는 근거가 불확실한 여러 무용담의 주인공으로 알려졌다. 프랑스 사람들은 그의 다양한 행적을 자랑하면서 유럽의 다른 어느 나라에도 비도크만큼 영리하고 신사적인 도둑은 없었다고 주장한다.

| 이탈리아와 독일의 큰 도둑들

큰 도둑으로 독일에는 신더하네스Schinderhannes가 있고, 헝가리에는 슈브리Schubry가 있다. 이탈리아와 스페인에는 아이들의 입에도 오르내리는 강도들이 많다.

이탈리아의 강도들은 세계적으로 유명하다. 그 가운데는 신심이 깊을 뿐 아니라 자선도 많이 한 자들이 적지 않다. 그래서 이탈리아 사람들은 그들에게 분별없는 애착을 느낀다. 어느 강도는 경찰에 붙잡혀가면서 "나는 이 지역에 있는 어떤 수도원보다도 자선을 더 많이 했다"고 외쳤다는데, 이 말은 사실이었다.

이탈리아의 롬바르디아 지역 주민들은 지금으로부터 2세기 전에 활동한 악명 높은 두 명의 강도를 애정 어린 마음으로 기린다. 작가 찰스 맥팔레인Charles Macfarlane에 따르면 롬바르디아의 아동용 책에 이 두 명의 강도에 관한 이야기가 실려 있었는데 그 지역의 아이들이 성경보다 그 책을 더 열심히 읽었다고 한다.

라인 강 유역에서 강도 행각을 벌인 신더하네스는 그 지역의 주민들에게 경이로운 존재로 기억되고 있다. 그 지역에 가면 어느 농부든 그가 유대인을 교묘하게 속인 이야기, 그가 잘난 체하는 경찰을 골려준 이야기, 그의 고귀한 아량과 놀라운 의지에 관한 이야기 등을 들려준다. 그들은 신더하

신더하네스와 그의 가족

네스를 자랑스러워하는 것이다.

독일인이 존경하는 큰 도둑으로 신더하네스 말고 한 사람이 더 있다. 그는 1824~26년에 라인 강 유역과 스위스, 알자스, 로렌 등지를 휩쓴 강도 떼의 두목 마우슈 나델Mausch Nadel이다. 잭 셰퍼드처럼 그도 위험을 무릅쓰고 탈옥을 감행한 것으로 인기를 모았다. 브레멘의 교도소 3층에 갇혀 있던 그는 쇠사슬로 묶인 상태로 경비병이 눈치 채지 못하게 1층으로 내려와 베저 강을 헤엄쳐 건넜다. 강의 중간에 이르렀을 때 경비병이 알아차리고 총을 쏴서 그의 장딴지를 맞췄다. 그러나 그는 총상을 입고도 끝내 강을 건너가 도주하는 데 성공했다.

나델은 나중에 다시 붙잡혀 사형 선고를 받았다. 그는 건장하고 잘생겨서 악당임에도 독일 사람들이 그의 운명을 안타까워했다. 특히 여자들은 그렇게 외모가 출중하고 낭만적인 모험을 서슴지 않은 영웅을 살릴 수 없느냐며 슬퍼했다.

이탈리아에 강도가 많아진 것과 관련해 찰스 맥팔레인은 가톨릭 교회가 고해성사와 사면을 남용한 것을 한 가지 원인으로 꼽았다. 그는 그러나 이보다는 유행가 작사가와 이야기꾼들이 강도를 찬양한 것이 더 큰 원인이라고 지적했다. 그가 극작가들의 책임도 크다는 점까지 거론했으면 더 좋았을 것 같다.

사실 극장은 대중의 취향에 맞춰 도둑이나 강도에 관한 이야기를 극화해 상연해야 관객을 많이 유인해 돈을 벌 수 있다. 연극에서는 도둑이나 강도가 대개 화려한 옷을 입고 유쾌하게 사는 모습으로 나온다. 극작가들은 연극의 대본을 이런 식으로 써서 도둑이나 강도를 미화함으로써 대중의 도덕에 해로운 영향을 끼쳤다.

1647~48년 이탈리아 나폴리의 혁명에 대한 기즈Guise 공작의 회고록에

따르면 당시의 연극에서 나폴리의 강도들이 너무나 매력적인 모습으로 표현됐다. 이 때문에 당국이 강도가 나오는 연극에 대해 상연을 금지해야 했다. 뿐만 아니라 실제로 강도가 매우 많았기 때문에 기즈 공작은 어렵지 않게 이들을 모아 군대로 편성해서 나폴리의 왕관을 차지하기 위한 일에 투입했다. 기즈 공작은 이들의 모습을 다음과 같이 묘사했다.

이들은 모두 3500명이었다. 나이가 가장 많은 사람은 45살가량이었고 가장 어린 사람은 20살 남짓이었다. 모두 큰 키에 좋은 체격을 가지고 있었고, 대부분 검은 고수머리를 하고 있었다. 이들은 검은 가죽으로 만든 겉옷을 입었고, 권총을 두 자루씩 찼다. 또한 비단 양말과 고급 구두를 신었다. 머리에는 금실이나 은실로 짠 모자를 썼는데 보기에 그럴 듯했다.

큰 도둑을 다룬 예술작품

〈거지의 오페라The Beggar's Opera〉는 도둑이 연극의 주인공으로 얼마나 인기가 있었는지를 보여준다. 이 작품은 영국 런던에서 처음 공연되어 전례 없는 대성공을 거두었다. 런던에서 63일간 연속으로 공연된 데 이어 그 다음 시즌에도 공연됐으며, 영국의 다른 도시들에서도 공연됐다. 잉글랜드뿐만 아니라 웨일스, 스코틀랜드, 아일랜드에서도 공연되어 흥행에 성공했다.

부인들은 이 오페라의 가사를 부채에 적어 가지고 다녔다. 극중 인물 폴리Polly 역을 맡은 무명의 여배우는 일약 대스타가 됐다. 그녀의 초상화가 불티나게 팔렸고, 그녀의 전기도 출판됐다. 이 오페라가 공연될 때에는 영국을 휩쓸던 이탈리아의 오페라가 맥을 추지 못했다.

나중에 캔터베리 대주교가 되는 성직자 허링Herring은 이 오페라에 대해 강도를 영웅으로 미화해 악덕과 범죄를 부추기는 작품이라고 비난하면서 이 때문에 실제로 강도가 늘어났다고 주장했다. 이에 대해 존슨Johnson 박사는 오페라를 보러 극장에 가는 강도도 별로 없지만 오페라 속에서 범죄행위를 한 자가 벌을 받지 않는 것을 보고 현실에서 안심하고 강도짓을 할 사람도 없을 것이라고 반박했다. 그러나 실제로는 강도들도 극장에 자주

〈거지의 오페라〉 홍보용 판화

갔을 뿐 아니라 그런 내용의 오페라가 젊은이나 사악한 자들에게는 모방범죄를 부추길 수 있다고 생각하는 것이 타당할 것이다. 실제 사건기록으로도 〈거지의 오페라〉의 인기가 한창일 때 강도와 절도가 그전에 비해 많이 늘어났다는 조사결과도 있다.

이와 비슷한 사례가 독일에도 있다. 시인 실러Schiller가 젊었을 때 쓴 뛰어난 희곡 《군도Die Räuber》는 젊은이들의 취향과 상상을 나쁜 방향으로 유도했다. 영국의 비평가 해즐릿Hazlitt은 이 작품을 읽고 한 대 얻어맞은 것 같은 충격을 받았다고 했다. 그는 25년 뒤에도 그 충격을 잊지 못해 "내 머릿속의 오랜 거주자"라고 표현했다.

《군도》의 주인공 모어Moor는 마음이 고결하고 이상주의적인 도둑으로 대중의 숭앙을 받았다. 이로 인해 순진한 대학생들이 고귀한 인물로 여겨지는 모어를 모방해서 학교와 집을 떠나 숲이나 들로 가서 여행자를 털려고 했다. 그들은 모어처럼 부자들의 돈을 빼앗아 가난한 사람들에게 나눠주려고 했다. 그러나 실제로 그렇게 해보니 실제의 강도짓은 극중의 그것과 다르고 감옥생활을 무릅쓰면서 할 짓은 아님을 깨닫게 됐다.

바이런Byron 경도 작품에 고결한 마음을 가진 도둑을 등장시켜 시인이 되고자 하는 영국 청소년들에게 조금이나마 악영향을 끼쳤다. 그러나 이런 영향을 받은 영국 청소년들은 독일 대학생들보다 지각이 있었는지 숲으로 가지는 않았다. 또한 영국 청소년들은 해적 콘래드Conrad를 우러러보았지만 바다로 가지는 않았다. 이들은 실천이 아닌 말과 글로만 도둑이나 해적에 대한 존경심을 드러냈다. 그래서 서점이나 악보판매점 등에 해적의 연애나 강도의 모험 등에 관한 이야기가 담긴 책이나 악보가 넘쳐났다.

런던의 빈민구역에 많이 있는 싸구려 극장에는 불량한 젊은이들이 주로 드나들었고, 이런 극장에서는 강도나 살인자 등을 소재로 한 연극이 인기를 모았다. 연극에서 노상강도의 범죄행위가 사실적으로 묘사됐고, 관객은 그것을 보면서 즐거워했다. 이런 곳에서는 끔찍한 범죄가 극화되어 무대에 오르게 되면 그것을 모방한 범죄가 현실에서 일어나기도 한다.

15장

결투

| 결투의 기원

결투Duel에 관해 글을 쓴 저작자들은 대부분 기원 후 몇 백 년 동안 유럽을 휩쓴 야만족들의 호전적인 관습에서 그 뿌리를 찾는다. 사실 결투는 기본적으로 사람을 포함한 모든 동물이 무언가를 얻거나 지키기 위해, 또는 모욕에 대해 보복하기 위해 서로 싸우는 행위와 같다. 뼈다귀를 놓고 서로 으르렁거리는 두 마리의 개나, 암탉을 차지하려고 서로 다투는 두 마리의 수탉이나, 명예를 지키기 위해서라며 서로 마주보고 총을 쏘는 두 명의 바보 같은 사람이나 다를 게 없다. 모두가 결투자다.

문명이 발달함에 따라 지식인들은 결투라는 분규해결 방법을 수치스러운 것으로 여기게 됐다. 그 결과로 결투로 상대방에게 상해를 입힌 자에게 배상의 의무를 부과하는 내용의 법이 만들어졌다. 그러나 과거에는 결투가 정당한 것으로 여겨졌다. 오늘날에도 분규의 한 당사자가 주장하는 내용을 상대방이 확실한 증거를 대면서 반박하지 못하는 경우가 많지만, 오래 전의 과거에 유럽에서 일어난 분규는 대부분 이런 경우였고 결투로 그것을 해결했다. 그리고 결투의 결과는 당사자들을 포함해 모두가 받아들였다. 하느님은 언제나 정당한 쪽의 편에 선다고 여겼기 때문이다.

이와 같은 믿음은 야만의 상태에서 벗어난 지 얼마 안 된 민족에게는 결코 부자연스러운 것이 아니었다. 그러한 민족의 태도는 매우 호전적이었고, 그 구성원들 사이에서 용감하지 않은 사람은 비겁할 뿐 아니라 뭔가 다른 악행도 저지른 것으로 의심받았다. 그러므로 누구든 필요하다면 결투에 나서서 용감한 모습을 보여야 다른 사람들의 의심에서 벗어날 수 있었다. 만약 사려 깊은 사람들이 결투에 대한 대중의 방종한 열정을 다스리는 수단들을 고안해내지 않았다면 유럽 사회는 산산조각 났을 것이다. 시간이 흐르면서 각국 정부들이 결투를 억제하는 노력을 기울이기 시작했다.

501년에 부르군트 족의 왕 곤데발두스Gondebaldus가 맹세 대신 결투에 의한 증명을 모든 법적 절차에서 인정하는 내용의 법령을 제정했다. 카를 대제가 통치하던 시대에는 부르군트 족의 관습이 프랑크제국 전체에 퍼져 재판의 원고뿐만 아니라 증인도 주장의 진실성을 칼로 입증해야 했고, 심지어 판사도 판결의 정당성을 같은 방법으로 입증해야 했다. 카를 대제의 후계자인 루트비히 1세는 중범죄에 해당하는 사건, 기사의 명예에 관련된 사건 등으로만 한정해 결투를 허용해서 이런 풍조를 고쳐보려고 했다. 그는 또한 여자, 환자, 장애인과 나이가 15살이 안 됐거나 60살을 넘은 자에 대해 결투를 금지했다.

성직자들은 결투로 옳고 그름을 판정하는 사법체계를 결코 인정하려고 하지 않았다. 성직자들은 애초부터 기독교의 원칙에 위배되는 결투를 혐오했고, 결투의 관습화를 막으려고 애썼다. 이들은 발렌티아 공의회와 트렌트 공의회에서 결투는 악마가 인간의 몸과 영혼을 파괴하기 위해 만들어낸 것이므로 결투를 하는 사람뿐만 아니라 그 보조자와 참관자도 파문한다는 결정을 내렸다. 또한 자신의 영지 안에서 결투를 묵인하는 군주에 대해서는 그의 세속권력을 박탈하기로 했다.

| 결투와 시죄

방금 돌아본 과거의 시대에는 사람들이 전능한 하느님에게 심판을 맡기고 결투를 하면 하느님이 부당한 누명을 쓴 사람의 편을 들어 승패를 갈라줄 것이라는 불경스럽고도 잘못된 생각에 빠져 있었다. 교회는 결투를 비난했지만 그 근거가 된 원리를 부정하지는 않았다. 성직자들은 모든 민족간, 개인간 분규에 하느님이 개입한다는 대중의 믿음을 오히려 장려했다. 이들은 '싸움에 의한 재판Trial by battle'인 결투를 대체할 방법으로 '시련에 의한 재판Trial by ordeal'인 시죄試罪를 모든 영향력을 동원해 지지했는데, 이것도 같은 원리에 근거한 것이었다. 다만 시죄는 유무죄 판결권을 사실상 교회가 갖는 것을 의미했다.

교회가 결투하는 자를 파문한다는 결정을 내린 목적은 유혈의 비극을 막자는 것보다는 교회의 사법적 권력을 유지하자는 것이었다. 교회는 시죄의 방법으로 십자가를 이용하는 시죄법, 불을 이용하는 시죄법, 물을 이용하는 시죄법 등을 고안했다.

신성로마제국의 카를 대제가 여러 아들에게 그들 사이에 분규가 발생하면 활용하라고 권한 십자가를 이용하는 시죄법은 이렇게 실행된다. 유죄로 몰린 사람이 무죄를 주장하면 그 사람을 교회의 제단 앞에 세운다. 신부는 똑같이 생긴 막대기 두 개를 준비하는데, 그 가운데 하나에는 십자가가 새겨져 있다. 신부는 두 개의 막대기를 모직 천에 싸서 제단 위에 놓는다. 이어 제단 앞에 서 있는 사람이 유죄인지 무죄인지를 가려달라는 간절한 기도를 하느님에게 올린다. 기도가 끝나면 신부가 막대기 두 개 가운데 하나를 집어 든다. 그 막대기에 십자가가 새겨져 있으면 그 사람은 무죄이고, 십자가가 새겨져 있지 않으면 그 사람은 유죄다.

십자가를 이용하는 시죄법이 결과를 순전히 운에 맡기는 방법이라고 생각하는 것은 터무니없는 오해다. 그러나 완전한 엉터리인 것도 아니다. 성직자들이 이러한 시죄법의 적용 대상이 된 사람과 그의 혐의에 대해 사전에 면밀한 조사를 벌였을 뿐만 아니라 막대기 두 개 가운데 어느 것에 십자가가 새겨져 있는지를 알았을 것이기 때문이다.

불을 이용하는 시죄법도 사실은 성직자들이 결과를 결정하는 것이었다. 그 시대에는 불은 무고한 사람을 태우지 못한다는 믿음이 널리 퍼져 있었는데, 성직자들은 피의자가 무고하다고 판단했거나 선언하고 싶으면 그가 화상을 입지 않도록 조치했다.

이 시죄법을 적용하는 여러 가지 방법 가운데 하나는 삽 등의 보습 여러 개를 불에 붉게 달궈 땅바닥에 일정한 간격을 두고 늘어놓은 뒤 피의자로 하여금 눈을 가리고 그 위를 맨발로 걸어서 건너가게 하는 것이었다. 피의자가 보습을 피해 땅만 밟고 걸어서 건너가면 무죄, 그렇게 하다가 보습을 하나라도 밟으면 유죄였다. 성직자들은 피의자가 유죄인지 무죄인지를 미리 판정해놓은 다음에 유죄로 판정된 피의자에게는 보습간 간격을 불규칙하게, 무죄로 판정된 피의자에게는 그 간격을 일정하게 해놓고 걸어가도록 했다.

물을 이용하는 시죄법은 주로 가난하고 신분이 미천한 사람들에게 적용됐는데, 그 결과는 언제나 피의자에게 불리했다. 이 시죄법은 피의자의 손발을 묶고 연못이나 강에 던져 넣는 방법이다. 물속으로 가라앉으면 무죄이지만 이때에는 피의자가 익사했고, 물위로 떠올라 어떻게든 헤엄쳐서 살아남으면 유죄인데 이때에는 처형당했다.

귀족들은 일찍부터 이러한 교회의 재판 방법에 사법적 권력을 독점하려는 의도가 숨어 있음을 알고 있었다. 그리고 귀족들은 원래 고대부터 전해

내려온 결투에 의한 재판을 선호했다. 게다가 기사 제도가 뿌리를 내리면서 귀족들은 전투를 유일한 사업으로 삼았다. 이런 상황에서 명예를 소중히 여기는 풍조가 확산되면서 귀족들은 많은 사람들이 보는 앞에서 결투를 벌이는 것을 정당한 행위로 여기게 됐다.

신성로마제국에서는 루트비히 1세의 아들인 로타르 1세(재위 840~55)가 십자가를 이용하는 시죄법과 불을 이용하는 시죄법을 폐지했다. 그러나 영국은 헨리 3세(재위 1216~72)가 통치한 시대의 초기에야 시죄법 폐지에 착수했다.

십자군 원정이 전개되면서 기사 제도가 완성 단계에 이르렀다. 기사도 정신은 시죄법을 몰락시키고 대신 결투로 사법적 분규를 해결한다는 원칙을 굳건히 세웠다. 이후 기사 제도가 퇴조한 뒤에도 결투는 살아남았고, 현명한 사람들이 없애려고 노력했음에도 오늘날까지도 없어지지 않고 있다. 과거의 야만적인 유산 가운데 결투가 가장 끈질기게 남아있는 것이다. 결투는 오랜 세월에 걸쳐 인간의 이성과 명예를 따로 놀게 하고 지각이 있는 사람들을 바보로 만들었다.

십자군 원정이 펼쳐지던 시대와 화약 및 인쇄술의 발명으로 시작된 새로운 시대 사이에 좀 더 합리적인 사법체계가 뿌리를 내렸다. 상업과 제조업에 종사하는 도시의 시민들은 분규가 발생하면 판사의 결정에 따른다는 데 동의했다. 그들의 습관과 태도는 그들로 하여금 귀족들처럼 모든 사소한 분규의 해결책을 결투나 전쟁에서 찾도록 하지 않았다. 곡물, 직물, 암소 등의 가격에 관한 다툼도 시장이나 판사에게 가면 만족스럽게 해결됐다. 귀족이나 기사들도 모든 분규를 결투로 해결하려고 하면 체면이 깎이게 된다고 생각하게 됐다.

각국 정부도 결투를 제한적으로만 허용하는 조치를 취했다. 프랑스를 예로 들면 루이 9세가 즉위할 때 역모, 성폭행, 방화, 암살, 강도 등의 사건에 대해서만 결투가 허용되고 있었다. 루이 9세는 결투에 대한 이런 제한을 모두 없애고 모든 민사 문제에 대해 결투를 허용하는 조치를 취했는데, 이 조치는 좋은 결과를 가져오지 못했다. 그 뒤 미남왕 필리프 4세가 1303년에 결투에 대한 제한이 반드시 필요하다고 생각하고 형사사건의 경우에는 역모, 성폭행, 방화에 대해서만, 그리고 민사사건의 경우에는 유산상속 분쟁에 대해서만 각각 결투를 허용한다는 포고령을 내렸다.

| 중세 초기의 결투

기록으로 전하는 가장 오래되고 특이한 결투는 878년에 벌어졌다. 가스티누아 백작 잉겔게리우스Ingelgerius가 아침에 침실에서 백작 부인에 의해 시체로 발견됐다. 백작의 친척인 공트랑Gontran은 백작 부인이 남편을 살해했다고 생각했다. 공트랑은 백작 부인이 오랫동안 다른 사내와 밀회를 해왔다고 주장하고 그녀에게 결투를 신청하면서 대리결투자를 선정해 내세우라고 요구했다. 자기가 결투에서 그 대리결투자를 죽여 그녀의 유죄를 입증하겠다는 것이었다. 백작 부인의 가족과 친척들은 모두 그녀의 결백함을 믿었지만 공트랑이 워낙 용감하고 탁월한 전사였으므로 누구도 그의 결투 상대가 되고 싶어 하지 않았다.

백작 부인이 절망에 빠져 있을 때 16살의 소년인 앙주 백작 잉겔게리우스가 대리결투자가 되겠다고 나섰다. 그는 어려서 세례를 받을 때 백작 부인에게 안겨 있었고, 이름도 그녀의 남편에게서 물려받았다. 왕은 공트랑의 엄청난 힘, 뛰어난 검술, 불굴의 의지에 대해 이야기하면서 소년에게 모힘을 하지 말라고 설득했다. 소년의 결심은 단호했다. 궁정의 모든 사람이 이리도 용감하고 잘생긴 소년이 죽어야 하냐면서 슬퍼했다.

백작 부인은 자신을 위한 대리결투자로 앙주 백작을 인정했다. 이에 따라 말을 타고 겨루는 결투가 벌어졌다. 공트랑은 앙주 백작에게 맹렬하게 달려들어 창으로 그의 방패를 내리쳤다. 그러나 그 바람에 공트랑은 자세의 균형을 잃고 말에서 떨어져 땅에 쓰러졌다. 이를 본 앙주 백작이 재빨리 달려들어 공트랑의 몸에 창을 꽂았다. 이어 그는 말에서 내려 공트랑의 머리를 베어 왕에게 바쳤다. 왕은 마치 도시 하나를 선물로 받은 것처럼 기뻐

잉겔게리우스와 공트랑의 결투

했다. 곧바로 백작 부인의 결백함이 선언됐다. 그녀는 많은 사람들이 보는 앞에서 소년 앙주 백작에게 입을 맞추고는 그를 끌어안고 울었다.

1162년에는 잉글랜드의 에식스 백작이 헨리 2세의 면전에서 로베르 드 몽포르에 의해 대역죄로 고발당했다. 5년 전에 콜스힐Coleshill에서 벌어진 웨일스와의 전투에서 왕의 깃발을 들고 있다가 떨어뜨리는 반역적인 행동을 했다는 것이었다. 로베르 드 몽포르는 자기가 고발한 내용의 진실성을 입증해 보이기 위해 결투를 신청했다. 에식스 백작이 이를 받아들여 결투장이 마련됐다. 이 소식을 듣고 많은 사람들이 몰려와 결투를 지켜보았다.

에식스 백작은 처음에는 우세했으나 자제력을 잃고 덤비다가 상대방의 반격을 받아 결국 패배하고 말았다. 그는 심한 상처를 입고 말에서 떨어져 땅바닥에 널브러졌다. 그의 친척들이 매장을 요청해 수도사들이 그를 묻어주려고 결투장 밖으로 들고 나갔고, 로베르 드 몽포르가 승리자로 선언됐다. 그러나 에식스 백작은 기절했을 뿐 죽지 않았다.

그는 수도사들의 간호를 받아 몇 주 만에 건강을 회복했다. 그러나 그의 마음에 생긴 상처는 쉽게 치유되지 않았다. 그는 왕의 충성스럽고 용감한 신하였으나 결투에서 졌기 때문에 사람들은 그를 반역자이자 겁쟁이로 여겼다. 그는 평판이 나빠진 상태에서 다시 세상에 나갈 수 없었다. 결국 그는 수도사가 되어 여생을 수도원에서 보냈다.

스페인에서는 기독교도 귀족과 이슬람교도 기사 사이에 결투가 벌어질 뻔한 일이 있었다. 세비야의 기독교도 기사가 기독교가 진리이고 이슬람교는 진리가 아님을 증명하기 위해 이슬람교도 기사에게 결투를 신청했다. 스페인의 기독교 성직자들은 모두 이에 반대했다. 이슬람교도 기사가 이길 수도 있기 때문이었다. 기독교 성직자들은 이 결투를 무산시키기 위해 교회에서 그 기독교도 기사를 파문하게 했다.

신성로마제국에서 오토 1세(재위 962~73) 때 아버지가 이미 죽어 이 세상에 없는 상태에서 할아버지가 죽으면서 남긴 유산을 손자들이 삼촌들과 어떻게 나누어야 하느냐는 문제를 놓고 법률적 논쟁이 벌어졌다. 법률가들이 일치된 결론을 내지 못하자 결투로 결론을 내라는 칙령이 내려졌다. 손자들과 삼촌들이 각각 결투자를 정해서 결투하게 했는데, 삼촌들 쪽의 결투자가 죽었다. 이에 따라 당국은 손자들이 그들의 아버지가 살아 있다면 받았어야 할 유산을 전부 받으라는 판결을 내렸다.

▎14~15세기의 결투

14~15세기에는 유럽의 대다수 국가에서 끊임없이 결투가 벌어졌는데, 그 가운데는 사소한 일을 빌미로 한 것도 많았다. 가장 대표적인 것은 프랑스의 원수 베르트랑 뒤 게클랭Bertrand du Guesclin과 영국군 대위 윌리엄 브렘버William Brembre의 친구 윌리엄 트루셀William Troussel의 결투다.

프랑스군과 영국군 사이의 소규모 교전에서 뒤 게클랭이 브렘버를 이겼다. 친구의 패전에 마음이 상한 트루셀은 뒤 게클랭과 결투를 하겠다며 당시의 권력자인 랭커스터 공작에게 허가해줄 것을 요청했다. 그러나 랭커스터 공작은 결투를 해야 할 상황이 아니라며 허가하기를 거부했다. 트루셀은 복수심을 가라앉히지 못하고 뒤 게클랭에게 시비를 걸 다른 빌미를 찾았다.

이때 트루셀의 친척 하나가 뒤 게클랭의 포로가 됐는데 뒤 게클랭은 몸값을 지불하지 않으면 그를 풀어줄 수 없다고 했다. 트루셀은 사람을 보내

자기가 지정한 날짜에 몸값을 지불하겠다는 보증서를 써줄 테니 먼저 그를 풀어달라고 요구했다. 뒤 게클랭은 그런 보증서는 받지 않겠다면서 몸값을 먼저 지불해야 한다는 기존 입장을 고수하는 내용의 답장을 보내왔다. 이제 트루셀은 결투를 하는 데 필요한 빌미를 확보한 셈이었다.

트루셀은 뒤 게클랭이 자신이 제안한 보증서를 받지 않겠다고 함으로써 자신의 명예를 실추시켰다면서 그에게 결투를 신청했다. 뒤 게클랭은 학질에 걸려 누워 있었음에도 결투 신청을 받아들이고 바스노르망디Basse-Normandie 지역의 지휘관 앙드르강Andreghem 원수에게 결투 계획을 알렸다.

영국 쪽에서는 랭커스터 공작이 트루셀에게 병에 걸려 몸이 온전치 못한 상태인 뒤 게클랭과 결투를 하는 것은 기사도 정신에 어긋난다고 지적했다. 트루셀 자신도 그렇게 하는 것은 수치스러운 일이라고 생각해서 뒤 게클랭에게 병이 완치될 때까지 결투를 미루자고 제안했다. 그러나 뒤 게클랭은 결투의 날짜와 장소를 다른 귀족들에게 이미 통지한 마당에 결투를 미루는 것은 있을 수 없는 일이라고 했다. 또한 그는 자신은 몸이 아프지만 결투에서 이길 힘은 충분히 남아있다면서 트루셀이 예정된 시간에 결투장에 나오지 않는다면 그를 기사로 불릴 자격이 없는 자로 선언할 것이라고 했다. 트루셀이 뒤 게클랭의 이런 거만한 답변을 랭커스터 공작에게 전하자 그는 즉시 결투를 허가했다.

드디어 수많은 관중이 지켜보는 가운데 결투가 시작됐다. 처음에는 뒤 게클랭이 열세였다. 트루셀의 강력한 공격을 방패로 막긴 했으나 몸이 말 위에서 왼쪽으로 쏠려 땅에 떨어질 뻔했다. 그러나 그는 혼신의 힘을 다해 몸을 일으켜 세운 뒤에 창으로 트루셀의 어깨를 내리쳤다. 트루셀은 큰 부상을 입고 땅에 떨어졌다. 뒤 게클랭이 말에서 내려 트루셀의 목을 베려고 하자 앙드르강 원수가 금색 지휘봉을 결투장 안으로 던졌다. 이는 결투를 중단하라는 신호였다. 뒤 게클랭은 승리자로 선언되어 관중의 박수갈채를 받으며 결투장을 떠났다.

샤를 6세가 통치하던 15세기 초에 카루주Carrouges와 르그리Legris가 벌인 결투도 유명한데, 이것은 파리 고등법원의 명령에 따라 이루어진 것이었다. 카루주가 성지에 가 있는 동안 그의 아내가 르그리에게 성폭행을 당했다. 집에 돌아온 카루주는 성폭행과 명예훼손이라는 두 가지 죄를 묻기 위해 르그리에게 결투를 신청했다. 르그리는 성폭행을 한 것이 아니라 유혹을 당한 것이라고 주장했다. 카루주의 아내는 자신의 결백함을 주장했으나 파리 고등법원은 결투를 하라고 명령했다.

결투일로 지정된 날에 카루주의 아내는 마차를 타고 결투장에 도착했

뒤 게클랭과 투르셀의 결투

다. 왕은 결백함이 입증될 때까지는 죄인 신분이라면서 그녀에게 마차에서 내리라고 했다. 그녀는 처형대 위에 올라가 신의 자비를 빌면서 결투의 결과를 기다려야 했다. 마침내 결투가 시작됐고, 카루주는 르그리를 쉽게 이겼다. 왕과 관중은 그녀의 결백함을 인정했고, 르그리는 그 자리에서 교수형을 당했다.

| 앙리 2세와 결투

프랑스에서 결투가 끊임없이 벌어지자 앙리 2세는 민사사건이든 형사사건이든 명예훼손에 관한 사건이든 어떠한 경우에도 결투를 허가하지 않겠다고 선언했다. 1547년에 벌어진 결투 때문이었다.

라 샤테뉴레La Chataigneraie의 영주인 프랑수아 드 비본François de Vivonne과 자르나크Jarnac의 영주인 기 드 샤보Guy de Chabot는 어릴 적부터 친구였고, 둘 다 프랑수아 1세(재위 1515~47)의 궁정에서 멋쟁이로 통했다. 어느 날 드 비본이 주머니 사정이 넉넉하지 않은 친구 드 샤보의 씀씀이가 큰 것이 궁금해서 어찌된 일인지를 물어보았다. 드 샤보는 아버지가 아름다운 젊은 여자와 재혼했는데 그녀가 아버지보다 자기를 더 사랑해서 돈을 많이 준다고 했다.

드 비본은 친구를 배신하고 이런 사실을 황태자에게 알렸고, 황태자는 들은 대로 왕에게 알렸다. 이어 왕은 측근들에게, 다시 측근들은 각자의 친지들에게 알려서 소문이 널리 퍼졌다. 마침내 드 샤보의 아버지도 이 소문을 듣게 되어 아들을 불러 네가 소문을 냈느냐고 추궁했다. 드 샤보는 강력히 부인하면서 같이 궁정으로 가서 누가 그런 중상모략을 했는지를 확인하자고 했다. 아버지와 함께 궁정에 들어선 드 샤보는 황태자와 드 비본 등이 있는 방에 들어가서 큰 소리로 외쳤다.

"내가 새어머니와 부적절한 관계를 맺었다는 소문을 퍼뜨린 자는 그가 누구든 겁쟁이이자 거짓말쟁이다."

모든 사람의 시선이 황태자와 드 비본에게 쏠렸다. 드 비본은 드 샤보가 직접 자기에게 그런 말을 했다고 털어놓고는 드 샤보에게서 자백을 받아내겠다고 선언했다.

왕실위원회는 이 사건에서 두 사람 모두 법률적으로 유효한 증거를 댈 수 없는 게 분명하니 결투로 문제를 해결하라고 권고했다. 그러나 프랑수아 1세는 이런 일로 결투를 하게 하는 것을 싫어해서 두 사람의 엇갈린 주장을 더 이상 문제 삼지 말라고 명령했다. 그러나 이듬해에 프랑수아 1세가 사망하고 황태자가 앙리 2세로 즉위했고, 앙리 2세는 두 사람의 결투를 허가했다. 결투의 장소는 생 제르망 앙 레Saint Germain en Laye 성 안의 공터, 날짜는 1547년 7월 10일로 정해졌다. 두 사람이 작성한 결투장의 내용은 다음과 같다.

라 샤테뉴레의 영주 프랑수아 드 비본의 결투장
폐하, 기 드 샤보가 최근 콩피에뉴 궁에서 자신과 새어머니가 부적절한 관계를 맺었다고 말하는 사람은 모두 사악한 자라고 주장했으나 저는 그가 거짓말을 했다고 선언합니다. 그는 새어머니와 잠자리를 같이했다고 여러 차례 저에게 말했습니다.

자르나크의 영주 기 드 샤보의 결투장

페하, 프랑수아 드 비본이 거짓말을 해서 저에게 누명을 씌웠다고 선언합니다. 목숨을 걸고 결투를 할 수 있도록 허락해주시기를 간청합니다.

결투 준비가 요란하게 진행됐다. 왕이 직접 결투를 참관할 뜻을 비쳤다. 승리를 자신한 드 비본은 궁중의 주요 인물 150여 명과 왕을 결투 당일의 만찬에 초청했다. 결투가 끝난 뒤에 자기가 대규모 만찬을 열겠으니 결투를 참관한 후 그 만찬에 참석해 자신을 축하해달라는 것이었다. 그와 달리 드 샤보는 자신의 승리를 낙관하지 못했다.

결투의 날 정오에 두 사람은 결투장에 나왔다. 두 사람은 부적을 휴대하지 않았으며 마법을 쓰지도 않겠다는 의례적인 맹세를 하고 결투에 들어갔다. 드 비본은 강한 체력을 과시하면서 자신만만해했다. 드 샤보는 민첩하고 유연한 몸놀림으로 최악의 상황에 대비하는 모습을 보였다. 결투는 한동안 승패를 예견할 수 없을 정도로 팽팽하게 진행됐다. 드 비본의 거센 공격에 밀린 드 샤보는 방패로 머리를 가리고 몸을 낮춰 방어에 주력하면서 상대방의 허점을 노렸다. 그는 웅크린 자세로 드 비본의 왼쪽 허벅지를 두 차례 가격했고, 드 비본은 땅바닥에 쓰러졌다. 이에 관중은 놀라워했고, 왕은 유감스럽다는 표정을 지었다. 드 비본은 단검을 꺼내 들고 최후의 공격에 나서려고 했으나 일어서서 오래 버티지 못하고 다시 쓰러졌다. 이때 군장교들이 결투를 중지시켰고, 드 샤보가 승리자로 선언됐다.

패배한 드 비본은 굴욕감에 젖어 상처를 치료받기를 거부했다. 의사들이 억지로 그의 상처 부위에 붕대를 감았으나 그는 스스로 붕대를 풀어버리고 앓다가 이틀 뒤에 세상을 떠났다. 예상치 못한 교묘한 공격을 의미하는 '자르나크의 일격coup de Jarnac'이라는 프랑스어 표현은 바로 이 결투에서 연유한 것이다.

앙리 2세는 총애하던 신하의 죽음을 너무나 슬퍼한 나머지 자신이 살아 있는 동안에 어떠한 결투도 허가하지 않겠다고 다짐했다. 일부 역사가들은 앙리 2세가 실제로 결투를 금지하는 칙령을 내렸다고 주장한다. 그러나 그러한 칙령이 전하지 않는 것을 보면 과연 그랬는지 의문이다.

게다가 그로부터 2년 뒤에 왕실위원회가 또 다른 결투를 명령한 사실이 있으니 앙리 2세가 그러한 칙령을 내린 적이 없다고 판단하는 것이 옳다고 생각된다. 앙리 2세는 그 결투를 오히려 독려하면서 라 마르크La Marque 원수에게 결투가 기사도에 어긋나지 않게 진행되는지 살펴보라고 명령했다.

그것은 팡디유Fendille와 다게르D'Aguerre라는 왕실 소속의 두 신사 사이의 결투였다. 두 사람은 궁 안에서 다투다가 서로 주먹질을 했고, 이런 사실을 알게 된 왕실위원회는 왕의 허락을 얻어 두 사람에게 결투로 분규를 해결하라고 지시했다. 라 마르크 원수는 스당Sedan 시를 결투장소로 지정했다. 팡디유는 당대의 명검객으로 알려진 다게르와 결투를 하고 싶지 않았지만 왕실위원회의 지시를 어길 수 없었다.

결투장소에 다게르는 샤르트르 백작 프랑수아 드 방돔과 함께 나타났고, 팡디유는 느베르 공작과 함께 나타났다. 팡디유는 칼솜씨가 별로 좋지 않았을 뿐 아니라 겁쟁이이기도 했다. 다게르의 첫 일격에 말에서 떨어진 그는 땅바닥에 앉아 다게르가 요구하는 대로 자백을 하고는 슬그머니 도망쳐버렸다.

앙리 2세 자신도 결투로 인해 목숨을 잃었다. 그는 딸의 결혼식 때 기사들로 하여금 겨루게 하는 무술시합을 열고 스스로도 이에 참여했다. 이때 그는 젊은 몽고메리 백작과 겨루다가 몽고메리 백작의 창에 눈을 찔렸고, 그 후유증에 시달리다가 마흔한 살에 세상을 떠났다.

｜결투 열풍의 시대

앙리 2세의 뒤로 프랑수아 2세, 샤를 9세, 앙리 3세가 차례로 왕위에 올라
통치한 1559~89년에 프랑스에서는 결투가 놀라울 정도로 많이 벌어졌다.
이 시기에는 유럽의 다른 나라들에서도 결투가 결코 드문 일이 아니었지만
특히 프랑스에서 결투가 흔하게 벌어졌다. 프랑스의 역사가들은 이 기간을
'결투 열풍La fureur des duels의 시대'로 부른다. 이 시대에 파리 고등법원은
결투의 관습을 가능한 한 억제하려고 했다. 이에 따라 1559년 6월 26일에
결투를 하거나 돕는 자는 반역자이며 공공질서를 파괴하는 자라는 내용의
포고령이 선포되기도 했다.

1589년에는 앙리 3세가 생클루에서 암살당하자 그의 총애를 듬뿍 받
던 젊은 신사 릴마리보L'Isle-Marivaut가 너무나 상심한 나머지 죽기로 결심했
다. 그는 그러나 자살을 하는 것은 명예로운 죽음이 아니라고 생각하고 왕
의 죽음에 대해 복수를 하다가 죽기로 했다. 그는 앙리 3세가 암살당한 것
이 국가에 큰 불행인 것은 아니라고 주장하는 자와 목숨을 걸고 결투를 하
겠다고 천명했다.

다혈질의 젊은이 마롤Marolles이 릴마리보의 결투 상대로 나섰다. 마롤은
결투장에 입장하기 전에 자신의 입회인에게 상대방이 얼굴은 가리지 않고
머리만 가리는 투구를 썼는지, 아니면 얼굴과 머리를 다 가리는 투구를 썼
는지를 물었다. 입회인이 얼굴은 가리지 않고 머리만 가리는 투구를 썼다
고 대답하자 마롤은 유쾌한 목소리로 이렇게 말했다.

"나의 창이 그의 얼굴 한가운데를 꿰뚫지 못하면 나를 이 세상에서 가장
사악한 자라고 해도 좋습니다."

마롤은 결투가 시작되자마자 일격에 릴마리보를 쓰러뜨렸다. 릴마리보

는 신음소리도 내지 못한 채 죽었다. 이 일로 파리의 여자들 사이에서 마롤의 인기가 치솟았다.

앙리 4세(재위 1589~1610)는 결투를 금지하려고 마음을 먹긴 했지만 어릴 적부터 받은 교육과 그 시대 관습의 영향으로 한 번도 결투한 사람을 처벌하지는 못했다. 또한 그는 결투가 국민의 호전성을 키워주는 장점이 있다고 생각했다. 의협심이 강한 크레키Créqui가 돈 필리프 드 사부아르Don Philippe de Savoire와의 결투를 허가해달라고 요청하자 앙리 4세는 이렇게 말했다고 한다.

"내가 왕이 아니었다면 자네의 결투에 입회인이 됐을 걸세."

왕의 성향이 이러했다면 당시의 대중이 결투에 부정적인 내용의 칙령에 별로 신경을 쓰지 않았을 것이 틀림없다.

1607년에 로므니Lomenie가 계산한 바에 따르면 1589년에 앙리 4세가 즉위한 뒤로 프랑스에서 모두 4천 명가량이 결투를 하다가 목숨을 잃었다고 한다. 이는 18년 동안 일주일에 4~5명씩 한 달에 18명 이상이 결투로 인해 죽었다는 이야기다.

쉴리Sully는 회고록에서 조금도 의심하지 않으면서 이 숫자를 인용하고 왕인 앙리 4세는 천성이 선한데 신하들이 보좌를 잘못해서 나라가 이런 지경이 됐다고 지적했다. 현명한 재상인 그는 야만적인 관습에 따라 결투를 하는 행위를 엄벌에 처하는 새로운 칙령을 내려달라고 앙리 4세에게 거듭 간청했다. 그는 결투를 벌여 상대방을 죽게 한 사람에게는 물론이고 다치게만 한 사람에게도 관용을 베풀어서는 안 된다고 주장했다. 그는 앙리 4세에게 다른 사람의 품위나 명예를 훼손하는 발언이 결투의 원인이 되고 있다고 지적하고 명예재판소 설립과 응분의 징벌제 도입을 통해 그런 발언을 하는 자를 뉘우치게 해야 한다고 건의했다.

앙리 4세는 재상이자 친구인 쉴리의 이런 충언에 마음이 움직여 퐁텐블로 궁에서 결투에 대한 대책을 의제로 한 특별회의를 열었다. 이 회의에서 앙리 4세는 이 문제에 대한 식견이 깊은 사람이 누구든 나서서 결투의 기원, 발달과정, 형태 등에 대해 설명해주기를 요구했으나 나서는 사람이 아무도 없었다. 그러자 앙리 4세는 쉴리에게 이렇게 말했다.

"나는 그대가 이 문제에 대해 누구보다도 잘 안다고 생각하오. 그대가 이 문제에 대해 아는 것과 생각하는 것을 우리에게 말씀해주시오."

쉴리는 자신이 나서는 것은 바람직하지 않다고 생각한 듯 사양하는 태도를 취했으나 앙리 4세가 거듭 요청하자 고대부터 근세까지 이어진 결투의 역사를 설명했다. 이 회의의 결과로 결투를 금지하는 왕의 칙령이 발표됐다. 쉴리는 곧바로 프랑스의 전국 방방곡곡에 이 칙령의 내용을 알리면서 위반자에게는 엄벌이 내릴 것이라고 강조했다.

이 칙령의 구체적인 내용은 쉴리의 회고록에 기술되어 있지 않다. 하지만 우리는 마티아Matthias 신부가 남긴 기록을 통해 그 내용을 알 수 있다. 이에 따르면 프랑스군의 원수들을 재판관으로 한 특별법원이 설립됐다. 이 특별법원에는 귀족이나 신사의 명예와 관련된 사건에 대한 심판, 결투를 한 자에 대한 사형선고와 재산몰수, 결투에 입회한 자에 대한 신분박탈 등의 권한이 부여됐다.

그러나 앞에서도 지적했지만 앙리 4세는 자신이 받은 교육과 시대적 의식의 한계를 끝내 극복하지 못했다. 그의 이성은 결투를 혐오했으나 그의 감성은 결투를 용인했다. 새로운 칙령이 선포됐음에도 불구하고 결투가 그다지 줄어드는 기미를 보이지 않자 쉴리는 사회를 위협하는 결투의 해악을 거듭 개탄해야 했다. 앙리 4세의 뒤를 이은 루이 13세(재위 1610~43)의 통치기간에도 리슐리외Richelieu 추기경이 결투와 관련해 최고위 귀족들을 본보기로 처벌하기 전까지는 결투가 성행했다.

루이 13세의 통치기간 중에 프랑스에 주재한 영국 대사 허버트 경은 그 전의 앙리 4세 때에는 프랑스에서 결투를 선호하지 않는 사람을 찾아보기 어려웠다고 그의 편지에서 여러 차례 언급했다. 수도원장 밀로Millot도 결투에 대한 사람들의 광기가 그때 극에 달했다고 했다. 사람들의 변덕과 허영심, 그리고 열정이 결투를 불가피하게 했다. 친구들의 분쟁에 끼어들거나 가문끼리 대를 이어 복수를 하려고 하는 경우도 많았다. 그러다 보니 20년 동안 결투에서 상대방을 죽인 사람에 대한 사면장이 8천 건이나 발부됐다.

루이 13세의 통치기간 중 초기에는 결투가 일상적인 일로 벌어져 사람들이 아침에 지인을 만나면 "어제 누가 결투했는지 아나?"라고 물었고, 저녁식사 후에는 "오늘 아침에 누가 결투했는지 아나?"라고 물었다.

이 시기의 가장 악명 높은 결투광은 드 부트빌De Bouteville이었다. 그를 결투에 끌어들이기 위해서는 그와 다툴 필요도 없었다. 그는 어떤 사람이 용감하다는 말을 듣게 되면 바로 그 사람을 찾아가 "당신이 용감하다고들 하는데 어디 나와 한번 붙어보자"고 했다. 당대의 결투광들은 아침마다 그의 집에 모여 아침식사를 한 뒤 결투 연습을 했다.

나중에 추기경이 되는 발랑세Valençay 후작은 드 부트빌 일당의 존경을 받았다. 그는 거의 매일 결투의 당사자가 되거나 입회인이 됐다. 그는 가장 친한 친구인 드 부트빌에게도 결투를 신청한 적이 있다. 그런데 그 이유가 드 부트빌이 결투에 나설 때 자기를 입회인으로 데리고 가지 않았다는 것이었다. 드 부트빌이 다음번 결투에는 꼭 입회인으로 부르겠다고 약속하고 나서야 발랑세 후작이 뒤로 물러섰다. 그리고 드 부트빌은 발랑세 후작을 입회인으로 쓰기 위해 당장 그날 포르트Portes 후작에게 시비를 걸어 결투를 벌였다. 이 결투에서 발랑세 후작은 드 부트빌의 입회인으로서 포르트 후작의 입회인인 카부아Cavois 후작을 죽였다. 그런데 발랑세 후작은 그 전에 카부아 후작과 단 한 번도 만난 적이 없는 관계였다.

| 리슐리외 추기경과 루이 14세의 결투 금지 노력

리슐리외 추기경은 결투의 관습으로 인해 프랑스 사람들의 도덕성이 땅에 떨어진 것을 개탄했고, 선배 격인 쉴리와 마찬가지로 엄중한 처벌만이 그런 못된 관습을 없앨 수 있다고 보았다. 리슐리외 추기경의 이런 입장은 결투와 관련된 개인적인 경험도 작용한 결과였다.

리슐리외가 뤼송Luçon의 주교였을 때 테민Themines 후작에게 모욕을 준 일이 있었다. 그때 테민 후작은 성직자에게는 결투를 신청할 수 없었으므로 대신 그의 동생인 리슐리외 후작을 겨냥했다. 테민 후작은 리슐리외 후작에게 접근해서 모욕적인 말로 그의 형이 불경한 행위를 했다고 비난했다. 테민 후작의 무례함에 분노한 리슐리외 후작은 결국 테민 후작과 결투를 하기로 했다. 앙굴렘 거리에서 벌어진 결투에서 테민 후작이 리슐리외 후작을 죽였다.

이런 일을 겪은 리슐리외 추기경은 결투를 매우 혐오했다. 그의 이성과 더불어 죽은 동생에 대한 그의 안타까운 심정도 그로 하여금 결투에 완전히 등을 돌리게 했다. 그는 자신의 권력기반이 다져지자 결투의 관습을 억압하는 일에 적극적으로 나섰다. 그러나 결투를 금지하는 왕의 칙령에도 불구하고 귀족들은 사소하거나 말도 안 되는 빌미를 내세워 결투를 벌이는 행위를 그치지 않았다.

리슐리외 추기경은 마침내 결투를 벌인 양쪽 당사자 모두를 단호히 처형해 본을 보였다. 그는 서로 결투를 벌인 결투광 드 부트빌과 뵈브롱 Beuvron 후작을 표적으로 삼았다. 두 사람은 결투에서는 치명적인 상처를 입지 않았지만 목숨으로 그 대가를 치렀다. 리슐리외 추기경은 두 사람에게 칙령을 엄격하게 적용했다. 이에 따라 두 사람은 재판에서 유죄 판결을 받고 참수됐다.

결투에 대한 리슐리외 추기경의 엄벌 방침은 이후에도 엄격하게 지켜졌다. 1632년에는 두 명의 귀족이 결투를 벌여 둘 다 죽었다. 가족과 친지들이 시체를 치우기 전에 경찰들이 먼저 현장에 도착했다. 경찰들은 리슐리외 추기경의 엄벌 방침에 따라 두 시체를 벌거벗겨 교수대에 거꾸로 매달아서 사람들의 구경거리가 되게 했다.

이처럼 엄벌이 거듭되자 한동안 프랑스에서 결투의 열기가 가라앉는 듯했으나 이런 효과가 오래가지는 못했다. 사람들의 머릿속이 명예에 대한 잘못된 관념으로 꽉 차 있어서 올바른 생각이 들어가 자리 잡을 틈이 없었던 것이다. 리슐리외 추기경이 아무리 충격적인 벌을 내려도 사람들의 정서는 바뀌지 않았다. 그는 통찰력이 뛰어난 인물이었으나 결투를 하는 사람들의 심리를 충분히 이해하지는 못했다. 결투를 하는 사람들이 두려워한 것은 죽음이 아니라 수치와 주변 사람들의 경멸이었다. 80년 뒤에 애디슨 Addison은 결투자의 심리에 대해 다음과 같이 말했는데, 리슐리외는 미처 이런 생각을 하지 못했던 것이다.

죽음은 그것을 우습게 아는 것을 영광으로 생각하는 사람에게는 위협이 되지 않았다. 그러나 결투를 한 자로 하여금 목에 칼을 쓰고 거리에 서있게 해서 창피를 당하게 했다면 헛된 명예에 집착하는 사람들의 수가 급격하게 줄어들어 결투의 관습이 사라졌을 것이다.

쉴리는 회고록을 통해 당시에 독일 사람들도 결투에 탐닉했다고 전한다. 독일에서 합법적으로 결투를 할 수 있는 곳은 프랑켄 지역의 비츠부르크Witzburg, 그리고 슈바벤 지역의 우스파흐Uspach와 할레Halle 등 세 군데였는데, 많은 사람들이 이 세 곳에 와서 결투를 벌였다. 그전부터 독일에서는 사람들이 결투 신청을 받아들이지 않는 것을 매우 수치스러운 행위로 여겼다. 또한 결투에서 작은 부상을 입고 상대방에게 항복하는 것은 불명예스러운 행위였고, 이런 행위를 한 자는 무기를 손에 잡거나 말을 타거나 공직을 맡을 수 없었다. 반면에 결투를 하다가 죽은 사람에게는 성대한 장례식을 치러주었다.

프랑스에서 루이 14세가 성년이 된 직후인 1652년에 보포르Beaufort 공작과 네무르Nemours 공작이 각각 4명의 입회인을 대동하고 치열한 결투를 벌였다. 두 사람은 처남매부 사이였으나 오래전부터 서로를 적대시했다. 두 사람은 군대의 지휘관이었으므로 두 사람의 불화는 군대 조직에 악영향을 끼쳤다. 둘 다 결투를 할 기회를 노리다가 결국은 회의에서 누가 어느 자리에 앉느냐는 문제를 놓고 다투다가 결투를 벌이게 됐다.

두 사람은 권총을 들고 결투를 벌였는데, 첫 발에 네무르 공작이 맞아 즉사했다. 그러자 네무르 공작의 입회인 중 한 사람인 빌라르 후작이 보포르 공작의 입회인 중 한 사람인 에리쿠르에게 결투를 신청했다. 에리쿠르가 이에 응해서 두 사람이 칼을 들고 맹렬히 결투를 벌였다. 이 결투에서는 에리쿠르가 빌라르 후작의 칼에 심장을 찔려 숨을 거뒀다.

볼테르Voltaire는 이런 식의 결투가 자주 벌어졌다고 했는데, 입회인의 수는 정해져 있지 않았다. 입회인이 각각 10명, 12명, 20명이나 되는 경우도 드물지 않았다. 결투에 입회인으로 참여하고자 하는 사람들이 많았고, 심지어는 괜한 트집을 잡아 사소한 오해를 큰 다툼으로 만들어서 남의 결투에 입회인이 되려고 하는 사람들도 적지 않았다. 뷔시라뷔탱Bussy-Rabutin 백작의 회고록에 이런 사실을 전해주는 실례가 있다.

뷔시라뷔탱 백삭은 어느 날 저녁에 극장에 가서 연극을 보고 나오다가 브뤼크Bruc라는 초면의 신사를 만났다. 브뤼크는 그에게 다가오더니 정중하게 물었다.

"티앙주Thianges 백작이 나를 가리켜 주정뱅이라고 했다는데 사실입니까?"

뷔시라뷔탱 백작은 근래에 티앙주 백작을 거의 만나지 못했으므로 그게 사실인지 아닌지도 잘 모르겠다고 대답했다. 그러자 브뤼크가 확실하게 대답하라고 다그쳤다.

"티앙주 백작은 당신의 삼촌이오. 그가 너무 먼 데서 살기 때문에 내가 직접 그로부터 정확한 대답을 듣기가 어려워 그의 조카인 당신에게 묻는 것이오."

뷔시라뷔탱 백작은 이렇게 응답했다.

"당신이 원하는 것이 무엇인지는 잘 알겠소. 삼촌이 당신을 가리켜 주정뱅이라고 했다고 한 사람이 거짓말을 한 것이 틀림없소."

그러자 브뤼크가 바로 응수했다.

"그 말은 내 동생이 한 말이오. 게다가 내 동생은 아직 어린아이요."

백작은 이렇게 대꾸했다.

"그 아이가 잘못한 것이니 그 아이를 매질하시오."

이 말에 브뤼크가 대뜸 결투를 신청했다.

"내 동생이 거짓말쟁이라니, 참을 수가 없소. 칼을 뽑으시오!"

두 사람이 마주 서서 칼을 뽑아들었으나 지나가던 사람들이 두 사람을 떼어 놓았다. 그러자 두 사람은 나중에 다시 날을 잡아 결투를 하기로 합의했다.

며칠 뒤에 뷔시라뷔탱 백작에게 본 적도 없고 이름도 모르는 사람이 찾아와 결투의 입회인이 되게 해달라고 요청했다. 그 사람은 백작과 브뤼크 두 사람을 명성으로만 알고 있었을 뿐이지만 두 사람이 결투를 한다기에 두 사람 중 한 사람의 입회인이 되기로 결심했는데 백작이 더 용감하다고 해서 백작을 찾아온 것이라고 말했다. 이에 백작은 감사하지만 이미 4명의 입회인이 정해졌으며 입회인 수가 더 많아지면 결투가 전투처럼 될 것이라면서 거절했다.

루이 14세는 어렸을 때부터 이런 악습을 없애겠다고 생각했다. 그러나 실제로는 마흔한 살이 된 1679년에야 결투를 금지하는 칙령을 내렸다. 그는 이 칙령에서 앙리 4세와 루이 13세가 각각 결투에 반대해서 내린 칙령의 내용을 다시 천명하면서 이를 위반하는 자는 누구든 용서하지 않겠다는 의지를 밝혔다.

또한 프랑스군 원수들을 재판관으로 한 명예재판소를 설치해서 결투로 이어지기 쉬운 명예훼손 사건을 심판하게 했다. 다른 사람의 명예를 훼손한 자가 명예재판소가 지시한 명예회복 조치를 취하기를 거부하면 벌금형이나 금고형에 처하고, 그가 다른 나라에 가 있는 경우에는 돌아올 때까지 그의 재산을 압류하기로 했다.

결투신청을 하는 자와 받아들이는 자는 이유를 막론하고 3년간 공직을 맡지 못하고, 2년간 감옥에 감금되며, 연간소득의 절반을 벌금으로 내도록 했다. 결투의 뜻을 밝히는 결투장을 전달하는 행위도 처벌한다고 했다. 하인을 포함해 누구라도 결투장 전달 금지 조항을 한 번 어기면 공개적인 장소에서 칼을 쓰고 서서 매질을 당하고 두 번 어기면 3년간 갤리선 노예로 강제노역을 하도록 했다.

실제로 결투를 한 사람은 상대방을 죽이지 않았더라도 살인죄로 처형한 다고 규정했다. 이때 신분이 높은 사람에게는 참수형, 신분이 중간인 사람에게는 교수형을 내린다고 했다. 또한 처형된 사람의 시신은 기독교의 방식으로 매장해서는 안 된다고 했다.

루이 14세는 이런 엄중한 내용의 칙령을 반포하면서 귀족들에게서 어떠한 이유로도 결투를 하지 않겠다는 약속을 받아냈다. 그는 결투를 한 사람을 처벌하는 데서 전혀 아량을 보이지 않았고, 이에 따라 나라 곳곳에서 처형이 집행됐다. 그러자 결투가 점차 줄어들기 시작했다. 루이 14세는 후

루이 14세

계자에게 남긴 유언에서도 결투에 관한 칙령을 지켜나가고 위반자에게 자비를 베풀지 말라고 권고했다.

몰타 섬에도 결투에 관한 특이한 법이 있었다. 특정한 거리에서만 결투를 하는 것이 허용됐고, 다른 장소에서 결투를 벌이면 살인죄로 처벌받았다. 더욱 특이한 것은 성직자, 기사, 그리고 여자가 결투를 그만두라고 요구하면 결투의 당사자들은 이에 응해야 했다는 점이다. 그러나 기사와 여자들이 이런 특권을 많이 활용한 것 같지는 않다. 기사는 명예를 훼손당해 결투에 나선 사람에게 동정적이었고, 여자는 스스로 결투의 원인이 되는 경우가 많았기 때문이다. 따라서 주로 성직자들이 결투의 당사자들을 화해시키는 역할을 했다. 브라이던Brydone은 몰타 섬에서는 기사가 결투에서 살해된 곳의 맞은편 담벼락에 십자가가 그려졌다고 전한다. 특히 '결투의 거리'에 모두 20개의 십자가가 그려져 있는 것을 보았다고 했다.

┃ 영국의 결투

영국에서는 16세기 말부터 17세기 초까지 사적인 합의에 의한 결투가 유행하면서 사법기관의 승인을 받은 결투가 드물어졌다. 사법기관의 승인을 받은 결투의 사례로는 엘리자베스 1세(재위 1558~1603) 여왕 때 일어난 결투를 꼽을 수 있다. 민사법정에서 켄트 주의 장원에 대한 소유권을 둘러싼 소송이 진행되던 도중에 피고가 결투를 제의하고 원고가 이를 받아들였다. 재판관은 당사자들이 대리자를 내세워 결투를 하는 방식을 인정했다. 여왕은 피고와 원고가 타협하고 절충하라고 명령했으나 법률에 의해 대리결투가 인정됐다는 보고를 듣고 이를 허가했다.

결투가 예정된 날에 판사들이 심판관으로 결투장에 나왔다. 양쪽의 대리결투자가 싸울 준비를 마치자 한 판사가 이들의 대리결투자 자격을 확인하기 위해 피고와 원고를 차례로 호명했다. 피고는 호명에 응답하고 대리결투자의 자격을 인정했다. 그러나 원고는 호명에 응답하지 않았다. 원고는 결투장에 나타나지도 않은 것이었다. 원고가 없는 상태에서는 결투가 진행될 수 없었다. 그의 불참은 소송을 포기한다는 의사표시로 해석됐다.

엘리자베스 1세는 이런 식의 분규해결 방법에 개인적으로 반대하는 의견을 갖고 있었던 것으로 보인다. 그러나 그녀의 법률고문과 판사들은 결투 제도를 없애려는 시도조차 하지 않았다. 제임스 1세(재위 1603~25) 때 프랑스의 영향으로 영국에 결투 열풍이 불었다. 이에 당시의 검찰총장 베이컨Bacon이 결투 제도를 개혁해야 한다고 열변을 토했다. 결투의 당사자인 프리스트Priest와 그의 입회인인 라이트Wright에 대한 베이컨의 기소장은 추밀원에서 좋은 평가를 받았다. 기소장은 인쇄되어 전국에 배포됐다. 베이컨은 기소장에서 결투의 해악을 다음과 같이 논했다.

결투는 평화를 파괴한다. 개인에게는 재앙, 국가에는 위험, 법에는 모욕을 가져다준다. 결투의 맨 처음 동기는 명예와 신용에 대한 잘못된 생각이다. 이런 해로운 생각의 씨앗이 헛된 담화와 미숙한 자부심에서 자양분을 얻어 자라난다. 사람들이 용감함의 진정한 의미를 거의 잊어버리게 된 것도 문제다. 결투에서는 용감함이 다툼에 정당한 근거가 있는지는 물론이고 생명을 걸 만한 가치가 있는지도 판별한다. 그러나 결투에 생명을 거는 것은 인간의 자아에 대한 모독이다. 사람의 생명은 공공의 이익, 선량한 대의, 고귀한 모험에 바쳐져야 한다.

결투는 피와 돈을 낭비하는 짓이다.

제임스 1세 때 결투와 관련해 벌어진 일 가운데 가장 주목할 만한 것은 스코틀랜드의 귀족인 생커Sanquhar 경이 검술의 대가인 터너Turner를 살해한 사건이다. 두 사람이 검술 연습을 하던 중 우발적인 실수로 터너의 칼이 생커 경의 눈을 찔렀다. 터너는 매우 미안해했고, 생커 경은 그를 용서했다.

3년 뒤에 생커 경이 파리에 체류하던 중 프랑스 왕 앙리 4세를 만나 대화를 나누었다. 이때 앙리 4세가 그에게 눈을 다친 까닭을 물었다. 그는 연습 중에 검술 교사의 칼을 맞아 입은 상처라고 대답하면서 얼굴을 붉혔다. 당대의 최고 검객이라고 자부하는 사람으로서 그렇게 대답할 수밖에 없다

베이컨

는 점이 부끄러웠던 것이다. 앙리 4세는 그자가 아직 살아있느냐고 물었다. 생커 경은 대답을 하지 못했다. 하지만 앙리 4세의 이 말은 그의 가슴속에 깊이 박혔고, 그로 하여금 복수심에 불타게 했다.

생커 경은 터너에게 결투를 신청할 생각을 가지고 영국으로 돌아왔다. 그러나 좀 더 생각해보니 터너와 동등한 입장에서 공개적으로 결투를 하는 것이 수치스럽게 여겨졌다. 그래서 그는 두 명의 자객을 고용해서 터너의 집을 습격해 그를 죽이게 했다. 두 자객은 체포되어 처형당했고, 생커 경에게는 1천 파운드의 현상금이 걸렸다.

생커 경은 며칠간 도피하다가 자수해서 재판을 받았다. 자신은 귀족이니 벌을 받더라도 형량이 가벼울 것이라고 기대했던 것이다. 자신에게 유

살해당하는 터너

리한 판결이 나올 수 있도록 탄원도 동원했다. 그러나 제임스 1세는 이런 탄원에는 눈길도 주지 않았고, 검찰총장 베이컨이 그를 기소했다. 생커 경은 재판에서 유죄 판결을 받고 1612년 6월 29일에 웨스트민스터 앞 교수대에서 처형됐다.

베이컨은 사법적 절차로 풀기 어려운 다툼에 대해서도 법에 의한 승인 아래 결투를 벌이는 방식에 반대했다. 그는 정부가 결투를 완전히 금지한다는 결의를 선포해야 한다고 주장했다. 누구든 결투를 한 자에 대해서는 더 이상 너그럽게 봐주지 말고 엄벌에 처해야 한다고 했다.

크롬웰이 집권해 권력을 쥐고 있던 시기에는 결투의 폐해가 그리 심각하지 않았다. 그럼에도 이 시기에 속하는 1654년에 영국 의회가 결투를 금지하는 법령을 제정하고 이를 위반하는 자는 모두 처벌하기로 했다. 왕정복고 덕분에 즉위한 찰스 2세(재위 1660~85)도 결투 금지에 관한 칙령을 내렸다. 하지만 그의 통치기간에 벌어진 귀족간 결투와 관련해 그는 무원칙한 관용을 베푸는 태도를 보였다.

1668년 1월에 슈루즈버리Shrewsbury 백작 부인을 유혹한 버킹엄 공작에게 슈루즈버리 백작이 결투를 신청했다. 찰스 2세는 자신이 총애하는 신하인 버킹엄 공작이 죽게 될까봐 두려워서 이 결투를 막으려고 했다. 찰스 2세는 앨버말Albemarle 공작에게 버킹엄 공작을 집에 가두어 두든지 무슨 수를 써서라도 그가 결투장에 나가지 못하게 하라는 명령을 내렸다. 그러나 앨버말 공작은 찰스 2세가 보다 확실한 방법으로 결투를 막을 수 있을 것으로 생각하고 그 명령을 무시했다.

반엘름스에 마련된 결투장에 슈루즈버리 백작이 친척인 탤벗 경과 애런델 백작의 아들인 하워드 경을 대동하고 나타났다. 버킹엄 공작은 군인인 홈스와 젠킨스 경을 데리고 나왔다. 이 시기의 관습은 당사자뿐만 아니라 입회인도 결투를 벌이는 것이었다. 젠킨스 경은 심장에 칼을 맞고 쓰러졌고, 탤벗 경은 두 팔에 중상을 입었다. 버킹엄 공작은 슈루즈버리 백작을 공격해 쓰러뜨리고서 결투장을 빠져나갔다. 그는 근처의 숲으로 뛰어가 그곳에서 심부름꾼 차림으로 말과 함께 기다리고 있던 백작 부인과 함께 달아났다. 찰스 2세는 이 결투에 관련된 자들을 모두 사면하면서 앞으로는 이런 관용이 다시는 없을 것이라고 선언했다.

앤Anne(재위 1702~14) 여왕이 통치하던 시기에 결투가 다시 성행하게 됐다. 이에 애디슨Addison, 스위프트Swift, 스틸Steele 등 많은 작가들이 결투를 비난하는 내용의 글을 썼다. 스틸은 결투의 불경함과 터무니없음을 폭로하는 글을 써서 여러 신문에 기고했다. 그는 결투에 관해 논쟁도 하고 조롱도 하면서 영국인들이 올바른 생각을 갖도록 유도했다. 그의 희곡 작품《의식 있는 연인들The Conscious Lovers》은 명예라는 낱말이 얼마나 악용되어 사람들로 하여금 개탄할 만한 잘못을 저지르게 하는지를 잘 보여준다. 스틸은 신문 〈가디언〉에 기고한 인상적인 글에서 다음과 같이 지적했다.

한 사람에 대해 기독교도라고도 하고 신사라고도 하는 것은 옳지 않다. 누구든 자신이 입은 상처에 대해 용서를 하지 않으면 영생을 기대할 수 없지만, 모욕에 분개하여 살인을 저지를 의지가 없으면 유한한 인생이 불편해진다. 상식과 종교가 이 세상에서 추방되어 사람들이 열정에 겨워 기뻐하고 사소한 일로 악랄한 복수를 한다. 사람들은 용서가 인간의 성품이 도달할 수 있는 최고의 정점인 것을 알지 못한다. 겁쟁이는 자주 싸우고 종종 승리하기도 하지만 남을 용서할 줄은 모른다.

스틸은 결투 금지에 관한 프랑스 왕 루이 14세의 칙령과 그가 결투의 관습을 없애기 위해 취한 조치들을 자세히 설명한 소책자를 출판하기도 했다.

영국에서 1711년 5월 8일에 촘리 디어링Cholmely Deering과 리처드 손힐Richard Thornhill이라는 두 하원의원이 결투해 디어링이 사망했다. 사흘 뒤에 하원은 결투가 급증하는 현상에 대해 심각하게 논의한 끝에 결투를 금지하고 위반자를 처벌하는 법안을 상정했다.

그런데 비슷한 시기에 상원의원끼리 결투를 벌이려다 그만둔 사건과 결투를 벌여서 양쪽 다 죽는 사건이 잇달아 일어나 상원도 이 문제에 관심을 기울이지 않을 수 없었다. 앞의 사건은 말버러Marlborough 공작과 폴릿Pawlet 백작 사이에, 뒤의 사건은 해밀턴Hamilton 공작과 모헌Mohun 경 사이에 각각 벌어진 일이었다.

말버러 공작과 폴릿 백작은 전투에서의 지휘 태도 등을 놓고 옥신각신하다가 결투를 벌이기 직전까지 갔다. 그러나 이런 사정을 전해 들어 알게 된 앤 여왕이 두 사람에게 결투에 대한 혐오감을 드러내면서 결투를 하지 않겠다는 맹세를 받아냄으로써 결투가 불발됐다. 그러나 해밀턴 공작과 모헌 경은 1712년 11월에 실제로 결투를 벌였다.

해밀턴 공작과 모헌 경 사이에는 11년째 송사가 진행되고 있었다. 두 사람은 11월 13일에 올버 씨의 집에서 만나 대화를 나누었는데, 이때 해밀턴 공작이 법정에서 모헌 경에게 유리하게 증언한 사람의 언행을 거론하면서 그를 진실하지도 않고 정의감도 없는 자라고 비난했다. 이에 모헌 경이 화를 내며 그 증언자는 해밀턴 공작 못지않게 진실하고 정의감도 있는 사람이라고 대꾸했다. 자리를 같이했던 다른 사람들 가운데 누구도 해밀턴 공작은 모헌 경의 이 말에 모욕을 느꼈다고 생각하지 않았다. 해밀턴 공작은 올버 씨의 집을 떠나면서 모헌 경에게 정중하게 작별인사까지 했다.

그런데 그날 저녁에 매카트니Macartney 장군이 모헌 경의 결투신청서를 들고 해밀턴 공작을 찾아갔다. 두 번이나 해밀턴 공작의 집에 들렀으나 그를 만나지 못했는데 선술집에 들렀더니 거기에 그가 있는 것을 보고 결투신청서를 전달했다. 해밀턴 공작은 이를 받아들였다. 두 사람은 이틀 뒤인 11월 15일 아침 7시에 하이드파크에서 결투를 벌이기로 했다.

약속된 시간에 결투를 할 두 사람이 각각 입회인 한 명씩을 데리고 하이드파크에 도착했다. 해밀턴 공작의 입회인은 그의 친척인 해밀턴 대령이었고, 모헌 경의 입회인은 매카트니 장군이었다. 해밀턴 공작은 매카트니 장군에게 "이 일이 어찌 되든 그 결과의 원인은 당신에게 있소"라고 말했다. 모헌 경은 입회인까지 칼을 잡게 하고 싶지 않았으나 해밀턴 공작은 매카트니 장군도 칼을 잡아야 한다고 고집을 부렸다. 모든 준비가 끝나고 결투가 벌어졌는데, 얼마 지나지 않아 해밀턴 공작과 모헌 경 둘 다 치명상을 입고 쓰러졌다. 모헌 경은 즉사했고, 해밀턴 공작은 마차에 실리기 직전에 사망했다.

이 결투는 런던뿐 아니라 영국의 전역에서 화제가 됐다. 해밀턴 공작을 잃은 토리당은 몇 달 전에 말버러 공작이 정치적 결투의 선례를 만들어 이런 일이 벌어졌다면서 말버러 공작이 지도자로 있었던 휘그당을 비난했다. 또한 그전에도 여러 차례 결투를 벌이고 살인죄로 재판까지 받았던 모헌 경을 '휘그당의 깡패'라고 부르면서 그와 매카트니 장군이 해밀턴 공작을 죽이려고 음모를 꾸민 것이라고 했다. 뿐만 아니라 해밀턴 경을 죽게 한 것은 모헌 경의 칼이 아니라 매카트니 장군의 칼이라고 주장했다.

배심원단은 검시 결과를 보고받고 입회인인 해밀턴 대령과 매카트니가 각각 고의로 살인을 저질렀다고 판단했다. 해밀턴 대령은 며칠 뒤에 자수해서 추밀원의 조사를 받았다. 그는 이렇게 진술했다.

모헌 경이 쓰러지고 그 위에 해밀턴 공작도 쓰러지는 것을 보고 공작을 돕기 위해 달려갔다. 두 사람의 칼을 다 치우고 나서 공작의 몸을 들어 올렸는데, 그때 매카트니 장군이 칼로 공작을 찔렀다.

이 진술에 근거해 왕의 명령으로 매카트니 장군의 신병 확보에 500파운드의 현상금이 걸렸고, 이와 별도로 해밀턴 공작 부인이 300파운드를 보상금으로 내놓았다.

검찰이 해밀턴 대령을 더 조사해보니 그의 진술에 신뢰할 수 없는 부분

해밀턴 공작과 모헌 경의 결투

이 있음이 드러났다. 그는 몇몇 중요한 대목에서 모순된 진술을 했고, 결국은 모헌 경을 살해한 혐의로 기소됐다. 런던의 정계에서는 모두가 흥분한 상태로 그에 대한 재판을 기다렸다. 특히 토리당 사람들은 모두 해밀턴 대령이 무죄 판결을 받기를 기도했다. 재판 당일이 되자 그들은 몇 시간 전부터 법정으로 가는 길을 가득 메웠다.

재판에서 해밀턴 대령은 매카트니 장군이 고의로 해밀턴 공작을 살해했다는 자신의 주장을 굽히지 않았다. 결국 그는 고의살인죄가 아닌 과실치사죄를 선고받았다. 토리당 사람들은 이 판결에 환호했다. 그러나 해밀턴 대령의 주장을 불신하는 사람들이 갈수록 늘어났다. 이로 인해 해밀턴 대령은 동료들에게 외면당하게 됐고, 퇴역해서 은거하다가 4년 만에 화병으로 죽었다. 매카트니 장군도 얼마 뒤에 자수해서 재판을 받았는데, 그 역시 과실치사죄를 선고받았다.

1713년에 앤 여왕이 의회 개원식에 참석해 영국에서 결투가 빈번히 일어나는 문제를 지적하면서 의회가 결투의 관습을 없애는 데 효과적인 법을 제정할 것을 권고했다. 그러나 양식 있는 사람들에게는 유감스럽게도 의회는 이미 마련돼 있었던 법안도 통과시키지 않았다.

1765년에는 바이런Byron 경과 차워스Chaworth 씨 사이의 유명한 결투가 벌어졌다. 두 사람은 저녁식사 자리에서 술에 취해 누구의 영지에 사냥감이 더 많은지를 놓고 말다툼을 벌이다가 옆방으로 가서 칼을 들고 결투를 벌였다. 검술이 더 뛰어난 차워스가 오히려 치명상을 입고 결국은 사망했다.

이 일로 바이런 경은 상원에 불려가 재판을 받았는데, 두 사람이 정식으로 결투를 벌였다기보다는 서로 화가 난 상태에서 싸운 것에 불과하다는 점이 고려되어 과실치사 선고를 받았다. 게다가 바이런 경은 벌금을 내고 면죄됐다. 이런 뒤처리는 매우 나쁜 선례가 됐고, 이로 인해 결투를 하는 행위에 대한 사회적 비난의 목소리가 작아졌다.

이즈음 프랑스에서는 결투에 대한 처벌이 영국에서보다 훨씬 가혹했다. 1769년에 그르노블 고등법원은 결투에서 플랑드르 부대의 대위급 장교를 죽인 시의원 뒤셸라Duchelas에게 유죄 판결을 내렸다. 또한 뒤셸라의 입회인이었던 그의 하인도 같이 기소되어 유죄 판결을 받았다. 뒤셸라는 거열형에 처해졌고, 그의 하인은 무기징역으로 처벌됐다.

1778년 11월에는 영국의 바스Bath에서 두 모험가 라이스Rice 백작과 뒤바리Du Barri 자작 사이에 격렬한 결투가 벌어졌다. 도박 거래에 대해 논쟁을 벌이다가 라이스 백작의 어떤 주장에 대해 뒤 바리 자작이 "그건 진실이 아니오"라고 반박했다. 라이스 백작은 바로 뒤 바리 자작에게 "방금 한 말에 내포된 불쾌한 뜻을 아시오?"라고 물었다. 뒤 바리 백작은 잘 알고 있다면서 해석은 당신의 자유라고 대답했다. 이에 라이스 백작이 곧바로 결투를 신청했고, 뒤 바리 자작은 이를 받아들였다.

두 사람은 입회인을 불렀다. 결투를 하는 데 필요한 사람들이 모두 모였지만 자정이 조금 넘은 한밤중이었으므로 결투장으로 자리를 옮겨 동틀 때까지 기다렸다. 해가 뜨자 둘 다 권총 두 자루와 칼 한 자루씩을 갖춘 뒤 결투에 들어갔다. 뒤 바리 자작이 먼저 권총을 쏘아 라이스 백작의 넓적다리를 맞추었다. 그 다음으로 라이스 백작이 권총을 쏘아 뒤 바리의 가슴에 치명상을 입혔다. 두 사람은 각각 또 하나의 권총을 뽑아 들고 서로 쏘았으나 총탄은 양쪽 다 빗나갔다. 그러자 두 사람은 칼을 꺼내 들었다. 이때 갑자기 뒤 바리 자작이 얼굴이 창백해지더니 비틀거리다가 쓰러졌고, 이어 큰 신음소리를 내면서 죽었다. 라이스 백작은 집으로 옮겨져 몇 주 동안 위험한 상태로 누워 지냈다.

배심원단은 뒤 바리 자작의 시신을 부검한 결과를 보고받고 과실치사로 판정했다. 그러나 배심원단의 이런 판정에도 불구하고 라이스 백작은 건강이 회복된 뒤에 살인죄로 기소됐다. 그는 재판에서 결투가 즉흥적이긴 했지만 공정하게 치러졌다고 주장했다. 또한 자신은 뒤 바리 자작과 여러 해 동안 우정을 나눈 관계였다는 점을 강조하며 자신을 변호했다. 판사들은 결국 그에 대해 과실치사죄만을 인정했고, 이에 따라 그는 가벼운 처벌만 받고 풀려났다.

1789년에도 주목할 만한 결투가 벌어졌다. 요크York 공작과 리치먼드 공작의 조카이자 상속인인 레녹스Lenox 대령의 결투였다. 요크 공작은 근위대 장교들 앞에서 레녹스 대령을 지칭하며 그에게 모욕이 될 만한 말을 했다. 레녹스 대령은 군사행진 중에 요크 공작에게 다가가 그런 말을 했다고 하는데 사실이냐고 물었다. 이에 요크 공작은 대답을 하지 않고 그에게 당신의 자리로 돌아가라고 냉정하게 명령했다.

군사행진이 끝난 뒤에 요크 공작은 다른 사람들이 보는 앞에서 레녹스 대령에게 말을 할 기회를 얻었다. 요크 공작은 왕족이라는 신분과 사령관이라는 지위를 이용해서 자기 자신을 보호할 생각은 없다고 했다. 또한 직무를 마친 뒤에는 언제나 다른 신사들처럼 갈색 외투를 입는다고도 했다. 그러나 레녹스 대령은 요크 공작과 권총을 들고 결투를 하기를 원했다.

마침내 윔블던 공원에서 두 사람 사이의 결투가 벌어졌다. 레녹스 대령이 먼저 권총을 쏘았지만, 총알은 요크 공작의 머리카락을 스쳐 지나갔다. 그런데 요크 공작은 권총을 쏘려고 하지 않았다. 이에 입회인들이 끼어들어 결투가 그것으로 중단됐다.

레녹스 대령은 얼마 뒤에 다른 사람을 상대로 다시 결투를 하게 됐다. 스위프트Swift라는 사람이 요크 공작과 레녹스 대령이 벌인 결투에 관한 소책자를 써서 펴냈는데, 그 내용 가운데 일부가 레녹스 대령을 화나게 했다. 이로 인해 레녹스 대령과 스위프트가 억스브리지Uxbridge 거리에서 결투를 벌였지만, 이 결투에서는 둘 다 다치지 않았다.

| 아일랜드의 결투

아일랜드 사람들도 오래 전부터 결투를 좋아했고, 사소한 일을 가지고도 결투를 했다. 영국에 병합되기 직전의 아일랜드에서는 하루에 23건 정도의 결투가 벌어지는 것이 이상한 일이 아니었다. 결투에 대한 열기가 이보다 못한 시기에도 결투가 드문 일이 아니어서 사망자가 발생한 결투가 아니면 당대의 사건을 기록하는 작가들이 눈길을 주지도 않았다.

그러다보니 아일랜드에서는 군인뿐 아니라 모든 직종의 사람들이 칼이나 권총을 써서 유명해질 수 있었다. 정당들은 각각 결투 전문가 집단을 거느렸다. 이런 결투 전문가들은 하루 종일 검술과 사격 연습만 했고, 결투에서 총을 쏘아 상대방 신체의 어느 부분이든 원하는 대로 맞출 수 있다고 자랑했다. 이들은 상대방을 죽일 것인지, 장애인으로 만들 것인지, 일 년 정도 침대에 누워 앓게 할 것인지를 결정하고 결투에 임했다.

영국 왕 조지 3세(재위 1760~1820)는 아일랜드를 병합한 뒤에 놀라울 정도에 이른 아일랜드의 결투 열기를 꺾기 위해 본때를 보여주기로 작정했다. 그럴 기회는 1808년에 찾아왔다.

그 전해인 1807년 6월에 아일랜드에 주둔 중인 21연대의 캠벨Campbell 소령과 보이드Boyd 대위 사이에 군사행진 때 지휘하는 태도를 놓고 다툼이 일어났다. 그것은 사소한 문제였는데 서로 다투다보니 언성이 높아졌고, 결국 캠벨 소령이 보이드 대위에게 결투를 신청했다. 잠시 뒤에 두 사람은 식당으로 가서 대각선으로 일곱 걸음 떨어져 마주 보고 권총을 뽑아 들고 쏘았다. 보이드 대위가 네 번째와 다섯 번째 갈비뼈 사이에 총상을 입고 쓰러졌다.

의사가 급히 와서 보니 보이드는 의자에 앉은 채 고통 속에서 구토를 하고 있었다. 보이드는 18시간 만에 죽었는데, 죽기 직전에 결투가 공정하게 치러지지 않았다고 말했다. 캠벨은 아일랜드에서 달아나 여러 달 동안 첼시 근처에서 가명을 쓰면서 가족과 함께 살았다. 그러나 끝내 체포되어 1808년 8월에 재판을 받게 됐다.

캠벨은 자신이 아일랜드에서 벌어지는 결투에 대한 처벌의 본보기로 살인죄 판결을 받게 될 가능성이 높다고 생각했다. 그러면서도 그는 잘하면 과실치사죄 판결을 받을 수도 있다는 희망을 버리지 않으려고 애썼다. 재판 과정에서 결투가 말다툼 뒤에 곧바로 벌어진 것이 아니었다는 사실이 새로 드러났다. 캠벨이 집으로 가서 가족과 차를 마신 뒤에 보이드를 찾아나섰던 것이다. 판사는 이런 사실에 근거해 캠벨이 보이드를 고의로 살해했다는 판결을 내렸다.

캠벨은 그 다음 주 월요일에 처형될 예정이었으나 형 집행이 며칠 연기됐다. 그사이에 그의 아내가 그를 살리려는 노력을 필사적으로 기울였던 것이다. 아내는 황태자를 찾아가 무릎을 꿇고 부왕에게 말씀을 잘 드려 사면령을 내리게 해달라고 탄원했다. 그녀는 남편을 살려보려고 온갖 노력을 다했다. 그러나 조지 3세는 본때를 보일 필요가 있다는 아일랜드 총독의 건의를 받아들이는 방식으로 캠벨에 대한 사형을 확정해 집행하도록 했다.

| 근세의 시시하고 어리석은 결투

최근에는 독일의 대학생들이 쉽게 결투를 하곤 한다. 이들은 다른 나라의 청소년이라면 주먹싸움으로 해결할 정도의 사소한 일을 빌미로 칼이나 권총을 들고 결투를 벌인다. 과거에도 한때 독일의 젊은이들 사이에 권총이 아닌 칼을 쓰는 결투가 유행한 적이 있다. 칼은 상대방의 코를 베어내는 데 편리하기 때문이었다. 그때 그들이 결투에 나선 목적은 상대방의 코를 베어내는 것이었다. 그들은 마치 군대를 지휘하는 장군이 자기가 점령한 도시의 수를 세듯이 베어낸 코의 수를 세면서 만족감을 느꼈다. 여기에서 더 나아가 근세 이후의 결투를 자세히 들여다보는 것은 지루한 일일 것이다. 결투의 이유를 들여다보면 사소하거나 거론할 가치도 없는 것투성이다.

한때 영국의 의원들 사이에서도 결투가 유행했다. 의원 중에서 특히 헤이스팅스, 프랜시스, 윌크스, 피트, 폭스, 그래턴, 큐런, 티어니, 캐닝 등이 결투로 유명하다. 학식이 높은 사람들의 마음도 어리석음에 빠질 수 있다. 이성의 구속은 그것이 아무리 강해도 인간의 마음에서 쉽게 떨어낼 수 있지만, 어리석음의 구속은 그것이 아무리 약해도 인간의 마음을 잠식하고 파괴하는 것을 막기 어렵다. 왕실경비대의 지휘관이었던 토머스Thomas 대령은 결투를 하다가 죽었는데, 그 전날 밤에 작성한 유언장에 다음과 같은 구절을 덧붙여 써놓았다.

이 사악한 세계의 바람직하지 못한 관습에 따라 이제 내가 불가피해서 하려고 하는 불경한 행위에 대해 용서해주시기를 바라면서 전능한 하느님께 내 영혼을 맡깁니다.

그동안 얼마나 많은 사람들의 심리가 이 현명하면서도 어리석은 사람과 같았겠는가! 그는 자신의 잘못이 무엇인지를 알고 있었고, 그것을 혐오했다. 그러나 편견에 사로잡혀 있고 사려가 깊지 못한 사람들의 여론이 두려워 결투를 받아들였다. 그가 결투를 거절했다고 한들 누가 그를 비난할 수 있었을까.

하찮기 짝이 없는 이유로 벌어진 결투의 사례를 열거하자면 끝이 없을 것이다. 작가 스턴Sterne의 아버지는 거위 한 마리를 놓고 다투다가 결투를 벌였고, 탐험가 롤리Raleigh는 술집에서 술값 문제로 다투다가 결투를 벌였다. 카드놀이의 속임수나 극장의 좌석을 놓고 벌어진 결투도 많다. 밤에 술에 취해 결투를 신청하고 받아들이고 다음날 결투를 벌여 어느 한쪽이나 둘 다 죽은 경우는 더 많다.

근세의 결투 가운데 치졸하기로 소문난 것들 가운데 두 건을 뽑아 소개하면 다음과 같다. 하나는 개싸움과 관련된 다툼에서, 다른 하나는 매춘부를 놓고 일어난 다툼에서 비롯됐다.

개싸움에서 몽고메리라는 사람의 개가 맥나마라라는 사람의 개를 공격하자 두 사람이 각각 자기 개의 편에 서서 서로 말다툼을 벌이다가 결국 결투를 하기로 했다. 다음날 권총을 들고 벌인 결투에서 몽고메리는 죽고 맥나마라는 중상을 입었다. 이 사건은 사람들 사이에 대단한 화제가 됐다. 결투를 참관한 의사 헤비사이드는 살인의 종범으로 체포되어 옥살이를 했다.

베스트Best라는 사람과 캐멀포드Camelford라는 사람이 벌인 결투는 매춘부를 누가 차지하느냐를 놓고 다투다가 일어났다. 두 사람은 영국에서 가장 좋은 권총을 구해 결투에 사용했다. 베스트가 첫 발에 캐멀포드를 죽였는데, 그의 죽음을 슬퍼하는 사람은 아무도 없었다. 캐멀포드는 생전에 결투를 즐겨 여러 차례의 결투에서 여러 명을 죽인 사람이었다. 그런 그가 결투에서 죽었으니 뿌린 대로 거둔 셈이었다.

| 결투의 관습을 없애기 위한 각국의 노력

이 장에서는 이제 문명화한 나라들에서 결투라는 그릇된 관습을 없애기 위해 기울여온 노력을 돌아보는 일만 남았다. 프랑스 정부와 영국 정부의 노력은 앞에서 이미 소개했다. 그러나 이 두 나라 정부의 노력은 성공적이지 못했고, 이 점은 다른 나라들에서도 마찬가지였다.

전제정치를 하는 나라에서는 군주가 결투를 금지하는 데 강력한 의지를 보이면 결투가 한동안은 줄어들었다. 그러나 그 군주가 세상을 떠나면 결투에 대한 규제가 느슨해졌고, 후계 군주가 덜 단호한 태도를 보이면 결투가 다시 늘어났다.

프로이센의 경우가 바로 그랬다. 프리드리히 2세(재위 1740~86)는 결투를 혐오했는데, 이에 관한 일화가 있다. 그는 군대 안에서는 결투를 허용했다. 하지만 결투를 하려면 자기가 속한 대대의 병사들이 모두 지켜보는 가운데 해야 한다는 조건을 달았다. 이와 함께 두 군인이 결투를 하다가 한쪽이 죽으면 지켜보던 병사들은 즉각 다른 한쪽을 사살하라는 명령을 내렸다. 이렇게 하니 실제로 결투를 벌일 군인이 있을 리가 없었다.

오스트리아 제국의 황제 요제프 2세(재위 1765~90)는 결투를 금지하는 데 서는 프로이센의 프리드리히 2세만큼 강경한 태도를 보였지만, 결투를 벌인 자를 처벌하는 방식에서는 법적 절차를 중시해서 그만큼 특이하지는 않았다. 요제프 2세의 다음 명령서는 그의 견해가 어떤 것이었는지를 잘 보여준다.

친애하는 장군에게.

장군이여, 즉시 K 백작과 W 대위를 체포하시오. K 백작은 젊고 정열적이지만 어려서부터 명예의 의미를 그 진정한 의미와 다르게 왜곡하는 사고방식의 영향을 받았소. 노병인 W 대위는 모든 다툼을 칼이나 권총으로 해결하려고 하는 인물인데, K 백작의 결투 신청을 받아들였소. 나는 군대 안에서는 어떠한 결투도 용납하지 않을 것이오. 그리고 결투의 관습을 정당시하는 자와 결투를 벌여 상대방을 칼로 찌르는 자를 경멸하오.

나는 적을 맞아 모든 위험을 무릅쓰고 용감하게 싸우는 장교, 공격에서나 수비에서나 용기와 결단력을 보여주는 장교를 매우 존경하오. 전투에서 담담하게 죽음을 맞는 것은 조국에 대한 봉사인 동시에 자신의 명예를 드높이는 일이오. 그러나 개인적인 증오와 복수에 모든 것을 거는 자는 경멸을 받아 마땅하오. 나는 이러한 자는 옛 로마의 검투사보다 나을 것이 없다고 생각하오.

두 장교 K 백작과 W 대위를 체포해 군법회의에 회부하시오. 둘 사이의 다툼이 왜 일어났는지를 공정하게 조사하시오. 그런 다음에 죄가 있는 자는 법에 따라 처벌하시오.

나는 우리의 장교 가운데 절반이 없어진다고 해도 이런 야만적인 관습을 엄중하게 금지하고 위반자는 처벌할 것이오. 영웅의 특성과 좋은 신하의 특성을 자기 안에서 결합시킬 줄 아는 사람들이 있소. 법을 존중하는 사람만이 그런 사람이 될 수 있소.

1771년 8월.

미국의 경우는 주마다 결투에 관한 법에 차이가 있다. 미국에 편입된 지 얼마 안 되는 서부의 주에는 결투의 관습이 없고, 따라서 십계명의 '살인을 하지 말라'는 조항 말고는 결투와 관련이 있는 법이 없다. 그러나 근세 이후의 문명사회 가운데 결투라는 악습이 없는 곳은 없다. 시골사람이 도시의 시민이 되면 잘못된 명예 개념에 물들어 사소한 다툼도 권총으로 해결하려고 한다.

미국의 대다수 주는 결투를 신청한 자, 결투를 실행한 자, 결투에 입회한 자를 1년 이하의 징역에 처하고 20년간 공직취임을 금지하고 있다. 버몬트 주에서는 이런 자들에 대해 공직취임을 영구히 금지하고, 시민권을 박탈하며, 벌금도 내게 한다. 그리고 결투를 해서 사람을 죽인 자는 고의적 살인죄로 처벌한다. 로드아일랜드 주에서는 사람을 죽였든 못 죽였든 결투를 한 자는 목에 밧줄을 걸고 교수대로 끌고 가 앉혀 놓고 군중이 던지는 돌을 한 시간가량 맞게 한다. 이에 더해 1년 금고형에 처하기도 한다. 코네티컷 주에서는 결투를 한 자에게 공직취임을 금지하고 백 달러 이상 천 달러 미만의 벌금을 물린다. 일리노이 주에서는 장교를 임명할 때 결투를 한 적이 없고 앞으로도 결투를 하거나 결투에 관여하지 않겠다는 선서를 하도록 한다.

유럽에서 선포된 결투 금지령 가운데 1712년에 폴란드 왕 아우구스투스가 선포한 것은 주목할 만하다. 그는 결투의 당사자와 입회인은 사형에 처하고, 결투신청서를 전달한 자는 사형 이외의 형벌에 처한다고 했다. 1773년에 독일의 뮌헨에 선포된 칙령은 결투에서 사망자나 부상자가 발생하지 않았어도 결투의 당사자와 입회인을 교수형에 처한다고 했다. 1738년에 선포된 법령은 결투에서 사람이 죽으면 그 결투와 관련된 자 모두를 처형한다고 했다. 결투에서 죽은 자나 결투와 관련해 사형당한 자의 시체는 종교의식 없이 매장하고 그 자리에는 비석도 세우지 못하게 했다. 결투에서 부상자만 발생했거나 어느 쪽도 다치지 않았다면 경우에 따라 벌금부과, 금고, 공직취임 금지 등으로 처벌한다고 했다. 또한 결투신청서를 전달한 자도 벌금형이나 금고형에 처하도록 했다.

문명화한 세계 전체에서 이처럼 엄격하게 결투 관련자를 처벌하는 법령이 제정되어 시행되면 현명하고 선량한 사람은 누구나 개탄하는 결투의 관습이 근절될 것이라고 생각하기 쉽다. 그러나 법령만으로는 결투를 완전히 막을 수 없었고 앞으로도 그럴 것이다.

자신을 거짓말쟁이라고 부른 무례한 상대방과 결투를 벌여 그를 죽인 사람이 재판을 받게 됐다면 판사는 법정에서 이렇게 말할 것이다. "당신이 그를 죽일 생각으로 결투를 신청하고 실행했다면 살인죄에 해당한다!" 그러나 그 판사가 법복을 벗고 퇴근한 뒤에는 똑같은 상황에 부닥친 사람에게 이렇게 말할 수 있다. "살인자가 될 각오를 하고 그에게 결투를 신청하지 않는다면 사람들은 당신을 비열한 인간으로 볼 것이며, 당신은 경멸을 받아 마땅하다!" 우리가 비난해야 할 대상은 결투를 하는 사람이 아니라 결투를 조장하는 사회다.

남자들이 선이나 악으로 이끌리게 하는 데 매우 큰 영향력을 발휘하는 여자들도 결투의 관습을 존속시키는 데 한몫했다. 불행한 일이지만 여자들의 눈에는 남자의 야수적인 만용이 매력적으로 보일 수 있다. 이 때문에 여자들은 결투를 해서 이기는 남자를 영웅처럼 여기고 결투를 하지 않으려고 하는 남자를 겁쟁이로 여기곤 한다.

1838년에 미국의 하원의원 그레이브스Graves는 실리Cilley라는 사람과 결투를 벌여 그를 죽였다. 그 뒤에 그는 의회에서 연설을 하면서 자신이 벌인 결투에 대한 안타까운 심정을 드러내면서 그 책임은 자신보다 사회에 있다고 했다.

이 나라의 법체계에서 가장 높은 자리에 있는 것은 여론입니다. 다른
모든 법은 신이 만든 것이든 인간이 만든 것이든 여론이라는 법과 접
촉하게 되면 준수되지 않아 시들다가 사라집니다. 불명예의 올가미
를 나에게 씌워 나 자신의 의사와 달리 나로 하여금 비극적인 일을 겪
게 한 것은 여론입니다.

사회의 분위기가 이러하다면, 다시 말해 모욕을 당해도 분개하지 않고
그냥 넘어가는 사람에 대해 사회가 그런 사람이라면 모욕을 당해 마땅한
자로 여긴다면 결투를 하지 못하게 하는 법을 아무리 엄격하게 만들더라
도 결투는 결코 사라지지 않을 것이다. 피해를 당한 사람은 그 피해를 복구
받아야 한다. 그런데 법정이 인정해주지 않는 종류의 피해를 당한 사람이
라면 목숨을 걸고라도 다른 사람들의 여론에 부합하는 방식으로 스스로 그
피해를 복구하려고 할 것이다. 현명한 사람들은 여론을 경멸할지 모르지만
많은 사람들은 여론의 손가락질을 당하면서 살기보다는 차라리 죽음을 무
릅쓰고 결투를 하려고 할 것이다.

이 문제에 대한 유일한 해결책은 명예와 관련된 사건만 전문적으로 다
루는 특별법원을 설치하는 것이며, 이를 위해 프랑스 왕 루이 14세가 설치
했던 것을 모델로 삼을 수도 있다. 가해자가 정중하게 사과하는데도 결투
를 하려고 하는 사람은 없을 것이다. 가해자의 욕설이나 무례한 행동으로
명예에 손상을 입은 사람이 그 가해자로부터 공개적인 사과를 받을 수 있
도록 하는 것이 특별법원의 책무가 돼야 한다. 가해자가 사과하기를 거부
하면 특별법원은 법정모독죄를 적용해서 그에게 벌금형이나 금고형을 내

릴 수 있을 것이다.

이러한 특별법원이 생겨도 가해자로부터 사과를 받기보다는 그를 죽여야만 속이 풀리는 사람이 있을 것이다. 이런 사람이 실제로 그렇게 할 경우에 살인죄를 적용해 교수형으로 그를 처벌하기로 하는 것은 소용이 없다. 이런 사람에게는 죽음이 두려운 것이 아니다. 치욕만이 그로 하여금 이성을 되찾게 할 수 있다. 이런 사람에게는 유배형, 강제노역형, 공개적인 태형 등이 더 효과적일 것이다.

16장

유물

수집

| 유물을 둘러싼 희극

특정한 유물에 대한 집착은 그 유물과 연관된 사람에 대한 애정이 남아있는 한 없어지지 않는다. 이는 인간의 가장 자연스러운 감정에 따른 것이며, 이를 비웃을 정도로 냉정한 사람은 별로 없다. 죽은 아내의 머리카락한 움큼이나 일찍 세상을 떠난 아기의 목걸이를 보물처럼 소중히 여기지 않을 사람은 없다. 이런 것을 소중한 유물로 간직하는 행위는 누구나 이해할 수 있다.

사람들이 소중히 여길 수밖에 없는 유물의 종류는 이 밖에도 많이 있다. 위대한 시인 셰익스피어의 서명이 속표지에 씌어있는 몽테뉴의 《수상록》, 화가 루벤스가 불후의 명작 〈십자가에서 내려지는 예수〉를 그릴 때 앉았던 의자, 과학자 갈릴레이가 천문학을 연구할 때 사용한 망원경도 그런 종류의 유물이다. 윌리엄 텔의 화살이나 옛 신부의 성경책을 존경하는 눈으로 바라보지 않는 사람도 없을 것이다.

그러나 유물에 대한 순수한 애착에서 유물에 대한 오해와 미신이 파생됐다. 많은 사람들이 위대한 인물과 관련된 모든 것을 떠받들다가 선한 덕성이 위대함의 요체임을 망각하고 성자의 턱뼈, 예수를 따른 사도의 발톱, 왕이 코를 푼 손수건, 범죄자의 목을 매단 밧줄 등을 무차별하게 숭배하는 바보가 됐다. 먼저 살다 간 사람들의 무덤에서 조그마한 상징물이라도 찾아내려고 하다가 명성과 악명을 혼동하기도 했다.

훌륭한 성자를 숭배하는 사람들도 있고, 반대로 대역죄인을 숭배하는 사람들도 있다. 뛰어난 철학자와 희대의 사기꾼, 위대한 정복자와 사악한 살인자, 탁월한 관리와 큰 도둑은 각각 상반되는 인물이지만 그 모두에게 숭배자들이 있다. 사람들은 이런 인물과 관련된 유물을 찾아내기 위해 적도에서 극지까지 지구를 샅샅이 뒤지려고 한다.

유물수집 취미의 발원을 찾아 시대를 거슬러 올라가다 보면 십자군 원정이 시작되기 직전에 가 닿는다. 맨 처음으로 성지를 순례한 사람들은 갖고 있는 돈을 다 털어 출처도 의심스러운 유물을 수없이 사서 유럽으로 가지고 왔다.

가장 인기가 높았던 것은 예수가 매달려 있었던 십자가의 일부라고 하는 나뭇조각이다. 로마 가톨릭에서 전승되는 이야기에 따르면 로마제국의 황제 콘스탄티누스(재위 306~337)의 어머니인 헬레나가 예루살렘에 갔다가 처음으로 '진짜 성 십자가'를 발견했다고 한다. 테오도시우스(재위 379~395) 황제는 이것의 대부분을 밀라노의 주교 성 암브로시우스Ambrosius에게 주었고, 주교는 여기에 보석을 박아 밀라노에서 가장 큰 성당에 보관했다. 그런데 나중에 훈족이 유럽에 쳐들어와 그 보석을 빼낸 뒤 십자가를 불태워버렸다고 한다.

그 성 십자가의 파편이라는 것이 11~12세기에 유럽의 거의 모든 교회에서 발견됐다. 그것들을 다 모았다면 아마도 성당 하나 정도는 지을 수 있었을 것이다. 성 십자가의 파편 가운데 하나라도 직접 본 사람들은 행복해했고, 그것을 갖게 된 사람들은 더욱 행복해했다. 많은 사람들이 그 파편을 손에 넣기 위해 어떠한 위험도 마다하지 않았다. 성 십자가의 파편은 모든 악으로부터 인간을 보호해주고 만성적인 질병을 모두 치료해준다고 사람들은 믿었다. 성 십자가의 파편이 많이 보관된 성당에는 순례자의 행렬이 끊이지 않았고, 그 성당은 순례자들의 헌금 덕분에 재정이 넉넉해졌다.

그 다음으로 유명하고 사람들이 소중하게 여긴 유물은 예수의 눈물이다. 순례자들은 그것을 누가 어떻게 보존해왔는지를 묻지 않았다. 성지에 거주하는 기독교도들이 그것이 진짜라고 맹세했는데, 이것으로 충분했다. 성모 마리아의 눈물과 성 베드로의 눈물도 등장했다. 성지에 가면 작은 병에 담긴 이런 눈물을 살 수 있었다. 그 다음으로는 예수나 순교자의 피와 성모 마리아의 젖이 소중한 유물로 매매됐다. 그들의 머리카락과 발톱도 매우 비싼 값에 팔렸다.

11~12세기에 해마다 수천 명의 순례자가 팔레스타인에 찾아와 유럽에 돌아가서 팔아먹으려고 온갖 유물을 샀다. 이런 거래에서 나오는 이익만으로 먹고 사는 사람들도 많았다. 팔레스타인에 거주하는 비양심적인 성직자의 더러운 발에서 잘라낸 발톱이 성자나 열두 사도 가운데 누군가의 발톱으로 둔갑해 시장에 나오면 순례자가 그것을 사 가지고 유럽에 돌아가 금값에 팔았다. 클레르몽 공의회가 열릴 무렵에는 이런 발톱이 유럽으로 많이 유입되어 그것을 다 모으면 큰 자루 하나를 가득 채울 정도였다고 한다. 그 가운데 일부는 지금도 엑슬라샤펠Aix-la-Chapelle의 성당에 가면 볼 수 있다.

파리의 포르루아얄 신학교에는 예수가 썼던 면류관에서 추출됐다는 가시가 있다. 신부들은 이것을 누가 입수했고 어떻게 보존해왔는지에 대해 결코 설명하지 않는다. 이 가시는 페리에Perrier라는 처녀에 관한 소문 덕분에 유명해졌다. 소문에 따르면 페리에는 이 가시에 입을 맞춘 것만으로 오래 앓아온 눈병이 완전히 치료되는 기적의 은총을 입었다고 한다.

로마를 여행한 사람이라면 거기에 있는 '산타 스칼라Santa Scala', 즉 성스러운 계단을 모르지 않을 것이다. 콘스탄티누스 대제의 어머니 헬레나가 예루살렘에 갔을 때 진짜 성 십자가와 함께 이것을 가지고 왔다고 한다. 전설에 따르면 산타 스칼라는 유대 지역의 로마 총독 본디오 빌라도가 거주한 건물에 설치돼 있었던 것이다. 그래서 예수가 빌라도 총독 앞으로 끌려갈 때 이 계단을 밟아야 했다고 한다. 이것은 성스러운 유물로 숭배되고 있어서 여행자라도 공손하게 입을 맞춘 다음에 무릎으로만 기어서 이 계단을 올

산타 스칼라

라갈 수 있다.

성스러운 유물은 이 밖에도 유럽 각지에 많이 있다. 스페인, 포르투갈, 이탈리아, 프랑스, 벨기에의 성당 가운데 성스러운 유물이 하나도 없는 곳은 없다. 시골의 가난한 성당에도 수많은 가톨릭 성인 가운데 누군가의 넓적다리뼈 하나 정도는 가지고 있다. 엑슬라샤펠 시에는 샤를마뉴 대제의 진짜 넓적다리뼈로 알려진 유골이 있는데, 시민들이 이를 자랑스러워한다. 이 유골은 절름발이를 치료하는 효능을 가지고 있다고 한다. 독일의 할레 시에는 성모 마리아의 넓적다리뼈로 알려진 유골이 있다. 스페인에는 성모 마리아의 넓적다리뼈가 7~8개 있는데, 모두 진짜라고 한다. 벨기에의 브뤼셀에는 한때 성 구둘레St. Gudule의 이빨이 있었다고 전하는데, 지금도 거기에 그대로 있을지도 모른다. 신심이 깊은 사람이 치통을 앓게 되면 이것을 바라보면서 기도를 올렸고, 그러면 치통이 바로 나았다고 한다.

| 유물 수집의 광기

어느 시대의 어느 나라에서든 유명한 인물과 관련된 유물을 수집하려는 욕망이 사람들을 사로잡곤 했다. 그 인물이 범죄자라고 해도 마찬가지였다.

리처드 1세(재위 1189~99) 때 영국의 런던에서 민중지도자 윌리엄 롱비어드William Longbeard가 교수형을 당한 뒤에 사람들은 그의 머리카락이나 그가 입었던 옷의 한 조각이라도 손에 넣으려고 극성을 부렸다. 에식스, 켄트, 서퍼크, 서식스를 비롯해 인근 모든 마을의 여자들이 처형장으로 몰려왔다. 사람들은 그의 수염 한 올이 악령으로부터 인간을 보호해주고 그의 옷에서 찢어낸 한 조각의 천이 질병을 예방해준다고 믿었다.

이탈리아의 나폴리에서는 이와 비슷한 소동이 어부 출신의 불운한 민중 봉기 지도자 마사니엘로Masaniello(1622~47)가 죽은 뒤에 벌어졌다. 마사니엘로는 군중에 의해 군주로 추대되어 전제권력을 휘두르다가 군중에 의해 거리에서 살해됐다. 군중은 그의 시체를 여러 시간 동안 질질 끌고 다니다가 밤이 되자 도랑에 처넣었다.

그러나 다음날 아침이 되자 사람들의 감정이 그를 동정하는 쪽으로 돌변했다. 사람들은 그의 시체를 수습해 왕의 옷을 입혔다. 무장한 사람 1만 명과 일반 추모객 1만 명 등 모두 2만여 명이 성당 주위에 운집해 장엄한 장례식을 치렀다. 그런 다음에 사람들은 그의 옷을 조각조각 찢어 유물로

나폴리 혁명 지도자 마사니엘로와 군중

간직했다. 그의 오두막집 문에 달려 있었던 경첩, 그 집 안에 있었던 초라한 가구도 남아나지 않았다. 그가 걸어 다녔다는 마당의 흙은 신성시되어 사람들이 조금씩 작은 유리병에 담아 가지고 갔는데, 그 가운데 일부는 금값에 팔리기도 했다.

프랑스의 파리에서는 1676년에 브랭빌리에 후작 부인이 처형된 뒤에 군중이 그녀와 관련된 유물에 대한 광기를 드러냈다. 마사니엘로는 개인적인 범죄를 저지른 사람이 아니므로 그가 죽은 뒤에 사람들이 그와 관련된 유물을 보며 그를 추모할 만했다. 그러나 여러 사람을 독살한 범죄자인 블랭빌리에 후작 부인은 경우가 다르다. 그럼에도 파리의 시민들은 그녀와 관련된 유물을 찾았다. 처형장인 그레브 광장에 모여든 군중은 그녀의 우아하고 아름다운 외모에 정신이 팔려서 참수 후 화형이라는 끔찍한 형벌을 받게 된 그녀에 대해 연민을 느꼈다.

브랭빌리에 후작 부인이 마침내 처형되자 연민은 숭배로 바뀌었고, 그날 해가 질 무렵에는 그녀를 성녀로 추앙하는 분위기까지 형성됐다. 사람들은 그녀의 유골이나 유분을 손에 넣으려고 했고, 심지어는 그녀의 시체를 태우고 남은 장작도 가져갔다. 사람들은 그녀의 유골이나 유분이 마법에 걸리지 않게 해준다고 믿었다.

영국에는 강도와 살인 등 중범죄를 저지른 자들과 관련된 유물을 수집하는 사람들이 많다. 이런 사람들은 중범죄자에 대한 교수형 집행에 사용된 밧줄을 1피트당 1기니를 주고 산다. 영국에서 1827년에 마리아 마튼Maria Marten이라는 젊은 여성이 애인인 윌리엄 코더William Corder에게 살해당한 사건에 대한 재판이 이듬해에 열려 전국적인 화제가 됐다. 웨일스와 스코틀랜드뿐만 아니라 아일랜드에서도 사람들이 몰려왔다. 그들은 마튼이 살해된 장소인 서퍽 주 폴스테드 마을의 마구간을 찾아갔고, 거기에서 기념으로 무엇이든 가져가려고 했다. 마튼의 머리카락은 한 묶음당 2기니에 팔렸는데, 이것을 구입한 사람들은 헐값에 샀다며 만족해했다.

1837년에 캠버웰 레인Camberwell Lane에 있는 집에서 제임스 그린에이커 James Greenacre라는 남자가 한나 브라운Hannah Brown이라는 여자를 살해하는 사건이 일어났다. 이때 하도 많은 사람들이 그 집에 몰려들어 경찰부대가 배치됐다. 사람들은 그 집에서 탁자, 의자, 문짝 등을 가져가려고 했고, 경찰은 그들이 그러지 못하도록 무력으로 막아야 했다.

이보다 앞선 시기에 영국에서 사형당한 죄수 시체의 손에 대한 특이한 미신이 퍼진 적이 있다. 죄수 시체의 손에 몸을 비비기만 해도 연주창이 즉시 치료된다고 사람들이 믿었다. 뉴게이트 교도소의 사형집행관은 이런 미신을 활용해 상당한 수입을 올렸다. 이후 이 미신의 내용이 확장되어 사람들이 사형수 시체의 손을 가지고 있으면 다양한 질병이 치료되고 온갖 불행이 예방된다고 믿게 됐다. 이에 따라 찰스 2세(재위 1660~85) 때에는 죄수 시체의 손 부위를 10기니에 살 수 있으면 싼 값에 사는 것으로 여겨졌다.

1838년 봄에 미치광이 증세를 보이던 톰Thom(영국 동남부 켄트 지역에서 수십 명에 불과한 소수의 추종자들을 이끌고 일종의 농민봉기에 나섰던 존 니컬스 톰John Nichols Thom을 가리킴—옮긴이)이 관군에 의해 사살되자 그의 유물을 탐내는 사람들이 몰려들었다. 그의 검은 턱수염과 머리카락은 그를 추종하던 사람들이 가지고 가서 소중히 보관했다. 그 머리카락 가운데 일부는 인근 캔터베리 지역의 부자들이 사갔다. 그가 마지막으로 쓰러지며 기댔던 나무의 껍질을 벗겨서 가지고 가는 사람들도 있었다. 그의 서명이 들어있는 편지는 금화를 지불해야 얻을 수 있었다. 그가 타던 말도 주인 못지않게 인기를 끌었다. 150마일이나 먼 곳에 사는 사람까지 찾아와 '몰타의 미친 기사'로 불렸던 그가 타던 말의 등을 쓰다듬었다. 당국에서 그의 무덤을 엄중하게 감시하지 않았다면 사람들이 그의 유골까지 파내어 기념물로 가지고 갔을 것이다.

근세에 유럽에서 크게 인기를 모은 유물로는 셰익스피어가 심었다는 뽕나무, 나폴레옹의 무덤이 있었던 곳(나폴레옹은 1821년에 세인트헬레나 섬에서 사망해 그곳에 묻혔다가 1840년에 프랑스 파리의 레쟁발리드Les Invalides로 이장됐다─옮긴이)에 자라난 버드나무, 워털루의 전장에서 나폴레옹이 편지를 쓸 때 사용했다는 탁자 등이 있다. 셰익스피어가 심었다는 뽕나무로 만들어진 코담뱃갑은 그 뽕나무로 만들 수 있다고 판단되는 최대량보다 훨씬 더 많은 양이 시장에 나와 돌아다니는 것이 분명한데도 구하기가 쉽지 않다. 워털루의 전장에서 나폴레옹이 사용했다는 탁자도 마찬가지다. 나폴레옹이 사용한 탁자의 진품은 물론이고 아무 나무로나 만들어진 모조품 10여 개도 파괴됐다고 하는데 또다른 모조품이 계속 나돈다.

사람들은 나폴레옹이 사용했다는 탁자에서 떼어낸 나뭇조각으로 코담뱃갑이나 사탕 담는 그릇을 만들기도 했다. 나폴레옹이라는 이름만 들어도 얼굴이 상기되는 사람들은 이런 것을 만나면 존경하는 눈으로 바라본다. 워털루의 전장에서 수거했다는 총탄, 그곳에서 전사한 병사가 입었던 외투에 달려 있었다는 단추도 유럽에서 여전히 인기가 높은 유물이다. 그러나 이런 총탄과 단추도 거의 대부분이 모조품일 가능성이 높다. 워털루의 마을에는 관광안내원들이 우글거리는데, 거기에 가서 가짜가 아닌 진짜 유물을 구하고 싶은 사람은 그들에게 돈을 주기 전에 그들이 내미는 물건을 잘 살펴보고 좀 더 깊이 생각해봐야 할 것이다.

세인트헬레나 섬을 여행한 사람 가운데 그곳에 있었던 나폴레옹의 무덤에 그늘을 드리웠던 버드나무의 가지를 베어오지 않은 이가 드물 것이다. 여행자가 베어온 그 가지들은 유럽의 곳곳에 심어졌다. 그 가운데는 세인트헬레나 섬의 버드나무보다 더 크게 자란 것들도 있다. 런던 근처에도 이런 버드나무가 몇 그루 자라고 있다.

다른 모든 사물과 마찬가지로 유물도 선용될 수도 있고 악용되거나 남용될 수도 있다. 그러나 과거의 위대한 인물이나 중대한 사건과 관련이 있는 진정한 유물은 언제나 사려 깊고 교양 있는 사람들의 관심을 끄는 것이 사실이다.

| 옮긴이의 말

평소에는 합리적이고 현명한 개인도 집단행동에 가담하면 비합리적이고 어리석은 모습을 보이는 경우가 많다. 역사 속에서도 이런 사례를 수없이 찾아볼 수 있다.

한 나라의 국민 대부분이, 심지어 한 대륙 전체가 광적인 분위기에 휩쓸려 충동적인 행동을 한 일도 적지 않다. 뿐만 아니라 지식인이나 엘리트 소리를 듣는 사람들도 비이성적인 분위기에 휩쓸리거나 더 나아가 대중의 광기를 선도하는 일도 있었다. 그런 사람들 가운데 일부는 자기기만에 빠져, 일부는 그렇게 해서 이득을 취하기 위해 앞장섰다. 사이비 종교나 사상에 빠진 지식인들에게도 이런 두 가지 면이 있다.

이 책은 1841년에 초판이 발간된 찰스 맥케이Charles Mackay(1814~89)의 《대중의 미망과 광기Memoirs of Extraordinary Popular Delusions and the Madness of Crowds》를 축역縮譯한 것이다. 완역을 하지 않고 축역을 한 것은 축역만으로도 그 주요 내용을 충분히 전달할 수 있고 지나치게 세세한 부분까지 다 번역하면 일반 독자가 읽기에 방해가 될 수도 있다고 생각했기 때문이다.

이 책은 대중의 비이성적인 광기를 다룬 책 가운데 대표적인 고전이라고 할 수 있다. 지은이는 이 책에서 역사적으로 의미가 있고 인간사회에 큰 영향을 끼친 집단적 광기의 사례들을 소개하고 그 원인을 분석했다. 수많은 지식인으로 하여금 인생을 낭비하게 한 연금술, 하찮은 일에 명예를 덧씌워 살인을 합법화한 결투의 관습, 예수의 발톱이나 성모 마리아의 젖과 같은 믿기도 어려운 것들을 비싼 값에 사도록 한 유물수집 열기 등 쓴웃음을 짓게 하는 집단적 광기가 흥미진진하게 묘사돼있다.

지은이는 서구 열강이 아시아, 아프리카, 중동을 본격적으로 식민지화하던 19세기에 당시의 최강대국 영국의 언론인이자 작가로 활동한 인물이지만 이 책에서 서구 문명을 근거 없이 우월시하는 태도를 보이지 않는다. 십자군 원정을 다룬 부분에서 당시 이슬람권의 문명이 서구 기독교 세계의 문명보다 선진적이었다고 서술한 데서 우리는 지은이의 균형 잡힌 사고방식을 엿볼 수 있다.

이 책은 19세기 전반까지 중세와 근세에 걸쳐 유럽에서 일어난 대중적 광기의 역사적 사례들을 주로 다루고 있다. 그러다 보니 마녀사냥, 연금술, 십자군 원정, 결투뿐만 아니라 미시시피 계획 소동, 남해회사 거품, 튤립 투기와 같은 거품의 역사도 서술됐다. 따라서 경제주체의 비합리성과 시장의 비효율성에 대한 논의에서 자주 거론되는 투기와 거품 현상에 대한 통찰력을 얻기 위해서도 이 책은 반드시 읽어볼 필요가 있는 고전이다.

프랑스의 미시시피 계획 소동, 영국의 남해회사 거품, 네덜란드의 튤립 투기에 관한 이 책의 사실적인 기록과 객관적인 논평은 투기와 거품에 관한 수많은 논의에 중요한 전거로 활용돼왔다. 정보통신 혁명과 더불어 전개된 1990년대 이후 거품의 시대에 그보다 150년 이상 이전의 시대에 저술된 이 책이 다시 크게 주목받게 된 것은 바로 이 때문이다. 1980년대 이후 부동산 거품, 주식 거품, 인터넷 거품, 벤처 거품, 로또 거품에 이어 최근의 암호화폐 거품에 이르기까지 온갖 거품에 휩쓸려온 우리나라에도 이 책은 시사하는 바가 적지 않다고 생각된다.

서구에서는 이 책이 '주식투자자의 필독서'라는 식의 광고 문구를 내세워 재출간되기도 했다. 그러나 이 책은 투자의 지혜만 가르쳐주는 책이 아니며 역사적 상식만 넓혀주는 책도 아니다. 인간과 사회에 대해 진지한 사색과 고민을 하려면 반드시 살펴봐야 하는 역사적 사실들을 문제의식을 갖고, 그러나 재미있게 다루고 있는 책이다. 그리고 실제로 전 세계의 수많은 사람들이 이와 같은 관점에서 이 책을 읽어왔다. 이런 점에서 이 책은 그야말로 '고전古典'이다.

효용과 이익의 극대화라는 합리적인 경제주체의 가정에서 벗어나지 못했던 경제학도 최근에는 현실 속 인간의 변덕스러운 심리와 행동에도 주목하는 노력을 기울이고 있다. 경제학이 태동기를 지나 고전파 경제이론의 지배를 받고 있었던 시기에 쓰인 이 책이 오늘날 경제학의 이런 노력에도 도움이 되기를 기대한다. 군중심리, 집단사고, 문화갈등, 이해충돌 등 사회의 다양한 측면에 관심을 가진 독자들에게 이 책은 역사적 사례를 풍부하게 제공해줌으로써 책읽기의 색다른 즐거움을 느끼게 해줄 것이다.

찾아보기